Papier fresserchen

Papierfresserchens MTM-Verlag

Bibliografische Information der Deutschen Nationalbibliothek:
Die Deutsche Nationalbibliothek verzeichnet diese Publikation in der
Deutschen Nationalbibliografie; detaillierte bibliografische Daten sind
im Internet über http://dnb.d-nb.de abrufbar.

Lektorat und Covergestaltung: Alexandra Oswald
Satz: Sandy Penner

Bildnachweis:
Partybild: eyewave - Fotolia.com
Schuhpaar: klickerminth - Fotolia.com
ipod: Lucky Dragon USA - Fotolia.com
Autorenfoto: Sophie Kröher

1. Auflage 2012
ISBN: 978-3-86196-130-7

www.papierfresserchen.de
info@papierfresserchen.de

Alexander Karl

REAL ME

Die Suche nach dem wahren Ich

Für Steffi.

1

THAT'S THE WAY MY HEART GOES

-- Johnathon --

Ich sah sie an. Wie fast jeden Morgen, wenn wir zeitgleich aus den Bussen stiegen. Ihre grünen Augen waren strikt nach vorne gerichtet. Sie sah kein Links und kein Rechts. Auch nicht mich, obwohl ich jetzt hinter ihr lief und ihre dunkelblonden, bei jedem Schritt wippenden, Haare bewunderte.

Es war ein ziemlich normaler, herbstlicher Montagmorgen, der vielleicht etwas frostiger war als die Tage zuvor, doch die meisten rotbraun schimmernden Blätter hingen noch immer an den Bäumen. Es war eine fast schon romantische Atmosphäre, doch wir waren nicht alleine: Um uns herum waren Hunderte andere Schüler, die genauso wie wir auf dem Weg zur Schule waren. Der erste Schultag lag nun eine Woche zurück und doch waren wir alle schon wieder dem alten Trott erlegen: Raus aus den Bussen, rauf auf den Berg, rein in die Schule.

Noch immer lief sie direkt vor mir und es wäre ein Leichtes gewesen, neben sie zu laufen und ihr ein Gespräch reinzudrücken. Doch nicht umsonst trug Kris den Spitznamen Diva – sie hatte etwas Magisches, etwas Divenhaftes, das mich auf Distanz hielt. Ich fühlte mich ihr nicht ebenbürtig.

Wir näherten uns dem Fuße des Berges und hier galt es, eine Entscheidung zu treffen. Entweder ging man – wie ich – den normalen Fußpfad an der Straße entlang oder ging – wie Diva – durch den Wald. Beide Wege führten zum selben Ziel, auch, wenn mein gepflasterter Weg vielleicht etwas länger, umständlicher und anstrengender war. Sie hingegen bevorzugte den meist matschigen Waldweg, der ihr immerhin die Möglichkeit gab, die Diva heraushängen zu lassen: So konnte sie sich später theatralisch darüber aufregen, wie dreckig ihre Chucks waren.

Sie bog gerade rechts ab, während ich versuchte, die um mich herum laufenden, tollenden Kinder zu ignorieren. Mit der Musik in den Ohren gelang es mir, nochmals Kraft zu schöpfen, Ruhe vor dem Sturm zu finden. In diesen kurzen Momenten konnte ich abschalten und Ich sein.

Nach dem nervigen Fußmarsch betrat ich endlich den Schulkomplex und erklomm die Stufen zum zweiten Stock. In dem langen und tristen Flur waren die diversen Klassenräume aufgereiht, am linken Ende lag der meinige. Einige meiner Klassenkameraden saßen bereits vor der verschlossenen Klassenraumtür und ich verdeutlichte meine Gesprächsbereitschaft, indem ich die Stöpsel aus meinen Ohren zog.

Mein doch recht freundliches „Morgen" wurde mit einem allgemein geraunten „Morgen" erwidert. Die meisten wünschten sich bereits jetzt die Ferien zurück und saßen deshalb noch halb schlafend auf dem kalten Boden.

Verwundert stellte ich fest, dass Diva trotz des kürzeren Weges noch nicht da war. Ich ließ mich gegen die graue Betonwand fallen und gen Boden gleiten.

Diva, die eigentlich Kristeen hieß (zumeist aber Kris genannt wurde), war vor zwei Jahren mit ihrer Familie aus Berlin zu uns aufs „Land" gezogen und mischte seitdem unser Klassenleben kräftig auf. Sie und ihre ein Jahr ältere Schwester Kim hatten sich auf unserer Schule schnell einen Namen als Diva und Starlet gemacht. Diva, weil sich Kris nun mal etwas vornehm benahm und man fast sagen konnte, dass sie sich für etwas Besseres hielt. Starlet, weil Kim an unserer Schule sehr schnell zweifelhaften Ruhm erlangt hatte. Kim ging in die elfte Klasse, war 16 und somit ein Jahr älter als ihre Schwester, und wusste um ihre Anziehungskraft auf die Männerwelt. Wie sonst hätte sie innerhalb der letzten Woche bereits zwei Kerle aus der dreizehnten Klasse haben können?

Diva war nicht ganz so extrem. Immerhin war sie nach eigenen Aussagen noch Jungfrau, aber Erfahrung in Sachen Liebe hatte sie schon alle Mal. Einmal, und dieses Zitat hatte sich mit einem Brennglas in meine Hirnrinde eingebrannt, hatte sie gesagt: „Mit fünf Jahren hatte ich meinen ersten Freund. Der ist mir im Kindergarten immer hinterher gelaufen. Mit neun bekam ich dann von einem Gymnasiasten meinen ersten Zungenkuss. Tja, kann ja daran liegen, dass in Berlin eh viel mehr los ist."

Ob dies der Wahrheit entsprach oder nur sehr schön zu ihrem Image passte, konnte ich nicht beurteilen, aber auch in unseren Reihen hatte sie schon Anhänger gefunden.

Aus dem Augenwinkel bemerkte ich, dass das Unheil nahen musste, denn sämtliche Köpfe meiner Klassenkameraden drehten sich in Richtung Treppenaufgang. Von dort kam Diva auf uns zugeschritten. Es war, als machte sie den Gang zu einem Laufsteg, es fehlten nur noch der neckische Augenaufschlag und das abschließende Posen. Beides schenkte sie sich für heute. Kaum hatte sie sich zu uns gestellt, kam sofort Debbie, ihre beste Freundin, zu ihr, um sie mit einer herzlosen Umarmung zu begrüßen.

Dass diese Freundschaft nicht unbedingt aufgrund von großen Gemeinsamkeiten zustande gekommen war, wussten alle. Vielmehr war es eine Nutz-Freundschaft, die beiden half: Diva hatte stets jemanden um sich, der ihr nachlief und Debbie hatte jemanden, zu dem sie aufsehen konnte. Kopfschüttelnd kommentierte ich innerlich die Gesprächsfetzen, die bis zu mir durchdrangen. Während Diva immer wieder auf den „verdammten Matsch" und ihre „teuren und so tollen Chucks" verwies, nickte Debbie zustimmend.

Von so viel Oberflächlichkeit schockiert, wollte ich eigentlich zu David gehen und mich über die Mädels aufregen. Doch dann fiel mir ein, dass wir Zoff hatten. Richtigen Zoff. Super-duper-riesen Zoff. Zwar hatten wir ab und zu, wie das in einer Freundschaft üblich war, mal eine Meinungsverschiedenheit, doch dieses Mal war es extrem. Das Schlimme war: Es hatte in den Ferien angefangen und dauerte bis heute an, doch ich wusste nicht einmal, wieso es so war.

Vom einen Tag auf den anderen war er irgendwie komisch zu mir gewesen und auf meine Frage, was denn los wäre, antwortete er mit: „Was soll schon sein?"

Paradox, oder?

Wenn aber nichts war, verstand ich nicht, wieso er sich dann am ersten Tag nach den Ferien neben einen anderen Kumpel von mir, Graham, gesetzt hatte und nicht wie das Jahr zuvor mich als Tischnachbar gewählt hatte. Graham war der Snob in unseren Reihen. Seine Oma hatte nach dem Zweiten Weltkrieg einen reichen englischen Offizier geheiratet, der ordentlich Geld mit nach Deutschland gebracht hatte. Um dem Geldsegen – oder vielleicht auch dem mittlerweile verstorbenen Mann an sich – zu gedenken, hatten Grahams Eltern ihren Sprössling nach seinem Großvater benannt. Uns war dieser komische Name ziemlich egal, wir alle nannten ihn sowieso nur Bulldog (was eigentlich auch nicht weniger komisch ist). Aber es war fast schon eine Legende, wie der Spitzname für Graham Chestnut entstanden war: In einer Kunststunde sollten wir unseren Sitznachbar als Tier malen und Jack hatte nun mal Graham als Bulldogge gezeichnet. Und somit hieß er von da an für uns Bulldog. Mein neuer Sitznachbar Jacob, der darauf bestand, dass man ihn neudeutsch und semi-cool Jack nannte, war eine Mischung aus alternativem Punker und musischem Muttersöhnchen. Er war nicht sonderlich gesprächig, was meinen hohen Bedarf zu reden wieder wettmachte. Die meiste Zeit des Unterrichts kritzelte er auf seinem Block herum oder strich sich seine langen, braunen Haare aus dem Gesicht.

Dann waren da noch Gwen und Milana. Gwen Ried war vor drei Jahren meine erste Liebe hier auf der Schule gewesen. Wir waren nie zusammen gewesen und verstanden uns vielleicht gerade deswegen nach wie vor super. Ihre leicht schüchterne Art, die durch ihre hellroten Haare und ihren ziemlich weiblichen Körper betont wurde, hatte sie sich bis heute erhalten. Milana hingegen war immer laut und auffällig, fast schon nervig mit einem Hang zur Rechthaberei. Zwar war sie die Älteste der Klasse, sah aber immer noch aus wie eine Zehnjährige – und benahm sich teilweise auch so.

Versunken in all diese Eindrücke und Erinnerungen wurde ich jäh in die krasse Realität zurückgeholt: Ein Geruch stieg mir in die Nase, der mich hellwach werden ließ. Es war eine Mischung aus Kaffee und Schweiß und dazu diese Stimme, krächzend und zugleich hoch, emotional und trotzdem kalt. „Guten Morgen!"

Es war Frau Rozier. Ihr übertrieben liebenswürdiges Getue durfte ich schon in der neunten Klasse genießen und das auch noch in meinem Hassfach Französisch.

Während ich gerade nach meinem Rucksack griff und ihn, noch halb in der Hocke, aufziehen wollte, versuchte Madame mit vielen hektischen Bewegungen die Klasse aufzuschließen. Plötzlich bemerkte ich nur einen harten Schlag: Sie hatte mir ihre mit Büchern gefüllte Tasche gegen den Kopf geschleudert. Zuerst schien sie, aufgeputscht, wie sie vom Kaffee war, gar nicht zu registrieren, dass sie auf Widerstand gestoßen war. Doch dann beugte sie sich sofort zu mir herunter und bemutterte mich, als hätten die spitzen Ecken ihrer Bücher ein Loch in meinen Kopf gebohrt.

„Ach, je! Das tut mir aber leid. Ich glaube, das müssen wir sofort kühlen! Brauchst du jemand der dich stützt?"

„Nein, geht schon", murmelte ich halblaut vor mich hin und versuchte, den Schmerz zu ignorieren. Doch als Diva an mir vorbei ging, schoss mir, peinlich berührt, das Blut in den Kopf und sofort war der Schmerz wieder da. Nochmals, die Stunde hatte eigentlich schon angefangen, fragte mich die Rozier, ob es mir wirklich gut ginge.

„Ja ja, alles superbe. Ich kann doch keinen Unterricht bei Ihnen verpassen." Leider schien die Rozier den ironischen Unterton zu überhören. Bei jeder Antwort, die ich im Unterricht gab und die falsch war, fragte sie mich, ob ich einen Kühlakku brauchte.

Nach den beiden mehr oder weniger interessanten Französischstunden in unserem runtergekommenen Klassenraum klingelte es zur Pause. Im Rausgehen überlegte ich, wie viele Jugendliche wohl schon in diesem Raum gewesen waren und wie viele auf meinem Stuhl gesessen hatten und welche Spuren sie dort hinterlassen hatten. Schon etwas ekelig, weil ...

„Kommst du?" Ich wurde aus meinen Gedanken gerissen. Ich stand wohl etwas ungünstig in der Tür und Diva versuchte mich aus dem Weg zu räumen.

„Ähm ... ja, klar ...", sagte ich und folgte ihr, Milana, Debbie, Gwen, David und Bulldog in Richtung Schuleingang.

Während wir gemeinsam mit dem Pulk von Schülern hinuntergingen, hörte ich Svens und Jacks Getrampel durch das Treppenhaus hallen. Eigentlich war man als Schüler über jede Minute, die man außerhalb der Schule verbringen konnte, froh. Doch an unserer Schule galt die strickte Regel, dass alle Schüler in den Pausen das Gebäude verlassen mussten – und genau dagegen rebellierten Jack und Sven aus Prinzip. Das erklärte Ziel ihrer Pausen war es, sie im Gebäude zu verbringen, was hieß, dass man vor den Lehrerinnen und Lehrern flüchten musste – eine durchaus sportliche Beschäftigung. Denn gerade die jungen, die sich noch beweisen mussten, schleppten einen eingefangen Schüler gerne einmal zu unserem Schulleiter Herrn Hutzel. Die erlegte Beute nahm er dann ordentlich aus, während die erfolgreichen „Jäger" ein Lob einheimsten.

Mir war dieses Spiel mittlerweile etwas zu blöd geworden, weshalb ich mit den anderen schnurstracks zum Schuleingang ging. Wir bogen kurz vor der Zufahrt auf einen kleinen, gepflasterten Weg ab, und verließen somit das Schulgelände. Die kleine Seitenstraße war ein beliebter Schülertreff, gerade auch für Rauchende, für die an unserer Schule offiziell kein Platz mehr war und deren Sucht eigentlich nicht mehr toleriert wurde.

„Nein, leidtun wird kleingeschrieben", fuhr Gwen gerade Debbie an, die aber dafür plädierte, es groß zu schreiben.

Diva, Bulldog und mir war es relativ egal, wie es geschrieben wurde: Wir genossen unsere Zigaretten. Innerlich regte ich mich noch immer über die Rozier auf – wieso musste immer mir so etwas vor der ganzen Klasse passieren? Warum musste diese nervige Frau mit französischem Mann ausgerechnet mir ihre vermutlich ebenfalls französische Tasche gegen den Kopf knallen? Genervt stieß ich den Rauch aus meiner Nase aus.

Milana, die vielleicht ein kleines bisschen Rauch ins Gesicht bekommen hatte, hustete gekünstelt – aber anscheinend war ihr die Aussicht auf Passivrauchen lieber, als die Pause alleine zu verbringen. Ich verkniff mir meinen Kommentar und stellte etwas genervt fest, dass mir die Gespräche mit David fehlten, während die schlecht gelaunte Diva anscheinend über etwas nachdachte. Man erahnte, wie ihre Gehirnzellen nach zwei Stunden Unterricht endlich aktiviert und aus dem Tiefschlaf erweckt wurden.

„Ich habe ein neues Kurt Cobain-Poster", sagte sie dann an der Kippe ziehend.

„Das ist ja cool", antwortete Debbie prompt und ich fragte mich, ob sie überhaupt wusste, wer der Sänger war. Sie hatte mit solcher Musik keinerlei Berührungspunkte, während Diva derzeit alten Grunge-Alben verfallen zu sein schien.

„Wieso hat der sich eigentlich umgebracht?", fragte ich in die Runde.

„Wie *umgebracht*? Geht's noch? Er *wurde* umgebracht!", raunte mich Diva an.

„Warum zickst du mich denn schon wieder so an?", keifte ich zurück.

„Das sind doch alles nur Verschwörungstheorien von Fans, die nicht glauben können, dass ihr Idol ein Junkie war, der seinen Stoff nicht mal richtig dosieren konnte."

„Du hast doch keine Ahnung! Er …"

Und so ging das noch bis zum Ende der Pause weiter. Diva sagte etwas, ich antwortete, die anderen schwiegen, teils verblüfft, teils genervt, bis der Gong unserer Diskussion ein jähes Ende setzte.

Im Kollektiv, aber unterteilt in einzelne Grüppchen, gingen wir in unsere Klasse zurück, wo uns zwei weitere Stunden Deutsch bei dem etwas wunderlichen und ältlichen Herrn Rabenolt erwarteten.

Als wir auch diese beiden Unterrichtsstunden über die Besonderheiten der deutschen Rechtschreibung unbeschadet überstanden hatten, gingen wir vorbei an den kleinen Kindern, die auf einem gepflasterten Platz Fußball spielten, zu unserer selbst gegründeten Raucherecke in die kleine Seitenstraße. Dieses Mal stand im Gegensatz zur ersten Pause aber ein versöhnlicheres und eigentlich weniger streitanfälligeres Thema auf dem Plan.

„Kommt es mir nur so vor oder redest du in letzter Zeit ziemlich häufig mit Jack und Sven?", wollte Bulldog von Diva wissen. Wie immer fing Debbie grundlos an dumm zu grinsen, obwohl Diva noch nichts gesagt hatte.

„Das ist doch Koks. Alles wie immer. Aber weshalb willst du das eigentlich wissen?"

„Ich habe da halt was gehört ...", gab Bulldog zurück.

„Was? Von wem? Wer erzählt so was denn rum? Das darf doch nicht wahr sein!"

„Jetzt reg dich doch nicht so künstlich auf. Jede PR ist gute PR", entgegnete ich ihr säuerlich. Das war typisch Diva, denn insgeheim genoss sie es, wenn über sie geredet wurde.

„Komm, sei still", sagte David leise, aber gut verständlich zu mir.

„Hallo", gab ich zurück, „was bitte soll das? Wieso fällst du mir so in den Rücken?" Und es war still. Niemand sagte etwas. Okay, ich hatte es mal wieder geschafft. Es war klar, dass ich mal wieder der Buhmann sein würde in drei, zwei, eins ...

„Jonathon, halt doch mal die Klappe."

Und hatte ich recht? Jap, hatte ich. Es war seit Jahr und Tag immer das Gleiche. Bei jedem anderen ging es klar jemanden zurechtzuweisen, aber bei mir war es natürlich immer schlimm. Generell. Einmal diskutierten wir, was wir Freitagabend machen wollten. Ich machte den Vorschlag, wir könnten ja bei Diva zelten. Was durfte ich mir anhören? Was ich mir denn rausnehmen würde, über sie zu bestimmen und das, ohne sie gefragt zu haben, vorzuschlagen. Denn vielleicht wollte sie ja was mit *ihren* Leuten machen.

„Ach ja", schrie ich sie damals an, „dann geh doch mit *deinen* Leuten, viel Spaß mit *deinen* Leuten."

Damals ging ich. Genauso wie jetzt. Ich drückte meine Kippe aus, drehte mich auf dem nicht vorhandenen Absatz meiner Sneaker um und ging. Das war mir einfach zu blöd. Eigentlich hätte ich Davids Kommentar ignorieren können. Aber nein, nicht mit mir! Ich wollte mir so etwas nicht gefallen lassen. Und besonders nicht von den Menschen, die ich eigentlich so sehr mochte. Ich warf keinen Blick zurück, sondern ging geradeaus zum Schulgebäude. Auf meinem Weg dorthin schlug der Gong. Ich machte die Musik meines iPods an und ging im Pulk von geschätzten 200 Schülern die Treppe zu den Klassen hoch.

Um das unbeschadet zu überstehen, musste man vor allem sicher auf den Beinen stehen können, da sehr viele Unterstufler in einem Zehntklässer keine Respektsperson sahen. Gerade versuchte sich ein kleiner Junge mit ekelig fettigen Haaren im engen Treppenaufgang an mir vorbeizuschieben. Ich zog empört die Augenbrauen hoch und schüttelte den Kopf.

„Na du", hörte ich jemanden sagen. Sie hatte mir den Knopf aus dem Ohr gezogen. Mit ihrer ungewöhnlich tiefen Stimme lachte sie mir entgegen und lief neben mir her, den kleinen Jungen zur Seite schubsend. Dieser sah sie kurz an, blickte in ihre giftgrünen Augen, die der ihrer Schwester so ähnlich waren, kuschte und ging von nun an hinter uns. Neben mir stand Kim.

„Hi Jonathon, wie geht's denn so, was machst du denn so, hast du vielleicht Kris gesehen? Ach herrje, ist mein Kajal verschmiert?" Sie sprach schnell und laut. Kim war einfach ein Unikat.

„Nein", antwortete ich auf alle ihre Fragen gleichermaßen, da sie die ersten beiden Antworten eh nicht interessierten, sie fragte nur aus Höflichkeit und mir war es egal, wo Diva steckte. Außerdem war ihr Make-up okay.

„Na ja dann, mach's mal gut, gelle?" Locker und cool ließ sie sich in die Meute zurückfallen, während ich meinen Stöpsel wieder ins Ohr steckte.

Die Mathestunde begann und ich überlegte mir, warum ich mich mit meiner Clique, gerade auch mit Diva, immer wieder wegen Kleinigkeiten stritt. Kurt Cobain, die Meinung zu blöden Fragen, die eigentlich nicht mal eine Diskussionsgrundlage boten. Wenn wir die Weltwirtschaft reformieren oder den Hunger aus der Dritten Welt verbannen wollten – das wären Streit- und Diskussionsgrundlagen. Aber bei uns ging es um Bagatellen. Lag es vielleicht an mir? War es manchmal einfach besser, die Klappe zu halten und sich seinen Teil zu denken? So wie Jack, der neben mir saß. Mal wieder kritzelte er seinen Block mit den Namen seinen Lieblingsbands voll, wobei ich nur wenige dieser Punkbands kannte.

„Vier gewinnt?", flüsterte ich ihm zu und auf sein Nicken hin malte ich die Kästchen auf ein Blatt und wir erfreuten uns dieser willkommenen Abwechslung.

Neben uns döste Diva auf ihrem Tisch. Ihr blaues Kiffertuch (eigentlich dieser Palästinenser-Schal, der heißt bei uns nun mal Kiffertuch) benutze sie als Kopfkissen und ihre dunkelblonden Haare fielen links und rechts an ihrem Kopf zu einem weichen Vorhang herunter. Während ich am Gewinnen war, stellte unser Lehrer Diva eine Frage – „Die Wurzel aus 25 ist was, Kristeen?" –, die diese mit einem innigen Schnarcher beantwortete. Erst unser lautes und herzliches Lachen bewegte sie dazu, aufzuwachen und aufzublicken.

„Hm? Was ist denn? Darf ich mal aufs Klo?", fragte sie und rieb sich die Augen.

Lachend antwortete unser Lehrer: „Kristeen, in der Wurzel aus neun Minuten darfst du. Dann gongt es."

Kris nickte verwirrt und ließ ihren Kopf wieder auf ihr selbst erstelltes Kopfkissen sinken.

Nach sechs Stunden Schule war der Spuk nun endlich vorbei und ich lief, mangels anderer Alternativen, gemeinsam mit Jack und Sven den Berg zum Bahnhof hinunter.

„Ich habe mir das neue *World of Warcraft* gekauft."

„Na endlich. Dann können wir ja mal gemeinsam zocken. Was hat denn dein Laptop für eine Grafikkarte?"

Gut, an diesem Gespräch konnte ich mich nicht sonderlich beteiligen, aber immerhin war ich nicht allein.

„Hallooo", ertönte es plötzlich hinter uns. Es war Debbie. Mit diesem typisch dummen Debbie-Grinsen im Gesicht, mit knallroter, verschmierter Brille und den ungekämmten, strähnigen blonden Haaren drängelte sie sich zwischen Jack und mich.

„Wie geht's denn so?" Das war die typische *Wie geht's*-Frage im Kim-Stil, da sie die Antwort nicht im Geringsten interessierte.

„Wüsste nicht, was dich das angeht", sagte ich, doch Debbies Grinsen blieb standhaft.

„Trottel, dich mein ich doch gar nicht! Früher oder später holen dich sowieso die Freimaurer. Jacob! Also ich meine Jack, Jacob klingt sowieso so biblisch, das mögen die Freimauer bestimmt nicht ... Wo war ich? Ach so! Sag mal, wie findest du eigentlich Kris? Die ist doch soooo nett!"

„Wenn du es sagst", antwortete Jack lässig, beschleunigte seine Schritte, Sven und ich taten es ihm gleich, und wir ließen Debbie ohne eine vernünftige Antwort stehen.

Auf meiner Busfahrt von Burgweiler nach Stocklar, also gen Heimat, fiel mir wieder eine Theorie ein, von der ich am Wochenende gehört hatte: In einer Freundschaft ist immer eine Person superhübsch, wohingegen die andere superhässlich ist. Bestes Beispiel: Debbie und Diva. Doch da Debbie nur als eine Ja-Sagerin an Divas Seite diente, zählten die beiden vielleicht nicht wirklich.

Nächstes Beispiel: Milana und Gwen. Gwen top, Milana flop, gerade wegen ihrer ungepflegten, polangen Haaren und der verwaschenen Öko-Batik-Shirts, die sie immer trug.

Und David und ich? Wer war da handsome und wer war eher nicht so prickelnd? Wäre es eingebildet zu sagen, dass ich der Hübschere war oder einfach nur ehrlich? Was aber wohl noch wichtiger war: Waren wir überhaupt noch beste Freunde?

Nach den Hausaufgaben ging ich ins ICQ-Chatprogramm und stellte fest, dass Diva, Debbie, Bulldog und Gwen online waren. Etwas verwundert war ich aber, als mich Bulldog antextete:

Bulldog 01.09. 16:34 Uhr
Hallo! Na, alles klar bei dir? Hat sich das mit David und dir wieder eingerenkt?

John 01.09. 16:34 Uhr
Hey. Ja, soweit alles okay, bei dir? Nein, irgendwie noch nicht. Ich weiß nicht, was mit ihm ist.

Es war mir nicht bewusst gewesen, dass Bulldog sich für meine und Davids Freundschaft interessierte, was mich aber umso mehr freute. Immerhin war das Verhältnis von Bulldog und mir nicht immer so rosig gewesen. Er hatte es mir lange übel genommen, dass ich ihm David als besten Freund ausgespannt hatte.

Bulldog 01.09. 16:47 Uhr
Sieh das doch nicht so eng. Wird schon werden. Viel-
leicht braucht ihr auch mal etwas Pause voneinander.
Hier, ich muss mal wieder Hausaufgaben machen. Cu

Ich wartete noch einen Moment, hoffte, dass mich sonst noch irgendwer anschrieb – vergebens.

-- Kris --

Niemand war mehr hier in meinem Zimmer. Die Sonne ging unter, ich fuhr meinen PC herunter. Das Haus war ruhig. Meine Eltern schwiegen. War der letzte Streit gerade erst vorbei oder war es die Ruhe vor dem Sturm? Ich wusste es nicht. Aber ich genoss die Ruhe.

Ich saß am Schreibtisch und blickte nach draußen und sah alles in warme Farben getaucht. Wohin man schaute, Wärme. Die Blätter der Bäume, die Sonne, selbst die Straße schien zu glühen – nur ich hier in meinem Zimmer fühlte mich kalt.

Ich setzte mich vor den Spiegel und schminkte mich ab. Der schöne, große, in Holz gerahmte Klappspiegel zeigte mich, wie ich mich nicht sehen mochte. Mich, mein ungeliebtes Ich.

Der Spiegel zeigte mich – doch wer war ich? Die, die alle in mir sehen wollten? Worte waren nur Schall und Rauch, man konnte sie nach Belieben verändern. Genauso, wie ich mein Äußeres jederzeit anpassen konnte, waren auch meine Worte jederzeit veränderbar. Während ich gegenüber Debbie wohl eher herablassend cool war, konnte ich zu Kim immer offen und ehrlich sein. Vor anderen tat ich so, als würde mir alles nichts ausmachen, doch ich selbst zweifelte so oft an mir. An Diva. Allein dieser Spitzname, der mir einerseits schmeichelte, mich andererseits ankotzte. Das war nicht ich.

Denn mein wahres Ich, Kristeen Rose Fuchs, war nicht makellos. Der Busen zu klein, der Bauch zu dick, der Arsch zu platt und mein Gesicht zu rund. Alles mögliche Gründe für meine Jungfräulichkeit, auf die ich nicht wirklich stolz war, auch, wenn ich nach außen hin so tat.

In Momenten wie diesen sehnte ich mich nach jemandem, der immer für mich da war, den ich anrufen konnte, wann immer ich wollte. Der mich liebte, wie ich war.

Aber eine solche Person gab es so für mich nicht. Ich zog mich um, machte das Licht aus und legte mich ins Bett. Dort kuschelte ich mich tief in meine Decke, bis ich endlich einschlief.

2

TALK

-- Johnathon --

In der nächsten Woche blieb alles beim Alten. Na ja, nicht alles. Ich fand noch immer, dass David sich anders verhielt als sonst, was aber mittlerweile fast schon das neue Normal war. Mit Diva hingegen war soweit alles okay, gestern sind wir sogar mal zusammen den Weg zur Schule hochgelaufen. Ich bin einfach mal ganz dreist zu ihr gegangen und habe sie dann den Weg über vollgelabert.

„Hast du schon das von Gwen und Bulldog gehört?"

Ich blickte sie fragend an und ließ es mir dabei nicht nehmen, tief in ihre grünen Augen zu blicken.

„Milana hat gesagt, dass die beiden sau viel miteinander chatten und sogar dann und wann telefonieren."

„Denkst du, Gwen will was von ihm?"

Sie zuckte mit den Schultern. „Wer weiß das schon."

Ja, wer weiß das schon. Wer wusste, warum Diva plötzlich so nett zu mir war? Nicht, dass sie mich sonst gehasst hätte, aber es war immer eine gewisse Distanz zwischen uns gewesen, die auch heute noch nicht verschwunden war, aber ich hatte das Gefühl, so langsam zu ihr durchzudringen. Und so konnte ich auch mal ein wenig mit ihr über David reden.

„Ich weiß nicht, was er hat." Aha, sie stimmte also zu, dass er irgendwas hatte. „Aber keine Ahnung, frag ihn doch mal selbst."

„Toll, darauf bin ich auch schon gekommen", dachte ich mir und ließ das Thema bleiben.

„Danke übrigens, dass du mir gestern die Hausaufgaben gesagt hast." Ich musste lächeln. Ja, manchmal war es praktisch, ein kleiner Streber zu sein.

Wir beide bogen rechts vor der Schule ab, gingen in die Seitenstraße und steckten uns noch eine Zigarette an.

„Wie viel Zeit haben wir denn noch?", fragte sie mich, und bevor ich selbst auf meine Uhr blicken konnte, hatte sie, als wäre es das Normalste von der Welt, mein Handgelenk ergriffen und selbst auf die Uhr geblickt.

Mich irritierte dieser Harmoniekurs schon etwas, auch wenn ich versuchte, es mir nicht anmerken zu lassen. Ich war es einfach nicht gewohnt, dass sie nett zu mir war. Vielleicht war selbst auch Diva nur ein Mensch, der dies ab und an mal zeigen wollte und musste.

Egal!

Ich hatte mir vorgenommen, diese Friedenspolitik bis nach Malta beizubehalten. Denn unsere Klassenfahrt (nur noch zwei Wochen!) war schon seit dem letzten Schuljahr beschlossene Sache. Ebenso, dass ich mit Jack und David auf einem Zimmer sein würde. Was vor allem deswegen problematisch werden würde, da keiner wusste, was uns dort erwarten würde und zwischen David und mir noch immer Streit in der Luft lag.

Mein Spiel auf Zeit und mein Warten auf einen ersten Schritt von seiner Seite brachte nicht den erwünschten Erfolg und so langsam kotzte mich das Ganze echt an. Ich hatte fast zwei Jahre gebraucht, um ihn als meinen besten Freund zu gewinnen und nun redeten wir nicht mehr miteinander. Nutznießer war Bulldog, der früher das David-Monopol innehatte. Unweigerlich musste ich an seine Frage denken, ob sich die Sache mit David wieder eingerenkt hatte. Ich bezweifelte, dass ihm eine Versöhnung gefallen würde, und war mir fast sicher, dass seine Frage egoistischer Natur gewesen war.

Wie auch immer: Auf meiner *vor Malta*-Agenda stand nun ganz oben: *Mit David reden.* Also beschloss ich, nach einem guten Schultag wie heute, bei ihm anzurufen und das alles zu klären. Und so komisch es sich anhörte: Der heutige Unterricht hatte mich überzeugt, dass ich es tun musste. In Herrn Althaus' Englischunterricht sollten wir den Text des Songs *Talk* von Coldplay heraushören. Da hieß es unter anderem: *I'm so scared about the future and I wanna talk to you.*

Denn hatte nicht jeder irgendwo Angst vor der Zukunft und vor dem, was kommen würde? Und waren es dann nicht die Freunde, die einem halfen?

Der Abflugtermin war zwar erst in zwei Wochen, doch ich hatte mir für das neue Schuljahr vorgenommen, Sachen nicht mehr lange vor mir herzuschieben, denn wer bitte schön war ich, um mich vor einer Auseinandersetzung zu drücken? Also rief ich die altbekannte Nummer an.

Seine Mutter ging ans Telefon.

„Hallo Johnathon. Tut mir leid, David ist gerade bei Graham. Soll ich ihm was ausrichten?"

„Ähm, ja. Wenn er da ist: Könnte er mich bitte schnellstmöglich zurückrufen? Ist wichtig."

„Aber klar doch. Ich leg ihm einen Zettel hin. Tschüss."

Das war doch klar, oder? Genau jetzt, wo ich ihn sprechen wollte, war er bei Bulldog. Ich stolzer Dummkopf! David war nun mal eher zurückhaltend, er würde bei solchen Sachen nie einfach auf mich zugehen. Ich kannte ihn doch gut und lang genug, um zu wissen, wie er war.

An und für sich war aber genau diese Situation typisch für mich: Ich baute mir irgendetwas auf, um es kurz darauf wieder kaputt zu machen. Denn in solchen Moment kam dann mein fast schon notorisches Pech hinzu: Entweder würde seine Mutter vergessen, ihm den Zettel zu schreiben, er würde ihn übersehen oder er würde keine Lust haben, mich anzurufen.

Um mich etwas abzulenken und mir nicht weiter den Kopf zu zerbrechen, verbrachte ich den Nachmittag mit lernen und lesen, was ja immerhin meiner Bildung zugutekam. Da auch der heutige Fernsehabend nicht vielversprechend war, legte ich mich schon um neun Uhr hin, da ich mit Davids Anruf nicht mehr rechnete und dann morgen in der Schule mit ihm reden wollte. In meine Gedanken versunken wälzte ich mich von der einen auf die andere Seite, dachte darüber nach, was ich in den nächsten Tagen noch zu tun hatte und ... plötzlich klingelte mein Handy. Leicht überfordert tastete ich nach dem Annahme-Knopf.

„Ja?"

„Moin", antwortete mir David, „hast du schon gepennt?"

„Nein, noch nicht."

„Sorry, ich war bei Bulldog. Was gibt's denn so Dringendes?" Er hörte sich ziemlich normal an, wirkte aber ungeduldig.

„Also, ich wollte über uns reden. Ich denk mal, so wie's im Moment läuft, gefällt's dir auch nicht, oder?"

„Also, ich weiß ja nicht, aber ich glaub, du siehst mal wieder Probleme, wo keine sind."

Ich war verblüfft. Hatte ich mir nur eingebildet, dass er mich ignorierte und sich distanziert verhielt? Trotz allem ließ ich nicht locker.

„Aber, wieso hast du dich dann neben Bulldog gesetzt?"

„Ach, daher weht der Wind."

Ich hatte die sonderbare Eigenschaft, immer dann, wenn wir etwas Streit hatten, zu behaupten, dass er Bulldog sowieso viel mehr vertraute und mich ja gar nicht wirklich mochte. Ja, mein Ego war manchmal in etwa so groß wie ein Staubkorn, und wenn dann ein kleiner Windstoß kam, geriet es ganz schön ins Flattern. Und da war es für mich fast schon ehrenrührig, wenn David sich gegen mich entschied – selbst wenn es nur um die Platzwahl im Unterricht ging. Tja, und da er das nur zu genüge kannte, hatte er mich dieses Mal schnell durchschaut.

„Ich hatte das so spontan gemacht. Ich kam doch zu spät in die Klasse und Bulldog hatte mich gerade zu sich gewinkt. Es tut mir leid, wenn du das falsch verstanden hast."

„Okay", sagte ich zögernd, „aber du hast mich auch in der Pause so blöd angemacht. Weißt du noch? Wegen der PR-Sache."

Stille in der Leitung.

Dann: „Ach so. Ich hatte einfach keine Lust auf Streit."

„Den gab es dann aber trotzdem", antwortete ich trotzig. Er lachte und ich stimmte ein. „Also ist alles gut?", fragte ich vorsichtig.

„So kann man es sagen." Natürlich war ich irritiert, dass angeblich alles okay war, auch wenn ich das nicht glaubte. Aber vielleicht war ja wirklich alles gut?

„Freunde?", fragte ich in den Hörer und in die Stille hinein.

„Beste", gab er zurück und der Tag mitsamt unserer Freundschaft war mal wieder gerettet. Nach diesem klärenden Teil folgte das übliche „Erzähl mal was" von mir.

„Okay, ich weiß was, das ich keinem sagen darf. Niemandem."

„Ich bin niemand", entgegnete ich lachend.

„Bulldog hat mir eben gesagt, dass er in Gwen verliebt ist."

„Ist nicht wahr! Erzähl!" Unser Telefonat dauerte eine Stunde. Danach schlief ich beruhigt ein.

3

I'M SO EXCITED

-- *Johnathon* --

Am Tag nach meiner notwendigen Aussprache mit David fuhr ich mit dem Fahrrad nach Birkenheim, meinem Nachbarort, um bei der Sparkasse Geld zu holen. Ich hasste beides: Fahrrad fahren und mein Erspartes für Neuanschaffungen zu kürzen – auch, wenn es für etwas Sinnvolles war. Ich brauchte unbedingt noch ein paar neue Klamotten für Malta.

Gerade betrat ich die Filiale, da entdeckte ich vor dem Schalter Emily mit ihrem Freund Toni. „Hey", begrüßte ich beide und blickte in Emilys freundliches Gesicht mit den blauen Augen und der etwas zu großen Nase und in Tonis eher verdutzt dreinblickende Visage.

„Johnathon! Was machst du denn hier?"

„Geld holen. Naheliegend, oder?" Toni ignorierte mich vollends, tat so, als würde Emily mit Luft reden. Ich wusste zwar nicht, warum, aber es war nichts Neues: Bei jedem Treffen mit den Leuten aus Birkenheim wurde ich von ihm geschnitten.

„Und wofür brauchst du das Geld?" Ich nickte zu den dreißig Euro, die sie gerade entgegennahm.

„Ach, Elias, Zoe und wir wollen heute Abend Pizza essen gehen. Willst du ... ähm ... mitkommen?" Etwas verlegen blickte sie Toni an, der noch immer keine Miene verzog.

„Nein, aber danke."

„Gut, also wir sind dann mal weg. Bis bald!"

„Euch viel Spaß!"

Als sie an mir vorbeiging, winkte sie mir noch mal kurz zu, wohingegen Toni mich weiterhin keines Blickes würdigte.

Auch, wenn man es meinen könnte, so stand ich den Leuten aus Birkenheim trotz der lokalen Nachbarschaft nicht sonderlich nahe. Für mich gab es mit ihnen keine richtigen Freundschaften, sondern eher gute Bekanntschaften. Elias beispielsweise kannte ich primär von Emilys Geburtstagsfeiern. Emily hingegen kannte ich schon etwas länger, sie hatte ich über eine entfernte Freundin von Debbie kennengelernt, genauso wie Zoe. Mit beiden verstand ich mich in letzter Zeit wirklich gut, wir schrieben uns ab und an, aber gerade Tonis abweisende Art verhinderte, dass ich zu der Clique eine Freundschaft aufbauen konnte.

Sie besuchten nicht mein Gymnasium, sondern eine Realschule, waren zudem auch ein Jahr jünger als ich, und so hielten sich die Begegnungen im echten Leben im Rahmen.

Bei den Leuten aus meiner Schule war es anders. Ich sah sie täglich, sie kannten mich und meine Eigenarten und ich ihre. Das schweißte mehr zusammen als räumliche Nähe. Gemeinsam hatten wir seit den Sommerferien fünf Wochen Schule hinter uns gebracht. Fünf Wochen, in denen wir sechs Arbeiten geschrieben hatten, mindestens 180 Stunden in der Schule gewesen waren und ich fünf Füllerpatronen verschrieben hatte.

Doch es gab einen Tag, auf den ich mich seit Wochen freute und ihn herbeisehnte, ein Ziel, auf das ich hinarbeitete: einen Montag, mitten im September. Für andere ein gewöhnlicher Tag, für unsere Klasse aber etwas Besonderes. Es war der Montag, der ROT in meinem Kalender umkreist war. Es war der Montag, auf den sich die ganze

Klasse gefreut hatte. Es war der Montag, an dem die Klassenfahrt losging!

Der Morgen begann ruhig, ich lungerte gerade mit einer Schüssel Cornflakes mit Milch vorm Fernseher rum – vollkommen ungestylet, weshalb meine dunkelaschblonden Haare in alle Richtungen abstanden. Ein kurzer Blick auf die Uhr verriet mir: kurz nach zehn Uhr. Noch viel Zeit und eigentlich war alles gepackt. Doch wie Gwen so schön sagte, war ich ein Kontrollfreak und so kontrollierte ich meinen Koffer abermals. Von acht T-Shirts in allen erdenklichen Farben bis hin zur Nagelschere war alles verstaut – mir fiel nichts ein, was ich vergessen hatte.

Selbst mein Tagebuch für spontane Einfälle und wichtige Erinnerungen lag in meiner Reisetasche, die, wie von meiner Mutter befohlen, auch eine Regenjacke beinhaltete (was ich für recht schwachsinnig hielt, da die Temperatur auf Malta auch im Herbst um die 25°C lag. Aber, was tat man nicht alles dafür, dass sich die eigene Mutter gut fühlte?). Der unschöne, aber laut Mama praktische Brustbeutel mit der Maltesischen Lira lag auf meinem Schreibtisch neben meiner Uhr, dem Handy und dem iPod, und wartete mit ihnen darauf, vor der Abreise in meiner Hosentasche beziehungsweise um mein Handgelenk platziert zu werden.

Wie ich somit befriedig feststellen durfte, hatte ich an alles gedacht: Alles war eingepackt oder wartete nur darauf, dass es endlich losging. Doch wie üblich ergriff mich irgendwann die Aufregung. Ein untrügliches Zeichen dafür war, dass mein Magen sich drehte. Zwar versuchte ich mich mit Fernsehen abzulenken, aber mit den Gedanken war ich ganz woanders. Was, wenn das Flugzeug abstürzte? Was, wenn ich mich mit Jack und David zoffen würde? Ich war immerhin auf einem Zimmer mit den beiden. Würde ich dann auf der Couch pennen müssen? Was, wenn einem

Familienmitglied etwas passierte, während ich auf Malta war?

Auch dies war typisch für mich: Ich wog alle Entscheidungen und Eventualitäten sorgfältig, fast schon übertrieben, ab und verrannte mich in skurrilsten Ideen. In Gedanken versunken (wo waren im Flugzeug denn immer die Rettungswesten?) musste ich feststellen, dass wir bereits elf Uhr hatten. Zeit, duschen zu gehen.

Alle Versuche, die Zeit totzuschlagen, scheiterten. Während ich mich nach dem Duschen auf meinem Drehstuhl sinnlos um meine eigene Achse drehte, überlegte ich, wann ich endlich in der warmen Armen der sonnigen Insel Malta lag.

In drei Stunden würden wir bei mir zu Hause losfahren, um 15:00 Uhr war Abfahrt mit dem Bus in Burgweiler, Abflug um 19:50 Uhr.

Noch viel zu lange warten.

Um Punkt Viertel vor drei stand ich am Bus. Ich gesellte mich zu Gwen und Bulldog, die schon am Treffpunkt standen, ihre Koffer neben sich. Bulldog nickte ich kurz zu, Gwen begrüßten ich mit einer kurzen Umarmung und sofort erzählte sie mir, dass sie vergessen hatte, den Föhn (wichtig, wenn man in ein Land fliegt, in dem es generell 30 Grad warm ist) einzupacken und der Koffer trotz allem 21 Kilo wog. Somit leider eins zu viel, denn laut Fluggesellschaft durfte er 20 Kilo wiegen, sonst war ein Aufpreis fällig. So etwas war typisch Gwen, die vor mir in einer langen blauen Jeans und einem schwarzen Pulli stand, was, wie ich fand, auch ein wenig zu warm war.

Bulldog hingegen, dem sie immerzu ein komisches Grinsen zuwarf, trug ein gelbes T-Shirt zur blauen Jeans (und falls es jemand interessierte: beides war von Tommy Hilfiger. Die Chestnuts hatten's ja. Dank des englischen Großvaters. Mich würde ja mal interessieren, womit er anno dazumal Geld verdient hatte. Kondome? Schuhkartons? Bier? Ich sollte das bei Gelegenheit mal googlen).

Während Gwen ihre Haarfarbe analysierte, die laut ihrer Aussage im Sommer eher blond, im Winter eher rötlich war, kamen langsam mehr und mehr Klassenkameraden mit den dazugehörigen Eltern zum Treffpunkt, darunter auch Jack, Sven und Milana. Diese, wie auch David, stellten sich zu unserer Kleingruppe.

„Hi", begrüßte mich David.

Nachdem alle, auch Diva, aufgetaucht waren, erschien unser Klassen- und Englischlehrer Herr Althaus gemeinsam mit einem recht unscheinbaren Mädel, das nicht in unsere Klasse gehörte.

Ilsa, unsere Betreuerin, sah aus wie 17, und genau das war sie auch. Kaum zwei Jahre älter als wir wollte sie uns auf Malta als Herrn Althaus Lieblingsschülerin den Marsch blasen. Super Idee. Einen fetten Trolli hinter sich herziehend kam sie mit einem schmalen Lächeln auf den noch schmaleren Lippen auf unsere Gruppe zu.

Ihre grellroten Dreiviertel-Hosen und ihr orangefarbenes Top, die sich wunderbar mit ihrem blond gefärbten Haar stachen, ließen mich ernsthaft an der Reife der Dame zweifeln. Ab einem gewissen Alter sollte man, in meinen Augen, auch für so was ein Händchen haben.

„Folks, ihr kennt die Regel. Kein Alkohol. Keine Zigaretten. Keine Drogen. Denkt nicht mal daran." Nickend erwiderten wir Herrn Althaus letzte Hinweise, bevor wir in den Bus stiegen, was nicht hieß, dass wir uns daran halten würden.

Endlich ging es los. David und ich verstanden uns zwar wieder, aber da der Bus groß genug war, konnte jeder zwei Plätze einnehmen, er saß somit hinter mir.

Außerdem waren wir übereingekommen, dass wir schon sehr bald eng genug aufeinander hängen würden – im Bus war somit noch Schonfrist angesagt.

Vor mir saßen Jack und Sven. Links von mir Diva und Debbie, vor ihnen Milana und Jenny. Und – welch Zufall – Bulldog und Gwen hatten eine Interessengemeinschaft gebildet und saßen auch nebeneinander.

„Hey, Bulldog, neben mir ist auch frei. Willst du zu mir kommen?" Ich konnte fast erahnen, dass er einen Grund hatte, dankend abzulehnen. Die Gerüchte, die ich bereits gehört hatte, schienen sich zu erhärten.

„Nein, Kris, wirklich! Es gibt keinen Karl den Großen! Die haben einfach 300 Jahre der Geschichte erfunden, ziemlich genau von 614 bis 911 und ..." Ich fragte mich, wie Diva das aushielt. Spielte ihr Kopf, wenn Debbie redete, einfach die Tetris-Melodie ab?

Auch wenn es dieses Mal nicht um Aliens oder Freimaurer ging, wollte ich mir ihr Verschwörungstheorie-Palaver nicht anhören und steckte mir meine iPod-Stöpsel ins Ohr, als mein Handy vibrierte. Es war Zoe, die mir einen guten Flug wünschte.

-- Gwen --

Ach, war das schön. Endlich saßen wir beide nebeneinander. Seit knapp einer Woche spürte ich in seiner Gegenwart immer ein Kribbeln im Bauch. Wir hatten uns dann auch mal im ICQ geschrieben und gestern hatte er mir sogar eine Gutenacht-SMS geschickt: *Du bist mir sau wichtig, Gwen. Ich glaube, ich liebe dich.*

Ich hatte gleich Milana angerufen und mich ihr anvertraut. „Lass ihn erst mal zappeln und schreib ihm nicht gleich zurück. Männer stehen auf so was", hatte sie mir geraten.

Um ehrlich zu sein, hatte ich schon erwartet, dass sie auch mal nach meinen Gefühlen fragen würde. Aber was hätte ich ihr schon antworten sollen? Ich wusste ja selbst nicht genau, was ich fühlte. Oder wusste ich es doch und wollte mir es nur nicht eingestehen, weil er schon einmal mit Milana (okay, damals in der siebten Klasse) und mit Diva (Anfang der neunten Klasse) zusammen gewesen war und ich nicht das nächste Intermezzo sein wollte?

Ich seufzte. Und genau in diesem Moment nahm er meine Hand und schenkte mir dieses unwiderstehliche Lächeln, das mein kleines Herz wie Wachs zerfließen ließ.

-- Johnathon --

„Johnathon", rief mich Diva, „komm mal her!"

„Ich sitze fast neben dir. Was ist denn los?", fragte ich leicht sauer, weil ich kurz meine Ruhe haben wollte.

„Das kann ich dir aber leider nicht so laut sagen. Komm doch einfach mal her."

Zwar war es verboten, im Bus zu stehen, aber Herr Althaus war im Moment sowieso eher mit Ilsa als mit uns beschäftigt und somit stellte ich mich in den Mittelgang und beugte mich zu Diva herunter.

„Geht da was zwischen den beiden?", wollte sie auf Gwen und Bulldog zeigend wissen.

„Frag sie doch", antwortete ich etwas bissig und fügte schulterzuckend etwas versöhnlicher hinzu: „Die beiden sind doch alt genug."

„Aber denkst du nicht, dass er", sie sprach mir immer noch ins Ohr, zögerte aber nun für einen Moment, „sie nur ausnutzen will?"

Ich beugte mich zurück und musterte sie kurz.

Immerhin war auch sie mit Bulldog zusammen gewesen und was das Ausnutzen anging, kannte sie sich doch aus.

Denn Debbie war für sie auch nicht mehr als ein Spielzeug.

„Frag ihn doch", gab ich knapp zurück, ließ mich wieder auf meinen Platz fallen und schon ertönte Herrn Althaus' Stimme: „Folks, in fünf Minuten sind wir da. Let's get ready!"

Als wir dann endlich am Flughafen waren und vor unserem Schalter standen, hatten wir das erste Gespräch mit Ilsa. Einerseits versuchte sie, sich gut mit uns zu stellen, andererseits war sie Herrn Althaus' Lieblingsschülerin und Vertrauensperson, was sie uns auch spüren ließ. Ilsa erzählte uns, um mit uns warm zu werden, von ihrem Privatleben.

„Mein Freund, also der Finn, ist leider zu Hause. Finde ich irgendwie schade, denn wisst ihr, ich habe ja während eurer Klassenfahrt Geburtstag. Aber wenn Herr Althaus mich so nett fragt, kann ich ja auch nicht Nein sagen, oder? Der Unterricht, also der ist ja so toll bei ihm", schwärmte sie und innerlich schüttelte ich beständig mit dem Kopf.

Ich war mir ziemlich sicher, dass in Divas und Bulldogs Kopf Ähnliches vorging wie in meinem. Doch Debbie und Milana, für die Pubertät noch immer ein biologischer Terminus fernab ihrer Lebenswelt war, schienen jedes Wort wie ein Schwamm aufzusaugen.

Denn weiter sagte Ilsa: „Ich finde auch, man muss keinen Alkohol trinken. Gerade am 18. gibt es doch tollere Sachen, als sich volllaufen zu lassen, oder?"

Milana und Debbie nickten eifrig und es wurde noch besser: „Und ich finde auch gut, dass ihr nicht rauchen dürft. Wisst ihr, wie ekelig das ist? Keiner meiner Freundinnen oder Freunde raucht und darüber bin ich auch sehr froh."

Ich fragte mich, ob sie überhaupt welche hatte, immerhin fuhr sie über ihren 18. Geburtstag mit uns auf Klassenfahrt. Herr Althaus müsste mir mindestens eine Eins plus in Englisch geben, um dies freiwillig zu tun.

„Ja, das mit dem Rauchen finde ich auch schlimm. Wie sinnlos die Leute ihre Gesundheit riskieren. Vollkommen kindisch!", sagte Milana und lieferte Ilsa eine Steilvorlage.

„Jetzt mal unter uns und ganz diskret: Wer raucht denn von euch?"

Milana, eine mehr als engagierte Nichtraucherin (und, wie man in dem Moment denken konnte, eine überzeugte Nicht-Hirn-Benutzerin) singsangte sogleich: „Bulldog, Kris und Johnathon."

Am besten hätten wir uns noch mit einem bunt leuchtenden Schild *Ich rauche, aber sag es bitte nicht weiter* und mit Fähnchen winkend vor sie hingestellt.

Ich hoffte nun, dass sie nicht wusste, wer ich war, und nickte brav. Immerhin war es gut möglich, dass wir sie als Wachhund nun rund um die Uhr an unserer Seite hatten und jeder Fehltritt Herrn Althaus mitgeteilt wurde.

„Du bist Johnathon, oder?" Ilsa blickte mir tief in die Augen, während ich baff vor ihr stand.

Des Rätsels Lösung war: Herr Althaus hatte ihr unser Klassenfoto gegeben und unsere Namen dazu geschrieben. Und als vorbildliche Schülerin hatte sie diese fleißig gelernt.

Diva, Bulldog und ich waren gleichermaßen verwirrt und in eine Art Schockstarre gefallen.

„Ach kommt", sagte Ilsa dann, „vielleicht könnt ihr ja mit Herrn Althaus eine Wette machen und alle mit dem Rauchen aufhören."

Dann bewerfen wir uns mit Wattebäuschen und alles wird gut. Ich stand sprachlos vor ihr.

„Was ist denn hier los?" Da kam er, als hätte man ihn gerufen. Herr Althaus, sein schütteres Haar akkurat gescheitelt, stand grinsend vor uns. Ich war mir nicht sicher, ob er nicht die ganze Zeit gelauscht hatte und Bescheid wusste.

„Nichts", gab Ilsa grinsend zurück und auch Debbie und Milana trugen diesen süffisanten Ausdruck im Gesicht. Kris, Bulldog und ich konnten uns hingegen nur ein spärliches Grinsen abringen. Kopfschüttelnd suchte ich das Weite und ging zu Gwen. Sie saß alleine auf ihrem Koffer (ebenso wie David, der Musik hörte) und starrte auf den Boden. Ihre rotblonden Haare verdeckten ihre Augen, doch ich spürte, dass irgendwas mit ihr los war.

„Alles okay?", fragte ich sie.

„Johnathon, ich habe solche Angst."

„Wovor denn?"

„Vorm Fliegen."

Das war so etwa das Schlimmste, was in diesem Moment passieren konnte.

„Weiß das Herr Althaus?"

„Nein, natürlich nicht. Wie steh ich dann denn da?"

„Wie eine, die eine Phobie hat?"

„Genau", gab sie trotzig zurück.

„Ja und? Wo ist denn das Problem? Andere Leute haben Angst vor Spinnen, du vorm Fliegen. Ist doch nicht schlimm."

„Ich bin einmal geflogen. Mit meinen Eltern. Und habe alles vollgekotzt."

„Pass auf, ich geh jetzt zu Herrn Althaus, dann können wir beraten, was wir machen."

Noch bevor der Satz meinen Mund vollständig verlassen hatte, hatte ich mich in Richtung Lehrkörper umgedreht. Gwen, wie ich dann später von David erzählt bekommen sollte, wollte mir nachlaufen, aber sie fiel über einen Koffer. Ich war kurz vor Herrn Althaus, als ich einen dumpfen Knall hörte. Sofort drehte ich mich um. Gwen lag am Boden. Ich rannte wie alle anderen auch gleich zu ihr hin und sah, dass sie sich ihren Kopf hielt. „Alles okay?", wollte ich sofort von ihr wissen. Sie nuschelte ein „Ja" während eine Dame in einem Malta Airline-Kostüm rief: „You can now check in to Malta Airline."

Gwen, leichenblass mit einer dicken Beule auf der Stirn, saß am Fensterplatz im Flugzeug, ich in die Mitte, David am Gang. Ilsa hatte (als Schulsanitäterin sah sie sich anscheinend auf einer Stufe mit einer richtigen Ärztin) diagnostiziert, dass es sich nicht um eine Gehirnerschütterung handelte, obwohl Gwen ab und an unverständliche Worte vor sich hinbrabbelte.

Vor Herrn Althaus hatte ich darauf bestanden, dass ich sie in meine Obhut nahm, da neben ihm kein Platz mehr frei war. Bulldog hatte dies etwas murrend hingenommen, aber nichts gesagt. Ich war mir nicht sicher, ob es nur die indirekten Schuldgefühle waren, die für meine Fürsorge verantwortlich waren. Vielleicht wollte ich Bulldog einfach nur eines auswischen, denn mittlerweile war ich etwas unsicher, ob er und Gwen wirklich so gut zusammenpassten.

„Wir rollen", flüsterte David in meine Richtung und warf Gwen einen skeptischen Blick zu. Sie lag an die Seitenwand gelehnt, hatte die Augen geschlossen und schien zu schlafen. Die Motoren drehten auf, die Schnauze hob sich und langsam glitten wir in die Luft empor.

„Schläft Gwen?", flüsterte Diva von der Reihe vor uns und ich nickte. „Hast du gesehen, was Ilsa anhat?"

„Ja! Schrecklich!", stimmte ich Diva zu.

Debbie, die in Ilsa eine neue Freundin zu sehen schien, widersprach vehement, was nicht nur mich, sondern auch Diva verwunderte. Seit wann wagte es Debbie, ihrer besten Freundin Widerrede zu leisten?

Glücklicherweise traten die Saftschubsen (auch *Flight Attendants* genannt) auf den Plan und verhinderten eine Eskalation. Eine etwas stämmigere Dame fragte mich mit kraftvoller Stimme: „May I serve you a drink?", was Gwen aufweckte.

„Wo bin ich?", fragte sie leicht nuschelnd, rieb sich die Augen und blickte sich um. Es dauerte einen Moment, bis sie zu registrieren schien, dass wir in einem fliegenden Objekt saßen. Schockiert starrte sie mich an, ich nickte zögerlich.

„Hiiiiiilllfeeeeeeeee!"

Ich wusste nicht, ob der Schrei mir galt, da ich genau neben ihr saß, oder ob er durch die Tatsache, dass wir in der Luft waren, zu begründen war.

Wir schienen dadurch jedenfalls sogleich das Showhighlight des Flugs geworden zu sein: Eine um sich schlagende und schreiende Gwen zog die Aufmerksamkeit der im Abteil Sitzenden auf sich und weder ich noch die Saftschubsen vermochten sie zunächst zu beruhigen. Erst Diva, die nach Gwens Hand griff und gebetsmühlenartig „Wir sind gleich da, alles läuft super, keine Angst" herunterleierte, konnte die den Tränen nahe Gwen beruhigen.

„She's got flightpanic", sagte ich dann zu den immer noch starrenden Leuten und bat sie mit meinem bösen Blick, sich bitte wieder um sich selbst zu kümmern. Herr Althaus, der den Schrei zwar gehört hatte, aber davon ausging, dass wir das alleine hinbekommen würden, würde mir später sagen, dass es „fear of flying" hieß.

4

CRAZY IN LOVE [?]

-- Graham --

Dieser Johnathon war die Dreistigkeit in Person! Setzte sich einfach neben meine Gwen! Aber egal. Er hat seinen Zweck wohl erfüllt.

David hatte ihm bestimmt von meinen vagen Gefühlsregungen erzählt. David ist so ein Fall für sich. Eine Flachschippe ist er! Wenn ich gewollt hätte, dann wäre er nie im Leben mit John besser befreundet als mit mir. Aber wofür brauchte ich ihn dann noch, wenn ich wieder eine Freundin hatte? Das wäre ja nur unnötiger Ballast! Nein, sobald Gwen mein war, würde sie es für immer bleiben.

Ich hatte das schon geschickt geplant: Als Johnathon und David mal wieder einen dieser sinnlosen Dispute hatten, hatte ich die Chance genutzt, und David am ersten Schultag zu mir geholt, um das Band zwischen den beiden weiter einreißen zu lassen. Der zweite Schritt war dann soweit ganz einfach gewesen. Ich traf mich mit David, was Johnathon früher oder später mitbekommen sollte, auch, wenn mich die tatsächliche Geschwindigkeit etwas überrascht hatte. Klar war dann, dass Johnathon mein *Werben* um David nicht kommentarlos hinnehmen und sich mit David aussprechen wollen würde.

Um das Vertrauen wieder herzustellen, würden die beiden sich gegenseitig mit Freundschaftsbeweisen zumüllen. David würde ihm bestimmt im Vertrauen erzählen, wie sehr ich Gwen liebte. Und John würde es weitererzählen, bis es irgendwann bei Gwen ankäme. Er saß jetzt immerhin fast zwei Flugstunden neben ihr, da konnte er das doch mal am Rande erwähnen.

Ich selbst hatte mir diesen üblen Flug neben Milana ebenfalls zu nutzen gemacht. Falls nämlich meine kleine stille Post noch nicht bei Gwen angekommen war, würde sie es mit Sicherheit durch ihren nervigen Wachhund Milana erfahren. Nachdem wir gestartet waren und Gwen herzzerreißend geschrien hatte, hatte ich angefangen zu schluchzen.

„Was ist denn los?", hatte Milana gefragt und ich konnte mit meinen schauspielerischen Qualitäten auftrumpfen. Na ja, auf jeden Fall hatte sie mir meine auf Soap-Niveau gehaltene Darbietung überzeugt und meine Bitte, meine Gefühle niemandem mitzuteilen, nahm sie nickend zur Kenntnis.

Bis heute Abend würden es alle wissen.

Nachdem wir endlich aus diesem erbärmlich kleinen und stickigen Flughafen draußen waren, stand ich vor etwas noch Armseligerem – einem maltesischen Bus. Trotz der Dunkelheit konnte ich die grelle, gelbe Farbe der Busse erkennen.

Wie auch immer, ich setzte mich hinter Gwen und Johnathon – und als Milana dann an mir vorbei ging, um sich weiter hinten in den Bus zu setzen, verzog ich das Gesicht nochmals traurig und schaute mitleidserregend in ihre Richtung.

Spätestens jetzt würde die ganze Klasse von meiner ach so großen Liebe erfahren.

-- Johnathon --

Seit ich mit Gwen im Arm aus dem Flugzeug gestiegen war, waren fünf Leute zu mir gerannt, um mir zu ins Ohr zu flüstern, dass Bulldog nach Gwens Schreien geheult hatte, weil er sie so lieben würde. Ob sie es denn schon wüsste und so weiter.

„Ich glaube, Gwen hat derzeit andere Sorgen. Es reicht, wenn sie es morgen erfährt", erklärte ich jedem Einzelnen aufs Neue.

David, der noch im Gang des Busses stand, blickte mich kurz fragend an, bevor er sich wortlos neben Bulldog setzte und der klapprige Bus ins Rollen kam. Wie alle anderen starrte auch ich aus dem Fenster und war fasziniert von der Gegend, die eigentlich nur aus Flachdachhäusern, Meer und Steinen bestand.

Also, anderes Land, andere Kultur – und andere Straßen! Wir hoppelten mehr oder weniger durch halb Malta zu unserem Hotel *Miramare* in St. Julians.

Gwen schien es wieder besser zu gehen, obwohl sie immer noch stumm wie ein Fisch blieb. Ich war heilfroh, kurz vor 23:00 Uhr in der Lobby unserer Unterkunft zu stehen und bald einfach nur schlafen zu können. Allein die Lobby war riesig, was auf geräumige Zimmer schließen ließ. Doch die Appartements übertrafen sämtliche Erwartungen. Bulldog, dem es mehr als recht zu sein schien, dass auch Gwen mit Milana und Diva bei uns im Appartement war, schloss die Tür auf.

Als Erstes blickte man auf einen Wandschrank inklusive Fernseher. Rechts davon stand ein schwarzer Holztisch, an dem sechs Personen Platz hatten. Schräg dahinter, zum Fernsehgucken ideal, stand eine schwarze Zweisitzercouch. Zusätzlich gab es noch zwei weitere leicht abgenutzte Ledersessel sowie einen Couchtisch.

Diva rannte sofort zum Balkon und blickte sich um: „Wie geil ist das denn? Blick aufs Mittelmeer! Und da, die Kirche! Die ist sogar beleuchtet."

Ich ging nun gemeinsam mit Jack und David linksherum in den Flur, welcher zunächst einmal links in die Küche führte. Der darauffolgende Raum war das geräumige Badezimmer mit Badewanne. Der Raum hinter der nächsten Tür wurde dann Davids, Jacks und meine Schlafstätte. Sie beinhaltete einen großen Kleiderschrank und drei einfache Feldbetten. Außerdem war hinter unserem Zimmer ein kleines Bad mit Dusche und WC sowie einem Waschbecken. Es gab noch zwei weitere Räume: einen hinter unserem Zimmer und einen am Kopf des Flurs, die jeweils von drei beziehungsweise zwei Mann bewohnt wurden. In diesem kleineren Zimmer am Ende des Flures nächtigten Bulldog und Sven während der nächsten Woche, in dem dazwischen liegenden Zimmer würden von nun an die Mädels wohnen.

Nachdem dann alle ihr Bett bezogen hatten und das Nötigste ausgepackt war, zogen wir uns in die Zimmer zurück. Es war mittlerweile früher Morgen und es dauerte nicht lange, bis Ruhe in unsere Runde kam und auch mich der Schlaf überfiel. Trotz allem glaubte ich vor dem Einnicken noch zu hören, wie unsere Zimmertür sich öffnete.

Der Dienstagmorgen begann für uns ziemlich früh. Schon um acht Uhr mussten wir aufstehen, da wir uns um neun vor dem Eingang unseres Hotels treffen wollten. Die aus Deutschland mitgebrachte Milch und die Cornflakes wurden schnell heruntergestürzt und vor dem Bad herrschte reger Betrieb. Vor allem aber Jack und Diva sahen müde aus und brauchten länger im Bad als der Rest.

Nachdem wir dann frisch geduscht und frisiert um Punkt neun vorm Hotel standen, fehlte nur einer: Herr Althaus. Kurz nach neun trudelte auch er ein.

Die Sonne knalle bereits um diese Uhrzeit ganz schön vom Himmel und wir alle hielten uns eher im Schatten auf. Diva war richtig fertig.

„Herr Althaus, darf ich nicht bitte im Hotel bleiben? Ich glaube, ich habe Migräne."

„Ach Kris, die frische Luft wird dir guttun. Außerdem geht's schon los, da ist bereits unser Guide."

Die junge Frau Mitte 20 hieß Marcella, war eingefleischte Malteserin, sprach aber Englisch, wobei ihre Muttersprache Maltesisch war, was man teilweise an der etwas härteren Aussprache hörte. Nachdem wir dann endlich unseren gemieteten Bus vor der Tür stehen hatten, fuhren wir um halb zehn zum Tempel von Tarxien.

„Was machen denn die ganzen Steine hier?", fragte ich David.

„Vielleicht beteten die früher Steine und Skulpturen an", scherzte er.

Während uns Marcella durch die Steinlandschaft führte und uns jeden Stein einzeln vorstellte, bildeten sich kleine Grüppchen, die mehr oder weniger gelangweilt hinterher trotteten. Debbie und Jenny unterhielten sich vorne mit Ilsa und Herrn Althaus, während Gwen und Bulldog das Ende des Zuges bildeten. Jack, Sven, David, Milana und Diva trotteten im guten Mittelfeld durch die schweißtreibende Hitze und wir alle waren eher in Gespräche vertieft, als dass wir uns die Steinbrocken genauer ansahen.

„Verdammt, ist das heiß. Und was sehen wir? Steine!", entfuhr es Diva, die schon die ganze Zeit eine Karte von Malta als Fächer verwendete, doch ohne Erfolg: Auch auf ihrer Stirn zeichneten sich kleine Schweißperlen ab, die im Licht der Sonne glitzerten. „Sven", rief sie, „komm mal bitte."

Sven, der gerade mit Jack in ein Gespräch über neue Computerspiele vertieft gewesen war, kam zu ihr geschlürft.

Sie wühlte im Gehen in ihrem Rucksack und drückte ihm dann einen Schirm in die Hand.

„Was soll ich damit?"

„Über mich halten. Komm schon. Mir ist warm." Der leicht verdutzte Sven bekam noch ein Bussi auf die Wange und tat dann, vollkommen verblüfft und übertölpelt, wie ihm geheißen. Über so viel Dreistigkeit konnte ich eigentlich nur lachen. Mit mir hätte Diva das nie im Leben gemacht. Durch das Schirm herauskramen waren wir ans Ende der Gruppe gerutscht und ich stellte fest, dass plötzlich Bulldog neben mir lief.

„Nicht bei Gwen?"

„Nö. Milana wollte mit ihr reden."

Ich drehte mich um und sah die beiden diskutieren, wobei Milana wild gestikulierte und ihren Kopf vehement schüttelte, sodass ihre Haare hin und her flogen und Gwen einfach nur stumm neben ihr herlief. Für eine Sekunde hatte ich das Gefühl, auf Bulldogs Gesicht ein süffisantes Grinsen entdeckt zu haben.

Zu der *Fat Lady*, einem fettleibigen Frauenkörper ohne Kopf, aber mit göttlichem Hintergrund, schien Marcella uns viel erzählen zu können, weshalb wir uns im Pulk versammeln sollten.

„Lass mich", hörte ich plötzlich Gwen mit einer ungewohnt schneidenden Stimme. Ich drehte mich um und sah sie von Milana weggehen, hin zu Diva unter den Regenschirm. Sie sagte nichts und strich Gwen, die ihren Kopf an Divas Schulter gelegt hatte, einfach nur beruhigend über die Haare.

Ich ging langsam zurück zu der allein herumstehenden Milana. „Es ging um Bulldog, oder?", fragte ich Gwens beste Freundin ziemlich direkt.

Sie nickte und sagte dann nach längerem Zögern: „Du weißt es doch auch schon, oder? Mir hat er es gestern im

Flugzeug auch erzählt. Und eben gerade hat er ihr noch mal persönlich gesagt, dass er sie liebt. Nur Gwen war so perplex, dass sie geantwortet hat, dass sie sich über ihre Gefühle nicht klar sei."

„Aber sie ist es." Es klang mehr wie eine Feststellung, als eine Frage.

Wieder nickte sie und fuhr sich durch ihre braunen Haare, die nun vor ihrer rechten Schulter hingen. „Bulldog hat gesagt, er könne es verstehen, aber Gwen und er wollen sich heute Abend noch mal treffen, um in Ruhe zu reden. Er möchte sich mit Gwen in unserem Zimmer treffen und dann will er von ihr eine klare Entscheidung."

„Also wird er bekommen, was er will." Auch dieses Mal stellte ich es eher fest.

„Wie es aussieht, ja."

Ich tat so, als hörte ich unserem Guide wieder zu, obwohl meine Gedanken ganz woanders waren. Einerseits musste Gwen ihre eigenen Erfahrungen machen, was ja durchaus gut war. Sie war alt genug zu lieben, wen sie mochte. Andererseits traute ich Bulldog nicht wirklich über den Weg. Klar, er war ein Kumpel, aber der Zufall, dass er, kurz nachdem er sich mit mir über David unterhalten hatte, sich auch mit ihm traf, hatte mich stutzig werden lassen. Alles wirkte so eingefädelt, so gesteuert. Es war eher ein Bauchgefühl als eine Kopfsache. Doch Gwen war offensichtlich blind vor Liebe und sah Bulldog in einem anderen Licht – denn egal, was ich ihr sagen würde, sie würde es nicht hören wollen. Warum ging das denn nun auch so schnell? Warum ließen sie sich nicht etwas mehr Zeit?

Es hetzte sie doch niemand – oder?

Ein sonderbares Bild zeigte sich bei den Besichtigungen von Hagar Qim, der maltesischen Version von Stonehenge, und Mnaijdra, wo es auch wieder nur Steine zu sehen gab:

Diva und Sven sowie Gwen und Bulldog liefen die ganze Zeit zusammen herum. Zwar trug Sven noch immer ihren Sonnenschirm, aber die beiden wirkten generell vertraut. Selbst wenn Diva aufs Klo ging, wartete er brav davor. Irgendwie wollten mir unsere beiden neuen Pärchen in spe nicht so recht gefallen.

„So, Leute, was machen wir heute Abend?", fragte ich während der Busfahrt am späten Nachmittag in die Runde.

David, der neben mir saß, schien es vollkommen egal zu sein, ebenso Debbie und Jenny, die ein anderes Appartement bewohnten und sowieso nicht unbedingt gern feierten, außer es stand ein altes Inka-Ritual an.

„Wir dürfen doch diesen Pool benutzen, oder? Lasst uns den mal observieren." Wir lachten.

„Diva, wenn du etwas observierst, dann legst du dich auf die Lauer und beobachtest etwas", erklärte ich ihr und Bulldog ließ es sich nicht nehmen, nochmals nachzulegen.

„Nimm doch einfachere Worte. Erkunden, zum Beispiel. Dann wissen wir alle, was gemeint ist."

Endlich im Hotel angekommen beeilten wir uns, denn wir wollten uns schnell abkühlen, dann einkaufen, essen und die Partytime einläuten. Gwen und Bulldog hatten sich bereit erklärt zu kochen und Sven hatte Kopfschmerzen, deswegen ließen wir die drei zurück.

Während wir anderen zum Pool schlenderten, erzählte uns Diva lebhaft über den neuen Freund ihrer Schwester: „Er sieht ja so gut aus. Er ist 17, heißt Marc und ist saunett."

„Und auf welche Schule geht er?", fragte ich.

„Schule!", antwortete sie mir und verdrehte die Augen. „Der macht doch keine Schule mehr! Ich versteh den voll, dass der keinen Bock mehr hat. Naja, vielleicht höre ich auch auf und werde dann Stewardess. Wer studiert denn heute noch?"

„Aber wenn du studiert hast, bekommst du später in deinem Beruf viel mehr Geld", schaltete sich dann auch Milana ein.

Nach einer längeren Diskussion, die andauerte, bis wir am Pool waren, fand Diva die abschließenden Worte: „Ihr habt doch alle keine Ahnung. Aber geht noch nicht ins Wasser, ich muss noch mal aufs Klo."

Da alle anderen Divas Wunsch nachkamen, wartete auch ich auf der Liege und brutzelte in der knallheißen Sonne, bis Diva dann endlich zurückkam.

„Dann könnten wir ins …", doch sie würde den Satz nie fertig sprechen: Wie von der Tarantel gestochen sprang der für seine Verhältnisse viel zu aktive Jack auf und warf Kris kommentarlos ins Wasser. Er selbst sprang sogleich wie wir alle hinterher ins kühle Nass. Im Wasser muckte Diva natürlich gegen Jack auf, die beiden bespritzten sich mit Wasser und amüsierten sich prächtig.

Wir alle waren leicht verwundert, da beide nie wirklich viel miteinander zu tun gehabt hatten. Was war hier eigentlich los? Schienen die Sexualhormone kollektiv unter Maltas Sonne erweckt worden zu sein? Und vor allem Diva! Nicht nur, dass sie stiltechnisch zwischen Schickimicki und Punk schwankte, nun nahm sie sich anscheinend auch die Kerle, momentan Jack und Sven, wie sie kamen.

Trotz der leichten Irritation mischte jetzt die ganze Clique mit und wir schwammen und hüpften im Wasser wie die kleinen Kinder. „Wow, Jack, du kannst hier ja noch stehen!", stellte Diva überrascht fest.

„Wenn das Becken 1,70 tief ist und er 1,82 groß ist, ja, dann kann auch er noch stehen", gab ich zynisch zurück und sogleich kam Diva auf mich zugeschwommen und versuchte – leider erfolgreich – mich unter Wasser zu tunken.

Langsam wurde es uns dann doch etwas frisch, weshalb wir den Pool verließen, uns abtrockneten, um uns dann in der Sonne zu wärmen. Jeder von uns legte sich sogleich auf seine Liege, wobei Diva dumm dastand. Sie war zu spät gekommen und wir hatten alle Liegen belegt. Sofort ging sie wieder zu Jack, der nach etwas Geschubse bereitwillig Diva mit auf seine Liege ließ. Plötzlich, immer noch von dem Schauspiel fasziniert, merkte ich, wie Milana mich anstupste.

„Was ist denn?", fragte ich sie, als sie auf ihre Uhr zeigte und mir heftig zunickte. Es war Viertel vor sieben.

„Oh", flüsterte ich. Hatte Milana etwa vor, das Zusammentreffen der Liebenden zu sabotieren? Gar keine schlechte Idee – wenn es nicht schon zu spät war.

„Leute, wollen wir nicht langsam mal einkaufen gehen?", rief ich fragend in die Runde.

„Gute Idee", stimmte Milana gleich zu.

„Ach komm, lass uns noch bleiben. Die Sonne ist so geil", forderte Diva, die sich dichter als nötig an Jack geschmiegt hatte.

„Aber auf dem Weg zum Supermarkt wird uns Herr Althaus mit Sicherheit nicht begegnen und wir können rauchen …"

Nun war es Kris, die uns Beine machte, damit sie befriedigt ihre Zigarette anstecken konnte.

Im Supermarkt um die Ecke dann die klassische Rollenverteilung: Milana und Diva besorgten die Lebensmittel, während wir Jungs für die Getränke zuständig waren. Mit sechs Literflaschen Wasser und Cola sowie zwei Flaschen Martini, zwei Litern Sangria und sieben Flaschen Bier waren wir Jungs flott und ohne Probleme wieder aus dem Laden und warteten auf die bald erscheinenden Diva und Milana, eingehüllt in ein selbst gebatiktes Badehandtuch, die jede Menge Chips, Spaghetti und Cornflakes im Gepäck hatten.

Schwer bepackt und den Alkohol in Rucksäcken versteckt – was Milana stillschweigend ignorierte – gingen wir hoch in unser Appartement. Es war Viertel nach sieben. Milana schloss die Tür auf, schmiss die Tüten mit dem Essen in die Küche und ging, ohne anzuklopfen, ins Mädelszimmer.

„Oh, ich wollte nicht ... ", setzte sie gerade leicht gekünstelt an, doch sie beendete den Satz nicht.

„Du bist alleine?", hörten wir sie verdutzt ausrufen. Anscheinend hatte Milana Gwen erstaunlicherweise ohne Bulldog vorgefunden.

Als alle Fressalien im Kühlschrank verstaut waren, ging auch ich zu besagtem Zimmer und betrachtete das Schauspiel vom Türrahmen aus. Auf ihrem Bett saß eine lesende Gwen, während Milana gerade dabei war, den Kleiderschrank zu durchforsten. Er war bis auf die Klamotten leer. Danach guckte sie unter die Betten wie ein Eichhörnchen, das nach seinen im Winter verscharrten Nüssen suchte. Auch dort war niemand.

„Wo ist er?", fragte sie mit bebender Stimme und wild umherfliegenden Haaren. Hektische, rotleuchtende Flecken zierten ihre wutverzerrtes Gesicht, was eigentlich ziemlich gut zu ihrem Handtuch passte, welches sie immer noch um die Hüften trug.

„Wer?", fragte Gwen vollkommen unschuldig.

„Bulldog", raunte Milana.

„In seinem Zimmer", antwortete Gwen, ohne von ihrem Buch aufzusehen.

„Wolltet ihr euch nicht treffen?"

„Doch. Wir haben schon alles geklärt." Gwen grinste breit.

„Hi", erklang es hinter mir. Bulldog war aus seinem Zimmer gekommen. „Alles klar?", fragte er, während er sich an mir vorbei durch die Tür quetschte, Milana ignorierend, und an Gwens Bett ging, sich daraufsetzte und ihre Wange küsste.

Milana sah sich das Ganze mit offenem Mund an. Sie sah aus, als hätte sie gerade ihre Eltern beim Sex erwischt. Einen Moment herrschte erdrückende Stille.

„In diesem Zimmer gibt es keine widerlichen, schmutzigen Ferkeleien. Ist das klar?"

Sie verharrte noch einen Moment. Ihre Miene war starr, doch ihre Stimme vibrierte stark. Die roten Flecken in ihrem Gesicht vermehrten sich. Stampfend und schnaubend rannte sie aus dem Zimmer, wobei ihre fast hüftlangen Haare wild durcheinander flogen. Leicht verdutzt grinsend schloss ich die Tür von außen.

Ich ging Milana nach in die Küche, wo sie David und Diva beim Verstauen des Alkohols half und unverständliche Wortfetzen hervorpresste.

„Was war das denn gerade?", fragte ich sie.

„Was willst du denn?", fuhr sie mich an. „Ich mache mir wenigstens Sorgen um meine Freundin!"

„Tue ich auch." Meine Stimme war ruhig, aber deutlich und bestimmt.

„Pass auf. Du behandelst sie wie ein kleines Kind und es mag zwar sein, dass sie das Ganze überstürzt, aber sie ist alt genug, selbst Entscheidungen zu treffen."

Milana biss sich auf die Unterlippe, zeigte mir dann aber die kalte Schulter und räumte die letzten Flaschen hinein, bevor sie schnaubend die Küche verließ. Ich hörte, während ich die Milch in den Kühlschrank stopfte, wie sie an die Zimmertür klopfte und artig auf ein „Ja" wartete.

„Wann wolltet ihr denn Essen machen?", fragte sie mit gemäßigtem Ton.

„Wann immer du willst", gab Bulldog leicht spöttisch zurück.

„Darf ich dann bitten. Ich habe Hunger."

Nachdem sich die Wogen geglättet hatten, saßen wir brav vereint am Essenstisch. Svens Kopfschmerzen hatten sich wieder gebessert und wir genossen das wirklich gute Essen.

„Wohl mit Liebe gekocht", sagte ich an Gwen gerichtet, die kicherte und leicht errötete. Sofort ergriff der neben ihr sitzende Bulldog ihre Hand und küsste sie (die Hand! Bäh!). Milana rümpfte die Nase, Jack verzog angewidert das Gesicht und musste sich zwingen, nicht laut loszulachen, doch die beiden schienen sich an unserer Irritation nicht zu stören.

Pünktlich um neun klopfte es an der Tür.

„Ist da der Zimmerservice?"

„Nein, Johnathon, wir." Ilsa und Herr Althaus statteten uns einen Besuch ab, um zu kontrollieren, ob wir vollständig waren und um uns dann eine gute Nacht zu wünschen.

„Fein, wir wünschen euch dann einen ruhigen Abend. Bis morgen früh."

Kaum hörten wir Herrn Althaus und Ilsas Schritte wieder durchs Treppenhaus hallen, strömten wir auf den Balkon.

„Auf Malta!", rief Bulldog in die Runde hinein.

„Auf uns!", ergänzte ich und wir öffneten das erste maltesische Bier. Obwohl die Sonne bereits untergegangen war, war es noch angenehm warm draußen, und während ich mir eine Zigarette anzündete, sah ich, wie Milana das Appartement verließ. Anscheinend hatte sie sich entschlossen, zu Debbie und Jenny zu flüchten, um unsere Regelverstöße nicht miterleben zu müssen.

„Kannste mir mal 'ne Kippe geben?"

Leicht verdutzt sah ich Jack an. „Du rauchst?"

Er zuckte mit den Schultern.

Ich gab ihm eine, was er mit einem kurzen „Danke" erwiderte und mir dafür ein Glas mit Martini gab.

Als wir beim Leeren der Flasche Martini Nummer eins waren, ergab sich ein amüsantes Bild: Sven und Jack saßen zu je einer Seite von Diva, je eine Hand auf einem Oberschenkel platziert. Beide schien dies aber nicht zu stören. Gwen und Bulldog hingegen hatten sich in eine Ecke des Balkons verzogen und feierten dort ihre Privatparty. David und ich saßen dann irgendwie zwischen den beiden Grüppchen, wobei wir uns vor allem über den „Dreier" belustigten.

„Komm wir wetten mal", schlug ich vor.

„Wie?", fragte er, der ebenso wie ich schon etwas angetrunken war.

„Wer von den beiden mit Diva zusammenkommt. Aber ohne selbst nachzuhelfen. Noch diese Woche."

„Sven", lallte er.

Ich lachte auf. „Ich bin für unseren Jacob alias Jack."

„Okay, topp, die Wette gilt", antwortete er grinsend.

Nach einer Weile kamen zuerst Diva und die Jungs und dann auch wieder Bulldog und Gwen zu uns. Sven, dessen Kopfschmerzen wieder eingesetzt hatten, verabschiedete sich in sein Zimmer. Diva ging noch einmal mit ihm, um nach „dem Rechten zu schauen", wie sie so schön sagte.

„Ach scheiße", sagte dann Bulldog, „ich wollte ja mal ein Bild von uns machen!" Und somit stürzte auch er vom Balkon in sein Zimmer.

„Ich muss euch ja auch noch was erzählen", begann ich und breitete vor meinen Freunden die *Milana sucht Bulldog*-Geschichte aus. „Wie ein Eichhörnchen ist sie herumgelaufen. Ich dachte, gleich schnüffelt sie auch noch nach Bulldogs Fährte."

„Meine Fährte?" Bulldog, mit der Digitalkamera in der Hand, und Diva waren wieder da, wobei Letztere etwas verwirrt dreinblickte.

„So, kommt mal alle her", sagte Bulldog, „wir machen jetzt erst mal ein Gruppenbild!"

Wir positionierten uns vor dem Geländer und er machte ein Bild von uns vor der herrlichen Abendkulisse. Die Wellen brausten und mit der malerisch beleuchteten Kirche im Hintergrund, konnte mir mein Dauergrinsen nicht verkneifen. Es war einfach wunderbar hier.

„Sagt mal, wie wäre es mit Flaschendrehen?", schlug Diva vor, trank den letzten Schluck aus der Martiniflasche und platzierte sie dann erwartungsvoll in unserer Mitte. Wir stimmten schlussendlich dem kindischen Spiel zu, was sich wohl auch auf den Alkoholkonsum zurückführen ließ.

Diva begann und drehte – die Flasche zeigte auf Jack.

„Hm, Wahrheit oder Pflicht?"

„Wahrheit", sagte Jack, dem das Ganze sichtlich nicht gefiel, sich aber nichts anmerken lassen wollte.

„Was hältst du von mir?", fragte Diva recht direkt. Wir alle mussten an uns halten, nicht jetzt schon zu lachen und ich sah David erwartungsvoll an.

„Du bist ... nett", antwortete Jack leicht verlegen. Alle – inklusive Diva – fingen an zu lachen.

Nachdem Bulldog und Gwen sich küssen mussten/durften und Diva einen Orgasmus vorgespielt hatte, musste ich Diva auf die Wange küssen. Genau in diesem Moment hatte ich die Chance, Amor zu spielen. Die Flasche zeigte zu meiner Freude auf Jack, der nun Pflicht nehmen musste, weil er eben Wahrheit hatte.

„Küss Diva. Mit Zunge." Alle Unbeteiligten sahen gespannt zu den beiden. Diva war schockiert und gespannt zugleich. Wir alle warteten, was Jack nun tun würde.

Er saß stumm da und starrte immer wieder mich, Diva und die Flasche an. Ich reichte ihm die neue Flasche Martini, er nahm einen großen Schluck und beim Flasche-zu-mir-zurück-reichen beugte er sich zu Diva und küsste sie. Es war nicht lange, aber es war ein KUSS! Ich sah David mit meinem *und hatte ich recht*-Blick an.

„Und ich habe nicht eingegriffen", frotzelte ich leise in seine Richtung. Der recht kurze Kuss beendete das Spiel. Sechs Stunden Schlaf wollten wir doch noch haben.

Deswegen verkrochen wir uns ziemlich knülle, wie wir alle waren, auf unsere Zimmer. Nachdem das Licht aus war, fing ich leicht an zu dösen. Ich genoss, dass das ganze Appartement ruhig war, doch dann hörte ich etwas knacken. War es wieder unsere Zimmertür? Ich drehte mich um und tatsächlich wurde sie gerade von außen geschlossen. Leise, und ohne die anderen aufwecken zu wollen, ging ich an die Tür und horchte. Hatte da gerade etwas geknarrt?

Da war plötzlich dieses Geräusch! Ich erschreckte mich fast zu Tode. Es blieb beständig und wurde lauter. Schlaftrunken, wie ich war, kam ich erst nach mehrmaligem Hinhören darauf, dass es nur David war, der schnarchte. Schließlich verstummte auch er. Ich dachte schon, ich hätte mir das andere Geräusch nur eingebildet, doch als ich schon wieder auf dem Weg ins Bett war, hörte ich es im Flur knarren. Das konnten nur die Dielen sein. Ich ging wieder an die Tür und horchte nochmals. Jemand ging gerade an unserer Zimmertür vorbei. Dann wurde das Geräusch wieder leiser.

Langsam öffnete ich die Tür einen Spalt. Das einfallende Licht der beständig brennenden Flurbeleuchtung blendete mich zunächst und ich hob automatisch die Hand vor mein Gesicht. Langsam öffnete ich meine Augen und machte die Tür noch ein Stück weiter auf. Ein Schnarcher von David ließ mich herumfahren und ich sah in mein spärlich beleuchtetes Zimmer. Ich blickte von meinem Bett zu Davids und dann in Jacks. Letzteres war leer. Ich ging über die Türschwelle in den Flur.

-- Gwen --

Mein Handy vibrierte unter meiner Bettdecke. Wie mit Graham vereinbart, hatte ich eine Stunde geschlafen. Bis dahin sollten die beiden Mädels pennen und auch Sven sollte im Land der Träume sein. Also stieg ich leise und ohne das Licht anzumachen aus meinem Bett und schlich mich hinaus. „Oh mein Gott", dachte ich, „was macht der denn da?" Johnathon stand im Flur und sah gebannt in Richtung Wohnzimmer. Wieso stand er da? Ich wollte mich gerade hinter seinem Rücken zu Graham schleichen, als ...

„Was machst du denn hier?", fragte er mich flüsternd. Ich deutete auf Grahams Zimmer. Er nickte ausdruckslos. Ich öffnete die Tür und sah im Licht, dass ein Bett leer war. In dem anderen schlief Graham seelenruhig.

Wo war Sven?

„Ach egal", dachte ich und legte mich zu ihm – er wachte sofort schreckhaft auf. Nachdem er mich erkannt hatte, ließ er mich unter seine Bettdecke schlüpfen.

-- Johnathon --

Die sonst so brave Gwen machte für Bulldog anscheinend wirklich alles. Eine gemeinsame Nacht war nach der kurzen Zeit schon ein recht forscher Schritt. Doch gerade war etwas anderes wichtiger: Ich wollte wissen, was hier los war und schlich auf Zehenspitzen durch den Flur zum Wohnzimmer. Draußen auf dem Balkon sah ich Jack und Diva mit der Flasche Jack Daniels in der Hand sitzen. Doch nicht nur das erregte meine Aufmerksamkeit: Sven lag auf der Couch und schlief. Dann gab es bei dem Pärchen Bewegung: Sie küssten sich lang und innig und Diva wollte ihm das T-Shirt ausziehen. Doch er schüttelte den Kopf und stand auf, damit sie die Schiebetür öffnen konnte.

Das war der Moment, in dem ich die Segel streichen musste. Vorsichtig und vor allem leise ging ich zurück in mein Zimmer und verschwand wieder in meinem Bettchen. Kurz nachdem ich mich zugedeckt hatte, öffnete sich die Tür. Herein kam nicht nur Jack, nein, auch ein zweiter Schatten. Es war Diva. Ich stellte mich schlafend. Die beiden legten sich ins Bett und man hörte nur noch leises Flüstern.

Am nächsten Morgen (Mittwoch) fühlten wir uns alle wie erschlagen. Insbesondere unser Appartement war sichtlich mitgenommen und wurde von Kopfschmerzen und Schlafentzug malträtiert.

Nachdem Ilsa knapp eine Stunde zu spät zum Treffen kam, (sie hatte am Tag zuvor Geburtstag gehabt. Tja, hatten wir wohl verpasst ...), besichtigten wir Valetta. Die Hauptstadt Maltas würde uns vor allem durch den hiesigen Burger King in Erinnerung bleiben, der uns in unserer Freizeit versorgte. Natürlich durfte auch der kulturelle Teil nicht fehlen. Wir besichtigten unter anderem die St. Paul's Shipwreck Church und die Upper and Lower Barakka Gardens. Diese waren kleine grüne Oasen in dieser grau-braunen Steinlandschaft und Jack lief mit Diva an der Hand entlang der schmalen Wege, während ich neben ihnen hertrottete.

„Also, was war da mit Milana?" Ich richtete meine Sonnenbrille und strich mir eine dunkelblonde Strähne aus den Augen.

„Sie hat mitbekommen, dass Gwen bei Bulldog gepennt hat."

An dieser Stelle hielt ich mich zurück und sprach die beiden nicht auf ihr nächtliches Treiben an, was aber sowieso mehr als offensichtlich gewesen war, da Diva in unserem Zimmer aufgewacht war und ungeschickterweise beim Herausgehen mein Bett gerammt hatte.

„Und dann hat Milana geschrien: *Findest du das nicht*

billig? Das ist doch nicht dein Ernst! Erpresst der dich? Warum machst du das?"

„Wie krass."

Sie nickte. „Und Gwen ist dann heulend zu mir gekommen und hat mir alles erzählt. Und: Sie will nun ausschließlich bei Bulldog schlafen."

„Dann hat sich die gute Milana aber ganz schön ins eigene Fleisch geschnitten", hielt ich fest, denn ich konnte darauf wetten, dass die ganze Sache Bulldog gefallen könnte.

-- Graham --

Es lief besser, schneller und einfacher als gedacht. Nachdem Sven sich für lächerliche zehn maltesische Lire bereit erklärt hatte, wann immer ich wollte, auf der Couch zu pennen, hatte ich die ganze Nacht Zeit für Gwen. Sie war brav zu mir gekommen und meinen Wecker hatte ich natürlich so gestellt, dass wir nach Milana aufstehen würden, damit diese auch schön sah, wo Gwen geschlafen hatte. Wie symbolträchtig es war, dass Gwen jetzt mit mir durch die Gegend ging, meine Hand fest umschlossen haltend, und Milana mit Debbie und Jenny durch die Gegend trottete. Doch noch war ich mir nicht sicher, ob ich Gwen für mich alleine hatte. Dieser Schritt würde noch kommen.

„Guck mal, hier, für dich."

„Oh Graham, du bist so süß. Die ist ja wunderschön!"

Ich steckte ihr die rote Blume, was auch immer es für eine war, ins Haar. „Für die wunderschönste Frau, die ich kenne. Willst du denn heute Abend mit mir ausgehen?"

Sie seufzte und blickte mich treudoof an. „Natürlich!"

Heute Abend dann also ein schickes Candle-Light-Dinner und dann, wer weiß ...

5

VICTIMS OF LOVE

-- Johnathon --

Auf der Rückfahrt in den kultigen Bussen saßen ein schwer verliebtes Pärchen namens Gwen und Bulldog hinter mir und ich hörte das Schlappern ihrer Zungen. Und vor mir saßen Diva und Jack, bei denen die Hormone auch durchdrehten, während wir restlichen vier Singles sinnlos zusammengewürfelt beisammensaßen.

„Wie sieht's denn mit heute Abend aus? Was machen wir?", fragte Diva.

„Wir gehen essen", sagte Bulldog.

„Lass uns doch mal weggehen und Party machen", schlug ich vor.

„Super! Wer kommt mit?"

Sven nickte und auch Milana wollte mit. Diva sah Jack fragend an.

„Gut, ich auch."

„Fehlst nur noch du."

„Diva, du weißt doch, David steht nicht auf normale Musik. Da muss geschrien werden."

Er sah mich böse an. „Meinetwegen. Wenn's sein muss, komm ich auch mit."

So geht es heutzutage – Gruppenzwang forever.

Nachdem Diva eine knappe Stunde gebraucht hatte, um sich im Bad fertigzumachen, konnten wir endlich um neun losgehen. Dafür sah sie auch sehr gut aus in ihrer schwarzen Röhrenjeans und dem dazu passenden, weißen Oberteil mit rot schimmernden Pailletten, welches so weit ausgeschnitten war, dass immer eine Schulter frei war. Die Augen waren dezent schwarz geschminkt und sie trug die Haare lockig offen, sodass man die schönen langen Ohrringe nur ab und zu blinken sah.

„Dann können wir ja", sagte ich lächelnd und freute mich auf den Abend. Was die anderen aus unserer Klasse machten – keine Ahnung. Vielleicht ließen sie sich von Debbie die Karten legen oder saßen auf Herrn Althaus' Schoß.

Unsere Gruppe aber ging zunächst durch unseren tollen kleinen Ort, der nachts alles andere als verschlafen war. Obwohl es unter der Woche war, waren auch jetzt noch jede Menge Leute auf der Straße. Vorbei an McDonald's und Pizza Hut gingen wir nun anscheinend in das Party-Herz des Küstenorts.

„Hier sind die ganzen Clubs!", rief Diva und rannte bereits vor, um einen Blick auf die bunten Schilder und durch die Fenster zu werfen. „Das ist so ein Latin-Club", sie zeigte auf das letzte Haus in der Straße. „Hier vorne ist so ein Nobelschuppen, der ist sauteuer."

„Was ist das da?", fragte Jack, auf ein mit grellen Neonröhren umworbenes Etablissement zeigend.

„Das ist ein Gayclub", sagte ich und zeigte auf die beiden ineinander verschlungenen Zeichen für Männlichkeit, die auf dem Regenbogenuntergrund zu sehen waren.

„Darauf stehe ich dann doch nicht."

„Die haben bestimmt überall Kernseife im Bad."

Ich warf Jack und Sven einen genervten Blick zu.

„Als ob ihr so scharf wärt, dass sich jeder Kerl auf euch stürzen würde. Dann gehen wir eben in den", sagte Diva und deutete auf das Haus daneben. Laut dem Plakat am Eingang war es *The Greatest Place 2 Dance* auf ganz Malta

– das Havanna. Diva und alle anderen schienen einverstanden und so erklommen wir eine längere, bunt dekorierte Treppe und befanden uns in einem weitläufigen Raum mit großer Theke. Außerdem, und da bekamen vor allem wir Jungs große Augen, standen schön verteilt Go-go-Stangen mit dazugehörigen Tänzerinnen im Raum. Aus den Lautsprechern dröhnte R'n'B und Hip-Hop, was mir den Club noch sympathischer machte. Die Rockfanatiker David und Jack hingegen verdrehten die Augen und David meinte: „Okay, jetzt waren wir hier. Können wir gehen?"

Ich überhörte den Kommentar wie Diva wahrscheinlich auch und zusammen setzten wir uns in eine Art Lounge, wo sich schlussendlich auch David niederließ. Sie bestand aus einem großen roten Sofa und einem schweren, aber niedrigen Holztisch und man hatte einen guten Blick auf die Theke und die Tänzerinnen.

„Los, lasst uns tanzen!", forderte Diva die Runde auf, nachdem wir uns den ersten Drink reingepfiffen hatten (heute im Angebot: Tequila).

Ich erklärte mich natürlich spontan bereit mitzukommen, die tanzmuffeligen Jungs wollten lieber sitzen bleiben, doch Milana klinkte sich ein. Sie trug heute eine fast moderne Schlaghose, und als der Klassiker *Let´s get loud* lief, bewegte sie sich mit Disco-Fox-Schritten über die Tanzfläche – ich versuchte so zu tun, als würde ich sie nicht kennen und auch Diva schien es ziemlich peinlich zu sein.

Nach der ersten Tanzrunde gingen wir an der Theke vorbei, wo Milana sich wie zuvor ein Wasser bestellte und Diva und ich noch einen weiteren Tequila. Am Platz angekommen setzten wir uns und die Jungs standen auf, um sich auch was zu trinken zu holen. Während wir auf die anderen warteten, steckten Diva und ich uns erst einmal eine Kippe an, was Milana dazu brachte, spontan und übertrieben zu husten.

„Erst sauft ihr hier wie die Bekloppten und jetzt raucht ihr auch noch! Wie viele Regeln wollt ihr eigentlich noch brechen?"

Wir reagierten mit einem kurzen Augenverdrehen, da ich Milana nicht schon wieder erklären wollte, dass man von zwei Schnaps und ein paar Zigaretten noch nicht starb, als auch schon die Jungs mit je einem Bier in der Hand zurückkamen.

Es war kurz vor zwölf, als wir nach einer weiteren Tanzrunde wieder auf unseren Platz gingen – natürlich mit einem neuen Drink in der Hand. Nochmals stießen wir an – der letzte Drink hier: Wir mussten uns, wie Milana befand, auf den Heimweg machen.

Wieder an der frischen Luft spürte ich nicht nur den sanften Wind, sondern nun auch den Alkohol. Etwas verwundert stellte ich fest, dass Sven und Diva alleine hinter David, Jack, Milana und mir herliefen und leise über etwas tuschelten, weshalb Jack immer mal wieder einen Blick zurückwarf. Kurz vor dem Hotel kamen sie dann wieder zu uns.

Diva ergriff sofort Jacks Hand und strahlte nur so vor sich hin und schien bester Laune zu sein. Nun schien es offiziell zu sein: Sie waren ein Paar.

„Ich geh nur schnell den Martini holen", sagte ich zu David, Jack und Milana, die sich im Wohnzimmer unseres Appartements niederließen, holte die Flasche aus unserem geheimen Versteck hinter Klopapierrollen im Bad und setzte mich zu den anderen. Immerhin wollten wir den Abend gemeinsam ausklingen lassen.

„Jack", sagte ich, „wo sind denn eigentlich Sven und Diva?"

„Der wollte ihr was zeigen, oder so", antwortete er präzise.

Ich nickte knapp und eine schwere Stille entstand, die durch das Öffnen einer Tür gebrochen wurde. Aus der Mädelszimmertür trat freudig grinsend Bulldog mit Gwen und beide kamen durch den länglichen Flur auf uns zu.

„Hi", begrüßte uns Bulldog, „ich komm auch gleich, will nur noch mal in mein Zimmer, eine Jacke holen."

Gwen hingegen hatte nur ein schmales Lächeln auf den Lippen. Ihre Haare waren unordentlich, sie schien müde zu sein und ließ sich gähnend auf einen der Ledersessel fallen.

„Und, wie war das Essen?", tastete sich Milana langsam vor.

„Gut", antwortete Gwen knapp, die immer noch einen ziemlichen Hals auf Milana zu haben schien.

„Wo wart ihr denn?"

„Hier auf der anderen Seite vom Hotel. Kann ich nur empfehlen." Es war nicht Gwen, die geantwortet hatte, es war Bulldog, der jetzt auch zu uns ins Wohnzimmer gekommen war und sich auf die Couch neben Jack und David gesetzt hatte. Vielleicht sollte es so eine Geste sein: Gwen gehört auch euch, sie darf bei euch sein. Oder er hatte eben seinen Spaß gehabt und wollte auch mal seine Ruhe. Er erzählte uns dann vom guten Essen und wie billig das hier alles war, als dann nach längerer Zeit Diva und Sven angetanzt kamen. Beide etwas gequält lächelnd, wobei Divas Augen leicht geschwollen waren, so als hätte sie geheult. Sven holte sich einen Stuhl aus der Küche, und als er ins Wohnzimmer kam, merkte ich, dass sein Hosenlatz offenstand. Mit einem diskreten Nicken wies ich ihn darauf hin. Er machte ihn unauffällig zu.

„Noch ein letzter Drink?", fragte ich in die Runde und blickte zur Flasche Martini. Dem bereitwilligen Nicken meiner Freunde folgend schenkte ich jedem einen Schluck Martini ein. Es war wirklich der letzte Absacker, denn danach waren wir alle müde und gingen auf unsere Zimmer.

Um kurz vor zwei war endlich das Licht in unserem Zimmer aus und ich wartete darauf, dass Jack mal wieder rausging, aber Pustekuchen, er fing sofort an, laut zu schnarchen. Trotz allem hörte ich das gewohnte Knarren der Dielen im Flur. Aber es lief niemand an der Tür vorbei ins Wohnzimmer, es kam aus dem anderen Teil des Ganges. War Gwen schon wieder zu Bulldog gegangen?

Ich stand auf und öffnete vorsichtig die Tür. Die beiden anderen Zimmertüren waren verschlossen, doch ich hörte Stimmen. Leise ging ich den Gang entlang und horchte an der Tür der Mädels.

Totenstille.

Ich ging eins weiter. Zuerst war auch dort alles leise, doch dann hörte ich etwas.

„Das kannst du doch nicht machen." Es war Diva, die in Svens und Bulldogs Zimmer war.

„Und wie ich das kann", sagte dann Bulldog mit seinem typisch dominanten Ton. Ich sah ihn quasi vor mir: Die Arme lässig hinter dem Kopf verschränkt, ein lockeres Grinsen auf den Lippen.

„Graham, lass es bitte. Es war ein Fehler", hörte ich Sven mit leiser Stimme wispern.

Was ging da vor sich?

Ich sollte es in jener Nacht nicht mehr rausfinden, denn ich hörte, wie jemand aufstand. Ich lief schnell zurück in mein Zimmer, aber ich konnte nicht widerstehen, noch einen Moment an meiner Zimmertür in der erdrückenden Dunkelheit zu lauschen. Doch dann hörte ich wieder Schritte. Jemand lief ins Mädchenzimmer.

Gedankenverloren legte ich mich ins Bett und überlegte, was ich da gerade gehört hatte. Welchen Fehler hatte wer begangen? Worum ging es denn? Und was hatten Bulldog, Sven und Diva miteinander zu tun? Hatten Diva und Sven etwa dafür gesorgt, dass Gwen und Bulldog zusammenkamen und Sven hatte nun erkannt, dass es ein Fehler gewesen war?

Es war Donnerstagmorgen. Wir alle waren wie jeden Morgen verkatert. Entgegen ihrer Drohung hatte Gwen die Nacht in ihrem Zimmer gepennt und schien sich auch sonst wieder ganz gut mit Milana zu verstehen. Während die Mädels noch im Bad waren, aßen wir Jungs schon und freuten uns auf diesen sonnigen Tag.

„Und, wie läuft es mit Gwen?", tastete ich mich behutsam vor. Sven, den ich im Augenwinkel betrachtete, bewegte sich kaum merklich und rutschte auf seinem Stuhl hin und her, während Bulldog etwas gereizt mit „bestens", antwortete.

Heute bestand der Tagesablauf aus der Besichtigung prähistorischer Höhlenmalerei und Architekturkunst des Hypogäums und einem Besuch in Mosta. Das Hypogäum schien schwer gefragt zu sein, denn Herr Althaus hatte schon im Jahr zuvor buchen müssen.

Die drei Appartement-Grüppchen besichtigten nacheinander die Höhle, da es dort ziemlich eng, muffig und wohl auch langweilig war. Unseres war zuerst dran und so fuhren wir mit Ilsa in den tollen Linienbussen dorthin, doch die Tour in der Höhle absolvierten wir schweigend. Diva, Sven und Jack kaschierten sogar dort ihre dunklen Augenränder mit Sonnenbrillen. Für einen Moment hatte ich mir das auch überlegt – ich fand die Aktion einfach cool – doch dann hatte ich Angst, gegen irgendein uraltes Kunstwerk zu stolpern und zig Millionen Euro Schadensersatz zahlen zu müssen. Zu sehen gab es aber auch ohne Sonnenbrille nicht viel, zumindest nichts, was mich irgendwie beeindruckt hätte. Was mir dafür umso mehr auf die Nerven ging, war dieses ganze Pärchengehabe. Wo immer man hinsah, blickte man entweder zu Bulldog/Gwen oder Jack/Diva, die wahlweise Händchen haltend, kuschelnd oder knutschend durch die schmalen Gänge schlenderten.

Auch Milana schien es ganz schön zu stinken, dass die beiden anderen Mädels unter der Haube waren und man die vier nur noch im Doppelpack zu fassen bekam. David und Sven hingegen schienen es weitgehend zu ignorieren, wobei ich das Gefühl hatte, dass die Atmosphäre zwischen Jack und Sven, die eigentlich best friends waren, etwas angespannt war. Und was sollte ich nun die ganze Zeit machen? Sollte ich vielleicht das nächste Jahr lang die Pärchen Pärchen sein lassen und sie ignorieren? Sie in ihrer eigenen Traumwelt lassen, voll von rosa Wölkchen, Schnulzen und wildem Sex?

Während die Pärchen in den Nachbarzimmern sonst was trieben und David und Sven einkaufen waren, verzog ich mich auf mein Bett und philosophierte über das Leben. Zwei Pärchen innerhalb von drei Tagen war ganz schön viel, nur ich stand gerade etwas alleine da. Und das fünfte Rad am Wagen wollte ich nun wahrlich nicht sein. Was also tun? Ich kramte nach meinem Tagebuch und schrieb das, was mir durch den Kopf ging, auf:

Im Moment kotzt mich das hier alles an. Bulldog leckt Gwen mittlerweile sogar das Ohr aus und mir fällt mittlerweile nix mehr ein, was ich mit David bereden könnte – selbst über Alexander den Großen haben wir schon aus Langeweile debattiert!

Zu der Langeweile kommt auch noch meine Frustration: Wieso habe ich denn keine Freundin? Wieso denn immer die anderen und nie ich? Ich versteh das echt nicht – ich habe doch auch entsprechende

Bedürfnisse. Bin ich denn so abstoßend, dass mich keine will? Wieso kann mir denn keiner ...

Es klopfte an der Zimmertür. Ich schloss mein Tagebuch und legte es neben mich. „Ja?", rief ich.

„Störe ich?" Bulldog stand in der Tür.

„Nee, komm rein", antwortete ich und bot ihm Davids Bett an, auf welches er sich setzte.

„Alles klar mit dir?", wollte er von mir wissen.

Ich legte das Tagebuch zurück in meinen Rucksack, bevor ich zögernd und irritiert antwortete. „Na ja, wie man es nimmt." Ich rang mir trotz allem ein Grinsen ab.

„Was ist denn?"

„Ach, ich finde es ja toll, dass du Gwen liebst und so, aber mich kotzt das echt an, dass ihr immer zusammen sein müsst. Verstehst du, wir Singles gammeln hier den ganzen Tag rum, während ihr da in den Zimmern seid und sonst was macht."

Bulldogs Mundwinkel zuckten leicht schelmisch. „Ach komm, das ist nur so in der Anfangszeit. Heute Abend machen wir noch mal alle was zusammen, okay?"

„Okay, ich mag Gwen nämlich wirklich."

„Ich weiß, John, ich weiß", murmelte er.

Ich nickte zufrieden, wenn ich auch verwundert über sein Einlenken war. Manchmal wurde aus ihm nicht schlau.

„Gut, dann bis zum Essen, ich muss mal wieder, Gwen wartet." Und sofort war er aus der Tür draußen und ich wieder allein.

Also holte ich erneut mein Tagebuch raus und schrieb weiter:

... mal sagen, was das Geheimnis der Liebe und des Liebens ist? Kann mich nicht mal jemand einweihen?

Und genau darüber machte ich mir anschließend Gedanken, nachdem ich mein tägliches Tagebuchpensum erfüllt, es verschlossen und den Schlüssel gut versteckt hatte.

Kann man lieben lernen? Was passiert in einem, wenn man sich verliebt? Und wie passiert es? Muss jemand Amor spielen, so wie es vielleicht bei Gwen und Bulldog gewesen war? Oder überfiel sie einen?

Da ich mir aber mit meinem deprimierten Selbstfindungstrip nicht den ganzen Nachmittag versauen wollte, kramte ich *Illuminati* aus der Tasche und setzte mich auf den Balkon in die Sonne. Unwillkürlich musste ich an Debbie denken, denn für sie war Dan Brown so was wie ein Gott, während ich die Verschwörungstheorien einfach nur unterhaltsam fand. Ich hatte das erste Kapitel fast fertig gelesen, da klopfte es an der Appartementtür. Ich wunderte mich, denn Sven und David hatten eigentlich einen Schlüssel dabei. Doch es waren nicht die beiden, es war Herr Althaus.

„Hi Johnathon", sagte er und ich hielt die Tür auf, damit er hereinkommen konnte. „Allein zu Hause?" Er blickte fragend um sich.

„Nein", antwortete ich ihm, während ich mich auf die Couch setzte. „Sven und David sind einkaufen, Milana ist oben und die Pärchen …" Ich stockte, denn eigentlich ging es ihn ja nichts an, wer mit wem zusammen war. Aber anscheinend wusste er schon von den Liebenden.

„Ach so, und was machst du so?"

„Ich wollte gerade lesen."

„Störe ich?"

„Nein, nein, bleiben Sie ruhig." Er setzte sich auf einen Sessel mir gegenüber und blickte sich zunächst stumm um. Zum ersten Mal seit Langem konnte ich ihn wieder genau betrachten. Seine blauen Augen waren früher wahrscheinlich sehr anziehend gewesen, ebenso wie sein jetzt leicht ergrautes Haar. In seinem karierten Hemd musterte auch er mich und ich war mir fast sicher, dass er über mein T-Shirt mit der Aufschrift *young, handsome and single* innerlich schmunzeln musste.

Die Stille wurde jäh durchbrochen, als Sven und David reinkamen. Sie sahen unseren Lehrer erst etwas komisch an, doch dann begrüßten sie ihn, brachten die Tüten in die Küche und kamen zu uns. Wir redeten lange darüber, wie es uns bisher gefiel, wie die Preise waren und was wir so den lieben langen Tag machten – Herr Althaus zeigte dabei seine menschliche Seite.

„Sie können heute Abend ja mal auf ein Bier vorbeikommen", lud ihn Sven ein.

„Aber ich muss mein Bier wohl selbst mitbringen", sagte Herr Althaus schmunzelnd. „Ihr werdet ja wohl keines haben."

„Stimmt", erwiderte Sven mit einem leichten Grinsen. Wir hatten ja im Moment nur Martini und Sangria. Gerade, als Herr Althaus die Appartementtür hinter sich geschlossen hatte, kamen Gwen und Bulldog sowie Diva und Jack ins Wohnzimmer.

„Apropos heute Abend!" Diva und Jack gesellten sich zu uns. „Johnathon, hast du Bock heute Abend mal mit uns ans Meer zu gehen?"

„Klar, wieso nicht?", stimmte ich voreilig zu. Mir wurde erst nach meiner Antwort bewusst, dass „wir" nur wir drei waren und ich das fünfte Rad am Wagen sein würde. (Warum sie mich mitnahmen? Ganz einfach. Man durfte nur in Dreiergruppen weggehen. Denn zwei alleine könnten ja was anstellen und nach der Klassenfahrt wirklich zu dritt sein. Gut, sexuell Experimentierfreudige würden auch zu dritt etwas anzufangen wissen ...)

„Wisst ihr eigentlich, wann es Abendessen gibt?", fragte David.

„Milana ist heute dran", antwortete ich. „Frag sie."

David nickte und stand auf. Wie immer war Milana oben bei Jenny und Debbie. Wahrscheinlich spielten sie gerade mit ihren Barbies, übten Disco-Fox-Schritte oder Debbie verbreitete die neusten Verschwörungstheorien.

„Ich komm mit", meinte dann Jack plötzlich und die beiden waren schon fast aus der Tür, da rief Diva ihnen nach: „Dürfen wir bei euch Musik hören?"

„Ja", hörte man Davids Stimme durch den Flur hallen. Kris, Bulldog und Sven gingen also in unser Zimmer und bedienten sich an Davids Boxen, während ich allein mit Gwen im Wohnzimmer saß und auf die flimmernde Glotze starrten.

„John, kannst du mal bitte kurz mitkommen?" In Gwens Augen blitzte etwas auf, was eine gewisse Dringlich- und Wichtigkeit aufzeigte.

„Ähm … ja, klar." Ich schaltete den Fernseher aus und folgte ihr verwundert in das Mädelszimmer.

„Was ist denn los?", wollte ich wissen, nachdem wir uns auf zwei gegenüberstehende Betten gesetzt hatten.

„Also, pass auf, es ist nicht schlimm, wenn es so wäre. Aber ich will es einfach nun mal wissen."

Zunächst drangen diese Worte gar nicht wirklich zu mir durch, ich hatte meinen Blick durch das vollkommen chaotische Zimmer schweifen lassen. Überall lagen Tops und Hosen, Socken und, wenn ich mich nicht komplett täuschte, unter Kris' Bett ein Tanga.

„Hm?" Ich blickte Gwen etwas erschrocken an. Ihre Miene war wie aus Stein gemeißelt, doch ihre Augen verdeutlichten ihre Skepsis, die fast schon ängstliche Züge hatte.

„Willst du was von mir?", presste sie dann, als müssten diese Worte so schnell wie möglich ihren Mund verlassen, heraus.

Ich starrte sie fassungslos an, wahrscheinlich stand mein Mund eine lange Zeit offen, bis ich endlich wieder zu mir kam. „Ob ich mehr als freundschaftliche Gefühle für dich habe?", fragte ich sicherheitshalber noch mal nach.

Gwen nickte.

„Nein! Wie kommst du denn darauf?"

„Du kannst ruhig ehrlich sein", antwortete Gwen einfühlsam.

„Nein, ich will nichts von dir! Sag mal Gwen, ich bin's, John! Wir kommst du denn darauf?"

„Du kannst ruhig ..."

„Von wem hast du denn den Schwachsinn?" Ich schrie sie jetzt fast schon an.

„Tust du ganz sicher nicht?" Sie sah mich mit großen, fragenden Augen an.

Ich nickte geduldig und hielt ihr meine Hand hin. Sie zögerte, schlug dann ein. Ich atmete tief durch. Mit ruhiger Stimme wiederholte ich mich: „Wer hat das behauptet?"

Sie zögerte immer noch. „Alsoooo ... okay ... Graham meinte da so was."

Ich sah sie fassungslos an.

„Wie kommt der denn darauf?"

„Er meinte, du hättest so was in der Art angedeutet."

Wutentbrannt sprang ich vom Bett und riss die Zimmertür auf. Polternd trampelte ich über den Flur zu meinem Zimmer, knallte die Klinke herunter, sodass die Tür lautstark aufsprang. Bulldog, Diva und Sven saßen auf meinem Bett. Als sie mich bemerkten, machte Sven eine sehr hektische und ruckartige Bewegung, die ich nur im Augenwinkel wahrnahm, da mein Blick völlig auf Bulldog fokussiert war.

„Was ist hier los?" zischte ich.

„I... ich habe Taschentücher gesucht", antwortete Sven etwas verdutzt.

„Verarscht mich nicht! Was macht ihr denn an meinen

Sachen? Habt ihr sie noch alle? Raus hier! Sofort!", brüllte ich und alle drei standen auf. Ich kochte vor Wut, wobei ich nicht wusste, was mich mehr aufregte: Dass Bulldog so einen Mist erzählte oder dass hier etwas ganz Merkwürdiges vor sich ging.

„Du bleibst hier!" Ich sah Bulldog böse funkelnd an, während die anderen beiden das Weite suchten. Er hielt meinem Blick stand und ich hörte, dass die Tür hinter mir geschlossen wurde.

-- Graham --

„Was wird hier gespielt?", schnauzte er mich an. Ich musste unbedingt jegliche Form von Eskalation vermeiden.

„Nichts wird hier gespielt", beharrte ich. „Wir haben erst Musik gehört, dann geredet und dann hat Sven nur ..."

„... Taschentücher gesucht. Ja ja", blaffte er. Seine Stirn zierten mehrere Zornesfalten, sein Gesicht war eine bösartige Grimasse, was die Aussicht auf Deeskalation gegen null sinken ließ.

„Was habt ihr an meinem Rucksack gemacht? Und hör auf mit dem Taschentuchscheiß!"

Ahnte er was? Wusste er, was hier vor sich ging? Sein Blick wanderte zu seinem Rucksack und man konnte sehen, wie sein Gehirn arbeitete und überlegte, wonach wir gesucht haben könnten. Für einen Moment beherrschte ein triumphierender Ausdruck sein Gesicht, der aber prompt wieder verschwand und einer ernsten Miene wich.

„Was sucht ihr an meinem Handy?", fragte er dann bemüht ruhig. Er hatte also nichts gemerkt.

„Sorry", antwortete ich scheinheilig. „Wir waren nur neugierig." Das war nicht gelogen. „Wir wollten mal schauen, ob du, na ja, eine Freundin hast. Du hattest doch mal von dieser Zoe erzählt, mit der du dich so gut verstehst."

Er sah mich einen Moment lang skeptisch an.

„Beim nächsten Mal fragt ihr mich. NEIN wäre übrigens meine Antwort gewesen."

„Das haben wir gemerkt", gab ich locker grinsend zurück.

Ich wollte gerade aufstehen, doch er hielt mich zurück.

„Ach noch was: Was sollte das mit Gwen?"

„Ach so ...", druckste ich gespielt herum. „Um ehrlich zu sein – es war Ablenkungsmanöver. Aber sie wusste nichts davon."

Er nickte wieder. „Gut. Geh."

Es war eher eine Empfehlung als ein Befehl, aber ich gehorchte stillschweigend. Kaum war die Tür hinter mir ins Schloss gefallen, konnte ich mein Grinsen nicht mehr verbergen – es war so knapp gewesen. Aber das Gefühl, endlich Sicherheit zu haben, würde alles wieder wettmachen. Ich musste es einfach rausfinden, und zwar so schnell wie möglich. Obwohl ich mir sicher war, wollte ich den Beweis. Doch dafür musste zunächst das Tagebuch geknackt werden.

-- Johnathon --

Was sollte denn bitte der Mist? Seit wann interessierte sich Bulldog für mein Liebesleben? Er lässt über Gwen fragen, ob ich was von ihr will, während er an meinem Handy herumschnüffelt, nur um herauszufinden, ob ich eine Freundin habe? Das machte doch gar keinen Sinn. Gwen und ich waren einfach nur befreundet, das wussten alle. Für mich war sie wie eine Schwester! Vielleicht hatte ich wirklich recht und Bulldog hatte Sven und Diva beauftragt, ihn mit Gwen zu verkuppeln. Aber warum waren sie dann an mein Handy gegangen? Oder ging es gar nicht um mein Handy?

70

Ich schloss es in den Koffer und ging zu Gwen, die allein auf ihrem Bett lag.

„Was gibt's?", fragte sie mich.

„Moment, ich komme gleich wieder", sagte ich und schloss die Tür leise hinter mir. Hier waren sie also nicht.

Ich ging zu Svens Zimmer und horchte an der Tür. Ich vernahm wieder Svens, Bulldogs und Divas Stimme.

„Hat er was gemerkt?", flüsterte Diva.

„Weiß ich nicht", antwortete Bulldog und sagte darauf etwas, was ich nicht verstehen konnte. Dann fügte er hinzu: „Macht ihr eure Sache einfach richtig. Dann geht nichts mehr schief."

Danach folgte leises Getuschel und ich konnte nichts mehr verstehen. Was in Gottes Namen hatten die vor? Jetzt oder nie! Angriff war die beste Verteidigung. Mit dieser Einstellung klopfte ich an die Tür, wartete kein „Herein" ab und marschierte grinsend ins Zimmer.

Schnell wechselten die drei hastige Blicke.

„Hi." Es war Bulldog, der als Erster das Wort ergriff. Er wirkte irgendwie wie der Boss. Er war der Vorredner, die anderen agierten im Hintergrund. Oder war das alles nur Einbildung? Hatte ich zu viele Thriller wie *Illuminati* gelesen und war mittlerweile einfach paranoid?

„Na, alles klar?", erkundigte ich mich höflich, aber ohne eine Antwort abzuwarten (danke Kim, hast du mir gut beigebracht), redete ich weiter: „Ich wollte mich noch mal wegen vorhin bei euch entschuldigen. Ich habe wirklich überreagiert. Ich meine, wir sind Freunde und es ist generell okay, wenn ihr meine SMS lest, ich weiß ja, dass ihr nie irgendetwas Böses machen würdet. Aber fragt doch einfach das nächste Mal, ja?"

Bulldog nickte zögerlich, während die anderen beiden zuerst auf den Boden, dann zu Bulldog sahen und mir dann ebenfalls zunickten. Entweder war ich nun vollkommen paranoid und sah überall Gespenster oder mein Bauchgefühl war richtig und hier ging etwas Sonderbares vor sich. Ich würde noch dahinterkommen, was es war.

„Also dann. Ich will euch nicht weiter stören. Was auch immer ihr tun möget." Und *zack* war ich wieder aus dem Zimmer draußen und tat so, als würde ich zur Appartementtür gehen. Nach einer Weile unterhielten sich die drei auch wieder aufgeregt.

„Was war das denn jetzt?", ereiferte sich Sven.

„Der weiß garantiert was!", sagte Diva.

„Nur die Ruhe", wurden sie von Bulldog beschwichtigt, „noch ist nichts passiert."

Mehr bekam ich von dem Gespräch leider nicht mit, da David und Jack zurückkamen und eine allgemeine Unruhe entstand, die jedes Lauschen zunichtemachte.

Also ging ich wieder zu Gwen, die ich zuvor etwas überrumpelt hatte.

„Und, Kleines, alles klar? Was machst du heute Abend? Wieder essen gehen?"

„Nein, Graham will heute Abend unbedingt hier bleiben, damit wir noch mal alle was zusammen machen können."

Als ich sie so ansah, fragte ich mich wirklich, wie Bulldog das machte. Gwen musste nur seinen Namen sagen, schon strahlte sie und wirkte ungemein selbstbewusst.

„Sag mal, wieso glaubt Bulldog eigentlich ernsthaft, dass ich was von dir will?", fragte ich dann in die Stille hinein.

Sie zuckte mit den Schultern. „Er meinte, man würde es merken. Finde ich aber jetzt nicht."

„Na dann bin ich ja beruhigt."

„Ich glaube auch, dass er das nicht so ernst gemeint hat. Ich wollte mich nur einfach vergewissern und ..."

„Kein Ding, alles okay. Du, ich lass dich mal weiter lesen. David braucht mich in der Küche. Bis nachher."

Ich ging wieder, verschwand in meinem Zimmer und dachte nach. Ich verarbeitete alles noch mal vor meinem geistigen Auge. Gwen und Bulldog sowie Jack und Diva waren zusammengekommen. Gwen fragte mich aus, ob ich sie liebte, während Diva, Bulldog und Sven irgendetwas in meinem Zimmer suchten. Wieso war es denn Sven und nicht Jack? Steckten die etwa alle unter einer Decke? Und wusste Gwen Bescheid? Aber Gwen war doch der weltliche Moralapostel und würde sich nie in etwas Zwielichtiges hineinziehen lassen. Oder hatte sie Bulldog in drei Tagen so sehr verändert und es war möglich, dass sie ihre Moralvorstellungen über Bord warf? Irgendwie ergab das keinen Sinn. Irgendein Teil fehlte noch in diesem Puzzle.

Aber welches?

Nach dem Essen stand ich mit Diva auf dem Balkon, um eine zu rauchen.

„Wann gehen wir denn los zum Strand?", erkundigte ich mich, um ein Gespräch in Gang zu bringen.

„Ich denke so in einer Stunde, gegen acht oder so."

Ich nickte. „Sag mal, was wolltet ihr vorhin bei mir im Zimmer?" Das Ganze war ziemlich gewagt und direkt, aber zumindest waren wir allein.

„Wie? Was wir da wollten? Dein Handy. Weißt du doch." Sie wirkte unsicher und nervös und sah sich auch die ganze Zeit um, ob jemand im Wohnzimmer war, den sie durch die Scheibe sehen konnte. Aber da war niemand.

Ich bohrte weiter: „Ich weiß, dass es nicht um mein Handy ging. Was ihr gesucht habt, will ich wissen!" Am liebsten hätte ich sie mir gegriffen und geschüttelt, bis die Antwort aus ihr herauspurzelte, doch ich hielt an mich. Denn die sonst so vor Selbstachtung und Selbstsicherheit strotzende Diva stand da wie ein kleines Mädchen, das in

Mathe an die Tafel musste und die Hausaufgaben nicht gemacht hatte. „Na ja, wir, also wir ...“

„Na, hat jemand eine Kippe für mich?“ Bulldog war auf der Bildfläche erschienen und Diva konnte sich ohne Probleme in einen Mantel des Schweigens hüllen und in aller Seelenruhe nach einer Kippe für Bulldog suchen.

Wieso musste er genau jetzt kommen, wo ich sie fast soweit gehabt hatte? Ich rauchte fertig und ging in mein Zimmer zu David. Ich musste mich jemandem anvertrauen und er war, wie es aussah, der Einzige, dem ich vertrauen konnte.

-- Kris --

„Was wollte er? Hat er was rausbekommen?“, fragte mich Bulldog gelassen. Er musste ja auch nicht die Drecksarbeit machen.

„Nein, hat er nicht, aber er scheint uns auf die Schliche gekommen zu sein. Er spürt das.“

„Solange er es nur spürt.“

„Wieso denkst du eigentlich, dass er was von Gwen will? Und wenn schon, was interessiert dich das? Hast du Angst, er bekommt sie?“ Ich lehnte mich ziemlich weit aus dem Fenster.

Bulldog musterte mich abschätzig. Dann sagte er kalt: „Ich wüsste nicht, was dich das angeht. Mach du lieber sauber deine Arbeit, dann erfährt dein Jacki-Spatzi auch von nichts.“

Ich erkannte, dass es besser war, still zu sein und zu kuschen, drückte meine Kippe aus und ging zu Sven ins Zimmer.

„Hey Maus!“, sagte er, als ich durch die Tür kam.

Er sprang sofort aus seiner liegenden Position vom Bett auf, legte das Heft, in dem er eben noch geblättert hatte, zur Seite und schlang seine Arme um meine Taille. Nicht, dass es mir nicht gefallen würde – ich fand ihn recht süß. Doch irgendwo in mir drinnen meldeten sich Schuldgefühle zu Wort. An dem Abend war wirklich alles drunter und drüber gegangen. Wobei – an welchem Abend eigentlich? Wir hatten am ersten Abend, als alle auf dem Balkon gewesen waren, in diesem Zimmer rumgemacht. Dabei hatte uns Bulldog erwischt. Am zweiten Abend das gleiche Spiel, nur, dass Bulldog nicht schelmisch grinsend aus dem Zimmer verschwunden war. Er hatte mich abschätzig wie ein Stück Fleisch begutachtet und dann mit seiner schrecklich arroganten Stimme gesagt: „Es wäre doch schade, wenn dein Jack davon erfährt, oder? Sven ist doch sein bester Freund und du seine Freundin. Aber mir fällt da etwas ein, wie ich das Gesehene vergessen könnte."

Für einen Moment hatte ich gedacht, er wollte Sex mit mir, doch dann hatte er uns in seinen Plan eingeweiht.

Jetzt kullerten Tränen über meine Wange und fielen dann wie in Zeitlupe auf den Boden.

„Was ist denn los?" Die Frage war eigentlich überflüssig, denn er wusste genau, womit ich zu kämpfen hatte. „Alles wird gut, wir schaffen das schon", sagte er nur und ich ließ mich einfach fallen.

Ich hatte gar nicht bemerkt, dass ich eingeschlafen war, das registrierte ich erst, als Sven seinen Arm unter meinem Kopf herausziehen wollte.

„Sorry", stammelte ich etwas verlegen.

„Kein Problem."

Ich nickte knapp und setzte mich schnell auf. Das war nicht die Kris, die ich normalerweise nach außen darstellte. Das Wort *Schwäche* gab es in meinem Wortschatz eigentlich gar nicht. Und jetzt schlief ich tränenüberströmt in Svens Armen ein? Das war auch nicht die Kris, die Sven kennen sollte. Ich beugte mich vor und küsste ihn lange und intensiv. Ich versuchte, all meine Probleme zu verdrängen und einfach nur ein heißes und begehrenswertes Mädchen zu sein, das sich austoben wollte. Sven erwiderte meinen Kuss, seine Hand glitt prompt unter mein Top. Schnell griff er mein Handgelenk und schob es zunächst über seine Brust, dann zu seinem Schritt, wo meine Hand einen Moment verharrte, das Pulsieren spürte, bevor ich den Knopf der Jeans öffnete. Ich sog tief Luft ein und versuchte, den Moment zu genießen und an nichts zu denken. Eines aber wollte ich nicht: Mich je wieder fallen lassen.

-- Johnathon --

„Irgendwas stimmt da nicht. Seit wann interessiert es Bulldog, ob ich eine Freundin habe? Aber vor allem, warum hat Jack mit alldem nichts zu tun?"

„Stimmt schon. Irgendwie ist das komisch. Das passt so alles nicht zusammen."

Ich nickte. „Sag mir, was ich jetzt machen soll. Sie sind natürlich meine Freunde, aber im Moment … ach, keine Ahnung."

„Ich weiß nicht. Also erst mal gehst du heute Abend mit Jack und Diva mit. Vielleicht lässt sie sich ja ihnen irgendwas entlocken. Ich passe hier vorsichtshalber aber auch auf."

Ich nickte. „Danke, David. Ich gucke mal, wo Jack und Diva bleiben." Ich stand auf, ging in den Flur und sah Jack allein fernsehguckend auf dem Sofa sitzen.

Ich setzte mich zu ihm: „Na, wie geht's?"

„Ganz okay."

Eine Pause entstand.

„Wo ist denn Diva?", fragte ich ihn.

„Keine Ahnung."

„Ach so, okay, na dann."

Für einen Moment starrte er zum Fernseher, seine schlaksigen Beine lagen auf unserem Couchtisch, seine Haare hingen so über seinen Augen, dass sie für mich quasi unsichtbar waren. Wie aus dem Nichts brach es dann aus ihm heraus: „Weißt du, ich denke, ich bin in sie verliebt und so, aber irgendwo weiß ich nicht, was sie will. Sie ist nie da, aber ich will sie auch mal bei mir haben."

„Verstehe. Hast du ihr das schon mal gesagt?"

„Nein, wann denn? Sie ist ja nie da."

„Wer ist nie da?" Da stand sie leicht verträumt guckend im Flur. Sie strubbelte sich durch ihre Haare und zog ihr Top ein Stück runter. Nach einem Moment des Verharrens ging sie auf uns zu und setzte sich auf einen Sessel.

„Wann gehen wir denn jetzt los?"

„Ja, genau. Ähm, gib mir zehn Minuten!", antwortete mir Diva, lief zu ihrer Zimmertür, klopfte an und ging hinein. Nach einem kurzen Wortwechsel kam Bulldog in T-Shirt und Boxershorts (blau-rosa gestreift) zu uns und setzte sich in den Sessel. Dann gesellte sich plötzlich auch Sven zu uns.

„Na, was geht heute Abend?", fragte Bulldog gut gelaunt.

„Strand", gab ich zurück und nickte auch in Richtung Jack, bevor ich mich wieder dem Fernsehbildschirm widmete.

„Und was machst du heute Abend so?", wandte sich Jack an Sven.

Der blickte kurz auf, doch während er sprach, sah er durchweg auf den Boden oder zu Bulldog. „Ähm, ich weiß noch nicht. Aber wir machen heute Abend doch noch mal was zusammen, oder? Also, wenn ihr wiederkommt."

„Ja, wieso nicht", meinte ich und hatte dabei auch einen Hintergedanken: Wenn ich die drei im Auge hatte, konnten sie keine krummen Dinger drehen. Ganz einfach.

6

SEX. ON THE BEACH?

-- Johnathon --

Nach einer halben Stunde (das waren wohl ihre zehn Minuten) tauchte dann auch Diva auf. Endlich konnten wir losgehen. Im Gepäck hatten wir Kippen, Martini, meine Digitalkamera und warme Klamotten für später. So bepackt gingen wir gut gelaunt (und die beiden Händchen haltend) durch die leicht beleuchtete Stadt. Wir lachten und scherzten, während wir den Strandabschnitt suchten, der uns am vorigen Tag auf der Fahrt nach Valletta aufgefallen war. Die flackernden Lichter, die die gesamte Promenade in ein orangefarbenes Licht tauchte, wurden von einem Stimmwirrwarr überlagert, dass von den vielen nächtlichen Restaurantbesuchern ausging. Ruhiger wurde es erst wieder in dem kleinen Park, den wir durchquerten, um dann endlich an dem wunderschönen Küstenabschnitt anzukommen. Ihm gegenüber, auf der anderen Seite der Bucht, lag unser Hotel, welches, wie viele andere Hotels, hell beleuchtet war.

Die Wellen des Meeres schlugen einen guten Meter entfernt gegen die Felsen, als wir uns niederließen und uns erst einmal alle eine Kippe ansteckten. Während die Brandung rauschte, sah ich hoch in den Himmel. Die Nacht war sternenklar und es schien, als würden Millionen Sterne nur auf uns herabsehen. Mein Blick wandte sich vom Sternenhimmel ab und suchte nach den beiden anderen, die währenddessen aufs Meer hinausblickten und ebenfalls staunten. Sie saßen da innig umschlungen.

Während ich Kris direkt neben mir so anmutig, aber trotz allem in Gedanken verloren sitzen sah, veränderte sich etwas in mir. Irgendwas in meinem Körper fühlte sich jetzt anders an und ich hatte ein komisches Gefühl im Bauch.

„Hey John, komm her!", rief Kris. Sie war gerade dabei, die Flasche Martini aus meinem Rucksack zu holen.

„Ist geil hier, oder?", strahlte ich Kris an.

„Und wie, es ist unglaublich schön." Sie grinste, drehte sich rüber zu Jack und küsste ihn sanft.

Wieder dieses Gefühl in meinem Magen. Was machte ihn so besonders, dass sie ihn gewählt hatte und nicht jemand anderes? Wieso gerade Jack? Noch immer küsste sie ihn, diesen kleinen Rebell, der aber eigentlich sehr unter den Fittichen seiner Eltern stand und dazu, in meinen Augen, total langweilig war. Ja, er war groß, aber weder muskulös noch besonders hübsch. Vor allem aber war er stinkfaul und unzuverlässig. Und, nicht zu vergessen: Jack ähnelte emotional einem Eisklotz, vollkommen gefühlskalt. Nur einmal hatte ich erlebt, dass er seinen Gedanken freien Lauf gelassen hatte – vor einer guten Stunde.

„Auch einen Schluck?", fragte mich Jack und hielt mir die Flasche hin. Wie spendabel er doch war. Es war ja immerhin meine Flasche. Ich nahm einen kleinen Schluck.

„Sagt mal", sprach ich an beide gerichtet, „kann es sein, dass wir bisher jeden Abend Alkohol getrunken haben?"

Sie nickten synchron.

„Woran liegt das denn, bitte?"

„Na ja, vielleicht weil wir mal alleine weg sind und einfach eine Woche lang Spaß haben wollen und uns richtig gehen lassen", lachte Kris.

„Klingt plausibel", erwiderte ich schulterzuckend und

versuchte, Kris nicht direkt anzusehen. „Kris, kann ich dich mal was fragen?"

„Klar, schieß los!"

„Jetzt oder nie", dachte ich mir.

„Jetzt sei mal ehrlich: Was wolltet ihr denn an meinem Handy?"

Jack sah sie und mich fragend an. Wie es aussah, wusste er noch gar nichts.

„Ach, wie Bulldog doch schon gesagt hat, wir wollten nachgucken, ob du eine Freundin hast." Sie schien ruhiger zu sein als auf dem Balkon heute Mittag.

„Und warum waren du und Sven mit dabei, wenn Bulldog das wissen wollte?", hakte ich nach.

Jetzt wurde sie wieder nervös und auch Jack hatte bei dem Wort Sven aufgehorcht. Selbst ihm war nicht verborgen geblieben, dass auch er Interesse an Kris hatte, was man vor allem am ersten Tag hier auf Malta gesehen hatte. Und doch war ihre Entscheidung auf Jack gefallen.

„Keine Ahnung. Wir haben es halt zufällig mitbekommen und wollten es dann auch wissen. Warum interessiert dich das Ganze denn so?"

„Es ist ja immerhin mein Handy. Ich will einfach mal wissen, wieso ihr mich nicht einfach gefragt habt."

„Ach, keine Ahnung, passiert ist passiert. Komm, wir trinken noch einen!"

Sie hielt mir die Flasche hin. Ich nahm einen Schluck, sie tat es mir gleich und Jack ebenfalls. Wir blickten eine Weile stumm aufs Meer. So sehr mich das Geheimnis, das die drei hatten, interessierte: Ich wollte den Moment genießen.

Doch dann, mitten in der Ruhe und Stille, stand Jack auf und ging zu meinem Rucksack. Kris und ich sahen ihm verwundert zu, wie er meine Digitalkamera herausholte. Dann ging er ein paar Schritte zurück und rief uns zu: „Jetzt rückt mal etwas zusammen! Lächeln."

Wir folgten seiner Anweisung und Jack knipste. Es war das erste Foto, das je von Kris und mir zusammen gemacht wurde.

Wir drehten uns wieder zum Meer, doch es blitzte noch mal und noch mal. Jack übte sich als Fotograf und hatte gleich noch zwei Bilder gemacht.

„Jetzt ist es aber gut!", rief ich ihm zu.

Er legte den Fotoapparat zurück in meine Tasche und setzte sich wieder zu uns.

„Ich finde es hier saugeil", seufzte ich, immer noch aufs Meer schauend.

„Stimmt", pflichtete mir Kris bei, während sie ebenfalls weiterhin aufs Meer sah und gedankenverloren mit ihren Haaren spielte. Jack äußerte sich nicht, doch ich konnte mir denken, dass er es wohl ebenso genoss.

„Wir müssen unbedingt noch mal zusammen hierher. Nach dem Abi oder so."

„Aber hallo. Das ist richtiger Urlaub, bis auf die Besichtigungstouren der Steinlandschaft."

Ich spann den Gedanken weiter. Bis zum Abi waren es noch – oder nur noch? – drei Jahre. Und dann …

„Wie wär es eigentlich, wenn wir alle zusammen studieren?"

„Ja klar, wieso nicht? Eine WG brauchen wir sowieso. Dann kann ich Herzchirurgin werden und du irgendwas mit Medien."

„Wolltest du nicht eigentlich Stewardess werden?"

Kris zuckte mit den Schultern. „Weiß nicht. Finde beides toll. Jack … was willst du denn überhaupt machen?"

„Hm, ich weiß nicht, vielleicht Tierarzt oder so."

„Aha", entfuhr es mir schnippisch. Oh Gott, war ich böse. Warum hegte ich gerade so einen Groll auf Jack?

„Aber ich muss noch mal schauen, ob ich das wirklich machen will. Denn wenn ich zu Hause wohnen bleibe, muss ich nicht Wäsche waschen und so ... ", warf Kris ein.

„Also, ich bin froh, wenn ich zu Hause raus bin. Dann habe ich wenigstens meine Ruhe."

„Stimmt. Aber wir haben ja noch etwas Zeit ... Prost." Und sie nahm wieder einen Schluck.

„Oh, da fällt mir noch was ein! Bulldog hat gestern irgendwas von Auslandsjahr in der elften Klasse fallen gelassen. Du hättest Gwens Gesichts sehen müssen!" Kris grinste.

„Also mir tut sie eher leid", antwortete ich.

Als wir uns eine knappe Stunde später wieder auf den Heimweg machten, liefen die beiden neben mir verliebt und Händchen haltend her. Mein Herz pochte wie verrückt und ich spürte auf einmal eine starke Abneigung gegen Jack. Ich hatte keine Ahnung, was plötzlich mit mir los war. Na ja, eigentlich schon. Aber das konnte nicht sein. Ich und Gefühle für Kris? Auf einmal?

Vielleicht war das Ganze ja auch nur eine Phase. Wir verbrachten ja gerade außergewöhnlich viel Zeit miteinander. Genau, daran wird es liegen. Erst zu Hause würde sich zeigen, was da in mir vorging. Vielleicht war es ja auch nur Bauchweh gepaart mit einer simultanen Jack-Allergie.

Wir stiegen die Treppe zu unserem Appartement hoch und klopften. Sven öffnete die Tür. Wieder sah er nur mich und Kris kurz an, Jacks Blick wich er aus. Im Wohnzimmer saßen Debbie, Milana und Jenny mit Gwen und Bulldog an einem Tisch und spielten Karten. Zielstrebig ging ich erst einmal in mein Zimmer. Das Licht war aus, und als ich es anmachte, sah ich David auf seinem Bett liegen. Er schnarchte.

Ich schloss die Tür leise hinter mir, setzte mich auf mein Bett und öffnete meinen Koffer. Das Handy lag noch da, wo ich es verstaut hatte. Plötzlich fiel mir etwas ein: Woher sollten sie denn überhaupt den Pin meines Handys wissen? Denn um Akkukapazität zu sparen, hatte ich es hier bisher immer ausgeschaltet. Sie konnten also gar nicht einfach an meine SMS gekommen sein! Wieso war mir das nicht schon viel früher eingefallen? Es ging also gar nicht um mein Handy! Die hatten irgendwas anderes gesucht. Nur wusste ich nicht, was.

Ich überlegte und machte mein Handy an. Vielleicht konnte mir das irgendwie helfen? Sofort zeigte es mir an, dass ich zwei SMS bekommen hatte. Eine von meiner Mutter und eine von Zoe, die fragte, wie es mir ging und ob alles okay war. Das mit Zoe war schon komisch. Ich kannte sie noch gar nicht so lange, aber wir verstanden uns schon wirklich saugut. Aber das alles half mir in diesem Moment nicht weiter. Kein Stück.

Da David noch schlief, vertraute ich meine Gefühle kurz meinem Tagebuch an.

„Kris ist ... toll", schrieb ich und musste fast über mich selbst lachen. Anders konnte (oder wollte?) ich es aber nicht beschreiben.

„Was machst du denn hier?", fragte David mich verschlafen.

„Sorry, dass ich dich geweckt habe. Aber ich habe ein Problem."

„Schieß los." Sofort hatte er sich aufgerichtet und hörte mir zu. Ich erzählte ihm von dem Handy-Problem.

„Was hast du sonst noch Interessantes dabei?"

„Weiß nicht. Bücher, Schreibzeug, halt nix Tolles. Wüsste nicht, was die interessiert."

Es klopfte an der Tür.

7

SECRET

-- Graham --

„Wer ist da?", rief John von innen.

„Graham", antwortete ich und öffnete die Tür.

„Was soll das? Was wäre gewesen, wenn ich hier nackt gestanden hätte?", sagte John entrüstet, während sich David auf dem Bett sitzend streckte.

„Dann hätte ich mich wohl totgelacht", gab ich trocken zurück und fuhr, an den Türrahmen gelehnt, sogleich fort: „Wollt ihr nicht langsam auch mal raus kommen? Debbie, Milana und Jenny sind wieder nach oben abgezischt und machen ihre Kinderparty. Und ich habe jede Menge Schnaps für uns gekauft."

Nach einem kurzen Blickwechsel mit David nickte John und versicherte mir, er würde gleich kommen. Ich schloss die Tür und ging wieder zu den anderen ins Wohnzimmer. An der Zimmertür zu lauschen hatte ich nicht mehr nötig. Ich würde gleich bekommen, was ich wollte. Bald würde ich die Sicherheit haben, die ich brauchte, um endlich weiterzukommen. Und ich würde mir nicht einmal die Hände schmutzig machen.

-- Johnathon --

David und ich hatten für alle Fälle geplant: Falls einer der drei irgendwohin ging, würde einer von uns unauffäl-

84

lig folgen, der andere blieb bei den Verbliebenen. Mit dieser Überlegung gesellten wir uns zu Sven, Jack, Kris, Gwen und Bulldog, der meinen iPod an die Boxen angeschlossen hatte, auf den Balkon und ließen die Schnapsflasche von einem Mund zum anderen wandern. Währenddessen wurde über Milana gelästert, die heute ein trägerloses Top getragen hatte, bei dem man ihre Achselhaare in Formvollendung hatte sehen können.

„Aber was echt eklig ist", erzählte dann Kris, „wenn in der Dusche überall ihre Haare liegen. Kurze, lange, nee, das ist so eklig! Du weißt nicht, welche von wo sind!"

Wir alle lachten herzlich und uns war egal, dass sie im Moment im Appartement über uns war und uns eventuell hörte.

Egal, welche Intrige derzeit lief: Wir alle waren uns bei vielen Punkten sehr einig und Milana, wie auch Debbie und Jenny, waren in unseren Augen Kinder, die uns Erwachsenen ziemlich auf die Nerven gingen. Konnte man bei einer solchen Abneigung noch von Freundschaft sprechen?

Als *Conga* von *Gloria Estefan* lief, ergriff mich wieder das Tanzfieber und ich forderte (unter den bösen Blicken von Bulldog) Gwen zum Tanzen auf. Selbst sie hatte schon ein bisschen getrunken und legte spontan eine flotte Samba mit mir aufs Balkonparkett. Wir hatten richtig Spaß und Sven, der mit mir, Gwen und Bulldog zusammen vor zwei Jahren einen Tanzkurs gemacht hatte, überzeugte Kris, ebenfalls mit ihm zu tanzen. Zusammen wirbelten wir herum, bis Bulldog das Ganze wohl zu viel wurde und er um einen Tanz mit Gwen bat. Ich wartete das nächste Lied ab (*We'll be burning* von Sean Paul) und schnappte mir Kris, die sich gerade setzen wollte, und tanzte mir ihr ziemlich eng und wild vor Jacks Augen, den ich aber in diesem Moment ignorierte. Ich wollte Kris so nahe wie möglich sein, ihren heißen Atem auf meiner Haut spüren und – warum auch immer – am liebsten küssen. In genau in diesem Moment der gefühlsmäßigen Verwirrtheit flüsterte sie mir ins Ohr: „Wenn ich gleich weggehe, kommst du kurz danach hinterher in mein Zimmer."

Zunächst sah ich sie verwirrt an, dann nickte ich stumm. Wir tanzten das Lied noch voller Elan fertig, bis sie dann ging und ich mich kurz auf den Boden setzte. Schließlich nickte ich David bedeutungsvoll zu und folgte ihr mit einigem Abstand.

Ich ging zum Mädelszimmer und klopfte brav an.

„Die Tür ist offen", hörte ich sie von drinnen rufen und trat ein.

Das Zimmer war ohne Lichtquelle, nur die Scheinwerfer der unten vorbeifahrenden Autos sowie die Beleuchtung am Strand sorgten für schemenhafte Helligkeit.

Stumm vor Erstaunen blieb ich im Türrahmen stehen. Kris stand von ihrem Bett auf, ging an mir vorbei und schloss die Tür hinter mir ab. Ich starrte noch immer vollkommen perplex auf ihr Bett und fühlte auf einmal ihre Hand auf meiner Brust.

Ihre kühle Hand lag dort ganz ruhig und bewegte sich nur unmerklich, während mein Herz wild pochte. Ich wusste nicht, was ich tun sollte. Mein erster Gedanke war: „Hilfe, Kris macht mich an!" Mein zweiter: „HILFE! Kris macht MICH an!"

Sollte ich mitmachen, sollte ich mich gehen lassen oder mich von ihr losreißen? Einerseits war da der Gedanke an Jack, der so etwas bestimmt alles andere als gut fand, andererseits war ich doch auch nur ein Mann, der auch Bedürfnisse in diese Richtung hatte – in welche Richtung es auch immer gehen würde.

„Kris, ich ..." Doch sie trat vor mich, legte mir einen Finger auf die Lippen und zog mich in Richtung Bett, auf welches ich ungeschickt fiel und sitzen blieb. Sie berührte meinen nackten Unterarm, ich spürte ihre sanften Hände langsam über meine Haut wandern.

Zunächst zögerte ich, doch dann wollte auch ich sie berühren. Langsam legte ich meine Hand auf ihre, umschloss sie dann und versuchte, alle Gründe, die gegen das hier sprachen, einfach zu verdrängen.

Wie lange wir so dasaßen und vorsichtig den Körper des anderen berührten, konnte ich nicht sagen. Vielleicht einige Minuten, vielleicht eine halbe Stunde? Ich weiß nicht, warum, aber ich hatte ihr die ganze Zeit nicht in die Augen gesehen. Vielleicht, weil ich tief in mir drin wusste, dass es zu schön war, um wahr zu sein. Dann trafen sich unsere Blicke.

So, als wären wir plötzlich eingefroren, sah ich lange in ihre smaragdfarbenen Augen. Es lag kein Schimmer von Lust oder Leidenschaft in ihnen. Sie vermittelten eher Panik und Angst.

Ich starrte sie an und war fassungslos. Dann schüttelte ich den Kopf. Es konnte nicht wahr sein. Ich wollte etwas sagen, aber meine Stimme versagte. Sie verbarg ihr Gesicht in ihren Händen, dann schüttelte sie langsam den Kopf.

„Warum?", flüsterte ich. „Warum machst du das?"

Und dann kamen ihr die Tränen. Ich nahm sie einfach in den Arm und streichelte ihr über den Kopf, ließ ihre weichen Haare durch meine Hände gleiten.

„Ich sage Jack nichts. Keine Angst, es ist ja nichts passiert." Ich ließ sie los und sie nickte. Ich lächelte ihr zu und ging wie in Trance ins Wohnzimmer zurück. Von dort aus sah ich auf den Balkon.

Da saßen in trauter Eintracht Bulldog, Jack, Gwen und David. Sven fehlte. Ich ging nicht zu ihnen, sondern stürmte sofort in mein Zimmer. Das Licht war aus. Donnernd knallte ich meine Handfläche an die Stelle, wo ich den Lichtschalter vermutete und der kleine Raum wurde mit dem matten

Licht einer Glühbirne durchflutet. Und er war leer. Ich sah in unserem kleinen Bad und im Schrank nach, nirgends war Sven. Selbst unter den Betten suchte ich. Doch auch da war er nicht. Er war nicht auf dem Balkon und auch nicht in meinem Zimmer. Ich rannte in Bulldogs und sein Zimmer. Keine Spur. Sven, verdammt, wo hast du dich versteckt? Was ging hier vor sich? Doch dann ging im großen Bad die Klospülung. Ich wusste, wo er war.

Trotzdem hatte ich keine Ahnung, was das alles sollte. Wollte Kris mich tatsächlich verführen? War Sven einfach nur pinkeln? Oder steckte hinter all dem doch viel mehr?

Ich ging in die Küche und nahm mir eine Flasche Wasser aus dem Kühlschrank. Mit dem Hintern an die Arbeitsplatte gelehnt, trank ich sie halb leer und hoffte, ich würde nüchterner werden und meine Gedanken würden sich langsam wieder ordnen. Danach gesellte ich mich wieder raus zu den anderen.

„Wo warst du denn?", fragte mich Bulldog, doch kaum hatte ich den Balkon betreten, sah ich durch das Glas der Schiebetür, dass Sven vom Bad aus in Kris' Zimmer ging.

Ohne auf seine Frage zu antworten, tat ich zunächst so, als würde ich ins Bad gehen, doch als ich mich versicherte, dass Bulldog nicht in meine Richtung sah, schlich ich leise zu dem Zimmer der Mädels. Die Tür war nur angelehnt und ich sah Sven bei Kris sitzen. Er umarmte sie und sie weinte immer noch.

Dann flüsterte er ihr zu: „Hey, so schlimm war es doch gar nicht. Jetzt ist alles vorbei. Wir haben es geschafft. Jetzt sind wir quitt mit ihm."

Kris lächelte matt. Ich beugte mich noch ein kleines Stück weiter vor, um richtig ins Zimmer sehen zu können. Doch dann knarrte die Diele.

Die beiden hatten das Geräusch gehört und ich sah gerade noch, wie Sven langsam aufstand, um sich zur Tür zu drehen, während ich schnellen Schrittes in meinem Zimmer verschwand.

Ich machte das Licht an und schmiss mich auf mein Bett, als mich plötzlich irgendwas pikste. Ich ignorierte das Piksen, nahm eines meiner Bücher aus meiner Tasche und tat so, als würde ich lesen. Dann klopfte es an der Tür.

„Ja", rief ich, möglichst gleichgültig.

Im matten Licht der Lampe wirkte sein Gesicht unter den kurzen schwarzen Haaren ungewöhnlich kantig und ernst, was man von der sonstigen Frohnatur in Zwergenformat nicht kannte.

„Hi, wieso bist du denn nicht draußen?"

„Ach, ich glaube, liegen ist gerade besser. Ich habe Kopfschmerzen und mir geht's nicht gut."

„Na dann", meinte Sven nickend, „will ich dich nicht länger stören. Gute Nacht."

„Dir auch", erwiderte ich und er schloss die Tür. Ich ging zum Lichtschalter und machte das Licht aus.

Die ganzen Fragen in meinem Kopf – angefangen von „Was war das eben?" bis hin zu „Wie sollte ich jetzt mit Kris umgehen?" malträtierten mich noch einen Moment, bevor ich zu dem Entschluss kam, dass eine Portion Schlaf nun wirklich mehr als nötig war. Außerdem war jetzt, wie Sven sagte, alles vorbei und ich konnte sowieso nichts mehr ändern. Ob das gut oder schlecht war, würde sich zeigen.

Früh am Morgen wachte ich auf. Mein Wecker zeigte sieben Uhr. Ich wälzte mich noch ein paar Mal rum, stand dann aber doch auf. Kris hatte, wie ich nun sah, die Nacht gemeinsam mit Jack in seinem Bett verbracht, was aber auch nichts Neues war.

In der Küche nahm ich mir erst einmal eine Schüssel Cornflakes und setzte mich auf den Balkon. Es war kühl, aber die aufgehende Sonne und die Stille um mich herum taten meiner Seele gut. Ich aß auf und duschte dann ausgiebig im großen Bad. Danach deckte ich den Tisch für die anderen und wartete bis kurz vor neun mit *Illuminati* auf dem Sofa auf die anderen.

David kam als Erster aus dem Zimmer. „Schon wach?", fragte er mich.

„Sieht so aus", gab ich etwas bissig zurück.

„Schlechte Laune?" Etwas ungelenk ließ er sich auf den mir gegenüberstehenden Sessel fallen.

„Wie war es gestern Abend noch?", wollte ich von ihm wissen, da er sich die Antwort auf seine Frage denken konnte.

„Lustig, es ging noch ein bisschen. So bis zwei oder so. Was war denn mit dir los?"

Ich erzählte ihm kurz die Vorfälle des gestrigen Abends, wobei ich Kris' Ablenkungsmanöver nur schemenhaft umriss.

„Das Ganze ist echt komisch. Was geht denn mit den Leuten hier ab?"

Ich zuckte mit den Schultern.

„Hilft uns das irgendwie weiter?", fragte er.

„Kein Stück. Aber wie Sven meinte, ist jetzt sowieso alles vorbei."

„John, morgen fliegen wir sowieso zurück nach Deutschland. Mach dich nicht so verrückt, okay?" Ich nickte, aber wusste, dass das nicht so leicht werden würde.

Den letzten Tag auf Malta verbrachten wir am Golden Bay. Dieser wirklich malerische Strand war jetzt genau das Richtige, um den ganzen gestrigen Kram zu vergessen. Selbst Ilsa, in ihrem algengrünen Badeanzug, war ungewohnt nett zu uns und auch sie ging mit uns ins Meer, wo sie rein optisch auch super reinpasste. Vielleicht war es ja auch ein Tarnanzug für Marinesoldaten.

Das Wasser war angenehm warm und die Wellen, gegen die wir anschwammen, waren einfach klasse.

Doch dann hatte Kris keine Lust mehr. „Mir ist kalt", sagte sie zu mir.

Die anderen waren mit Ilsa schon ein gutes Stück weiter geschwommen, darunter auch Jack, Gwen und Milana. Zunächst schwieg ich, denn ich konnte die gestrigen Geschehnisse nicht so einfach ignorieren.

„Ich wollte noch mit dir reden wegen gestern ..."

„John, lass es uns einfach vergessen, ja? Ich möchte da nicht drüber reden."

„Aber ..."

Sie schnalzte genervt mit der Zunge. „Nichts aber. Es ist nichts passiert, was der Rede wert wäre. Ich war betrunken und fertig. Und ich gehe jetzt raus."

Ich seufzte und schwamm ihr nach. Warum ich das tat, war eigentlich mehr als offensichtlich: Ich hatte mich in sie verknallt.

In diesen wankelmütigen Charakter. Diese Mischung aus Punk und Wannabe-Mädchen, mit einer Schwäche für alles Coole oder was in ihren Augen cool war. In jene, die am liebsten im Stewardessenkostüm hoch über den Wolken Menschen am Herz operieren wollte – oder so ähnlich.

Meinem Tagebuch hatte ich diese Vermutung schon gestern vage mitgeteilt (was hatte ich noch mal geschrieben? *Kris ist ... toll.* Genau. Ich musste unweigerlich grinsen). David hingegen wusste es noch nicht. Aber wahrscheinlich ahnte er es auch schon und hoffte, so wie auch ich, dass es nur eine Phase war.

Ich ging dann auch ganz locker aus dem Wasser, als Kris plötzlich ganz Diva-like zu schreien anfing. Ich drehte mich um, um nach dem Grund ihrer Entrüstung zu suchen. Doch ich sah keinen. Oder hatte ich mir den Schrei – wie noch viele andere Sachen – nur eingebildet? Jack und die anderen, die nicht weit von uns entfernt waren, drehten sich nicht einmal um. Doch ein eindeutiges Zeichen für den Schrei war, dass Kris' Mund noch immer offen stand.

„Was ist denn los?", fragte ich Kris.

„Daaaaaaaaa!", kreischte sie erneut und zeigte auf mich. Ich sah an mir runter und hatte schon Angst, meine Badehose würde irgendwo im Wasser schwimmen. Doch ich hatte sie noch an.

„Was denn?", hakte ich nochmals nach.

„Algen!", schrie sie und tatsächlich, um mich herum waren Algen.

Ich ging wieder ein paar Schritte auf sie zu. „Ja, Algen. Du solltest Meeresbiologin werden. Komm endlich mit raus."

„Ich geh hier nicht lang. Hier sind überall Algen." Sie stand wie angewurzelt da und hatte den Ekel in ihren Augen stehen.

„Ich will raus, aber nicht durch die Algen!", schluchzte sie.

Ein kurzer Blick ins Meer: Jack war gerade dabei, von irgendeiner Welle untergespült zu werden und die anderen schwammen außer Hörweite. Da nahm ich mir ein Herz. „Komm her, ich trag dich."

Ich nahm sie, wie der Bräutigam die Braut, auf den Arm und so ging ich dann aus dem Wasser raus. Mit meiner roten Badehose hätte ich aber auch gut in Baywatch mitspielen können. Als ich dann wieder trockenen Sand unter den Füßen hatte, ließ ich sie vorsichtig herunter.

„Danke", sagte sie und ging neben mir her zu ihrem Handtuch.

Ein paar Minuten später kamen dann auch die anderen aus dem Wasser und wir sonnten uns, um dann wenig später wieder zum Hotel zu fahren.

Es war später Nachmittag und Gwen sowie Milana, die sich wieder verstanden, waren für heute Abend einkaufen gegangen, da fast alle Vorräte aufgebraucht waren. Wir hatten noch zwei Flaschen Wasser, von denen ich mir gleich eine nahm. Ich entschied, während die anderen im Wohnzimmer saßen und Karten spielten, mein Zeug schon mal grob aufzuräumen. Meine Schmutzwäsche verpackte ich in Plastiktüten, meine wenigen sauberen Klamotten (ach, da war ja auch meine kurze weiße Hose!) legte ich wieder ordentlich zusammen. Ich räumte meinen Rucksack ein und machte wohl zum letzten Mal mein Bett. Doch während ich die Decke schüttelte, fiel etwas klirrend auf den Boden. Es war schwarz und metallisch. Es war eine Haarspange.

Was hatte die denn hier zu suchen? Niemand aus meinem Zimmer brauchte eine Haarspange, nicht einmal Kris, die ein ständiger Übernachtungsgast war, trug so was. Weshalb lag die hier? In Filmen knackten Ganoven damit Schlösser. Mein Koffer hatte jedenfalls ein Zahlenschloss. Falls sie doch an mein Handy wollten, war dieses Ding vollkommen unnütz. Aber ich hatte ja noch etwas, das abgeschlossen war, und zwar mit einem normalen Schloss – plötzlich bastelte sich das Puzzle in meinem Kopf zusammen. Das wäre wirklich die Höhe!

8

AIN'T NO OTHER MAN

-- *Kris* --

Meine beiden Zimmergenossinnen waren abgedampft, Bulldog hatte sich pennen gelegt und mein Freund sowie David wollten ebenfalls ins Land der Träume.

Sven und ich „wollten nur noch das Spiel fertig spielen", danach wollten wir auch schlafen. Aber schließlich ging es doch in die Verlängerung. In meinem Zimmer. Das letzte Mal. So versprach ich es mir. Wir hatten brav abgeschlossen, und bis die Mädels wiederkommen würden, könnte noch eine halbe Stunde ins Land gehen. Wieder küssten wir uns, seine Hände erforschten meinen Körper, doch es fühlte sich anders an als sonst. Komisch. Dieses Mal war es so endgültig, als wollte man das Abi schreiben und alles richtig machen, weil es nur dieses eine Mal gab. Irgendwie waren wir ziemlich verkrampft und es war einfach ein komisches Gefühl, mit jemand anderem so weit zu gehen, während ich mit meinem eigenen Freund noch lange nicht so intim war. Mit Jack war ich immer noch im *Pass auf, ich bin jetzt oben ohne*-Stadium.

Das hatten Sven und ich gleich am ersten Abend erreicht und auch heute wollte er wieder mit mir schlafen. Aber erneut wiegelte ich ab.

„Ich kann das nicht machen und ich will es nicht machen. Das mit uns ist viel zu häufig gewesen und selbst einmal hätte es nicht passieren sollen."

„Bereust du es?"

Ich überlegte. „Nein. Es war toll. Aber ich will erst mit meinem Freund schlafen und dann ..."

Dieser Satz war ein Fehler.

„... und dann mit mir", ergänzte er gut gelaunt. Er freute sich und küsste mich sogleich ausgiebig – und nahm mir damit die Chance, das Ganze zu verneinen.

Nach diesem schönen Intermezzo wollte ich mich wieder ausschließlich Jack widmen. Dadurch, dass dieser ganze Tagebuchkram endlich geklärt war und Bulldog seinen Beweis hatte, war ich wieder besser drauf und wollte Jack das auch spüren lassen. Ich war verliebt in ihn und genoss seine Gegenwart. Wir hatten zwar noch nicht über Sex oder so geredet, aber heute sollte Jack auch mal tiefer als unters T-Shirt gehen. Und irgendwann zu Hause wollte ich mich ihm ganz hingeben.

-- *Johnathon* --

Ich wollte jetzt am letzten Tag nicht noch irgendwie Stress machen, deswegen behielt ich meine Vermutungen bezüglich der Haarspange für mich, ging auf den Balkon und las, während Jack und David Mittagsschlaf hielten. Ich genoss es einfach, hier zu sitzen und noch einmal tief Luft zu holen, bevor ich wieder heimkommen und den üblichen Stress haben würde: Eltern, Schule, den Geheimniskram hier klären ...

Es wollte mich nicht loslassen, aber wenn ich alles korrekt zusammengesetzt hatte, hatte Kris mich abgelenkt, während Sven das Tagebuch knackte. Erschien logisch wegen der Haarspange. Meine erste Vermutung, dass Kris und Sven bei Gwen und Bulldog Kuppler gespielt haben, hatte ich verworfen. Es gab keinen Grund, warum sie dies tun sollten.

Aber warum das Tagebuch? Da ich an dieser Stelle nicht weiterkam, forcierte ich meine Gedanken wieder auf das Buch und saugte seinen Inhalt quasi in mich hinein. Nach einer guten Viertelstunde kamen dann Milana und Gwen zurück.

„Die anderen schlafen", sagte ich und ging mit ihnen in die Küche.

„Kannst du ...?"

„Klar, kein Ding", sagte ich an Gwen gerichtet und verstaute die Getränke im Kühlschrank, während sie bereits Wasser erhitzte.

„Heute gibt es Hähnchenschenkel mit Soße und Kartoffeln", beantwortete sie meine unausgesprochene Frage.

„Oh, du kannst Gedanken lesen? Was denke ich jetzt?"

„An deinen Lieblingsporno."

„Na warte!"

Wir alberten in der Küche herum und es machte richtig Spaß, vor allem, weil ich Gwen wirklich mochte. Sie war meine beste Freundin und mir sehr wichtig. Ich konnte ihr alles erzählen und vertraute ihr fast blind. Das Einzige, was unsere Freundschaft trübte, war ihre Beziehung zu Bulldog. Ich verstand immer noch nicht, warum sie genau ihn genommen hatte. Es hätte auch jeder andere sein können. Und wenn man vom Teufel sprach ...

-- *Graham* --

Nach einem kurzen Nickerchen ging ich in die prähistorisch anmutende Küche, wo Milana, Gwen und John mit den simplen Gerätschaften zugange waren und kochten. Nachdem ich jetzt wusste, was Sache war, und dass er sie nicht liebte, erkannte ich, dass ich John Unrecht getan hatte. Ich empfand fast schon ein leidiges Mitgefühl für ihn, da seine wahre Angebetete nun von seiner Verehrung erfahren hatte. Na ja, war ja nicht wirklich mein Problem. Ich war nur froh, dass ich in John keinen Konkurrenten sehen musste, denn dann hätte ich ganz andere Register ziehen müssen, um Gwen an mich zu binden. Außerdem schien Kris von Johns geheimer Liebe nicht sonderlich beeindruckt. Sie hatte nur trocken gemeint: „Na und? Soll er doch. Ich habe Jack."

Meinetwegen hätte sie auch mit John, Jack und Sven parallel etwas laufen haben können und es wäre für mich nicht von Bedeutung gewesen.

Vielleicht doch, wenn auch nur ein wenig, immerhin waren alle drei meine Freunde – und das durfte ich nun, da alles geklärt war, auch wieder genießen.

Und schlussendlich hatte ich Gwen und war meinem Ziel ein gutes Stück näher gekommen. Ich wollte so leben, wie man es in meiner Familie nun einmal tat und wie es mein Großvater gutgeheißen hätte: mit einer eigenen Familie, einem ehrenwerten Beruf, einem Leben, wie es sich gehörte. Es klingt wohl komisch, wenn man so etwas bereits mit 15 Jahren planen will und ich wusste natürlich, dass sich noch sehr viel ändern konnte. Aber ich wollte langsam den Grundstein für dieses spätere Leben legen und ein wichtiger Bestandteil darin sollte nun einmal Gwen werden. Und so langsam fing ich sogar an, sie zu lieben.

-- *Johnathon* --

Ich war gerade dabei, Gwen zu kitzeln, (sie hatte mir mit einem Geschirrtuch volle Kanne auf den Arsch gehauen!) als Bulldog reinkam. Da ich von seiner rasenden Eifersucht wusste, ließ ich Gwen sofort los. Entgegen allem, was ich erwartet hatte, sagte er nur: „Mach ruhig weiter, sie wird es schon verdient haben." Er nahm sich einen Löffel und probierte die Soße. Ich war mehr als verblüfft. Wo war der grimmige und eifersüchtige Bulldog geblieben? Was war mit ihm passiert, dass er auf einmal so gut gelaunt war?

„John, kommst du mal mit zum Kippenautomaten?"

„Würde ich ja, aber ich wollte mir von meinem letzten Geld eigentlich noch was zu essen kaufen."

„Kannst du. Ich gebe dir eine Schachtel aus."

„Na dann ...", sagte ich verdutzt, „danke."

„Kein Problem." Er deutete mir an, dass er jetzt gehen wollte und ich ging natürlich mit.

Ich war wirklich verwundert. Wieso war er plötzlich so nett? Klar, wir waren Freunde, trotzdem war immer irgendwo eine gewisse Distanz da gewesen. Und nun sollte sie, von einer Sekunde auf die andere, verschwunden sein? Nein, ich sah dafür keinen rationalen Grund. Er war immer noch Graham Chestnut, ich immer noch Johnathon Beaucane. Während wir stillschweigend zum Automaten gingen, fiel der Groschen.

Er hatte ja gedacht, dass ich was von Gwen wollte. Das hatte Gwen mit sogar gesagt, aber ich hatte all dem zunächst keine Bedeutung beigemessen. Denn ja, Gwens Gespräch war ein Ablenkungsmanöver gewesen – aber gleichzeitig war genau das der Grund für Bulldogs Sorge! Er glaubte tatsächlich, dass ich ihm Gwen streitig machen wollte! Da Sven aber, während Kris mich abgelenkt hatte, das Tagebuch gelesen haben musste, wusste er, dass es nicht stimmte – denn dort stand, was ich für Kris empfand. Eigentlich ganz einfach und logisch.

Das einzige Rätsel war: Warum machten die beiden da mit? Was sollte ich jetzt tun? Und wenn es wirklich so war, dass sie das Tagebuch gelesen hatten, dann wusste wohl auch Kris etwas, was sie nicht unbedingt wissen sollte.

Ich seufzte innerlich und nahm mir vor, heute nichts in irgendeine Richtung zu unternehmen, sondern abzuwarten, zumindest, bis wir wieder zu Hause waren.

Nachdem wir unseren Lungen den üblichen Schaden zugefügt hatten, gingen wir wieder hoch in unser Appartement, wo ich sah, dass Kris, Jack, David und Sven wieder wach waren, auf dem Sofa hockten und fernsahen, während Gwen den Tisch deckte.

„Na Leute, alles klar?", fragte Bulldog immer noch gut gelaunt.

Alle nickten kurz, ihren Blick weiterhin auf das TV gerichtet.

„Wisst ihr was? Ich gebe heute Abend mal 'ne Runde Eis aus. Wie ist das?"

Sofort blickten ihn alle an. Kris wurde mal wieder zum Kleinkind und hüpfte wie eine Dreijährige auf dem Sofa rum. „Juhu! Eis, Eis, Eis!"

Jack, der neben ihr saß, grinste nur, doch in ihrem kindischen Übermut sprang Kris etwas zu wild und landete aus Versehen auf Jack. Der schrie auf und hielt sich das Bein. Sofort hörte Kris auf und streichelte ihm über den Oberschenkel.

„Tschuldigung", sagte sie mit dem Kleinmädchenblick. „Krieg ich trotzdem ein Eis?"

9

BACK TO BASICS / ON OUR WAY

-- Johnathon --

Für diesen Abend war mein Motto: Kopf aus, Spaß an, weshalb ich gut gelaunt mit Kris und Gwen in die Stadt ging, um zu feiern. Wir nahmen dieses Mal nicht den Weg durch die engen Gassen, sondern liefen noch einmal an den Felsen vorbei, an denen ich mit Kris und Jack gewesen war, zum Club. Wir gingen an einem Sandstrand vorbei und beschlossen, auf dem Rückweg noch mal einen Abstecher ins kühle Nass zu machen.

„Irgendwie werde ich Malta vermissen."

„Jetzt werde mal nicht sentimental", ergriff Kris als Erste das Wort.

„Nee, aber mal ehrlich, er hat schon recht. Ich fand es auch geil hier", sagte Gwen.

Kris stupste sie in die Seite. „Nicht fand, finde! Wir sind noch da! Außerdem hast du ja deinen Bulldog gefunden."

„Ich glaube auch das vor allem das besonders geil war", spottete ich.

Gwen grinste frech. „Na und, Kris hat ja auch ihren Jack."

Wir gingen weiter durch die aufgeheizten, maltesischen Gassen. Wir beobachteten Leute und genossen es, ungeniert über sie zu lästern, da sie uns nicht verstanden. Als eine Frau Mitte 50 im Minirock und hautengem, rosafarbenen Top an uns vorbeiging, sahen wir ihr alle nach.

Die Zeit hatte bei ihr schon mehr als deutlich Wirkung hinterlassen, was Kris prompt kommentieren musste:

„Ich sag's euch, das Alter wird kein Ponyhof. Habt ihr die Orangenhaut gesehn? Die Frau hat mehr Hügel als Holland Deiche!"

Kris konnte so bezaubernd sein ...

Im Havanna saßen wir wieder in unserer Sofaecke (dieses Mal gab's *Sex on the Beach* für wenig Geld) und wir süffelten an unseren Strohhalmen vor uns hin, während ein lustloses Go-go-Girl die Hüften an ihrer Stange schwang.

„Einen Drink, wenn du zu ihr gehst und mit ihr tanzt!", brüllte ich Kris bei der lauten Musik förmlich ins Ohr.

Sie grinste.

„Wie wär es, wenn wir tanzen gehen?", fragte dann Gwen, woraufhin Kris und ich in Gelächter ausbrachen. Der Witz war nicht sonderlich lustig, eigentlich war es kein Witz, aber der Alkohol zeigte seine Wirkung. Nach diesem Abend würde mein (kurzzeitiger) Leitspruch sein: nie wieder Alkohol.

Kaum dass der DJ die ersten Beats von *Maneater* spielte, erklommen wir drei die Tanzfläche. Nachdem Kris mehrmals die Hüften heftig nach links und rechts geschleudert hatte, begannen besonders Männer über 25 auf die hübsche Dunkelblonde aufmerksam zu werden. Sie scharrten sich um sie wie die Mücken um das Licht. Zuerst genoss Kris durchaus die Aufmerksamkeit, doch nachdem ihr der eine oder andere Typ an den Hintern gepackt hatte, engagierte ich mich (uneigennützig) sozial und tanzte mit Kris, wie es normal ihr Freund tun sollte. Als die Jungs checkten, dass das Revier bereits abgesteckt war, gingen sie weiter und ignorierten uns für den Rest des Abends.

Wieder mit *Sex on the Beach* an unseren Plätzen, rauchten Kris und ich (begleitet von Gwens künstlichem Gehuste) und widmeten uns dann wieder dem Lästern. Eine der netten Go-go-Damen trug einen neonpinken Leder-BH und Leopardenhotpants mit dazu passender Krawatte.

„Unglaublich. Wie viel bezahlen die der denn, damit sie so rumläuft?"

„Anscheinend nicht genug. So schwungvoll tanzt ja sogar noch meine Oma. Ich muss aufs Klo. Kommst du mit?"

Gwen nickte, das Duo verabschiedete sich: „Wir sind in fünf Minuten wieder da", rief mir Gwen noch zu, bevor sie die Toiletten anstrebten.

Ich blieb sitzen und beobachtete die Kerle, die eben Kris angegafft hatten, und die nun an einer dunkelhäutigen Schönheit interessiert zu sein schienen. Im Gegensatz zu Kris ging sie aber darauf ein und bald verschwand ein großer, schwarzhaariger Kerl mit ihr auf der Toilette. Ich schüttelte nur den Kopf. Einerseits über die Schwarzhaarige, andererseits waren bereits zehn Minuten vergangen und von den Mädels war immer noch keine Spur zu sehen.

Generell fiel mir auf, dass Kris und die anderen ziemlich oft zu spät waren. Oder war ich nur immer zu früh? Oder war es jetzt neuerdings „en vogue" zu spät zu sein und ich hatte den Trend verpasst? Vor allem ich! Ich war der, der den neuesten Trends zuerst auf die Schliche kam. Ich kaufte mir Flipflops, als der Trend gerade erst das weibliche Geschlecht ereilt hatte und sie bei Männern noch ein vollkommenes Novum waren. Manche Jungs hatten mich sehr komisch angesehen und abfällige Bemerkungen gemacht: „Voll tuntig ... schwuchtelig ... gay" oder wie auch immer die Ausdrücke gewesen waren. Zwei Jahre später trugen eben jene Lästerer (unter anderem Toni) selbst die Zehentreter. Genauso mit den Fliegerbrillen. Wieder hieß es, das sehe nix aus, wäre total blöd und uncool. Jetzt haben die Leute (die auch oft die Flipflop-Leute sind) wieder eben diese Brillen.

Sollte also ausgerechnet ich den *zu spät kommen*-Trend verpasst haben?

Nach einer geschlagenen Viertelstunde kamen die beiden aus dem *bathroom* (selbst das Pärchen war vor ihnen zurückgekommen, was vielleicht nicht unbedingt für den Kerl sprach).

„Na, was machst du so?", fragte mich Kris, die, bevor sie zu mir kam, mit Gwen erst noch mal *Sex on the Beach* holen gegangen war.

„Ich habe mich bestens amüsiert", antwortete ich mit ironischem Unterton.

„Na dann", erwiderte Kris, die meine Ironie dreist ignorierte, „kannst du ja gleich weiter Spaß haben. Komm, wir gehen tanzen."

Also nochmals auf die Tanzfläche. Dieses Mal lief *1, 2, Step* von Ciara. Aber heute an meinem letzten Abend hier in St. Julian wollte ich meinen Lieblingssong hören. Also ging ich zum DJ, der auf einer Empore stand, und rief ihm zu: „Could you please play *Dirrt*y?"

Er sah mich etwas irritiert an, doch dann schien er mich verstanden zu haben und nickte. Ich stiefelte wieder zu meinen Mädels, die im Moment zu *Lady Marmalade* sehr putzig tanzten. Besonders Gwen ging richtig aus sich heraus. Ich beobachtete die beiden einen Moment aus sicherer Entfernung und stellte fest, wie selbstbewusst Gwen sich nun benahm, vollkommen im Einklang mich sich und ihrem Körper. Zumindest in diese Richtung tat Bulldog ihr gut.

Mit einem Schmunzeln auf den Lippen ging ich wieder zu ihnen und tanzte mit. Ich schnappte mir gleich Gwen, die leicht beschwipst war, und tanzte gespielt verführerisch mit ihr. Nachdem die letzte Note des Songs verklungen war, wollte Kris schon wieder an unseren Platz zurück. Doch ich hielt sie fest und sah ihr lange tief in die Augen.

Sie spielten *Dirrty*. Unsere Körper bewegten sich im Rhythmus, gingen auf und ab, kamen sich immer näher und dann – war das Lied auch schon vorbei. Wir waren wie im Rausch gewesen, vollkommene Ekstase. Für einen Moment schossen mir die Bilder von gestern – war es nicht schon viel länger her? – durch den Kopf. Ihr leerer, lustloser Blick. Und jetzt das Feuer …

„Wir müssen jetzt mal losgehen!", schrie Gwen um die Musik zu übertönen und wir erwachten aus unserer Trance. Wir ließen uns los, nickten Gwen zu, und gingen.

Draußen in den aufgeheizten Gassen von Malta war viel los. Zehnjährige Kinder liefen um knapp halb zwölf noch herum, während wir in Richtung Strand gingen. Beide Mädels hatten sich bei mir eingehakt, doch als wir den warmen, feinen Sand berührten, gab es kein Halten mehr. Wir zogen unsere Schuhe aus, krempelten die Jeans hoch und liefen den Wellen entgegen.

„Oh mein Gott, ist das kalt", schrie Kris lachend auf und sprang in die Höhe.

Ich zögerte etwas, ihnen nachzugehen, doch sofort kamen die Mädels auf mich zugerannt.

„John, vergiss es. Mitgefangen, mitgehangen!"

Die nächste Welle kam auch schon und dieses Mal spritzte mir das Wasser fast hoch bis zum Schritt und gemeinsam traten wir die Flucht in sanftere Gewässer an. Im vorderen Teil des Strandes, in dem nur noch die letzten Ausläufer der Welle auf den Sand trafen, tanzten wir durch die Gegend oder spielten, vollkommen unbeschwert, Fangen.

Ich erinnerte mich an Fotos, wie ich als Kleinkind an der Ostsee eben dies getan hatte. Es machte tierischen Spaß – für einen Augenblick waren wir noch einmal Kinder.

Um kurz nach Mitternacht hatten wir die Stufen zum Appartement erklommen und mit einem lauten Knarren schlossen wir dir Tür auf. Unsere Zimmerkameraden saßen bereits auf dem Balkon und feierten sich und ihren Abschied von Malta. David hing schon etwas lustlos in der Ecke, als auch wir auf den Balkon kamen.

„Wo wart ihr denn?", fragte Bulldog auf unsere nassen Hosen zeigend.

„Im Meer", antwortete Gwen und setzte sich zu ihm.

Er nickte und gab uns gleich die Flasche Martini. Ich nahm an, wir hatten in der Woche mehr Martini gekauft, als ganz St. Julian in einem Jahr. Und dabei schmeckte das Zeug nicht einmal wirklich. Außerdem hatten wir heute, wenn ich das richtig sah, noch Whiskey, Wodka (mit O), Malibu und noch etwas, das nach „Weihnachten" (Originalton Bulldog) schmeckte. Er gab es mir und ich stellte fest: Er hatte recht. Zimt war drin, das schmeckte man sofort, und noch andere Gewürze, die es einfach nach Weihnachten schmecken ließen.

„Hey, Milana?" Sie drehte mir den Kopf zu. „Sag mal, warum bist du fast nie bei uns gewesen?" Ich wusste die Antwort, aber ich wollte hören, was sie sagen würde.

„Das kannst du dir doch denken", nuschelte sie an ihrem Wasser nippend.

„Nein", sagte ich trotzig, „erzähl doch mal!"

Sie schnaufte genervt und fuhr sich durch ihre Haare. „Das weißt du echt selbst. Ach, das nervt komplett, wenn du hier als einziges Mädel rumspringst, während deine Freundinnen in irgendwelchen Zimmern mit irgendwelchen Typen liegen." Sie sah wirklich traurig aus und jetzt im Nachhinein tat es mir leid, sie so gestichelt zu haben. Immerhin waren so auch Debbie und Jenny nicht oft hier unten gewesen und ich hatte mir keine Verschwörungstheorien anhören müssen.

Wir saßen noch etwas rum, als sich gegen kurz nach eins Milana und um kurz vor zwei dann Sven verabschiedeten.

Also rutschten wir alle etwas dichter zusammen, lachten und hatten unseren Spaß. Jeder redete mit jedem, die Spannungen der letzten Tage schienen vergessen und verschwunden, auch wenn in meinem Hinterkopf sehr wohl alles präsent war. Doch jetzt spielte das keine Rolle. Wir waren zu einer richtigen Clique geworden. Nicht, dass wir davor alle Fremde gewesen wären oder man den Zeitpunkt, wann eine Clique entsteht, datieren könnte, aber irgendwie war das schon ein toller Moment. Früher, in der achten und neunten Klasse, hatten Bulldog und Kris, David und Milana sowie Gwen und ich einen losen Verbund gebildet, mehr aber auch nicht. Die beiden Erstgenannten waren zusammen gewesen, bei den zweiten wollte David was von Milana (heute unvorstellbar!) und Gwen und ich hatten in der Siebten was voneinander gewollt und verstanden uns seitdem super. Dieser lose Verbund hatte sich mittlerweile gefestigt, nur die Konstellationen hatten sich verändert.

So waren wir etwas zu erwachsen für die doch ziemlich kindische Milana, die quasi weggefallen und durch Jack, der sich zu uns gesellt (oder noch passender: „hochgeschlafen") hatte, ersetzt worden war.

Und wirklich in diesem Moment, als wir um kurz nach zwei auf dem Balkon mit Martini anstießen, waren wir ein Wir. Wir lachten zusammen, erzählten einander Geschichten von uns und ich hatte das Gefühl, ein Ziel in meinem Leben erreicht zu haben. Seit ich vor knapp einem Vierteljahr bei *O.C. California* reingezappt hatte, wünschte ich mir auch, so eine Clique wie die O.C.´s zu haben. Die einfach zusammen durch dick und dünn gingen, aber trotzdem noch individuelle Charaktere waren und eigene Ideen hatten. Und genau das spürte ich jetzt – trotz oder gerade wegen der vielen Fragen, die noch im Raum standen. Zwar gab es wie immer kleinere Diskussionen, gerade in den letzten Tagen auf diesem engen Raum, aber irgendwie wussten wir, dass uns etwas verband. Es gab einfach etwas, das uns sagte: „Ihr gehört so zusammen." Wie ein magisches Gummiband, das man zwar dehnen konnte, so weit man wollte, das aber dennoch nie reißen konnte.

Auch wenn all dies vor dem Hintergrund der Tagebuch-Geschichte und allem Drumherum paradox klang: So fühlte ich in diesem Moment.

In den letzten Minuten war durch das Schweigen und Genießen des Status quo die Stimmung allerdings peu à peu gekippt. Wir waren von der lustigen Atmosphäre abgewandert und zu einer leicht melancholischen gedriftet. Vor allem Kris, wohl auch beeinflusst durch den Alkohol, war plötzlich vollkommen von der Rolle. Die starke Person, die sie sonst immer verkörperte und selbstsicher zeigte, schien verschwunden.

„Ich will nicht heim", schluchzte sie und schlang ihre Arme um Jack, der ihr unbeholfen den Kopf tätschelte. „Sobald ich wieder bei meinen Eltern bin, muss ich mir wieder das Geschrei anhören, wenn sie miteinander streiten. Ich halte das nicht mehr aus."

„Aber ab und zu gibt es doch in jeder Familie Streit", versuchte ich zu beschönigen.

„Ach ja? Aber deine Mutter ist kurz vor Malta nicht ganze zwei Tage nicht zu Hause gewesen, oder?"

Wir schwiegen und sie schüttelte vollkommen fertig permanent den Kopf. „Ihr versteht das nicht. Könnt ihr auch gar nicht. Die eigene Mutter ist irgendwo. Aber nicht bei dir. Du kommst heim, hast eine gute Note geschrieben und läufst jubelnd vor Freude durch die Wohnung und willst von deiner Mama nur ein Lob hören, aber sie ist nicht da."

Ihr Blick voller Trauer, Furcht und Angst sprach Bände. Da war sie nun: die verletzliche Kristeen. Es war der Teil von Kris, den sie uns nie zeigte. Ihr Alter Ego, die schüchterne, traurige und sentimentale Kristeen. In diesem Moment vertraute sie uns ihre tiefsten Gefühle an. Auch das zeigte unseren Zusammenhalt. Wir alle waren still und sagten nichts. Was sollte man dazu auch sagen? Wir waren wieder enger zusammengerückt. Jack hatte seinen Arm um seine Freundin gelegt und wir anderen sahen sie einfach nur mitleidig an. Dann schossen ihr Tränen in die Augen.

„Hey", sagte Gwen, „nicht weinen", und nahm sie in den Arm. „Wird doch alles wieder gut."

Nachdem Gwen sie losgelassen hatte, wischte sich Kris ihre verschmierte Wimperntusche ab. Sie schluchzte und David kramte Taschentücher hervor. Sie tupfte sich die Tränen ab, während wir auf sie einredeten, es würde schon alles gut werden. Langsam beruhigte sich Kris wieder.

„Tut mir leid. Gott, was denkt ihr denn jetzt von mir. Oh Mann, vergesst das ganz schnell wieder. Und jetzt hab ich keine Wimperntusche mehr drauf. Verdammt!"

Wir schmunzelten. Da war wieder unsere Kris.

Es war jetzt kurz vor drei und wir alle, die noch wach waren, beschlossen, heute im Wohnzimmer zu pennen. Dafür holten wir aus den Zimmern die Matratzen (wobei Sven aufwachte, aber wieder einschlief und Milana reaktionslos blieb). Somit lagen jetzt sechs Matratzen in zwei Reihen im Wohnzimmer, auf denen wir es uns gemütlich machten. David war mit Abstand am vollsten. Er lag (wir saßen) auf seiner Matratze und die Augen fielen ihm des Öfteren zu. Wir hatten noch eine Flasche „Weihnachten" und eine Flasche Whiskey, die wir bis jetzt vollkommen ignoriert hatten. Bulldog wagte sich nun vor und nahm den ersten Schluck aus der Flasche. Er verzog das Gesicht.

„Cola", sagte er nur und ging in die Küche. Es war meine Flasche Cola, die er mitbrachte. Quasi mein Schatz. Ich ohne Cola. Ich wäre tot. Meine letzte Flasche Cola opferte ich der Allgemeinheit. Wahrscheinlich lag es am Alkohol, dass ich einen Flashback hatte und mich an die Bibelstory mit dem Kerl erinnerte, der seinen Mantel geteilt hatte. So ging es mir jetzt auch.

Ich gebe zu, mit meiner Cola schmeckte das Zeug genießbar, also opferte ich sie wirklich bereitwillig. Zwar wurde ich nicht gerade mit Dank überschüttet, aber ich fühlte mich gut.

Als Nächstes zeigte der Alk bei Kris Wirkung. Sie kuschelte sich ungewöhnlich fest an Jack, was, so sah es zumindest aus, auch ihn irritierte. Gwen und Bulldog hatten sich mittlerweile auch eher in die Horizontale bewegt, sodass ich mal wieder als Einziger übrig blieb.

Also ging ich erst einmal ins Bad und putzte mir die Zähne, soweit meine Motorik dies noch zuließ. Während ich so da stand und die Borsten über meinen Zahnschmelz glitten, betrachtete ich mich im Spiegel: Meine sonst dunkelblonden, fast schon braunen Haare, waren durch die Sonne leicht aufgehellt worden, eine gesunde Bräune und leichter Sonnenbrand auf der Nase ließen mich besser aussehen. Doch meine Augen wirkten jetzt, wo ich sie so genau betrachtete, ausdruckslos, ja fast schon kalt. Das Azur, was in dem Blaugrün-Gemisch meiner Augenfarbe an guten Tagen immer hell leuchtete, fehlte in diesem Moment komplett. Zudem, so fiel mir nun auf, wirkten meine Augen ungewöhnlich schlaff, leichte Ringe waren erkennbar. So kannte ich mich eigentlich selbst kaum, ich wirkte auf mich selbst ungewöhnlich fremd.

Waren es die Vorgänge der letzten Tage gewesen, die meinen weichen Kern erschüttert hatten? Die Sache mit dem Tagebuch, durch die mein Innerstes plötzlich öffentlich geworden war? All die Versuche, mir einzureden, dass es ja meine Freunde waren, die von dem Inhalt wussten, zogen in diesem Moment nicht mehr. Und dann natürlich die Sache mit Kris. Ich spie die Spucke-Zahnpasta-Mischung ins Waschbecken. „Verdammt", murmelte ich vor mich hin.

Ich war mir sicher, dass sie von meinen Gefühlen wusste, auch wenn sie mich das nicht hatte merken lassen. Plötzlich hatte ich Kris' Gesichtsausdruck von gestern Abend wieder vor Augen: Wie panisch sie mich angesehen hatte und ... Mir wurde schwummerig, fast schon übel und ich drehte unsicher den Schlüssel des Bads, machte das Licht aus und setzte mich aufs Klo. Zusammengekauert umschlang ich die Beine mit meinen Armen, saß da wie ein Fötus. Ich konnte nicht genau sagen, wie lange ich dasaß, ohne dass mich jemand bemerkte, doch dann versuchte jemand vergeblich, die Tür zu öffnen.

„Hallo?", ertönte Davids Stimme von außen.

„Was ist denn?", fragte ich und versuchte, nicht allzu fertig zu klingen.

„John, was'n los?", nuschelte er.

Ich öffnete die Tür und sah seine Silhouette vor dem Licht aus unserem Zimmer.

Unsicher kniete er sich zu mir. „Was'n los mit dir?"

„Nichts, alles okay. Ich musste mich nur mal sammeln und ..."

„Komm, erzähl nichts. Was hast du?"

„Ich bin allein", sagte ich und kämpfte gegen meine Tränen an. „Und ich bin nicht voll!", fügte ich noch hinzu, um sicherzugehen, dass er meinen Ausbruch nicht dem Geist des Alkohols zuschrieb, wobei er ja eigentlich weitaus voller war. Aber sagte nicht fast jeder Betrunkene, dass er nicht betrunken wäre? „Verstehst du, jeder hat eine Freundin oder voll die vielen gute Freunde, nur ich nicht", presste ich heraus.

„Ich habe auch keine Freundin", entgegnete er mir. „Aber viele gute Freunde." Ich sah, wie er mit dem Kopf schüttelte.

„Du doch auch!"

„Wen denn?", jammerte ich.

„Gwen, Kris, Jack, Bulldog, Sven, mich. Dann doch noch Leute aus Birkenheim, oder?"

Ich nickte, erwiderte dann aber: „Meine Freunde Bulldog, Sven und Kris haben in meinem Tagebuch rumgeschnüffelt, schon vergessen? Und Jack kann man auch nicht wirklich zählen. Und die aus Birkenheim … die können mich auch nicht wirklich leiden. Vor allem die Jungs nicht."

„Aber du hast Gwen und mich. Reicht das nicht?" Er grinste.

Ich rang mir ein Lächeln ab.

„Na also", sagte er dann und klopfte mir etwas zu fest auf die Schulter. „Komm wieder mit raus, wir trinken Weihnachten."

Für einen Moment überlegte ich, ob es nicht doch besser war, hier sitzen zu bleiben. Dann streckte mir David seine Hand entgegen. Das war ein echter Freund.

Doch draußen war nicht mehr viel los. Kris und Jack schliefen bereits halb, Gwen und Bulldog flüsterten sich gegenseitig (schmutzige?) Sachen zu. Und so tranken David und ich noch einen Absacker, bevor auch wir uns hinlegten.

Der nächste Morgen begann für mich nach vier Stunden Schlaf, also um neun. Die Sonne schien bereits sehr intensiv durch die großen Fenster des Balkons und ich tapste etwas unsicher und noch in Boxershorts und T-Shirt in die Küche. Eigentlich ging ich davon aus, mal wieder als Erster wach geworden zu sein, doch in dem gleichen Outfit wie ich stand Kris da.

„Schon wach?", fragte ich sie gähnend und verdutzt.

„Dir auch einen guten Morgen", antwortete sie mir und goss sich Milch über die Cornflakes.

Eigentlich hatte ich das innere Bedürfnis, endlich mal Klartext mit ihr zu reden. Dann aber dachte ich an meine Fötus-Haltung gestern.

„Du auch?" Ich nickte, sie nahm ein Schälchen und schüttete Milch auf die wenigen verbliebenen Cornflakes.

„Kris, es gibt da so ein paar Sachen, über die würde ich gerne mal mit dir reden."

Zunächst sah sie mich verdutzt an, zuckte dann aber mit den Schultern und aß gemütlich weiter.

„Also ... ich glaube, in letzter Zeit sind ein paar Dinge vorgefallen, die ... ich weiß nicht, wie ich es sagen soll, aber vielleicht unsere Beziehung zueinander beeinflussen und verändern."

Sie sah mich mit emporgezogener Augenbraue an und wartete.

„Also ich meine ..."

„Guten Morgen miteinander! Habt ihr auch so herrlich geschlafen wie ich?"

War es ein Zufall, dass genau in diesem Moment Bulldog in die Küche gekommen war?

Es wurde nichts mit der Unterhaltung, stattdessen galt es zu packen und die Appartements zu reinigen, bevor wir um sechs wieder im Flieger Richtung Heimat saßen. Wir schliefen eigentlich alle sofort, selbst unsere Flugangstpatientin Gwen ratzte sofort weg.

Ich wachte auf, als die Durchsage zum Anschnallen kam. Schlaftrunken tat ich dies und schnallte auch gleich Gwen an, die weiterschlief. David war ebenfalls wach.

Ganz ehrlich: Ich wollte einfach nur noch heim und meine Ruhe haben. Es ist zwar ganz schön mit allen gewesen, aber ich brauchte nun Ruhe, Zeit für mich. Ich kramte in meiner Tasche nach Wasser und mein Tagebuch fiel mir zwischen die Finger. Entnervt warf ich mich zurück in meinen Sitz. Das kam noch dazu. Ich verstand nicht, warum Sven und Kris dies getan hatten. War es meine Schuld? Hatte ich ihnen irgendwas getan und das war nun die Rache? Und dazu noch Kris! Warum sie?

Ich brauchte erst mal etwas Abstand. Ich brauchte jetzt Urlaub von meiner Clique.

10

CHANGE

-- *Johnathon* --

Das ganze Wochenende über hatte ich mit keinem meiner Klassenkameraden Kontakt aufgenommen. Ich war nicht im ICQ, rief niemanden an und checkte nur gelegentlich meine E-Mails, wobei ich außer Spam keine weiteren Nachrichten erhalten hatte. Ich fühlte mich deswegen nicht sonderlich schlecht, ja, eigentlich sogar ganz gut. Da die Klassenfahrt nahtlos in die Herbstferien übergegangen war, hatte ich endlich Zeit, mich zu sammeln. Und weil ein wenig Abstand zu den Leuten aus meiner Schule nötig war, hatte ich Zeit für meine anderen Kumpels in Birkenheim. Und so telefonierte ich am Dienstagabend mit Zoe und natürlich erzählte ich ihr von der Tagebuchsache.

„Ich verstehe das irgendwie nicht."

„Geht mir genauso."

„Ja, dieser ... wie heißt er noch mal? Bulldog? Wie kann er denn Kris und Sven dazu bringen, dein Tagebuch zu lesen?"

Ich lachte. „Genau das ist das große Rätsel."

Mit ihrer sanften Stimme antwortete mir Zoe: „Ich würde dir ja gerne dabei helfen, aber ab morgen bin ich im Urlaub. Wenn ich dir einen Rat geben darf: Sprich mit jedem von ihnen alleine unter vier Augen, und nicht zusammen im Pulk. Dann bekommst du eher was raus, als wenn alle zusammenhängen."

„Dann muss ich ja die Ferien abwarten."

„Genau."

Eigentlich hatte mein Plan vorgesehen, die Sache am übernächsten Wochenende anzusprechen, da ich alle zur Birkenheimer Kirmes eingeladen hatte und die gesamte Clique auch bei mir übernachten würde.

„So, John, ich wünsch dir dann viel Spaß – morgen bei Emily und auch auf der Kirmes. Mach dir nicht so einen Kopf. Bis dann."

Den Spaß morgen mit Emily wollte ich mir eigentlich entgehen lassen, da unweigerlich auch Toni mit von der Partie sein würde. Daher rief ich sie vorsichtshalber noch einmal an.

„Johnathon, enttäusch mich nicht! Bitte komm morgen auch!"

Ich seufzte. „Okay, wenn du darauf bestehst, komme ich." Es sollte sich herausstellen, dass das ein Fehler war.

Ihren Geburtstag wollte Emily in einer Indoorsoccer Halle in Birkenheim feiern. Sie, wie auch ihr Lover Toni, waren begeisterte Fußballer, ich hingegen begeisterte mich eher für Handball oder Volleyball. Mit dem Fuß brachte ich nicht sonderlich viel zustande.

Ich erschien pünktlich zum vereinbarten Zeitpunkt (Emily hatte vier Uhr gesagt, da war ich mir sicher), aber alle anderen tauchten seltsamerweise erst um halb fünf auf.

„Hey, alles Gute zum Geburtstag", begrüßte ich Emily und umarmte sie, woraufhin mich Toni zufällig beim durch die Tür gehen anrempelte. Ich merkte schon, wie lustig das werden würde. Die anderen Kerle, darunter auch Elias, sprachen kaum mit mir und ich konnte mir auch fast denken, dass es an diesem schwarzhaarigen Kerl mit der Gelfrisur namens Toni lag. Ich hatte gar kein Interesse, mich in dieser Gruppe aufzuspielen, ich wollte weder das Alphamännchen noch sonst irgendetwas sein, lediglich meinen Spaß wollte ich haben. Doch wenn ich Tonis Verhalten richtig deutete, war ich nun in seinem Revier und versuchte, es ihm streitig zu machen.

Nachdem ich schon in der Umkleide einen kleinen Spießrutenlauf hinter mich gebracht hatte, begann das eigentliche Fußballspiel. Toni, natürlich in der gegnerischen Mannschaft im Tor stehend, schoss mir, der ich im Sturm spielte, den ersten Ball per Zufall mitten ins Gesicht. Es war mir zwar klar, dass ich hier nicht unter Emilys permanentem Welpenschutz stand, aber sie hätte doch wenigstens fragen können, wie es mir ginge. Ich ließ mir nichts anmerken und spielte weiter.

Zu allem Übel hatte ich vergessen, mir Wasser mitzubringen und als jeder in der Pause einen Schluck nahm, stand ich mit leeren Händen da. In meiner unfassbaren Dummheit ließ ich mir ausgerechnet von Toni Geld geben und versprach, es ihm am folgenden Tag zu bringen.

„Kein Problem", antwortete er mir, und während er die zwei Euro aus seinem Geldbeutel nahm, sah ich, dass er darin satte 50 Euro liegen hatte. Ich bedankte mich artig, was er mir nicht mal mit einem Gesichtsverziehen anrechnete, und kaufte mir an einem Automaten einen Viertelliter Wasser zu zwei Euro. Zwei Euro! Wer hatte denn bitte das Wasser aus Frankreich hierher gebracht? Der Papst?

Na ja, im Verlauf dieses doch netten Spielchens schoss ich zwei Tore, was Toni sehr ärgerte, doch ich verletzte mich am Knöchel. Ich war einfach umgeknickt, ohne das Zutun von Toni oder den anderen. Ich humpelte zum Schluss nur noch über das Feld, und da es schlimmer wehtat, als ich zunächst erwartet hatte, verabschiedete ich mich von Emily noch vor Ende des Spiels und der anschließenden Feier.

„Tschau", rief sie mir zu und lief dann dem nächsten Ball nach.

Ich humpelte die zwei Kilometer nach Hause und versuchte, die Schmerzen so gut wie möglich zu ignorieren.

„Am besten gleich kühlen", murmelte ich und schlich zum Kühlschrank, um ein Kühlpack aus dem Gefrierfach zu nehmen.

„Bin wieder da!", rief ich meinen Eltern knapp zu, die von meinem Zustand aber nicht erfahren mussten. Kaum hatte ich mein Zimmer betreten, klingelte das Telefon. Reflexartig hob ich ab.

„Komm sofort hierher und bring mir die zwei Euro. Ich habe Hunger und du hast dir mein Geld geliehen." Irgendetwas an diesem Satz war falsch. Über die Intelligenz von Emilys Lebensabschnittsgefährten musste ich nichts mehr sagen, oder?

„Ich kann jetzt nicht einfach kommen. Ich habe mich verletzt und du hattest doch noch 50 Euro im Portemonnaie. Die zwei Euro bekommst du morgen."

„Aber ich will sie jetzt! Und gnade dir Gott, wenn du sie nicht bringst", schnitt er mir sofort das Wort ab. Im Hintergrund hörte ich Elias und die anderen rufen, ich sollte meinen Arsch zu ihnen bewegen, sonst würde es knallen. Ich legte auf und wusste nicht, was ich machen sollte. Diesem Proll das Geld bringen und mich bloßstellen lassen oder einfach warten, was passierte?

„Du bist schon da?" Mein Vater war in mein Zimmer getreten und blickte mich von oben herab an.

„Ja, mein Knöchel." Ich kehrte ihm den Rücken zu und kramte zwei Euro aus meinem Portemonnaie, da klingelte das Telefon erneut, doch mein Vater war schneller.

Über ihn ergoss sich eine Flut verbaler Entgleisungen, noch bevor er sich mit Namen gemeldet hatte, und als er dann endlich zu Wort kam, stellte er, ohne den Sachverhalt zu kennen, klar, dass ich nichts machen würde. Toni hätte sein Geld morgen im Briefkasten. Mein Vater legte auf.

„Ich werfe es ihm morgen in den Briefkasten. Wo wohnt er?" Anscheinend hatte mein Vater an der Tür mitgehört, was vor sich gegangen war und ich erklärte ihm, wo Toni wohnte. Mein Vater nickte knapp und war im Begriff, mein Zimmer zu verlassen, da drehte er sich nochmals um: „Wenn du denkst, es ist richtig, ziehe Konsequenzen daraus."

In puncto Freundschaften hatte ich anscheinend echt sonderbare Wahlen getroffen. Gut, die Leute aus Birkenheim zählte ich bis auf Zoe mittlerweile nicht mehr dazu. Aber auch meine anderen, richtigen Freunde aus der Schule hatten sich in letzter Zeit von einer sonderbaren Seite gezeigt. Aber es gab sie noch, die wirklichen Freunde, daran hatte ich, als ich mit David telefonierte, keinen Zweifel.

„Du kommst zur Kirmes nach Birkenheim?"

„Na klar, war doch von langer Hand geplant. Die anderen doch auch, oder nicht?"

Ich zögerte für einen Moment.

„John, das kannst du nicht machen. Du musst auch Bulldog und Kris einladen."

„Hatte ich dir gesagt, dass ich denke, dass sie mein Tagebuch gelesen beziehungsweise das in Auftrag gegeben haben?", fragte ich ironisch.

„Nö", erwiderte er sarkastisch.

„Also. Ich weiß nicht, ob ich Lust auf sie habe."

„Aber wenn du Bulldog nicht einlädst, kommt Gwen nicht, und wenn Kris nicht kommt, kommt Jack nicht."

„Ja, dann machen wir beide und Milana uns einen wunderbaren Abend."

„Was?", schrie er mir fast schon ins Telefon, „du lädst Milana ein?"

Ich erklärte ihm kurz, dass ich sie nur einlud, damit nicht ich der Böse war, der ständig gegen Gwens und Bulldogs Verliebtheit wetterte und die Augen verdrehte. Den Job machte Milana viel besser.

„Wie durchtrieben du bist."

„Es gibt viel durchtriebenere Leute! Solche, die Sven und Kris dazu bringen, mein Tagebuch zu lesen, um zu erfahren, ob ich was von Gwen will."

Er lachte unweigerlich.

„Aber warum haben Kris und Sven da mitgemacht?", fragte ich ihn. Diese Frage war wirklich ein Dauerbrenner.

„Hm. Keine Ahnung. Vielleicht hatten die zwei was miteinander ..."

„... und Bulldog hat es mitbekommen. Natürlich! Das ist so logisch. Der hat die beiden erpresst, damit er erfährt, ob ich was von Gwen will."

„Klingt krank", sagte er.

„Klingt nach Bulldog", spottete ich. Ich war mir bewusst, dass Davids Einfall eigentlich nur ein Witz gewesen war, doch ich sah es als gar nicht so unwahrscheinlich an. Kris probierte alles aus – warum dann nicht auch verschiedene Kerle zur selben Zeit? „Was soll ich denn jetzt machen?"

„Ganz ehrlich John, ich verstehe dich da nicht ganz. Am letzten Abend auf Malta wusstest du doch auch schon Bescheid und warst ganz normal zu ihnen."

„Die Zeiten ändern sich. Besonders, wenn man wieder nüchtern ist."

David seufzte theatralisch in den Hörer. „Pass auf: Lad alle ein und versuch nächsten Freitag was aus Kris rauszubekommen. Wenn sie voll ist, hast du gute Karten. Bulldog hält bestimmt dicht."

Ich nickte, was für ihn natürlich nicht sichtbar war. „Ja, genau. Sag mal, machen wir beide mal wieder was?"

„Was denn?", wollte er wissen.

„Keine Ahnung. Ich komm zu dir. Wie sieht es aus mit Montag?"

„Habe ich nichts vor. Ich frag meine Mutter und sag dir morgen Bescheid."

„Okay, dann bis morgen."

„Jo, tschau", verabschiedete er sich und legte auf.

Innerlich jubelte ich in diesem Moment. Nicht nur, dass mein Knöchel endlich aufgehört hatte zu schmerzen, auch das Rätsel schien gelöst.

Endlich hatte ich verstanden und sah nicht mehr alles durch eine rosarote Brille, die mir Kris – wenn auch unfreiwillig – aufgesetzt hatte. Auf den Durchblick folgte die Verarbeitung der entschlüsselten Geschehnisse. Und wie in den guten alten Zeiten schrieb ich diese auf. Nur musste dafür nicht mein Tagebuch herhalten, sondern ein Collegeblock, dem ich das, was ich durchgemacht hatte, und das, was ich vermutete, anvertraute. Es war nicht einfach, diese Erinnerungen zu formulieren, denn ich versuchte, mich vor allem an die Fakten zu halten, was mir aber nicht immer gelang. Meine Gefühle machten mir immer wieder einen Strich durch die Rechnung. Mein Kris-Bild hatte ich fast schon idealisiert, sie als Handlangerin von Bulldog stigmatisiert, und so zog sich das Niederschreiben bis Montagmorgen hin. Befreit und erleichtert ging ich zu David.

Es war ein fast schon spätsommerlicher Tag, meine langen Jeans hatte ich bis knapp unter das Knie hochgekrempelt und im T-Shirt saßen David und ich bei Eistee im Garten seiner Eltern, genossen die Sonne und schwiegen.

Es war kein unangenehmes Schweigen, es war gewollt und wohltuend. Denn warum sollte man auch immer reden müssen? Konnte man nicht einfach mal zusammen abschalten und sich entspannen?

Normalerweise war solch eine absurde Form der Ruhe nichts für mich. Wenn in der Schule verlangt wurde, still zu sein, fing ich automatisch an zu lachen. Keine Ahnung, wieso, aber es passierte nun mal. Aber jetzt bei David im Garten saßen wir knapp 15 Minuten einfach still da und ich empfand es nicht als schlimm, verspürte keinen Drang, zu lachen oder die Stille anderweitig zu durchbrechen. Das Schweigen hielt an, bis seine Mutter kam.

„Ich dachte schon, ihr wärt eingeschlafen", wunderte sie sich.

Ich blinzelte kurz, schüttelte den Kopf zur Verneinung. Auch wenn ich meine Gedanken nicht komplett hatte ausschalten können, so hatte ich es doch genossen, vieles einfach beiseitezuschieben. Umso erpichter war ich aber darauf, mit David die Kris-Sven-Bulldog-Sache beim gemeinsamen – und von mir ungeliebten – Fußballspiel noch einmal aufzurollen.

„Also, denkst du, ich krieg aus Kris was raus?"

Er ließ die Hände, die er als Torwart erwartungsvoll nach oben gestreckt hatte, fallen.

„John", sagte David dann und ich hörte ein Grollen mitschwingen, „wir können über Mathe reden. Auch über Französisch. Aber bitte hör mit dem Tagebuch-Kram auf. Und wenn sie das alles gemacht haben, was willst du denn tun? Sie anzeigen?"

Die Frage war eher rhetorischer Natur. Trotz allem fand ich die Idee ganz gut.

Auf mein Schmunzeln aufmerksam geworden meinte er: „Was ich damit sagen will, ist doch nur, dass es einfach passiert ist. Ist das Warum noch wichtig?"

Wieder rhetorisch, wieder dachte ich darüber nach.

„Finde ich schon", antwortete ich ziemlich bestimmt.

„Und wenn es so war, was willst du dann tun – außer sie anzuzeigen?"

Auf diese Frage fand ich keine Antwort, trottete dem Ball nach und spielte weiter Fußball.

Ich hasste es, auf Fragen keine Antworten zu bekommen, gerade, wenn sie mich selbst betrafen. Ich ging davon aus, dass Kris und Sven beteiligt gewesen waren, da so nichts über ihre Affäre ausgeplaudert würde. Dafür brauchte ich Beweise. Wieder zuhause setzte ich mich an den PC und versuchte, ICQ-Passwörter zu knacken.

Ohne Erfolg.

Auch die E-Mail Accounts bekam ich nicht auf.

„Verdammt", murmelte ich. Was sollte ich nun tun?

Wie immer in solchen Situationen griff ich unbewusst bewusst zu Zigarette und Feuerzeug und schlich mich aus dem Haus. Meine Eltern wussten nichts von meiner Raucherei und ich war auch nicht sonderlich scharf darauf, dass sie es erfuhren, weshalb ich mich hinter unserem Gartenhäuschen im absoluten Dunkel der frühen Nacht aufhielt.

Während ich den blauen Dunst so emporsteigen sah, fragte ich mich, ob ich das Nikotin wirklich brauchte und ob das Geld, welches gerade Richtung Atmosphäre zog, anderweitig nicht besser aufgehoben wäre. Ich wollte mein Leben ändern. Da passte doch eines zum anderen: ein neues, rauchfreies Leben, und das mit neuer Haarfarbe. Das sommerliche Dunkelblond, welches mir die Sonne geschenkt hatte, sollte zugunsten eines herbstlichen Braun weichen.

Freudig grinste ich vor mich hin und warf mit all diesen Neuerungen im Hinterkopf meine Zigarette auf den Boden, drückte sie aus und verbannte die Reste des Filters in die Mülltonne.

Doch schon bereits am nächsten Tag in Burgweiler kamen meine guten Vorsätze ins Wanken.

„Soll ich dir die Bücher als Geschenk einpacken?"

„Nein, danke", antwortete ich der Verkäuferin im Buchladen freundlich und so steckte sie mir die *Klassischen Sagen*, die wir nach den Ferien in Deutsch lesen würden, schlicht und ergreifend in eine Tüte und drückte sie mir in die Hand. Deutlich konnte ich riechen, dass die bebrillte Frau vor gar nicht allzu langer Zeit geraucht hatte.

„Ich will auch", rief das ES, wie Siegmund Freud es wohl nennen würde (ja, ich hatte ausnahmsweise in Religion mal aufgepasst). Mein Trieb, also mein ES, wollte nun unbedingt auch den Tabakgeschmack auf der Zunge haben, mein ÜBER-ICH und ICH hingegen, meine moralischen Kontrollinstanzen, entgegneten erzürnte Widerworte und riefen mich zum Verzicht auf.

Auf dem Weg von der Drogerie, in der ich die braune Haarfarbe kaufte, hin zum Bahnhof, lief ich an fünf Kippenautomaten und zwölf rauchenden Personen vorbei. Es war schwer, einfach an ihnen vorbeizugehen. Solange ich irgendwie abgelenkt war, dachte ich nicht an Kippen und ich kam nicht in Versuchung. Aber sobald ich an irgendetwas Rauchendem vorbeilief, überkam mich so ein komisches Gefühl. Trotzdem hatte ich ein Ziel: Mindestens drei Wochen nicht zu rauchen.

11

FIGHTER

-- Johnathon --

„Hey, schön, dass ihr da seid", begrüßte ich David, Bulldog und Gwen. Auf den paar Metern zwischen Auto und Haustür hatten sie einige der heftig niederprasselnden Regentropfen abbekommen, doch Gwen steckte das lächelnd weg.

„Wir passen nicht alle in mein Zimmer, deshalb müssen wir in der Waschküche schlafen", erklärte ich knapp und schickte die drei schon mal die Treppe runter, um dann Jack und Milana die Tür zu öffnen.

„Fehlt nur noch Kris", sagte ich lachend, als die fünf in der gekachelten Waschküche Schlafsack und Isomatte ausbreiteten.

„Sag mal, hast du irgendwas mit deinen Haaren gemacht?"

Doch noch bevor ich antworten konnte, hatte sie sich die Antwort auch schon selbst gegeben: „Die sehen so braun aus."

Ich nickte Gwen zu, die mich fröhlich anlächelte. „Du weißt ja, ich habe was gegen Färben, aber bei dir sieht es ganz okay aus."

Gwen lächelte mich auf eine natürliche Art an, während Kris ihr Selbstbewusstsein großzügig zur Schau stellte. Wie immer setzte sie auch heute auf einen gebührenden Auftritt und kam fast eine halbe Stunde zu spät, regte sich dann aber prompt darüber auf, dass der Boden zum Schlafen viel zu hart wäre, wir im Regen nach Birkenheim laufen müssten und dabei ihre liebevoll drapierten Locken ruiniert werden würden.

„Übrigens, ich reite auch wieder", verkündete sie feierlich, als wir, mit drei Regenschirmen im Gepäck, gegen halb neun das Haus verließen.

Ich nickte nur stumm, denn ich war am Überlegen, wie ich den Abend herumbekommen sollte. Nicht nur wegen Kris und Bulldog, der heute wieder so human wie am letzten Tag auf Malta war. Ich hatte jetzt die ganze Zeit nicht geraucht und kaum waren wir auf dem Weg, steckten sich Kris, Jack und Bulldog ihre Glimmstängel an.

„Ach ja, ich bin jetzt auch Vegetarierin."

„Warum das denn?", fragte David.

Verärgert schüttelte Kris mit dem Kopf. „Die ganze Tierquälerei. Weißt du, wie es den armen Kühen oder Schweinen geht, wenn die da so zusammengepfercht sind und nur zum Töten geboren wurden?"

„Aber Reiten ist für dich keine Tierquälerei?", fragte ich spitz. Über mich brach eine Kaskade von Argumenten ein, warum Reiten sogar gut für das Tier und es sowieso etwas ganz anderes wäre.

„Leute, wartet ihr mal kurz? Ich will mir noch ein Päckchen Kippen kaufen", sagte ich dann, als wir an einem Automaten entlangliefen. Ich hatte mir nämlich überlegt, dass ich die vier Euro, die ich gespart hätte, im Endeffekt sowieso ausgeben würde. Für Süßigkeiten, Essen oder irgendwas anderes. Also zog ich mir ein Päckchen und genoss die erste Kippe seit Tagen – mein ES freute sich.

In kleinen Orten wie Birkenheim hatte eine Kirmes immer einen Volksfestcharakter. Es gab ein Karussell, eine

Schießbude und einen Grund sich zu betrinken. Seit Malta hatte ich keinen Schluck Alkohol getrunken, das machte mir – anders als beim Rauchen – auch nichts aus. Endlich hatte der Regen aufgehört, doch noch war nichts los. Also lungerten wir vor der Halle herum, rauchten und redeten. Gwen und Milana stellten sich so, dass sie nichts von dem Qualm abbekamen und ich fragte mich, wie sie das nachher in einer völlig verräucherten Halle machen wollten. Als nach einer halben Stunde noch immer nichts los war, fielen nicht nur wieder die ersten Tropfen, sondern die Mädels wurden auch quengelig.

„Wieso ist denn hier nichts los? Was soll das denn? Mir ist voll kalt und ich muss aufs Klo."

„Ich auch", klagten Kris und Gwen im Chor.

Nachdem Kris die meiste Zeit Jack umschlungen und abgeknutscht hatte, kam sie zu mir. „Kannst du mir mal einen Gefallen tun?"

„Klar, was denn?", fragte ich erwartungsvoll.

„Schieß mir eine Rose." Ich sah erst sie, dann die Schießbude irritiert an. Ich hatte noch nie ein Gewehr in der Hand gehalten.

„Du hast doch einen Freund."

„Ich will aber eine von dir."

Mein Herz sprang wie verrückt umher, ich versuchte, das aber nicht zu zeigen. Natürlich kramte ich gleich ein Zweieurostück heraus, ließ mir das Gewehr geben und schoss in schneller Folge mit magerem Erfolg auf eine Rose. Erwartungsvoll standen Kris, Gwen und die anderen neben mir und gaben mir Tipps, die aber alle nicht funktionierten.

„Du musst da oben durch das kleine Loch gucken."

„Ziel lieber ein Stück weiter nach rechts. Der Wind kommt von links."

„Nimm die andere Rose da oben! Die kann man leichter treffen."

Ich war schon ziemlich genervt, denn anstatt das Geld für eine zehn Cent Rose zu verpulvern, hätte ich es auch einfach anstecken können, aber endlich beim letzten Schuss fiel die Glitzerblume herunter und ich überreichte sie Kris halb rot und vermied es, Jack anzusehen.

„Was machen wir denn jetzt?", schaltete sich Milana ein, die die ganze Zeit still gewesen war. Der Regen wurde langsam wieder stärker, die Halle aber nicht voller. „Entscheidet euch: Gehen wir rein oder heim?"

-- *Kris* --

Jack und ich bildeten das Schlusslicht der Gruppe auf dem Weg zurück zu John. Während die anderen stumm durch die Nacht gingen, drückte mir Jack gerade ein kleines Schnapsfläschchen in die Hand, er selbst hatte auch eines für sich.

„Danke", flüsterte ich ihm ins Ohr, küsste seine Wange und warf die leere Flasche ebenso achtlos wie er in die Böschung.

Jack trug ein fettes Grinsen spazieren, was mit seinen leicht durchnässten braunen Haaren richtig spitzbübisch aussah. Er amüsierte sich über den weit vor uns laufenden John, wie er hoffnungslos in mich verknallt war. Wenn ich es nicht schon aus seinem Tagebuch gewusst hätte, dann hätte ich seine Gefühle spätestens beim Rosenschießen bemerkt.

„Wetten, er hat sich wegen dir auch die Haare gefärbt?", flüsterte mir Jack mit seiner rauen Stimme ins Ohr.

Ich schnalzte leise mit der Zunge und verdrehte die Augen. Einerseits tat mir John leid, trotz alledem war es zu lustig anzusehen, wie er Jack aus dem Weg ging. Das Ganze würde sich in ein, zwei Wochen wieder gelegt haben, da war ich mir ganz sicher. Bis dahin würde ich Johns Aufmerksamkeit genießen. Was konnte man schon machen? Wo die Liebe nun mal hinfiel – ich durfte ihm nur keine Hoffnungen machen. Ein schmaler Grat. Und vielleicht war ich auch schon vom Weg abgekommen.

-- Johnathon --

Verdammt, was machte ich hier überhaupt? Ich schoss der, die vermutlich mein Tagebuch gelesen hatte, eine Plastikglitzerrose, war umringt von Pärchen und selbst vollkommen allein. David und Milana, die sich eigentlich spinnefeind waren, redeten plötzlich die ganze Zeit miteinander und ich war außen vor. Womit hatte ich das verdient? In meinen Gedanken versunken, stolperte ich in der Dunkelheit über eine Baumwurzel, die den Asphalt empor gedrückt hatte und fiel zu Boden. Ich schürfte mir meine Hände auf, meine Hosen waren auch etwas mitgenommen und am liebsten wäre ich einfach liegen geblieben. Bulldog, Gwen, David und Milana hatten es gar nicht richtig bemerkt und vielleicht war es auch besser so. Vielleicht war dieser Sturz nur ein symbolischer Ausdruck für mein derzeitiges Leben: Ich war am Boden und versuchte mich nun wieder aufzurappeln.

Plötzlich spürte ich eine Hand auf meiner Schulter, wie sie nur ganz sanft Druck auf mich auswirkte. Ich drehte meinen Kopf und erkannte in der Dunkelheit Kris' schemenhafte Umrisse. Ich fixierte ihren Blick, sah ihr tief in die Augen. So, als könnten sich unsere Augen uns Informationen zusenden, schickte ich ihr die Botschaft, dass ich alles wusste. Vom Tagebuch bis zur Affäre mit Sven. Sie schickte mir die Info, dass sie von meiner Liebe zu ihr wusste und sich über die Gefahr, der unsere Freundschaft ausgesetzt war, bewusst war. Dann brach ich den Blickkontakt ab, stand auf und schüttelte dabei Kris' Hand ab.

Weg von ihr, vorbei an allen anderen, stürmte ich nach vorne. Ich spürte, wie die Blicke mich durchbohrten, wusste, dass hinter mir über mich getuschelt wurde.

Wenn ich weiterhin so schwach sein würde, würde ich sehr leiden müssen, dessen war ich mir bewusst. Ich durfte alles nicht so tragisch sehen, mich nicht in etwas hineinsteigern. Unbewusst war ich regelrecht gerannt, stand schon vor meiner Haustür. Ich wollte kämpfen, wollte mich zusammenreißen und einfach allen beweisen, dass ich stark war.

Ich nahm alle meine mir zur Verfügung stehende Kraft zusammen und drehte mich um.

Wir betraten mein Zimmer, welches ich vorsichtshalber aufgeräumt hatte, und ich schaltete Fernseher und Receiver ein. Gwen und Kris hatten sich bereits auf meinem Bett, das meinem Fernseher gegenüberstand, niedergelassen.

„Mädels, ihr wisst, dass das mein Bett ist. Infolgedessen werde ich da liegen."

„Mach doch", antwortete Kris trotzig, „aber wir bleiben auch hier."

Bulldog und David hatten sich auf die beiden in meinem Zimmer befindlichen Stühle gesetzt, Jack und Milana hatten auf dem Boden Platz genommen.

Der Film *Tatsächlich ... Liebe* hatte bereits begonnen und gerade wurde eine für den Film typische, schwer chaotische und liebestrunkene Szene gezeigt, was Jack genervt aufstöhnen ließ. Auch David war kein Freund von Liebeskomödien, was er ebenfalls deutlich zeigte.

„Und wann beginnt endlich das Geballer?"

„Hier gibt es kein Geballer. Nur Amors Liebespfeile", antwortete ihm Gwen, ohne auch nur einen Blick vom Fernseher abzuwenden. Doch, wie sollte es anders sein, die Werbung ließ nicht lange auf sich warten und so stand ich auf und zauberte aus meinem Schrank eine Tüte Chips, die ich dort für Notfälle gebunkert hatte.

Bulldog hatte meine kurze Abwesenheit ausgenutzt und sich zu Kris und Gwen aufs Bett gesellt, wobei er Letztere im Liegen abknutschte.

„Wollt ihr Chips?", fragte ich in die Runde und die beiden Mädels auf meinem Bett schrien vor Freude. „Aber nicht so krümeln, ja?"

„John, könntest du vielleicht mal mein Handy auf den Schreibtisch legen? Das ist so unbequem in der Hosentasche." Kris kramte es aus ihrer Hose, drückte es mir in die Hand und ich platzierte es neben meinem auf dem Schreibtisch.

Da mein alter Platz besetzt war, setzte ich mich auf Bulldogs ehemaligen Platz, den Schreibtischstuhl, und sah von dort aus den Film weiter an, während er mit Gwen auf meinem Bett kuschelte. Ich saß im Rücken der sechs, keiner konnte mich, ohne sich umzudrehen, sehen und Kris' Handy lag seelenruhig neben mir. Das war meine Chance, um mal schnell ihre Mitteilungen zu checken, in der Hoffnung, irgendwas schockierend Interessantes zu entdecken. Die an Jack waren uninteressant und geprägt von eintönigen Sülzereien à la: „Hey du, wie geht's dir denn? Mir ist gerade so langweilig, was machst du? Vermiss dich, lieb dich, deine Kris."

Worauf Jack dann antwortete: „Jo, ich dich auch. Gucke TV. Ld Jack."

Hach ja, das musste Liebe sein. Ich las etwas weiter, als ich dann auf SMS von einem Frank stieß. Es waren gleich fünf hintereinander. Kris hatte noch nie von einem Frank erzählt. Ich stutzte und öffnete die SMS: „Hey Maus. Wie geht's? Hast du nicht mal Lust, dass wir uns treffen? Ich vermisse dich nach unserer schönen Maltazeit voll. Deinen Duft, deine Haut, dein Sein. In Liebe Sven."

Ich musste mich schwer zusammenreißen, um nicht vor Freude laut zu schreien. Das war der Beweis für meine Theorie! Leider hatte sie ihm nicht geantwortet beziehungsweise wenn doch, die SMS gelöscht. Ich legte das Handy wieder an seinen ursprünglichen Platz zurück und sah grinsend den Film fertig.

Nach dem Film fragte ich Kris, ob sie mit mir Kippen holen gehen würde.

„Hast du nicht vorhin schon welche geholt?" Eine berechtigte Frage.

„Ja, aber ich habe das Päckchen bei meinem Sturz anscheinend verloren."

Sie nickte skeptisch, aber folgte mir aus dem Haus und ging mit mir zum Kippenautomaten.

„Sag mal, vermisst du eigentlich Sven?", tastete ich mich vorsichtig vor.

Sie sah mich irritiert an. „Ja, klar. Wir sind Freunde", betonte sie überdeutlich. Wir erreichten gerade den Automaten und ich zog mir ein Päckchen.

„Nicht mehr?", fragte ich.

„Nein, wieso fragst du?" Sie wirkte unsicher.

„Ach, mir ist da nur was aufgefallen", warf ich in den Raum. Wir traten den Rückweg an und schwiegen einen Moment.

Dann blieb sie stehen.

„Was willst du?"

„Die Wahrheit." Ich war ebenfalls stehen geblieben und beobachtete, wie sich die Muskeln in ihrem Gesicht anspannten und sich ihre Augen verengten.

„Ich weiß nicht, worauf du hinaus willst."

„Doch, das weißt du", gab ich ruhig zurück.

„Nein, nein, nein! Du weißt gar nichts." Ihr Ton war giftig und aggressiv, trotz allem kindlich. Fehlte nur, dass sie sich die Ohren zuhielt und sich ein Lied vorsummte. Ich ging einen Schritt weiter und blickte zu ihr über meine Schulter.

„Ich vermiss dich nach unserer schönen Maltazeit voll", zitierte ich Sven.

„Woher …?"

„Das spielt keine Rolle."

„Was willst du?", fragte sie erneut und verschränkte die Arme vor ihrer Brust.

„Warum war Sven an meinem Tagebuch?"

„Wie, Tagebuch? Wir waren an deinem Handy. Das weißt du doch", beteuerte sie. Auch, wenn sie ihre Stimme, Mimik und Gestik unter Kontrolle zu haben schien, so verrieten ihre Augen die Lüge.

„Nein, wart ihr nicht. Soll ich dir sagen, was ich glaube?" Ich blieb stehen. Uns trennten nur einige Meter, und trotz der Dunkelheit konnte ich die Veränderung in ihrem Gesicht sehen. Sie sah mich ängstlich bis erwartungsvoll an, ihr Blick huschte umher.

„Du hattest was mit Sven und Bulldog hat es mitbekommen. Er hat euch erpresst und gezwungen, an mein Tagebuch zu gehen. War es nicht so?"

Sie sah mich entsetzt an. „Du bist so was von paranoid", sagte sie kopfschüttelnd und ging an mir vorbei.

„Liebst du Jack?", rief ich ihr hinterher.

Sie blieb stehen, drehte sich aber nicht um. „Natürlich", gab sie bestimmt zurück.

„Weiß er davon?"

„Wovon? Es gibt nichts zu wissen, John", wich sie mir aus und stand nun wartend vor meiner Haustür.

Ich nickte stumm und schloss die Tür auf.

Zu siebt zogen wir wenig später in die Waschküche ab, redeten noch etwas, bevor wir um kurz vor zwei endgültig das Licht ausschalteten. Kris hatte seit dem Zigarettenholen kaum mit mir geredet, was mich aber auch nicht wirklich verwunderte.

Während die Ersten schon schliefen, überlegte ich mir, was ich mit den neu gewonnenen Erkenntnissen anfangen sollte. Doch irgendwann kam mir mein Gehirn nur noch wie ein Knoten vor. Wenn man seine Gedanken doch auch nur so wie das Licht ausschalten könnte ...

-- *Kris* --

Als ich in meinem Schlafsack lag, konnte ich meinen Gedanken nicht länger entfliehen, sie nicht mehr verdrängen. Wie Geister schwirrten sie um mich herum, sagten mir, welch schlechter Mensch ich war.

Du hast Jack betrogen. Sag es ihm. Gestehe deine Schuld.

Doch ich wollte nicht. Ich konnte nicht. Endlich schien ich einen Halt gefunden zu haben, endlich jemanden, dem ich bedingungslos vertraute und den ich liebte. Jemand, zu dem ich flüchten konnte, wenn meine Eltern mal wieder stritten. Sven war nur ein sinnloses und gefühlloses Intermezzo gewesen, das wusste ich mittlerweile. Jack – auch wenn er auf den ersten Blick nicht sonderlich emotional schien – gab mir das Gefühl, geliebt und verstanden zu werden.

Ich merkte, wie sich Jack zu mir beugte, meine Lippen suchte und fand. Seine Hand lag auf meiner Hüfte, streichelte dann sanft über meinen Rücken.

Gestehe!

Ich konnte diese Küsse, das Rummachen, nicht mal ansatzweise genießen. Zu schwer trug ich an meiner Schuld, die sich hier in der Dunkelheit nur verstärkte. Auch mit Sven war ich immer abgedunkelt und im Versteckten zugange gewesen.

Für einen Moment pausierte ich, hoffte, die Geister würden kurz Ruhe geben. In der Stille vernahm ich, dass alle um uns herum schliefen, sogar Bulldog und Gwen. Wieder küssten wir uns, ich zog mein Top aus und er sein T-Shirt. Meine Hände berührten seine Brust, streichelten tiefer, stoppten kurz am Bauchnabel und gingen dann unter seine Boxershorts. Ich bemerkte seine Erregung und streichelte sie vorsichtig, rückte erst näher zu ihm, kroch dann schließlich in seinen Schlafsack und schmiegte mich an ihn. Während ich ihn befriedigte, schloss ich die Augen.

-- Johnathon --

Ende Oktober begann die Schule wieder und wir starteten in medias res: Unsere Französischlehrerin Frau Rozier erinnerte uns zum wiederholten Male an die Arbeit in der folgenden Woche, wobei sie aber vergaß, uns die Themen der Arbeit zu nennen. Dafür berichtete sie uns zwei Schulstunden lang über das *Gesetz der Ähnlichkeitshemmung* (um Himmels willen nicht ähnliche Sachen, beispielsweise Englisch und Französisch, zusammen lernen!) sowie über den Zustand ihrer Hand (Loge-de-Guyon-Syndrom, das sie sich bei einer Fahrradtour geholt hatte). Die Rozier – von manch einem auch liebevoll Frau *Rozzier* mit schön harter deutscher Aussprache genannt – hatte nicht mehr alle Buntstifte im Mäppchen: Ständig erklärte sie uns wissenschaftliche Weisheiten, die ihr Mann, der an der Uni arbeitete, angeblich erforscht hatte. Er war Franzose und ich fragte mich, ob er sie hatte heiraten müssen, um eine Aufenthaltserlaubnis zu bekommen. Mir fiel kein anderer Grund ein, der einen Mann freiwillig dazu bringen konnte, diese Frau zu heiraten.

Das einzig Gute an diesem Tag war der Unterricht bei Herrn Althaus, der unsere Meinung über Malta hören wollte. Es war sehr lustig und wir lachten alle viel. Und noch lachten auch Kris, Bulldog und Sven. Denn nach der Übernachtung bei mir hatte ich eine Entscheidung getroffen und die lautete: Vorbei mit dem Kuschelkurs, John geht nun auf Konfrontation! Und dafür lieferte die Stunde bei Herrn Althaus eine Steilvorlage für mich.

„Kannst du dich noch erinnern, wie Kris auf dem Sofa herumgesprungen ist, weil sie ein Eis wollte?", erinnerte uns Bulldog.

„Oder den malerischen Golden Bay", antwortete Gwen.

„Oder, als du getanzt hast!", sagte Jack mit einem Hauch Spott und Verachtung in der Stimme zu Sven. *Oder, als ich mit deiner Freundin rumgemacht habe.* Ja, das wäre ein guter Konter von Sven gewesen. Sagte er aber leider nicht, er grinste nur verlegen.

„Oder, als ihr mein Tagebuch gelesen habt."

Vollkommen trocken und ohne das geringste Lächeln auf den Lippen, sah ich der Reihe nach Bulldog, Kris und Sven an. Zuerst schwiegen alle, blickten mich verdutzt oder kopfschüttelnd an, dann folgte das Getuschel. Die Blicke von Kris und Sven, Bulldog schienen völlig ungerührt.

Der Gong beendete die Stunde, ich schnappte mir David und ging mit ihm eine rauchen. Es war seit Langem das erste Mal, dass wir nicht bei unserer Clique standen. Ich konnte es nicht. Jetzt mussten die drei nachziehen, denn ich hatte das Thema öffentlich gemacht und somit von Freundschaft auf Rache umgeschwenkt.

David kommentierte das nicht weiter. Ich wusste, dass er an meiner Stelle nicht so vorgegangen wäre. Aber anstatt wieder auf das Tagebuch-Thema zu kommen, schlug ich vor, dass wir nächste Woche, also im ersten Novemberfreitag, auf die Kirmes gingen, die bei ihm im Ort stattfand.

„Klar, du kannst gerne kommen."

„Kann ich auch bei dir pennen?"

„Generell würde ich sagen, ja. Bisher hast nur du gefragt, dann ist es wohl okay, weil meine Eltern es nicht so gerne haben, wenn zehn Leute durch die Wohnung springen. Aber ich sag dir noch mal Bescheid."

An den Tagen vor besagter Kirmes hatte ich das freundschaftliche Verhältnis zu Bulldog, Sven und Kris fast vollständig zugunsten von Rachegefühlen, Abscheu und Verachtung eingetauscht und übte permanent Druck auf sie aus. Bei jeder Gelegenheit forderte ich sie dazu auf, alles zuzugeben, doch sie weigerten sich standhaft und verhielten sich mir gegenüber auch nur noch sehr fuchsig (haha, welch Wortspiel). Kris beispielsweise reagierte allein schon bei meinem Anblick gereizt.

„Lass den Mist endlich!", fauchte sie mich an, als Jack gerade mal nicht in Nähe war.

„Warum denn? Wenn du es nicht gemacht hast, kann ich Jack ja meine Version mitteilen und du kannst ihm dann die Wahrheit sagen."

Sie sah mich ernst an. „Warum tust du das? Macht es dir Spaß, uns alle so zu quälen?" Sie drehte mir den Rücken zu und ging.

Am Donnerstag also, an dem ich, wie schon seit Anfang der Woche, alleine zur Schule gelaufen war, sah ich Kris neben David im Flur sitzen und reden.

„Morgen", grüßte ich beide und setzte mich zu ihnen.

Kris würdigte mich keines Blickes.

„Geht das dann?", fragte sie David und setzte dabei ihren altbewährten treudoofen Kleinmädchen-Blick auf.

„Kris, ich muss da erst noch mal mit meiner Mutter reden. Sie hat nur eine Person erlaubt."

Kris nickte, setzte aber dann ihr süßestes Lächeln auf. „Überleg es dir."

Nein, das durfte doch nicht wahr sein! Das hätte ich Kris wirklich nicht zugetraut. Das war mein Spiel, meine Rachegelüste, und nicht Kris'!

„Ähm, David, was war das gerade? Ich dachte, *ich* penne bei dir?"

„Ja, aber Kris hat gefragt, ob sie auch kann, und vielleicht lässt sich meine Mutter doch noch weich klopfen und ihr beide könnt bei mir pennen."

„Warum pennt Kris denn nicht bei Jack?"

„Darf sie nicht", sagte David grinsend. „Es bestünde ja die Gefahr, dass beide was miteinander anstellen."

„Und dann willst du sie, die mich so verletzt und hintergangen hat, bei dir pennen lassen?"

Was nun passierte, hätte ich nicht vorhersehen können, ich hatte auch nicht geglaubt, dass es möglich gewesen wäre: Ich erlebte ihn das erste Mal richtig sauer.

„Kannst du mal aufhören, mir mit dem Tagebuchkram auf den Senkel zu gehen? Ja, ich halte zu dir und ich glaube dir auch, aber versteh doch – Kris ist auch meine Freundin, okay? Kapier doch endlich: Was auf Malta passiert ist, mag dich zwar ärgern, aber das meiste davon ist einfach nicht dein Bier! Und schon gar nicht meins!"

Ich sah ihn mit großen Augen an und wartete auf etwas. Nur, es kam nichts mehr. Das reichte mir wiederum.

„Gut, dann lass sie bei dir pennen. Ich komme nicht."

Wenn Kris bei ihm pennen sollte und er mich verriet, bitte. Ich musste mir das nicht antun. Ging ich eben nicht auf die Kirmes. Meinetwegen. Gwen und Bulldog würden ja auch nicht hingehen, da beide sich einen „schönen Abend" machen wollten. Sollte er doch mit Kris, Jack und Sven alleine hingehen und seinen Spaß mit ihnen haben!

Es war ein komisches Gefühl, eine Person einerseits dafür zu hassen, was sie getan hatte, wenn man sie andererseits liebte. Und in diesem Chaos der Gefühle befand ich mich. Lange Zeit hatte ich für ihre Arroganz und ihr Getue nur Abscheu empfunden und mich auch nicht gegen die Distanz zwischen ihr und mir gewehrt. Doch seit Anfang des Schuljahres hatte sich Kris anders präsentiert: Mal ganz die alte Diva, dann aber auch wieder menschlich und verletzlich. Ich glaube, dass mich genau diese Kombination anmachte: die Unschuld gepaart mit der Sünde, Arroganz mit Selbstzweifel. Denn im Endeffekt war ich nicht viel besser.

Ihre sinnlichen Reize ließen mich dahinschmelzen. Die Stupsnase unterhalb der großen, grünen Augen, der fast schon knabenhaft schlank anmutende Körper. Ich wollte sie bei mir haben, den Duft ihrer Haare riechen, aber andererseits wollte ich sie nie wiedersehen, nachdem sie mich derart verletzt hatte. Ich konnte nicht mit Kris, aber auch nicht ohne sie.

Während die anderen auf dieser blöden Kirmes waren, versuchte ich mich irgendwie abzulenken, zu lesen, fernzusehen, doch meine Gedanken wurde ich nicht richtig los. Da Jack von den Kirmesgängern der Einzige war, mit dem ich derzeit keinen Streit hatte oder für den ich Verachtung empfand, schrieb ich ihm eine SMS und die Antwort ließ auch nicht sonderlich lange auf sich warten: *Stimmung ist gut. Geht schon voll ab. Muss nur gleich heim, die anderen feiern dann noch weiter. LG!*

Typisch Jack: wortkarg, kurz, knapp. Was sie an ihm, der auch noch drei Monate jünger als sie war, fand, wusste ich wirklich nicht. Er stand ja nicht mal zu seinem eigenen Namen, sondern ließ sich nur Jack nennen! Apropos jünger: In etwas mehr als einer Woche würde ich sechszehn werden! Ab dann durfte ich endlich offiziell trinken und rauchen.

Da wir letztes Jahr bei David Silvester gefeiert hatten, hatte ich mich angeboten, meinen Geburtstag am Jahreswechsel zu feiern, um somit zwei Fliegen mit einer Klappe zu schlagen. Nur: Wollte ich überhaupt feiern? Würde ich Kris, Sven und Bulldog einladen wollen?

Vor allem Sven wollte ich nicht mehr sehen. Er war doch im Endeffekt an allem schuld! Natürlich gehörten zum Fremdgehen immer zwei, aber er hätte doch einfach Kris in Ruhe lassen können. Sie war wahrscheinlich vollkommen betrunken gewesen und hatte keine Kontrolle mehr über das gehabt, was sie da tat. Er hatte seinen besten Freund betrogen! Außerdem hatte er auch noch in meinem Tagebuch gelesen. Er allein. Kris hatte mich ja nur abgelenkt.

Eigentlich müsste ich mich viel eher an ihm rächen, als an Bulldog oder Kris. Dieser stinkende Widerling mit den gegelten Haaren, die ihn nicht weniger schleimig wirken ließen.

Wie konnte Kris nur?

Immer wieder dieser Berg, den ich auf dem Weg zu unserer Schule besteigen musste. Ich hasste ihn, seine Steigung, einfach alles.

„Was ein toller Geburtstag", dachte ich mir und stiefelte weiter. Mit David hatte ich noch immer kein Wort geredet, was ich mit Kris, Sven und Bulldog machen sollte, wusste ich noch immer nicht so genau. Einerseits wollte ich Rache, andererseits waren sie meine Freunde.

Auch, als ich durch den düsteren Gang zu unserem Klassenraum ging, hatte es in meinem Kopf nicht den entscheidenden Klick gegeben, der alle Probleme löste. Vielleicht wurde mit sechszehn ja alles besser.

„Guten Morgen!", grüßte ich alle und war gespannt, wer an meinen Geburtstag denken würde.

„Morgen", ertönte es und ich setzte mich neben Gwen.

„Alles klar mit dir?", fragte sie mich und spielte verträumt mit ihren immer roter werdenden Haaren.

„Er hat doch heute Geburtstag!", rief Milana und ich

nickte, als sie ihre Arme um meinen Körper schlang und „Alles Gute" sagte.

„Von mir auch!" Gwen drückte mich kurz an sich und aus dem Augenwinkel sah ich, wie Sven mich etwas verlegen ansah.

„Alles Gute zum Geburtstag", gratulierte er mir, was ich aber überhörte und stattdessen Gwen erzählte, welche neuen Klamotten mir meine Eltern geschenkt hatten.

Dann erschien auch schon Kris auf der Bildfläche. Sie trug einen rosafarbenen Rollkragenpulli, der ihre Oberweite deutlich größer erscheinen ließ, als sie eigentlich war. Ihre Haare wehten leicht, während sie den Gang entlangschwebte und ihre Hüfte zum Takt einer nicht hörbaren Musik hin und her schwang. Sie grinste mich freundlich an und beugte sich zu mir herunter und umarmte mich: „Alles Gute zum Geburtstag."

Ich hatte mit vielem gerechnet, aber nicht damit.

„Danke", flüsterte ich, da meine Stimmbänder gerade nicht so recht arbeiten wollten, und atmete tief den Duft ihrer Haare ein. Sie rochen eindeutig nach Kris. Mein Herz sprang auf und ab und alles in mir bebte. Am liebsten hätte ich sie nie losgelassen und ewig so festgehalten. Doch dann musste ich sie gehen lassen. Vielmehr riss sie sich von mir los und ging zu Jack, der gerade aufgetaucht war, und küsste ihn überschwänglich. Ich funkelte die beiden böse an, aber sie sahen meinen Blick leider nicht. Vielleicht war es auch besser so. Doch während ich meiner Abscheu Ausdruck verlieh, bemerkte ich Svens Blick auf die beiden, der meinem sehr ähnelte.

Ich verstand Kris' plötzlichen Sinneswandel nicht wirklich. Eigentlich waren wir doch noch immer im Clinch, oder? Auch die anderen aus meiner Klasse gratulierten mir, nur David nicht – er fehlte. Keine Ahnung, wo er war, auch in der ersten großen Pause tauchte er nicht auf.

Wir standen an unserem gewohnten Platz und ohne David war ich – neben Sven – der einzige Single unseres Kreises. Milana, Debbie und Jenny hatten sich abgekapselt und für mich war es etwas unangenehm, Bulldog und Gwen sowie Kris und Jack immer vor meinen Augen knutschen zu sehen. Was aber durchaus faszinierend war: Wenn Jack und Kris gerade mit Küssen pausierten, fingen Gwen und Bulldog an. Wenn die beiden fertig waren, ging es bei dem anderen Pärchen weiter.

Kris und Jack hatten diese Technik sogar soweit perfektioniert, dass sie während der Kusspause auch noch rauchen konnten, was bei dem anderen Pärchen wegfiel: Bulldog hatte auf Gwens Wunsch hin das Rauchen aufgegeben. Ich hätte nicht gedacht, dass sie so einen Einfluss auf ihn hatte.

Am frühen Abend hatte ich das übliche Kaffeetrinken mit der Verwandtschaft hinter mich gebracht und wollte einfach nur in Ruhe auf meinem Bett liegen, da klingelte das Telefon. Ohne zu zögern, nahm ich ab, denn ich rechnete mit weiteren Geburtstagsanrufen.

„Johnathon Beaucane."

„Hi", sagte die Stimme in der Leitung. „Alles Gute zum Geburtstag."

„Danke!" Ich war überrascht. Es war David. „Wie geht's?", fragte ich zögerlich.

„Hm, ganz okay. Außer, dass ich bald zum Tablettenjunkie werde", erzählte er.

„Was? Wieso?"

„Ich war heute Morgen beim Arzt und ich darf bis zum Ende meiner Tage Tabletten einschmeißen. Schilddrüsenunterfunktion. Mir geht es gerade etwas dreckig, deshalb war ich heute nicht in der Schule. Morgen komme ich wohl auch noch nicht."

„Die Gesundheit geht vor", antwortete ich ihm.

„Und dann wollte ich mich noch wegen der Kirmessache entschuldigen und dafür, dass ich nicht mit dir geredet habe. Tut mir echt leid, aber dieser ganze Tagebuch-Fremdgeh-Kram war mir irgendwann zu viel und weil Kris nun mal auch eine Freundin von mir ist ..."

„Ja, alles halb so schlimm. Wie immer."

Wir lachten.

„Na dann ist ja wieder alles okay", resümierte ich.

„Bei uns zumindest."

„Bei wem denn nicht?", fragte ich hellhörig.

„Kris hat doch hier gepennt."

„Ja, und?" Ich spürte, dass das, was auch immer er mir nun mitteilen wollte, ziemlich brisant war und seine theatralische Pause nicht nur dramaturgischer Natur war.

„Nachdem Jack gegangen war, waren sie und Sven auf einmal weg", erzählte er.

„Aha. Wo waren die beiden?"

„Weiß ich nicht. Als Kris nicht wie verabredet um ein Uhr da war, um heimzulaufen, bin ich sie suchen gegangen. Vergebens."

„Ja, und dann?"

„Hat sie um drei Uhr bei mir am Fenster geklopft und ich habe sie reingelassen", fuhr er fort.

„Und wo war sie?"

„Das wollte sie nicht sagen."

„Also hat sie irgendwo mit Sven rumgemacht", schlussfolgerte ich.

„Anzunehmen."

Es folgte Stille.

„Erzählst du es Jack?", fragte ich David.

„Nein, ich misch mich da nicht ein."

Diese Antwort überraschte mich nicht wirklich. Ich war mir sicher, dass sein Anruf primär das Ziel hatte, sein eigenes Gewissen zu entlasten, was aber nun meinem eine Last aufbürdete.

„Also überlässt du mir die Drecksarbeit. Du weißt ganz genau, dass ich sowieso will, dass sie es Jack sagt und jetzt natürlich erst recht."

„Eigentlich nicht. Ich wollte es dir nur sagen."

Das kaufte ich ihm aber nicht wirklich ab. David hielt sich aus solchen Sachen immer heraus, wusste aber anderseits genau, dass ich einer netten Konfrontation nicht aus dem Weg ging. Zwar versuchte mich David, der Freundschaft und Clique wegen, von meinem Konfrontationskurs abzubringen, aber eines stand für mich fest: Kris musste mit der Sprache rausrücken. Und ich würde sie dazu bringen.

Auch am folgenden Tag, am Freitag, war David nicht in der Schule erschienen. Nichts ahnend hatte mich Kris gefragt, ob wir gemeinsam nach der Schule zum Bahnhof laufen wollten. Anscheinend versuchte sie, versöhnliche Töne anzuschlagen, doch ich ließ sie dazu nicht kommen.

„Wie war die Kirmes?", fragte ich sie scheinbar beiläufig, als mir im Gleichschritt dem Pulk folgten.

„Gut, gut."

„Wie war es denn nachts mit Sven?"

Sie sah mich entgeistert an und blieb stehen. „Was soll das?", schrie sie mich an.

„Sag es Jack. Du hast bis nächsten Mittwoch Zeit. Machst du es nicht, mach ich es." Ich grinste sie an und ging alleine weiter.

12

GUILTY

-- Johnathon --

„Schönen guten Morgen. Wir haben Mittwoch, den 23. November und heute ist dein Tag. Entweder machst du es bis zur ersten großen Pause, oder ich mache es. Und du sagst ihm alles. Von Malta bis Kirmes", begrüßte ich sie am Mittwochmorgen, nachdem ich sie am Bus abgepasst hatte.

Sie funkelte mich böse an und ließ mich wortlos stehen.

„Ich kann doch auch nichts dafür, dass du Mist baust!", rief ich ihr nach, doch sie schien mich nicht hören zu wollen.

Es war am Ende der zweiten Stunde, da erreichte Jack ein Zettel, den ich aus dem Augenwinkel sah. *Wir müssen reden.* Kris verschnörkelte Schrift war unverkennbar.

In der Pause waren die beiden wie vom Erdboden verschluckt und ich stand alleine mit Bulldog, David und Gwen in der Raucherecke herum, da Sven ebenfalls verschwunden war.

„Es ist soweit", flüsterte ich David zu. Ohne jegliche Regung im Gesicht nickte er.

-- Kris --

Dieser Volldepp John wird schon noch seine Retourkutsche bekommen. Jetzt musste ich aber erst einmal das eine hinter mich bringen. Jack und ich standen am Rande des Atriums, im Augenwinkel sah ich am anderen Ende Sven hinter einer Säule hervorlugen.

„Was gibt es denn?", fragte Jack sichtlich irritiert über meine Geheimniskrämerei.

„Ich muss dir was sagen ...", begann ich, doch meine Stimme machte nicht weiter. Ja, ich wusste, dass ich Fehler gemacht hatte, große sogar, aber das tat doch jeder mal, selbst John. Ich verstand nicht, warum er mich so leiden ließ. Ich blickte in Jacks braune Augen, die diesen liebevollen Blick hatten, den er mir nur dann schenkte, wenn es wirklich wichtig war. Das machte es mir noch viel schwerer. Ich holte nochmals tief Luft und die Worte flogen nur so aus meinem Mund. „Nachdem du an der Kirmes weg warst, habe ich Sven geküsst."

Er starrte mich an. Sein Gesicht und seine Hände zuckten unruhig. Tränen schossen mir in die Augen.

„Warum?" Er bemühte sich, nicht einen Hauch Schwäche oder Unmut in seiner Stimme mitschwingen zu lassen, doch ich sah und spürte, wie schwer ich ihn damit verletzt hatte.

„Ich weiß es nicht. Aber glaube mir, es wird nie wieder vorkommen." Ohne dass ich etwas dagegen machen konnte, kullerten die ersten Tränen meine Wange hinunter.

„Geh bitte."

„Jack, ich liebe dich. Glaub mir das."

„Geh!" Seine Stimme bebte.

Ich wollte seine Hand nehmen, sie streicheln, doch er zog sie weg. Ich rannte ins Mädchenklo.

-- *Johnathon* --

Jack saß neben mir. Er sah nicht sonderlich gut aus. Somit wusste ich, dass sie gestanden hatte. Es war endlich raus. Somit waren Kris und ich quitt. Ich grinste vor mich hin, während die Rozier gerade eine Wiederholung der Relativpronomen durchnahm. Gedankenverloren schmierte Jack einen Zettel mit Songtexten voll.

Schmerz und Liebe liegen dicht beieinander.
Wer hoch fliegt, der fällt auch tief.
Vielleicht war'n wir zu naiv.

Jack schien doch verletzter, als ich gedacht hätte. Ich war eigentlich davon ausgegangen, dass er es schulterzuckend und stoisch hinnehmen würde, so wie alles andere auch. Doch als ich sah, dass es nicht so war, dass unter diesem braunen Lockenschopf doch Gefühle steckten, krochen Schuldgefühle in mir hoch. Hatte ich gerade eine Beziehung zerstört? Würden die beiden sich bald trennen? „Aber Momentchen mal", sagte ich zu mir, „es war doch nicht meine Schuld, dass Kris etwas mit Sven angefangen hatte!"

Während ich über meinen Englischhausaufgaben brütete, wurden meine Schuldgefühle immer größer, schienen nun fast komplett Besitz von mir ergriffen zu haben. Waren meine Gefühle zu Kris so stark, dass ich sie und Jack lieber heute als morgen auseinander sehen wollte?
Aber andererseits waren Kris und ich auch befreundet. Ich konnte mich nicht mehr an die Zeit ohne sie erinnern und ich wollte, dass sie glücklich war. Am besten natürlich mit mir. Ich war aber derzeit nicht gerade dabei, meine Position ins Kris' Leben zu verbessern.
Würde ich also nicht nur ihre Beziehung zu Jack, sondern auch meine Freundschaft zu ihr und alle Optionen für eine mögliche Beziehung zerstören?
Die Schuldgefühle in mir stiegen immer mehr an und so loggte ich mich bei ICQ ein, um zu sehen, was Stand der

Dinge war. Vielleicht war alles halb so schlimm. Kris war nicht online, stattdessen ihre Schwester Kim und ich fragte sie, wie es Kris ging. Sie antwortete mir nicht.

„Muss nichts heißen", sagte ich mir, „vielleicht war sie einfach nicht vor dem PC." Also schrieb ich Kris eine SMS: *Hey du. Wie geht es dir, alles klar? Wollen wir am Wochenende was machen, um das alles zu vergessen? Hdl, John.*

Es dauerte keine zwei Minuten, da kam die Antwort: *Lass mich und meine Familie endlich in Ruhe! Ich will dich nie wiedersehen! Du bist für mich gestorben!*

-- Kris --

Kim saß neben mir auf meinem Bett und streichelte mir über den Rücken, während ich mir die Seele aus dem Leib heulte. Ich wusste nicht mehr, was ich machen sollte. War dass das Ende meiner Beziehung zu Jack?

Ich hoffte so inständig, dass er wenigstens auf diese SMS antworten würde: *Hey. Es tut mir so leid. Bitte verzeih mir! Ich liebe dich doch! Was soll ich ohne DICH machen? Lieb dich!*

Kim reichte mir ein Taschentuch nach dem anderen, ich hatte eine Tafel Schokolade gegessen, vier Kippen geraucht und einen Liter Kaffee getrunken. Aber alles half nichts. Ich war einfach endlos traurig und ich verstand mich selbst nicht: Warum hatte ich mich erneut auf Sven eingelassen?

In dem Moment, als es nach der Kirmes gerade ans Eingemachte gehen sollte, hatte ich zwar gemerkt, dass ich das nicht wollte, nicht konnte und es einfach falsch war. Ich war weggerannt, weg in irgendeine Straße, hatte mich auf den Bürgerstein gesetzt und geheult. Ich hatte mich so schlecht, so schmutzig gefühlt und über die Fehler geweint, die ich gemacht hatte. Doch warum hatte ich sie gemacht? Einerseits hatte ich Jack zeigen wollen, was er mir bedeutete, aber andererseits machte ich mich dadurch verletzlich. Das hatte ich mit Sven überspielen wollen. Und jetzt?

Nun lag ich hier, wieder heulend, und wartete auf eine Antwort von Jack. Nach einer halben Stunde ohne Antwort, einer wunden Nase, einer weiteren Tafel Schokolade und noch mehr Kaffee schrieb ich ihm noch einmal eine SMS: *Schatz, bitte verzeih mir. Ich liebe dich! Das kann doch noch nicht alles gewesen sein. Wenn du mir verzeihst, ruf mich um halb neun an. Lieb dich noch immer.*

Es kam mir so vor, als ob ich die ganze Zeit im Licht gewandelt wäre und nun jemand eben dieses ausgemacht hätte. Ich stand im absoluten Dunkel, kein heller Streifen am Horizont. Die Zeit wollte nicht schneller laufen und mir kam es so vor, als würde es nie halb neun werden.

Irgendwann, Kim saß immer noch neben mir, hatte ich mich in den Schlaf geweint, bis das neben mir liegende Telefon klingelte. Die Sonne war schon verschwunden und nur das Licht der Straßenlaterne erhellte mein Zimmer. Ich spürte, dass meine Augen geschwollen waren, doch es war mir egal – ich griff zum Telefon und nahm ab.

„Ja?", fragte ich hoffnungsvoll in den Hörer hinein.

„Hi", sagte er matt.

„Jack!", schluchzte ich und, auch wenn er mich nicht sehen konnte, machte ich mich zurecht, wuschelte ich mir durch die Haare und wischte mir die letzten Tränen aus dem Gesicht.

„Wie geht es dir denn?"

„Bin voll fertig. Und dir?"

„Ich weiß nicht", antwortete er und ich konnte förmlich spüren, wie er mit den Schultern zuckte.

„Jack, glaub mir, das alles tut mir so unendlich leid. Das mit Sven war eine einmalige Sache, das wird nie wieder passieren. Ich liebe dich doch."

„Ich dich auch. Aber ich weiß nicht, ob ich dir das jemals verzeihen kann. Du ... du hast mich wirklich sehr ... verletzt."

„Ja, ich weiß, aber glaub mir, du bist der, den ich liebe und immer lieben werde. Jack, bitte gib mir noch eine Chance!", flehte ich ihn an und erneut rannen die Tränen an meiner Wange herunter.

„Vielleicht sollten wir lieber noch einmal persönlich darüber reden. Wann können wir uns treffen?"

Noch immer war seine Stimme sehr distanziert, ich fühlte mich so weit weg von ihm, so, als würde er mich nie wieder an sich heranlassen.

„Morgen ... ja. Morgen könntest du kommen", schlug ich vor.

„Okay."

Eine schreckliche Stille entstand, bis er kurz Luft holte.

„Ich lege jetzt besser auf. Bis morgen."

„Jack?"

Er zögerte. „Ja?"

„Jack, ich liebe dich."

Die Leitung war tot.

-- *Johnathon* --

Um alles noch komplizierter zu machen, hatte Kris in zwei Wochen, am siebten Dezember, Geburtstag. Mittlerweile hatte ich mich von meiner Rachephase verabschiedet und schwenkte wieder auf den freundschaftlichen Kurs um, da ich es nicht über mich brachte, Kris zu verachten. Doch um unsere Freundschaft stand es derzeit nicht sonderlich gut, weshalb ihr Geburtstagsgeschenk einschlagen musste wie eine Bombe. Ich wollte ihr unbedingt eine Karte schenken, auf der ich ihr alles Gute wünschen und ihr sagen würde, wie viel mir unsere Freundschaft bedeutete (und da gab es schließlich Einiges gutzumachen. Ich sag nur: *Ich will dich nie wieder sehen! Du bist für mich gestorben!*), Samen für eine Pflanze und einen selbst gebastelten Adventskalender mit Bildern von uns und unseren Freunden. Aber ich wusste nicht einmal, ob sie mein Geschenk überhaupt annehmen würde.

Jack und Kris waren – wie es schien – immer noch oder wieder zusammen. Und trotz allem fühlte ich mich noch immer so unglaublich schlecht, obwohl ich eigentlich nur für die Wahrheit eingetreten war. Ja, ich war mir der möglichen Konsequenzen bewusst und fast alles, bis auf Jacks und Kris' Trennung, war auch wie erwartet eingetroffen: Sven und Jack redeten kein Wort mehr miteinander und auch Kris schien Sven zu ignorieren, zumindest solange Jack in der Nähe war. Ich versuchte mehrmals mit Kris zu reden, doch sie wiegelte mich komplett ab. Sie sah mich nicht einmal mehr an.

Und damit es auch sonst nicht langweilig wurde, meine zwei derzeit größten Probleme:

Problem Nummer eins: Kris hatte in einer Woche Geburtstag.

Problem Nummer zwei: Was sollte ich an Silvester machen?

Zunächst einmal zu meinem zweiten Problem: Da die Stimmung in unserer Clique noch immer etwas angespannt war, wollte ich meine Friedensbekundung und meine Reue nochmals herausstellen und fing bereits jetzt an, die Silvestereinladungen zu entwerfen, die so früh wie möglich raus sollten. Die Feier hatte vor allem aber einen noch viel symbolischeren Charakter: Ich wollte noch einmal die „alte" Clique (Kris, Gwen, Bulldog, David und ich sowie Milana) an einen Tisch bringen. Jack konnte bei Bedarf ebenso dabei sein. Doch derzeit sah es nicht wirklich so aus, als würde ich mit mehr Gästen als David rechnen können.

Milana stand aus Prinzip zu Kris, Gwen wollte sich weitestmöglich raushalten. Bulldog, der ja eigentlich Motor der ganzen Misere gewesen war, hatte zwar nur kurz in meinem Schussfeuer gestanden, doch ich vermutete, dass er auch eher auf Kris' Seite stehen würde. Von seiner Entscheidung würde dann wohl auch Gwens abhängen.

Drei Tage vor Kris' Geburtstag redete sie immer noch nicht mit mir, dafür aber mittlerweile wieder Jack. Wenn auch nur wenige Worte wie „Hast du mal einen Kuli?"
Ich entschied mich, Kris noch ein Gedicht zu schreiben:

Liebste Kris!

Wenn du die Sonne bist, bin ich die Erde.
Ich umrunde dich immerzu, doch ich komme dir nicht näher. Meine Gefühle für dich werden immer da sein, genauso, wie Sonne und Erde immerzu beieinander, aber wohl nie zusammen sein werden.
Jedes Wort, das über deine Lippen kommt, würde ich dir glauben. Selbst wenn du mir sagest, die Erde wäre eine Scheibe und die Sonne kalt, würde ich dir das glauben.
Denn du sagst es.
Wäre ich ein hungriger Adler und du eine Maus, würde ich dich verschonen, weil du einfach so wunderschön bist. Lieber würde ich sterben, als dir etwas anzutun.
Doch was ich nie aufgeben werde, das ist die Hoffnung, dass Sonne und Erde doch irgendwann zusammenfinden werden.

Dein John

Okay, das war ziemlich schmalzig und ich war weder Goethe noch Shakespeare, aber es kam von Herzen. Nur konnte ich es ihr schlecht in der Schule überreichen, da sie es dort wahrscheinlich einfach sofort wegwerfen würde. Also wollte ich es per Post an sie schicken, damit sie auf jeden Fall damit konfrontiert wurde und in meinen Augen stieg damit die Wahrscheinlichkeit, dass sie, wenn sie alleine war, das Geschenk überhaupt aufmachte, erheblich.

Obwohl es schon winterlich kalt draußen war, nutzte ich die Chance, dass es gerade nicht regnete und stieg – eingehüllt in meine dicke Daunenjacke – auf mein ungeliebtes Fahrrad.

So fuhr ich mit Kris' Geschenk im Rucksack zur Post nach Birkenheim. Der Fahrtwind brauste nur so an meinem Kopf vorbei, meine Nase und Ohren taten von der Kälte weh, doch es war mir alles egal: Es galt, nicht nur meine Freundschaft zu Kris zu retten, sondern vielleicht auch die ganze Clique.

Wie es der Zufall wollte, stand Zoe mit einem etwas gestauchten Mädel ebenfalls vor dem einzigen Schalter.

„Hey", begrüßte ich sie.

„Hi John. Gut siehst du aus."

Ich lachte. „Im Moment ein wenig wie ein Michelin-Männchen. So fett bin ich eigentlich nicht."

„Und was machst du hier?" Ihre dunklen Augen musterten mich und meinen Rucksack.

„Ach, nur ein Geburtstagsgeschenk wegbringen." Zoe nickte und ich bemerkte, wie das Mädel, das neben ihr stand, mich sonderbar musterte.

„Sag mal, kann es sein, dass wir uns kennen?", fragte sie dann mit ihrer hohen Stimme.

Hatte ich ihr bisher nicht wirklich Beachtung geschenkt, so sah ich sie mir nun etwas genauer an. Ihre braunen, schulterlangen Haare, die etwas zu klein geratene Nase in dem rundlichen Gesicht und die schmalen Lippen kamen nun auch mir bekannt vor.

„Du bist Johnathon, oder?"

„Ja. Bin ich. Und du bist ...?"

„Natascha. Wir waren im selben Kindergarten, wenn mich nicht alles täuscht."

Wie sagte man im Englischen so schön: *The penny has dropped*. Im Kindergarten waren wir unzertrennlich gewesen, sie war meine erste Freundin und verwundert stellte ich fest, dass für mich Optik damals nicht sonderlich gezählt haben musste, denn eine Schönheit im klassischen Sinne war sie nicht.

„Wow, das finde ich jetzt echt lustig", meinte Zoe und verzog ihren Mund zu einem fetten Grinsen.

„Ich kann dir ja nachher mal ihre ICQ-Nummer schicken, aber wir müssen jetzt. Natascha ist gerade erst wieder hierher gezogen und wir müssen ihr Zimmer noch einrichten."

„Klar, lasst euch von mir nicht aufhalten."

Die beiden lächelten mir zum Abschied zu und ich kramte das Päckchen aus meinem Rucksack. Aus dem Augenwinkel sah ich, dass Zoe an der Tür zog, obwohl dick und fett *Drücken* darauf stand.

Kris war an ihrem Geburtstag nicht im Bus. Ich sah sie erst, als der Gong das Zeichen für den Anfang des Unterrichts gab, doch die Rozier war wie üblich zu spät und so konnten wir alle Kris' Auftritt live miterleben: Komplett neu eingekleidet und mit drapierter Mähne kam Kris den Gang entlang geschritten. Ihre erste Anlaufstelle war Jack, den sie demonstrativ mit einem Kuss begrüßte. Sofort stürmten Jenny, Milana, Gwen und Debbie herbei, die Kris alle herzten, sie drückten und ihr Bussis auf die Wange gaben.

Auch Bulldog und David gratulierten artig, während Sven und ich brav auf unseren Plätzen blieben. Kris erzählte natürlich sofort unüberhörbar von den Geschenken, die sie bekommen hatte. Meine wurden nicht erwähnt.

„Hat jemand mal einen Spitzer?", rief Kris durch die Klasse, während die Rozier uns noch mal ausführlich erklärte, das man Worte aus dem Englischen und Französischen, die ähnlich aussehen, nicht zusammen lernen sollte (ja, das Gesetz der Ähnlichkeitshemmung).

Ich reichte Kris meinen neuen, der sogar ein Gefäß zum Aufbewahren des Abgespitzten hatte (wie hieß eigentlich der Abfall vom Spitzen?). Kris nickte mir höflich zu, aber sagte weiterhin kein Wort. Immerhin hatte sie ihn nicht abgelehnt.

Kurz vor dem Ende der Stunde bekam ich den Spitzer unausgeleert zurück. Also stapfte ich, leicht sauer, zum Mülleimer, um den Kram loszuwerden. Inmitten des Abfalls entdeckte ich einen beschriebenen Zettel, den ich an mich nahm. Ich las ihn in der Pause, bevor ich zu den anderen in die Raucherecke ging.

Danke. Das Geschenk war sehr nett und schön. Kris
Kurz, aber ein Anfang. Hoffentlich nicht der vom Ende.

Wie ich dann in der Raucherecke mitbekam, feierte Kris ihren Geburtstag standesgemäß nicht („Ich habe dafür einfach keine Zeit. Ich bin so oft Reiten, dann ist Jack bei mir oder ich bin mit meinen Freunden unterwegs"), stattdessen durfte Jack mal wieder zu ihr kommen. Sei's drum, mir war es egal. Na ja, eigentlich nicht. Aber immerhin stieg meine Beliebtheit in meiner Clique wieder merklich an – selbst Jack redete wieder normal mit mir. Es fing ja auch an zu weihnachten und irgendwie sollte Weihnachten immer alles besser werden.

-- Kris --

Jack hatte gerade die Haustür hinter sich geschlossen. Ich stapfte hoch in mein Zimmer und schmiss mich mit ausgestreckten Armen und Beinen auf mein Bett. Ich war zufrieden mit mir und der Art und Weise, wie ich alles wieder hingebogen hatte.

Jack wusste glücklicherweise nur von einem Kuss. Nicht auszudenken, wenn er wüsste, was ich sonst noch mit Sven gemacht hatte. Mir hatte einfach genau das in unserer Beziehung gefehlt. Es konnte noch so schön sein, ihm beim Gitarrespielen zuzuhören, neben ihm zu liegen und fernzusehen, mir fehlte nun mal der sinnliche Teil.

Ich wusste, dass Jack weder ein großer Romantiker war, noch seine Gefühle offen zeigte, aber ich hatte manchmal das Gefühl, dass er mich nicht wirklich attraktiv fand. Immer musste ich den ersten Schritt machen. Ich war es, die zuerst ihn auszog und dann sich – nicht andersherum. Und kaum hatten wir nun endlich einmal nackt zusammen gekuschelt, schweifte sein Blick auf Johns Paket und sein Gedicht.

„Was ist denn das?"

„Johns Geschenk", antworte ich und er las das Gedicht – regungslos. Anscheinend sah er in John keine Gefahr.

„Wie sülzig", meinte er nur, als er fertig war.

Obwohl ich Johns Gefühle nicht erwiderte, schmeichelte es mir, wenn er so etwas schrieb. Trotzdem verstand ich ihn einfach nicht. War ich ihm wirklich so wichtig? Er servierte mir quasi sein Herz auf dem Silbertablett und ich trat es mit Füßen – logischerweise, nach dieser Erpressungsaktion.

Aber vielleicht war das, was er geschrieben hatte, auch einfach wahr: Dann würde er mich mehr lieben, als Jack es jemals tun könnte.

Wie immer um die Weihnachtszeit, in der es eigentlich nur Friede, Freude, Eierkuchen geben sollte, besuchten wir mit unserer Klasse einen Weihnachtsmarkt. Seit Kris' Geburtstag waren schon zwei Wochen ins Land gezogen, immerhin war am Sonntag der dritte Advent, doch weder Weihnachtsstimmung noch der Eierkuchen wollten bei uns einkehren.

Apropos Eierkuchen: Unser Cliquenzusammenhalt hatte was von einem frisch gelegten Ei – es war noch sehr warm. So warm, dass es leicht aus der Hand gleiten konnte und dann alles kaputt wäre. Zwar redeten Kris und ich wieder miteinander (zum Beispiel: „Hast du mal ein Taschentuch?", „Ja.", „Danke.", „Bitte."), aber ein freundschaftliches Verhältnis wollte sich bisher noch nicht einstellen. Das hatte auch viel mit meiner Silvesterfeier zu tun, die derzeit am seidenen Faden hing.

David, der auf der Busfahrt zu besagtem Weihnachtsmarkt neben mir saß, hatte von Bulldog gehört, der es von Gwen wusste und die von Kris, dass Kris eine Gegenfeier veranstalten wollte.

„Ist nicht wahr!", entfuhr es mir und ich musste wirklich an mich halten, nicht gleich auf sie zu zustürmen und ihr die passenden Takte zu sagen.

„Und rate mal, wen sie noch alles eingeladen hat!"

„Dich Tablettenjunkie und alle anderen, die ich auch eingeladen habe."

Er lachte. „Nein, sondern auch Debbie und Jenny."

Ich schüttelte mit dem Kopf. „Die schreckt ja auch vor nichts zurück. Holt sich zwei Irre in die Bude! Und ich meine diesmal nicht dich und Bulldog."

Wie irre vor allem Debbie war, zeigte sich einmal mehr, als wir aus dem Bus stiegen. Mit ihrer Hand fuhr sie sich zunächst durch ihre fettigen straßenköterblonden Haare, um dann mit eben dieser ihrer Brille zu säubern.

„Seht ihr das auch?"

„Was? Den Fettfilm auf der Brille?"

„Nein John, du Trottel, ich meine die Phallussymbole überall." Sie zeigte zunächst auf einen Kirchturm, dann auf eine Mandeltüte und schlussendlich auf eine Schokobanane.

„Und?", fragte David, der sichtlich genervt war.

„Die Männer versuchen, überall alles unter Kontrolle zu bringen", antwortete dieses Mal Milana und Bulldog konnte sein Lachen nicht unterdrücken.

„Genau, und alles nur, weil Gott den Mann nach seinem Ebenbild schuf. Da Gott auch eine *Banane* hat, hat er sich gedacht, dass man am besten auch *die* Bananen so aussehen lassen könnte", antwortete ich spitz und sogar Kris, die mit in unserem Pulk lief, konnte sich das Lachen nicht verkneifen.

„Du bist so intolerant!", fuhr mich Milana an und hoffte auf Unterstützung von weiblicher Seite, fand sie aber nur bei Jenny und Debbie.

Erst jetzt fiel mir auf, dass Sven fehlte und anscheinend in einem anderen Grüppchen mitlief. Schlagartig wurde mir bewusst, dass er nicht mehr zu uns gehören konnte. Es gab einfach keinen Platz mehr für ihn. Die Rollen in unserer Clique, soweit diese formal noch existierte, waren verteilt und er war nicht einmal mehr die Zweitbesetzung.

Doch zurück zu dem verrückten Huhn namens Debbie: „Debbie, es tut mir leid, aber du hast auch schon erzählt, dass die Regierungen der ganzen Welt die Existenz von Atlantis verheimlichen würden, weil dort der Stützpunkt für Außerirdische sei."

Ich durfte mir ein paar drittklassige Beleidigungen meiner Person anhören, bis Milana, Debbie und Jenny beschlossen, sich von uns abzusplittern und alleine durch die Budenlandschaft zu streifen.

„Und die hat Kris zu ihrer Silvesterfeier eingeladen", flüsterte ich David zu, als wir uns etwas abseits von den anderen einen Glühwein holten.

„Du hast aber Milana auch eingeladen."

„Ich muss ja die Tür nicht aufmachen."

So langsam wurde es dunkel und die ersten Sterne bahnten sich ihren Weg durch die Wolkendecke. Stück für Stück vergewisserte ich mich, wer nun zu meiner Feier kommen würde. David hatte sich sofort für mich solidarisiert: „Im Notfall feiern wir zu zweit!" Bulldogs Kommen hing von Gwens ab, ebenso wie das von Milana, wobei ich Letztere mittlerweile gar nicht mehr dabei haben wollte.

„Ich hab die Einladung von dir zuerst bekommen und deshalb komme ich auch zu dir", versprach mir Gwen und das sogar vor Kris, die aber so tat, als hätte sie keinen Ton gehört. Also kamen schon einmal drei Leute, Milana nicht mitgerechnet. Ich fragte mich wirklich, warum ich sie überhaupt eingeladen hatte. Vielleicht waren es einfach nur die Erinnerungen an bessere Zeiten, die mich dazu veranlasst hatten.

Als wir zu sechst Rast vor einer Currybude machten, bot ich Kris und Jack nochmals an, alles zu vergessen und bei mir zu feiern, aber beide ließen sich weder zu einem Ja noch zu einem Nein hinreißen: „Ich weiß es noch nicht. Außerdem wollen ja Debbie und Jenny auf meine Party", erklärte mir Kris. „Und meine Mutter will nicht, dass ich zu dir komme."

Anscheinend hatte Kris ihrer Frau Mama von meiner Erpressung erzählt, wohl aber verschwiegen, warum ich es getan hatte. Als ob es nicht schon genug gewesen wäre, dass sie so einen komischen Freund hatte, nein, sie wollte nicht mal zu meiner Geburtstagsfeier kommen.

Nachdem alle je zwei Glühwein intus hatten, war uns in unseren dicken Jacken ziemlich warm und wir setzten uns auf eine Treppe und rauchten. Ich, der als Einziger einen Rucksack dabei hatte, wurde – erstaunlich, aber wahr – von Kris um etwas gebeten. „Kannst du mal bitte meinen Schal nehmen? Mir ist so warm."

Ich nickte und steckte ihn in meinen Rucksack. Am liebsten hätte ich Nein gesagt, wäre dann aber wieder das Arschloch gewesen. Ich bewunderte schweigend, wie der helle Schein der Lichterketten langsam in den dunklen Nachthimmel überging, da rief Kris auf einmal: „Es schneit, es schneit!" Und tatsächlich: Dicke Flocken fielen zu Boden. Gwen, Kris und ich sprangen auf und hüpften durch den fallenden Schnee. Ein herrliches Gefühl.

Am Tollsten war es, wenn der Schnee auf die rausgesteckte Zunge fiel und dann schmolz. Ich liebte es.

Während die anderen vom Glühwein etwas schläfrig geworden waren, versuchte ich auf der Rückfahrt mal wieder meine Gedanken zu ordnen. Was war in den letzten Wochen eigentlich alles passiert? Und war mein Verhalten richtig gewesen? Ich fand, dass man in einer Beziehung ehrlich sein sollte und wenn man einen Fehler beging, wenigstens dazu stehen sollte. Zugegeben, mein Verhalten war nicht die feine englische Art gewesen. Doch was sollte ich tun? An Kris' Verständnis zu appellieren brachte nichts. Plötzlich schoss mir durch den Kopf, was Kris vorhin gesagt hatte.

„David?"

„Hm?", antwortete er, der wieder neben mir saß.

„Ich habe einen Kris-Rückgewinnungsplan."

Er gähnte, was ich aber nicht persönlich nahm. „Was hast du vor?" Schlaftrunken sah er mich mit halb offenen Augen an.

„Ich schreibe Kris' Mutter einen Brief."

„Wie, einen Brief?", fragte er.

„Pssst, nicht so laut." Vor uns saßen Kris und Jack, die, so hatte es den Anschein, bereits das Reich der Träume besuchten – aber man konnte sich ja nie sicher sein.

„Ich will ihr schreiben, wie leid mir das alles tut, und dass alles nur eine Reaktion auf den Tagebuchkram gewesen ist. Dann werde ich sie bitten, Kris zu meiner Party kommen zu lassen."

„Und du meinst, dass das was bringt?"

„Ich hoffe es. Kann es noch schlimmer werden?"

David zuckte mit den Schultern und wartete noch einen Moment vergebens auf einen weiteren Satz von mir, bevor er vollkommen die Augen schloss, und es somit der Allgemeinheit gleichtat.

Ich wollte gerade meine Colaflasche aus dem Rucksack holen, da sah ich dort Kris' Schal obenauf liegen. Dieser lange, rosafarbene Stoff lächelte mich quasi an. Ich nahm ihn heraus und legte ihn zwischen mich und die Fensterscheibe. Er roch nach Kris. Aber wie roch Kris? Ich konnte es nicht sagen, aber ich hätte ihren Duft aus Hunderten Schals wiedererkannt. Er war so weich und beinhaltete einfach alles, was ich mit Kris verband. Sollte ich ihn behalten? Würde sie es überhaupt merken, wenn ich ihn ihr nicht mehr geben würde?

„Ach, danke John. Den hätte ich ja fast vergessen", sagte Kris, als ich ihn ihr beim Aussteigen wiedergab. Ich fühlte mich, als hätte sie mir mein halbes Herz weggenommen. Den Teil des Herzens, der ihr gehörte.

Zwei Tage nach unserem Ausflug fasste ich einen folgenschweren Entschluss: Ich schrieb Kris' Mutter eine Weihnachtskarte. Ich hielt es einfach nicht mehr aus. Ich musste meine angestauten Gefühle loswerden. Kris war die Person, die ich liebte, weshalb es für mich auch so schrecklich war, derzeit kein vernünftiges Verhältnis zu ihr zu haben. Auch eine Silvesterparty ohne sie war unvorstellbar.

Wie mir Gwen erzählt hatte, durfte Kris, die ja eine Protestfeier machen wollte, allerhöchstens mit einer Person feiern, wobei die Wahl natürlich auf Jack und nicht Debbie, Milana oder Jenny fallen würde. Aber daran sah man nur wieder einmal, welch ein Sturkopf sie war. Käme Kris, wäre es mir so egal, ob auch Milana, Jack, Debbie und Jenny da wären. Alles egal. Nur eines war nicht egal: Kris!

Aus diesem Grund schrieb ich Kris' Mutter Folgendes:

Liebe Frau Fuchs,
wie mir Ihre Tochter Kris mitgeteilt hat, darf sie aufgrund meiner „Erpressung", ihr Fremdgehen mit Sven Jacob zu gestehen, nicht zu meiner Feier kommen. Hierzu möchte ich anmerken, dass – wie Ihnen Kristeen mit Sicherheit erzählt hat – dies vor allem aus meiner persönlichen Enttäuschung resultierte. Kris und Sven haben sich von Graham benutzen lassen: Sven hat, während Kris mich ablenkte, in meinem Tagebuch gelesen. Dies war der primäre Grund für den Streit zwischen Kris und mir. Für mich ist Ehrlichkeit die Grundlage für jede Beziehung, sei sie nun freundschaftlich oder partnerschaftlich, und Ihre Tochter scheint es in beiden Fällen damit nicht sonderlich genau genommen zu haben. Ich hoffe, dass Sie mein Verhalten nun nachvollziehen können. Ich würde mich sehr freuen, wenn Kris zu meiner Feier kommen dürfte.
Ich wünsche Ihnen und Ihrer Familie ein frohes Weihnachtsfest und ein gutes neues Jahr.
Johnathon Beaucane

Ich warf die Karte sofort in den nächsten Briefkasten.

Knapp eine Woche später, in unserer letzten Schulwoche, wollte ich gerade zur Schule hoch laufen, da erschien Kris neben mir.

„Neue Mütze?", fragte ich sie und musterte das pinkfarbene Ungetüm, unter welchem sie komplett ihre Ohren versteckte und einen großen Teil ihrer Haarmasse. Es war bitterkalt in diesen Tagen, doch jetzt, als sie neben mir stand, hatte ich das Gefühl, nicht mehr ganz so sehr zu frieren.

„Was sollte das mit der Karte?", fragte sie mich, ohne jeglichen Ärger oder Wut zu zeigen.

„Kris, es war für mich die letzte Chance. Ich will, dass du zu meiner Feier kommst und dass deine Mutter mich nicht für einen herzlosen Erpresser hält. Ich möchte, dass du endlich verstehst, dass du Fehler gemacht hast, genauso wie ich. Es ist wohl einfacher, nur meine zu sehen, aber du weißt tief im Innersten, dass …"

„Du kannst dir sicher sein, dass ich jetzt gerade nicht will", unterbrach sie mich.

„Vielleicht verstehst du mich irgendwann. Und wenn ich dir mit dem, was ich getan habe, auch nur einen kleinen Denkanstoß mitgegeben habe, der dir bei der Selbstfindung hilft, bin ich froh. Das war es mir wert." Ich beschleunigte meinen Schritt und ließ sie stehen.

13

WHEN YOU SAY NOTHING AT ALL

-- *Johnathon* --

„Ja, Zoe, ist nicht schlimm, dass du nicht kommst. Ich kann verstehen, dass du mit Emily, Toni und den anderen feiern willst."

„Ich hätte wirklich gern mit dir gefeiert – ich habe noch nie euer Gartenhaus von innen gesehen. Ach ja, Natascha ist gerade zur Tür rein gekommen. Moment." Das Telefon zwischen Schulter und Ohr eingeklemmt, arrangierte ich die Servietten auf der dunkelroten Tischdecke. „Auch von ihr einen guten Rutsch."

„Danke, zurück", antwortete ich und korrigierte noch einmal die Lage der Servietten.

„Wann kommen deine Gäste?"

„So gegen 19:00 Uhr. Sind ja nicht viele. David, Gwen, Bulldog und ich."

„Was ist mit dieser Milana?"

„Hat abgesagt. Leider."

Zoe lachte. „Na ja, nach allem, was du erzählt hast, tut es dir nicht wirklich leid. So, wir machen uns jetzt mal fertig. Alles Gute im neuen Jahr. Wird schon alles wieder werden."

„Ich wünsche dir auch einen guten Rutsch. Bis nächstes Jahr." Ich legte auf, ließ meinen Blick durch den Raum schweifen und glich alles, was ich bereits gemacht hatte, mit meiner inneren Checkliste ab.

„Sekt und Erdbeerlimes stehen kalt. Deko ist auf dem Tisch, Besteck und Teller rausgelegt. Gulaschsuppe und Brot muss ich noch aufwärmen und schneiden", murmelte ich halblaut vor mich hin und warf einen Blick auf meine Uhr. „Halb sechs. Genau in der Zeit. Jetzt duschen."

Ein letzter Check nach dem Duschen im Spiegel: Meine mittlerweile halblangen hellbraunen Haare, etwas kürzer als Davids, waren nach vorne rechts gestylt und saßen perfekt. Das schwarze Hemd musste ich wohl noch mal mit der Fusselbürste bearbeiten und die Jeans war durch das Waschen noch etwas figurbetonter als sonst. Eigentlich konnte nichts mehr schiefgehen. Ich fühlte mich pudelwohl und sah einem netten Abend mit der Clique entgegen.

Wie ich es mochte, klingelte es pünktlich um sieben an der Tür. Gwen, in einem dunkelgrünen Rollkragenpulli, der sich richtig schön mit ihren Haaren biss, stand neben Bulldog und David.

„Wunderschönen guten Abend. Kommt am besten gleich mit runter ins Gartenhäuschen. Die Heizung habe ich schon auf vollen Touren laufen."

Die drei tapsten mir nach und warfen schnell ihre Schlafsachen in die Waschküche, bevor es ins Gartenhäuschen ging.

„Wow, ist echt mollig warm."

„Sag ich doch. Damit du als mein einziger weiblicher Gast nicht frieren musst."

Sie verzog gespielt verärgert ihr Gesicht und drückte mir mein Geburtstagsgeschenk vor die Brust. „Da, auch wenn du es nicht verdient hast."

„Och, wie süß. Ein Glücksklee. Und ein *H&M*-Gutschein! Wie cool! Danke."

„Wie leicht man den Jungen doch glücklich machen kann", frotzelte David und ließ sich auf der Eckbank nieder.

„Dass Milana nicht kommt, weißt du?"

„Ja, schade auch. Soll sie halt mit Jenny und Debbie feiern. Die haben bestimmt ihren Spaß."

„Ja, vielleicht schlachten sie heute Nacht ein Schaf, legen Karten oder treffen Außerirdische", stichelte Bulldog und selbst Gwen musste unweigerlich lachen.

„Gut Leute, ich gehe mal das Essen holen. Bis gleich."

Als ich mit der sauheißen Gulaschsuppe durch die letzten Schneereste zum Gartenhaus ging, war ich verblüfft, wie glasklar der Himmel war. Wenigstens würde man später die Raketen gut sehen können.

„Ich saß wie immer bei uns mit meiner Familie im Wohnzimmer. Dann sind wir in die Kirche gegangen und nach dem Gottesdienst gab's Bescherung. Richtig traditionell halt. Und am zweiten Feiertag kam meine Verwandtschaft aus England vorbei", erzählte Bulldog gerade, als ich das Gartenhäuschen wieder betrat.

„Da sind die einfach mal für einen Tag hierher geflogen?", fragte David.

„Ja, die Flüge sind ja nicht mehr so teuer."

Ich unterbrach das Gespräch, als ich den Topf mit der Gulaschsuppe auf den Tisch stellte. „Essen ist fertig. Bedient euch. Teller findet ihr ja vor euch. Meine Mutter bringt nur noch gleich das Brot."

Gwen bediente sich bereits, da klopfte es an der Tür.

„Mama, die Tür ist offen! Komm einfach rein", rief ich mit dem Rücken zur Tür sitzend.

„Hab ihr eben über Weihnachten geredet? Ich verstehe nicht, wieso alle meinen, dann in die Kirche rennen zu müssen. Die Gottesdienstbesucher an Weihnachten sind doch vollkommen scheinheilig." Ich hörte, wie die Tür knarrend aufging. „Wann sind wir denn das letzte Mal in der Kirche gewesen, Mama?" Ich drehte mich um und sah fragend in Richtung Tür.

„Hi", hörte ich jemanden zögerlich sagen.

War das eine Fata Morgana? Das konnte doch nicht sein, es war meine Feier und ... ich konnte nicht anderes, sprang auf und schloss Kris einfach nur fest in meine Arme.

„Kris, was machst du denn hier?" Auch Gwen war aufgestanden und kam zu uns, während ich Kris von oben nach unten musterte, um sicherzugehen, dass ich sie mir nicht doch nur einbildete.

„Bist du es wirklich?", fragte ich sie.

„Denke mal, ja." Sie schenkte mir das breiteste Lächeln seit Wochen.

„Ich hab dich vermisst."

„Ach John." Sie umarmte mich nochmals. Mein Herz pochte wie verrückt und ich wollte sie am liebsten nie wieder loslassen. All die Wut, all der Zorn, den ich wegen ihr in mir getragen hatte, war verflogen. Ich wusste, dass ich sie liebte. Nur sie.

„Wie kommst du denn hierher?", fragte Gwen sie.

„Mein Papa hat mich gefahren. Na ja, meine Mama und er hatten wieder Streit und sie ist zu ihrer Mutter gefahren. Ich wollte einfach weg von zu Hause, und da mich Jack kein Stück verstehen wollte ..." Sie seufzte. Ihre Antwort machte deutlich, dass sie keine Lust auf Nachfragen hatte und wir Aufgesprungenen setzten uns wieder.

„Schläfst du auch hier?", wollte ich wissen.

„Klar, wenn noch Platz ist."

„Für dich immer."

Irgendetwas lag in der Luft. Eine Prise Freundschaft, etwas Liebe und jede Menge Feuerwerk. Es war kurz vor zwölf und auch wir trugen unseren Teil zum kunterbunten Himmel bei. Kris versuchte eine Rakete anzuzünden, doch jedes Mal ging das Feuerzeug aus.

„Komm mal her", meinte ich stellte mich hinter sie.

Wie in diesen blöden Filmen wo ein Kerl einem Mädel das Billardspielen beibrachte, half ich Kris beim Entzünden der Schnur. Dick eingemummelt in ihren Tweedmantel und Schal stand sie vor mir. Es war der Schal, auf den ich während des Weihnachtsmarkts hatte aufpassen dürfen und dass sie ihn nun trug, deutete ich als Zeichen. In meinem Kopf tauchten Bilder auf, wie sie sich langsam zu mir drehte. Wir standen ganz kurz voreinander, die Welt um uns schien sich zu drehen. Unsere Gesichter kamen sich näher und näher. Sie schloss die Augen und ich ...

„Guck da, John, unser Feuerwerk!" Kris zog gerade an meinem Arm, als ich verstand, dass mir meine Gedanken gerade einen Streich gespielt hatten.

„Kris, alles klar bei dir?" Als Antwort schallte mir von der anderen Seite der WC-Tür ein „Böah" entgegen – ein untrügliches Zeichen dafür, dass sie sich noch immer fontänenartig übergeben musste. „Soll ich reinkommen?"

Die Gute hatte sich heute Abend wohl mit dem Erdbeerlimes etwas übernommen, und als sie anfing, diesen mit Sekt nachzuspülen, hatte ich schon geahnt, was geschehen würde.

Die Tür öffnete sich und eine vollkommen fertige Kris erschien an den Türrahmen gelehnt.

„Willst du mal einen Schluck Wasser trinken?"

Völlig neben der Spur fuhr sie sich über die Stirn und durch ihre Haare. Ich legte ihre Hand über meine Schulter und brachte sie zu den anderen in die Waschküche. Bulldog und Gwen lagen bereits dicht aneinander gekuschelt in ihren Schlafsäcken, David breitete seinen gerade aus.

„Alles okay?", fragte Gwen sichtlich besorgt.

Kris nickte, eigentlich ließ sie ihren Kopf nur auf die Brust fallen und riss ihn dann wieder empor, und nahm einen großen Schluck aus der Wasserflasche.

Erschöpft ließ sie sich auf ihren Schlafsack fallen.

„Willst du dich nicht umziehen?"

Sie schüttelte schweigend den Kopf, streckte die Beine aus und schaffte es nicht einmal, ihren Körper in die Schlafsacköffnung zu bugsieren.

Ich zögerte einen Moment, blickte Gwen fragend an und sie stand auf und half Kris, damit sie heute Nacht nicht frieren musste. Von all dem schien sie nicht mehr sonderlich viel mitzubekommen. Nachdem auch Gwen wieder an ihrem Platz war, schaltete ich das Licht aus, um somit wirklich die Schlafenszeit einzuläuten. David und ich schwiegen, Kris sowieso, doch Gwen und Bulldog schienen noch ein paar Sachen zu klären zu haben. Ich versuchte zu schlafen, als ich plötzlich Bulldog flüstern hörte: „Und wenn ich sterbe, dann denk immer an mich."

Ich stutze zuerst und fragte mich, ob ich mich nicht verhört hatte, und prustete dann laut los. Auch Davids Lache hallte durch die Dunkelheit.

„Was war das denn?", fragte ich in Richtung Bulldog, der das Ganze ignorierte und nichts mehr sagte. Mit einem leichten Schmunzeln auf den Lippen schlief ich ein.

Am nächsten Morgen, die Sonne schien durch das Fenster rein, wachte ich schon früh gegen neun Uhr auf. Ich ging in die Küche und bereitete das Frühstück vor, als peu à peu die Belegschaft unserer Waschküche den Raum betrat.

„Wie war die Nacht?"

„Hart", gähnte Gwen, und David und ich wechselten schnell vielsagende Blicke. Gwen ignorierte diese wie gewöhnlich und fügte hinzu: „Der Boden war nicht nur hart, sondern auch kalt."

Die Küchentür ging ein weiteres Mal auf.

„Habt ihr Kaffee?", wollte Kris wissen, die Bulldog auf dem Fuß folgte.

„Guten Morgen. Ja", meinte ich und deutete auf den Schrank, „aber ich hab keine Ahnung, wie die Maschine funktioniert ..."

„Mann, mann, mann, Junge, du musst noch viel lernen." Was war ich denn nun? Mann oder Junge? *Not a boy, not yet a man?*

Auch im neuen Jahr präsentierte sich das Wetter nicht von seiner besten Seite: Als David und ich in aller Heimlichkeit zu Gwens Haustür schlichen, wateten wir durch ein Eis-Schnee-Matsch-Gemisch, was neuerdings Winter genannt wurde.

Wie vereinbart klingelten wir zweimal und schon kam Gwens Mutter an die Tür. „Schön, dass ihr gekommen seid. Kommt rein, sie ist im Wohnzimmer."

Gwen hatte ihren sechzehnten Geburtstag eigentlich im kleinen Kreis feiern wollen: Die Verwandtschaft, Milana und Bulldog waren eingeladen, an David und mich hatte sie wohl absichtlich nicht gedacht, denn ein Besuch in Gwens Heimatort bedeutete für mich eine kleine Weltreise. Auf Zehenspitzen schlichen wir zur gläsernen Wohnzimmertür, bevor ich sie dann ruckartig öffnete.

„Überraschung! Alles Gute zum Geburtstag!", rief ich und sah grinsend zuerst in Gwens, dann in Bulldogs Gesicht.

Gwens Mund stand offen wie ein Scheunentor, die Hände hatte sie vor lauter Schreck in die Höhe gerissen.

„Happy birthday!", sagte dann auch David in die Runde und ich nickte Gwens Familie höflich zu.

„Ich werd verrückt! Was macht ihr denn hier?" Gwen war aufgesprungen und umarmte uns strahlend.

„Mit dir feiern", sagte David grinsend und ich übergab ihr unsere Geschenke: eine Orchidee und ein Buch über Journalismus, Gwens bevorzugtes Berufsfeld.

„So, ich vermute, die jungen Leute wollen sicherlich unter sich sein. Geht ruhig hoch, ich habe oben schon Cola und Gläser hingestellt", komplimentierte Gwens Mutter uns aus dem Wohnzimmer.

In all den Jahren, in den ich Gwens Mutter kannte, muss ich wirklich sagen, dass sie immer nett war. Eine Seele von Mensch. Als ich ihr die Idee von dem Überraschungsbesuch unterbreitete, war sie schier begeistert: „Ach ja, tolle Idee. Gerne. Ich kaufe dann ein bisschen mehr Essen, ach, das freut mich wirklich, ihr könnt gerne kommen. Die Kleine wird sich freuen."

Und auch damit sollte sie recht behalten. Denn Gwen schien wirklich gerührt zu sein. „Ich glaube das gar nicht. Meine Mutter wusste die ganze Zeit Bescheid. Und sie hat nichts gesagt. Ich habe mich schon gewundert, weshalb sie so viel Essen geholt hat. Sie meinte, es sei für die Jungs. Da habe ich schon gestutzt, aber ich dachte, sie meinte Graham und meinen kleinen Bruder. Aber mit euch habe ich nicht gerechnet."

„Tja, sonst wäre es auch keine Überraschung gewesen", gab ich süffisant zurück. „Ich soll Kris entschuldigen – sie ist in Berlin und besucht alte Freunde und alte Pferde."

„Wir haben auch Neuigkeiten", sagte Bulldog dann. Oh nein, wenn man einen Satz so anfing, ging es in den meisten Fällen mit „wir werden heiraten" und/oder „wir bekommen ein Kind" weiter. „Nächstes Jahr mache ich ein Auslandsjahr in die USA. Meine Hostfamily habe ich auch schon", erzählte uns Bulldog, was immerhin besser war, als dass er Gwen ein Kind angedreht hatte.

Für Gwen war es anscheinend nichts Neues, sie nickte zustimmend. So sehr sich Gwen über unser Kommen auch freute und so schön der Abend – trotz Milanas Anwesenheit – auch war, störte mich Gwens und Bulldogs Pattex-Verhalten doch ziemlich.

Als hätte man sie mit Kleber verleimt, hingen sie aneinander, kuschelten, küssten sich oder taten schwer verliebt. Eigentlich wollte ich mit Gwen auch mal alleine reden, nur wir beide, über Kris beispielsweise.

„Kommst du mal mit raus? Ich möchte mit dir reden."

„Wieso denn?", gab sie zurück. „Wir haben keine Geheimnisse voreinander." Sie sah Bulldog lächelnd an.

„Ich aber vielleicht vor ihm."

Es entstand eine peinliche Stille, die Milana durch einen Schluckauf zu füllen wusste, aber für mich war eines klar: Ich konnte mit Gwen nicht mehr über alles, vor allem Geheimes, reden, da Bulldog es sofort erfahren würde. Immerhin hatten sie keine Geheimnisse voreinander, wie zumindest Gwen sagte. Aber dass Bulldog Geheimnisse vor Gwen hatte, sollte sie noch merken müssen.

Auf Gwens Geburtstag folgte am nächsten Tag ein Telefonat mit David, was man gut und gerne als Nachbesprechung der gestrigen Ereignisse verstehen konnte.

„Schrecklich, wie die beiden aneinander kleben, oder?"

„Oh ja! Und hast du gesehen, wie treudoof sie ihn die ganze Zeit angesehen hat? Schrecklich. Und dann immer: Ich gehe in die USA und das ist schweineteuer, aber meine Eltern können es sich ja leisten, weil mein Opa damals verdammt viel Geld verdient hat, als er seine Firma vertickt hat. Dieses schrecklich arrogante Gehabe. Unglaublich!"

David lachte.

„Komm, du weißt doch, wie ich es meine. Ich verstehe einfach nicht, wie sie ihm so verfallen sein kann. Oder er ist auch noch Hypnotiseur."

„Apropos Hypnotiseur: Wie ist es denn mit dir und Kris momentan?"

„Was meinst du?"

Er pausierte für einen Moment und ich wusste, dass er

die kommenden Worte wohl überlegt sagte: „Ich meine, dass sie bei deiner Feier war, scheint doch ein gutes Zeichen zu sein, oder?"

„Kann sein. David, ich bin derzeit einfach froh, dass sie mir nicht mehr die Pest an den Hals wünscht. Ich weiß, dass sie meine Gefühle nicht erwidert und ich habe nicht vor, noch mal den Fehler zu machen, dass meine Gefühle mich so in die Sackgasse bringen. Ich möchte jetzt einfach mit ihr befreundet sein."

„Ich verstehe ... Und apropos Fehler: Jenny hat von Herrn Althaus gehört, dass wir wohl zum Halbjahr eine Neue bekommen", erzählte David.

„Was war das denn bitte für eine Überleitung? Egal – Lehrerin oder Schülerin?"

„Das, was dir besser gefällt", sagte er höhnisch.

„Hm ... beides könnte mir gefallen. Nee, ernsthaft. Schülerin, oder wie?"

„Jo. Soll hergezogen sein und der Althaus hätte es erst vor ein paar Tagen erfahren und sich total aufgeregt, wieso die zu uns kommt und so weiter."

„Das klingt ja sehr vielversprechend. Kurz vor Ende der zehnten Klasse noch mal die Schule wechseln ... aber gut. Sag mal, ich habe da gestern so was am Rande gehört und weiß nicht, ob das stimmt. Bulldog hatte doch angedeutet, dass Gwen sich irgendwo beworben hätte. Weißt du da was Genaueres?"

Er seufzte. „John, wenn du mir was im Vertrauen erzählst, willst du dann, dass es weitererzählt wird?"

„Nein, aber bei Bulldog ist das doch eine Ausnahme. Komm schon, David, gib dir einen Ruck."

„Ich weiß nur, dass sich Gwen irgendwo als Journalistin beworben hat. Neben der Schule ein wenig schreiben, *Kolumnen aus dem Leben einer Schülerin* oder so. Aber das ist topsecret."

Das Telefonat mit David hatte ich vor allem auch nutzen wollen, um nicht für Deutsch lernen zu müssen. Direkt nach den Ferien schrieben wir eine Arbeit über das schlimmste Buch, in das ich jemals meine Nase hatte stecken müssen: *Kabale und Liebe*. Dieses Buch, von uns verachtungsvoll auch *Kannibale und Hiebe* genannt, drückte ein Lebensgefühl aus, welches unser Deutschlehrer Herr Rabenolt anscheinend noch live miterlebt hatte. Jede Stunde schwärmte er erneut von der Zeit und erzählte uns, welche Magie das knapp 250 Jahre alte Stück doch versprühte. Diese Beziehungen zwischen Adel und Bürgertum, Liebe hier, Verschwörung da, stifteten bei mir nur reichlich Verwirrung.

Es mochte stimmen, dass Schiller gut schreiben konnte und die damalige Zeit geprägt hat, aber warum mussten wir es noch heute in der Schule lesen? Was half es uns? Welchem Investmentbanker diente das Wissen über Lady Milford und Luise? Ich bezweifelte, dass selbst Reich-Ranicki die Story aus dem FF kannte.

Doch all die Überlegungen brachten nichts – frustriert hangelte ich mich durch das Stück beziehungsweise das Erläuterungsheft, ohne das ich schon längst aufgegeben hätte.

Gerade erreichte ich so etwas wie den Höhepunkt der Handlung (ja, den gab es laut der Erläuterung wirklich), als mein Handy vibrierte: Zoe. Und die nächste Chance, nicht lernen zu müssen.

Wie jeder andere normale 16-jährige verabscheute ich den Schulanfang. Nach drei Wochen schlafen, shoppen (letzte Woche einmal kurz mit Zoe und Natascha in Lawetz), Party und relaxen wieder ab in die Schule. Zwar freute ich mich, meine Clique wiederzusehen (vor allem Kris!), aber natürlich gehörte zum Schülerleben auch das Lernen und Arbeiten schreiben.

Die allererste war ausgerechnet die über *Kabale und Liebe*, in der es 20 kurze Fragen zu beantworten galt. Allein die erste Frage schockierte mich: „Wann und wo wurde das Stück uraufgeführt?"

Wir schrieben nicht in unserem normalen Klassenraum, nein, wegen irgendeiner Veranstaltung mussten wir in einen viel kleineren ausweichen. Vorsichtshalber setzte ich mich gleich in die letzte Reihe an einen dieser Tische mit Ablagefach. Zwar sollten Einzeltische das Abschreiben verhindern, doch unser Lehrer hatte die Rechnung offensichtlich ohne meine kriminelle Energie gemacht.

Ich wusste, wo ich die Antworten in meinem Zusammenfassungsbuch gelesen hatte. Ich schaute links und rechts um mich. In diesem kleinen, stickigen Raum konnte man den anderen zwar aufs Blatt gucken und man sah auch, dass dort etwas geschrieben stand. Aber was, das konnte man nicht erkennen.

Sven, der rechts von mir saß, hatte die erste Frage auch nicht beantwortet. Ich sah genauer hin und bemerkte, dass er bisher gar nichts ausgefüllt hatte. Irritiert blickte ich ihn an und entdeckte, dass er die gleiche Idee hatte wie ich. Auch er hatte sich die Erläuterung gekauft, in das Ablagefach gelegt und war fleißig am Blättern. Ein prüfender Blick von mir nach vorne. Unser Deutschlehrer, Herr Rabenolt, saß da, die dicken Brillengläser waren auf der Nase leicht heruntergerutscht. Er korrigierte gerade andere Arbeiten und schien beschäftigt. Also tat ich es Sven gleich und kramte möglichst leise das Buch heraus. Auf der ersten Seite stand natürlich sofort das, was ich gesucht hatte: *13. April 1784; Frankfurt am Main*. Die nächsten fünf Fragen schaffte ich ohne das Buch, also ließ ich es wieder sanft in meinen Rucksack gleiten. Doch dann kam noch etwas dran, das ich verabscheute.

Diagramme.

Beschreibe die Verknüpfung der Personen Luise, Wurm, Lady Milford und Ferdinand in einem für die Darstellung gerechten Diagramm.

Welches Diagramm war denn bitte gerecht? Ich hob die Hand. Keine Reaktion unseres Lehrers. Ich schnipste. Nichts.

„Herr Rabenolt", rief ich, „ich habe eine Frage."

Als ob ich ihn geweckt hätte, schreckte er hoch.

„Ja?"

„Welches Diagramm ist denn gerecht?", wollte ich von ihm wissen.

„Überleg doch mal."

Meine Güte, das tat ich die ganze Zeit!

„Meinen Sie, ich soll die Beziehung der Personen zueinander darstellen?"

„Klingt plausibel", sprach er und vertiefte sich wieder in seine Arbeit.

Na toll, im Buch war nur eine Skizze *aller* Personen. Ich holte es wieder hervor. Da war es doch. Ich schrieb das Nötige ab, als … „Hast du das mit dem Diagramm verstanden, Johnathon?"

Oh mein Gott. Er stand genau vor mir. Auf meinem Schoß das Buch. „Och, ja. Ja, natürlich."

Ich zitterte am ganzen Körper.

„Bitte geh", sagte ich mir immer wieder.

„Du zitterst ja, soll ich mal das Fenster zumachen?" Herr Rabenolt bestand bei Arbeiten generell auf offene Fenster, damit wir genug Sauerstoff zum Denken hatten. Er ging gerade hinter mich, um das Fenster zumachen, als er mir mit den Fingerspitzen auf die Schulter klopfte. „Was ist denn das da?", flüsterte er fast schon in mein Ohr. Seine Stimme war ruhig, aber deutlich. Ich spürte, dass er es gesehen hatte. „Gib mir bitte deine Arbeit und das Buch. Wir sehen uns nach der Stunde. Du bist entlassen."

Je länger er sprach, desto lauter wurde er.

„Aber, ich ..."

„Geh mir aus den Augen!"

Ich packte meine Sachen und verließ mit hochrotem Kopf den Raum. Aus der Ferne sah ich, dass Sven immer noch das Heft auf seinem Schoß liegen hatte.

Nach einer halben Stunde warten, gongte es und ich ging wieder in die Klasse.

„Es tut mir leid", stammelte ich und hoffte auf die Gutmütigkeit meines in die Jahre gekommenen Lehrers. Doch sein Kopfschütteln verhieß nichts Gutes.

„Ich muss sehen, was ich mit deiner Arbeit mache. Ob du gleich eine Sechs bekommst oder ob ich das Ausgefüllte bewerte."

„Okay, nochmals Entschuldigung."

Herr Rabenolt sagte nichts mehr und ich trottete zu den anderen. Gwen hielt mir einen Vortrag, dass man nicht spicken dürfte, Kris meinte, ich wäre selbst zum Spicken zu dumm und Sven, David und Jack lachten einfach nur. Sven, der anscheinend nur in die Raucherecke gekommen war, um mich zu dissen, gab noch mal zum Besten, dass er die ganze Zeit aus dem Buch abgeschrieben hatte und nicht erwischt wurde.

Falls es jemanden interessiert: Wir würden die Arbeit in drei Wochen, was bei Herrn Rabenolt Rekordzeit war, wieder bekommen. Sven würde eine glatte Eins haben, ich eine glatte Sechs. Den Stress, den meine Eltern mir machen würden, verdrängte ich bis dahin genauso wie die Arbeit.

14

START OF SOMETHING (NEW)

Gwens Couchgeflüster

Haben Sie Freunde? Einen mehr oder weniger großen Kreis Ihnen sympathischer Menschen, mit denen Sie gern Zeit verbringen? Die meisten von Ihnen werden dies jetzt (ich hoffe das für Sie) bejahen können.

Falls nicht: Sie sind ein bemitleidenswerter Tropf!

Schaffen Sie sich welche an, es lohnt sich. Aber ich komme vom Thema ab. Bleiben wir bei diesem, Ihrem Freundeskreis. Ist er gut durchgemischt? Sie wissen schon: eine ausgewogene Anzahl an Männlein und Weiblein. Ja? So ist das bei mir auch. Aber Sie sind bestimmt allesamt einer Meinung, wenn Sie absolut sicher sind, dass nun dort in Ihrem Freundeskreis – zwischen all den Männlein und Weiblein – niemals etwas Derartiges wie, sagen wir, eine romantische Beziehung entstehen könnte. Geschweige denn, dass diese vermeintliche Romanze in diesem Ihren Freundeskreis zu überleben fähig wäre. Nun, wir sind uns also einig, wie ich meine.

Und jetzt erzähle ich Ihnen von der Realität:

Es geschah vor ein paar Monaten in eben jenem, meinem Freundeskreis, dass einer meiner Männlein-Freunde sich mir gegenüber ungewöhnlich verhielt. Er gesellte sich öfter als gewöhnlich zu mir, berührte mich öfter als gewöhnlich zufällig, sprach öfter als gewöhnlich mit mir, lächelte mich öfter als gewöhnlich an, und so weiter ... die

Liste ist schier endlos. Außenstehende Weiblein-Freunde bestürmten mich mit einer absolut inakzeptablen Theorie, die aber durchaus einleuchtend erschien.

Zitat: „Gwen, der will was von dir!"

Ich entrang mir ein trockenes Husten und eine entrüstete Verneinung. Was für ein Gedanke! Völlig unmöglich.

Dennoch gingen mir diese unerklärlichen Veränderungen nicht mehr aus dem Kopf. Langsam begann ich sogar, an diesem Theater Gefallen zu finden. Wenngleich ich auch wusste, dass es niemals weiter gehen würde, als zu dieser niedrigsten, ja, beinahe teenagerhaften Stufe der Annäherung, so genoss ich doch diese plötzliche besondere Aufmerksamkeit durch meinen Männlein-Freund.

Wir schrieben SMS und E-Mails. Redeten viel. Und ich vernahm ganz neue, sanfte Worte, deren Existenz ich in seinem Sprachvermögen gar nicht vermutet hätte. Welche Frau fühlt sich nicht geschmeichelt, wenn sie auf einmal „süß" ist oder „goldig" lächeln kann, wenn sie „schöne Augen" hat?

Also ließ ich es auch zu, dass er ab und zu meine Hand nahm und wir verbrachten etwas mehr Zeit miteinander. Ich ließ es zu, dass er seinen Arm um meine Schultern legte, dass er mir sanft mein Gesicht streichelte. Und in dem Moment, als ich es zuließ, dass er mich vorsichtig küsste, wurde mir klar, dass ich an dieser Romanze einen ganzen Batzen Mitschuld trug, denn ich hatte nicht ein einziges Mal versucht, sie zu verhindern – weil ich sie nicht verhindern wollte.

Ich rate Ihnen, falls Sie Ähnliches erleben, es mir gleichzutun – falls Sie es wollen. Wieso sollte dann etwas dagegen zu sagen sein? Sie würden etwas verpassen, wenn sie nur um Ihres Freundeskreises willen nicht auf Ihr Herz hörten.

Eine schöne neue Woche wünscht Ihnen Ihre Gwen

-- *Johnathon* --

Diese Worte hatte ich in unserem neuen kneipen- und caféhaften Stammlokal, dem *Tommy's*, vorgelesen. Gwen war auf die Idee gekommen, nach der Schule für ein Stündchen hier noch einmal den Tag Revue passieren zu lassen – und gemeinsam mit Kris, David und ihr tat ich dies nun. Zunächst hatte ich vermutet, dass Gwen sich nur etwas einsam fühlte, weil Bulldog mit einer Grippe flach lag. Doch weit gefehlt.

Nun blickte sie uns erwartungsvoll an, während wir sie einfach nur verblüfft anstarrten.

„Leute, sagt schon: Gefällt es euch nicht?"

Kris lachte. „Gwen, das war sooo süß! Männlein- und Weiblein-Freunde. Saugeil!"

„Meine kleine Gwen hat es geschafft!", jubelte ich und drückte sie.

„Wie kam es denn dazu?", fragte David und ich war mir fast sicher, dass er die Antwort bereits kannte.

„Ich habe einfach mal die Redaktion angeschrieben und erzählt, dass mein Traumberuf Journalistin ist und ich gerne mal etwas schreiben würde. Als freie Mitarbeiterin. Die fanden das toll und schlugen mir vor, eine Jugendkolumne über unser Leben zu schreiben. Mein Entwurf hat ihnen gefallen und ich habe den Text noch etwas ausgeschmückt und jetzt liegt er gedruckt vor euch. Und das Beste ist: Von nun an schreibe ich alle zwei Wochen für die Zeitung."

„Respekt", entfuhr es David.

„Wir sind also deine Männlein-Freunde?", fragte ich sie.

„Hm, wer weiß?", neckte sie mich und boxte mir leicht gegen die Schulter.

„Und wie findet Bulldog das?"

„Graham ist total stolz auf mich", sagte Gwen und errötete leicht.

„Und sonst läuft es mit Bulldog auch gut?", wollte Kris wissen.

„Ja", meinte Gwen, „alles bestens."

„Und so sexuell?", grinste ich sie fragend an.

„John! Sag mal, so was ist privat!"

David konnte sich ein Grinsen nicht verkneifen und auch Kris war amüsiert über diesen Kommentar.

„Na ja, man konnte euch auch schon bei genügend anderen Sachen in der Öffentlichkeit beobachten", stichelte ich weiter.

„John, lass es", zischte Gwen und sah mich böse an, während ich nur mit den Schultern zuckte.

„Aber so was kommt für Bulldog doch vor der Ehe sowieso nicht infrage."

„Sehr schön, David", dachte ich mir.

Gwen sah ihn irritiert an.

„Er erzählt doch in letzter Zeit so oft von Gott, Kirche und so weiter."

„Stimmt", fügte auch Kris hinzu, doch sie schien nicht ganz verstanden zu haben, worauf David hinaus wollte.

„Dann gibt es auch keinen Sex vor der Ehe", beendete David seine Andeutungen und starrte in Gwens ausdrucksloses Gesicht.

Sie räusperte sich und nuschelte dann peinlich berührt: „Man muss ja nicht alles aus der Bibel wortwörtlich nehmen."

Nachdem sich Gwen schon ihre Gedanken über ihr Berufsleben gemacht hatte, begann auch ich nachzudenken. Wenn ich meine imaginäre Berufslebenschublade aufmachte, fand ich da zum einen Lehrer, zum anderen (so wie Gwen) „etwas Journalistisches" vor. Diese zwei grundverschiedenen Berufe wurden noch getoppt durch utopische Wünsche wie Fernsehmoderator oder Designer.

Mein bereits absolviertes Praktikum an der Grundschule war zwar interessant gewesen, aber wollte ich wirklich nach der Uni wieder an die Schule und dort knapp 40 Jahre jeden Tag rotzfreche Kinder um mich haben? Nicht wirklich. Wollte ich wiederum mein Leben lang über die Geschehnisse in der Welt berichten?

Andere typische Traumberufe fielen ebenfalls sofort weg: Als Sänger zu arbeiten konnte ich vergessen, dafür war meine Stimme definitiv zu schlecht. Und ein wenig Sicherheit wollte ich außerdem auch – damit fiel die Schauspielerei ebenso raus. Mit handwerklichen Berufen hätte ich etwas Handfestes, aber sie lagen mir kein Stück und somit war ich ziemlich am Ende meines Lateins. Vollkommen frustriert kramte ich in meiner (existierenden) Schublade nach einem leeren Zettel, um meine *Das könnte ich werden*-Liste für die Nachwelt zu erhalten.

Dabei stieß auf ein Dokument, welches ich schon länger nicht mehr gesehen hatte. Mein Malta-Tagebuch.

Es war mittlerweile später Nachmittag, die Sonne war untergegangen und ich hatte meine Aufzeichnungen fertig gelesen. Wenn ich sogar meine Berufswunschliste erhalten wollte, bot es sich doch an, meinen Text über meine Urlaubszeit zeitgemäß am PC festzuhalten.

Es hatte schon etwas von Vergangenheitsbewältigung, als ich da saß und meine Erzählungen abtippte. Die Gefühle, die ich hatte, als ich mich in Kris verliebte. Oder wie mir klar wurde, wem ich vertrauen konnte und wem nicht. Wer ein echter Freund war und wer nur Nutznießer.

An einem Satz, den ich niedergeschrieben hatte, blieb ich dann aber doch hängen: *Vorbei an einer Schwulenbar gingen wir zum Havanna.*

Vielleicht klang es seltsam, aber ich wäre schon gerne mal reingegangen. Einfach aus Neugierde. Natürlich hatte ich das weder gesagt noch gezeigt. Mir war durchaus bewusst, dass manche Menschen an meinen femininen Zügen aneckten und mich per se am „anderen Ufer" einordneten. Ich verstand nicht so recht, warum Lesben für Männer okay waren, vielleicht sogar sexuell antörnend, wohingegen gleichgeschlechtliche Liebe zwischen Männern so ein schlechtes Image hatte. Ich für mich selbst fand beides okay, jedem nun mal das Seine. Außerdem hieß es ja nicht umsonst: Probieren geht über studieren.

Die letzten Arbeiten waren geschrieben und es war der Tag der Zeugnisausgabe. Herr Althaus hatte aber immer Spaß dabei, uns auf die Resultate warten zu lassen, und somit „vergaß" er – trotz der Sortierung der Zeugnisse nach Nachnamen – die vier besten: David, Bulldog, Jenny und mich! Ich fiel fast aus allen Wolken. Gut, Jenny, Bulldog und natürlich David waren noch etwas besser (meine Deutsch-Note war in diesem Jahr aus bekannten Gründen nicht so toll ...), aber ich staunte nicht schlecht, dass ich so gut abgeschnitten hatte.

Vor lauter Freunde überhörte ich fast die Abschlussworte von Herrn Althaus: „Ab nächsten Montag werden wir ein neues Gesicht in unserer Runde begrüßen dürfen. Anjuli ist hierher gezogen und wird unsere Runde verstärken. Seid bitte nett und freundlich."

„So wie immer", grinste ich ihn an.

„Nein, nicht so wie immer. Nett und freundlich. Nicht frech und unhöflich", sagte er sarkastisch. „So, und jetzt raus mit euch."

Der erste Montagmorgen des zweiten Schulhalbjahres begann wie immer: Mit dem Bus fuhr ich von Stocklar nach Burgweiler, lief den Berg zur Schule mit Kris hoch und hockte mich mit ihr dann zu den anderen in den Gang, um auf die Rozier zu warten. Kris erzählte Jack von ihrem neuen Leibgericht Tofu, dass sie nun als Vegetarierin primär aß. Ihre Versuche, Jack auch zum fleischlosen Leben zu konvertieren, waren bis heute fehlgeschlagen. Doch Kris wäre nicht Kris, wenn sie es nicht weiter hartnäckig probieren würde.

„Du lebst damit viel gesünder. Dein Körper fühlt sich besser an und ...“

Jack tat mir fast leid. Ich klinkte mich aus dem Gespräch aus und starrte den Gang entlang. Für einen Moment überlegte ich, ob das, was ich sah, nur Einbildung war oder jemand irgendein Kraut in meine Zigaretten gemischt hatte, welches die Rozier plötzlich zu einem solariumgebräunten, 1,75 großen fast-Model mit flatternder, blonder Mähne hatte werden lassen.

Zielsicher kam sie auf uns zu und etwas sprachlos stammelte ich: „Hey. Bist du die Neue?“

„Hi“, sprach diese unglaublich angeraute Stimme zu mir. „Ja, bin ich. Ich bin Anjuli.“

„Ich bin John.“ Ich konnte gerade noch widerstehen, ihr meine Hand hinzuhalten. David, der unweit von mir stand, wirkte vollkommen neben der Spur. Nicht nur, dass sie ihn keines Blickes würdigte, sie stand auch noch mit dem Rücken zu ihm.

Nach einem kleinen Small Talk hatte ich immerhin Folgendes herausgefunden: Sie war drei Monate jünger als ich, kam ursprünglich aus einer Stadt an der Küste, aber da sich ihre Eltern hatten scheiden lassen, war sie ihrer Mutter aufs Land gefolgt. Außerdem war sie anscheinend Single und offensichtlich bildhübsch.

Ich hätte in diesen grünblauen Augen versinken können!

Plötzlich erschien Herr Althaus. „Morning Ladies and Gentlemen“, begrüßte er uns und schloss die Tür auf.

„Sie wissen schon, dass wir jetzt eigentlich bei Frau Rozier Unterricht haben?", fragte Kris sichtlich verwirrt.

„Ich habe diese Stunde mit ihr getauscht, weil ich morgen auf einer Fortbildung bin. Keine Sorge, Kris."

Na toll: Anstatt morgen Englisch freizuhaben, tauschte die Rozier bereitwillig mit ihm und wir wurden um unsere wohlverdienten Freistunden gebracht.

Was Herr Althaus aber nicht beachtet hatte, war, dass wir unsere Englischsachen nicht dabei hatten. Aber er wäre nicht Herr Althaus, wenn er nicht spontan auf einen Plan B umgestellt hätte.

„Anjuli, would you come up to the front and introduce yourself to the class?"

Erst jetzt schien der Großteil der Klasse die Neue bemerkt zu haben und wir alle lauschten ihrem fast perfektem Englisch, in dem sie all das noch einmal vortrug, was ich bereits erfahren hatte. Am liebsten hätte ich Jack neben mir vertrieben und sie neben mich gesetzt. Ging leider nicht, da unser Klassenlehrer bereits einen Platz für sie neben Jenny gefunden hatte.

Somit saß nun ein Mädel, welches es wohl faustdick hinter den Ohren hatte, neben unserer Intelligenzbestie. Herr Althaus fing daraufhin sofort mit dem Unterricht an.

„So, in the following weeks we will read a new book called *Dead poets society*. Your homework was to collect information on this book. I know that you don't have your material with you today, but still: who could give a short summary by heart?"

Jenny, Debbie und ich meldeten uns. Etwas zaghaft, aber doch zielsicher reckte auch Anjuli ihre Hand empor.

„Anjuli? You weren't here yet when I told them their homework", brachte Herr Althaus etwas irritiert heraus.

„Yes, but I have already read the book in my spare time", sagte sie mit ihrem unglaublich süßen amerikanischen Akzent. Herr Althaus erteilte ihr das Wort und sie legte die Geschichte dar und referierte noch kurz über den historischen Zusammenhang.

Nach der Doppelstunde und zahlreichen weiteren Meldungen von Anjuli wartete ich vor der Tür auf sie und ließ die anderen aus meiner Clique passieren.

„Du kannst mir nicht erzählen, dass du das Buch in deiner Freizeit gelesen hast."

Sie grinste süffisant. „Ach, ernsthaft? Ja, stimmt, ich hatte es auf meiner alten Schule schon in Englisch. Aber das macht ja nichts, oder?"

„Nicht die Bohne. Also, eigentlich gehe ich jetzt eine rauchen. Ich weiß ja nicht ..."

„Das wäre meine nächste Frage gewesen. Ich muss echt auch mal eine rauchen. Zeigst du mir, wo?"

Also nahm ich sie einfach mit zu den anderen. Wobei die anderen sich mittlerweile auf den Kern unserer Clique reduziert hatten. Jenny, Milana und Debbie waren nicht mehr hier und auch Sven stand seit Neustem mit irgendwelchen anderen Leuten aus unserer Stufe herum. Somit bestand unsere Pausengruppe aus Kris und Jack, die sich in letzter Zeit mal wieder mehr liebten als zofften, Gwen und Bulldog, die sich immer mehr liebten und das auch der ganzen Welt zeigten, sowie David, mir und von nun an auch Anjuli.

Nach einem Small Talk in der Länge einer Pause wurden mir die Augen geöffnet: Sollte es wirklich Leben außerhalb der Kris-Welt geben? Etwa ein Mädchen, das ähnlich attraktiv, vielleicht sogar attraktiver war als sie? Ich kannte Anjuli nun knapp drei Stunden, aber im Gegensatz zu Kris hatte ich keine Berührungsängste, mit ihr zu reden. Oder war es genau diese distanzierte Magie, die mich so an Kris faszinierte? Einfach dieses Unnahbare an ihr, das mich anmachte? Dass sie mich jederzeit haben konnte, dass sie einfach nur mit dem Finger schnipsen musste und ich springen würde? Natürlich versuchte ich, mir das immer wieder auszureden und ich sprach mir zu, dass ich sie zappeln lassen würde. Aber unter uns: Würde ich das ernsthaft? Nein. So schlimm es war, ich würde alles machen, was sie wollte. Na ja, sagen wir recht viel. Sie war nun mal seit knapp fünf Monaten mein Inbegriff eines perfekten Mädels. War ich dadurch aber so auf sie fixiert, dass ich ein mögliches Leben außerhalb meines Liebes-Universums nicht wahrhaben wollte?

Immerhin konnte ich arrangieren, dass Anjuli in Deutsch neben mir saß, was wir an diesem Tag in einer Doppelstunde hatten. Da mich dieses Fach derzeit recht wenig interessierte (wir wiederholten Grammatik), richtete ich das Gros meiner Aufmerksamkeit auf Anjuli. Zwar redete und schrieb sie angeregt mit mir, doch während jeder Gesprächspause sog sie die Informationen des Unterrichts in sich auf. Also war sie ein bildhübscher und intelligenter Single, der (freu!) sogar bei mir in der Nähe wohnte. Tiefenkirchen, ihr Heimatort, war ein noch kleinerer Ort als Stocklar oder Birkenheim – die fast 500 Einwohner lebten auf einem Berg gegenüber von Stocklar, wobei ein Tal und ein Fluss die beiden Orte trennte.

Doch zurück zu Anjuli: Im Vergleich zu Kris war sie noch hübscher, schlanker, intelligenter und dazu auch noch Single. Toll. Konnte so jemand einen Makel haben? So wie etwa Kris mit ihrer ewigen Zickerei? Natürlich kannte ich sie erst einen Vormittag, Kris hingegen seit Jahren. Anscheinend war nicht nur ich von ihr angetan, auch Bulldog schien Gefallen an ihr zu finden. Vielleicht hatte er zu tief in ihre grünblauen Augen gesehen oder doch eher in ihr recht üppiges Dekolleté?

„Sie sieht schon heiß aus", hörte ich ihn David zuflüstern. Hallo, er hatte eine Freundin, die nebenbei meine beste Freundin war. Und war nicht gerade er der Grund dafür, dass ich diese Freundin nur noch am Telefon oder im ICQ-Chat zu fassen bekam? Hatte er nicht das alleinige Nutzungsrecht für sie beantragt? Ich fand, dass er durchaus etwas Rache verdient hatte.

Mit Bulldogs Statement im Hinterkopf ließ ich mich zu folgenden Worten hinreißen: „Siehst du den da?" Ich zeigte nach vorne in die erste Reihe auf Bulldog, der neben Gwen saß.

„Meinst du diesen Graham?" Sie sprach den Namen so wundervoll ekelerregend aus, als ob er einen pelzigen Geschmack auf der Zunge verursachen würde.

„Ja, genau, der. Wir nennen ihn Bulldog. Kannst du dir in etwa denken, weshalb er so bei uns heißt?"

„Wegen seiner Visage. Die Glupschaugen, dem schnauzenähnlichen Mund." Im Nachhinein schien sie diese drastische Ausdrucksweise zu bereuen und wollte sie revidieren, da hob ich beschwichtigend die Hände und fiel ihr ins Wort.

„Nein nein, man muss die Sachen schon beim Namen nennen. Natürlich bin ich mit ihm befreundet, er gehört auch zu uns. Aber du solltest dich vor ihm etwas in Acht nehmen."

„Wieso denn das?", fragte sie und sah mich irritiert an. Wohl zum einen wegen dieser Andeutung, aber wahrscheinlich auch, weil ich ihr zustimmte, dass einer meiner Freunde hässlich aussah. Aber hey, war nun mal so!

„Also, ich will dir keine Angst machen oder so,", fuhr ich fort, „aber er wird manchmal recht zudringlich. Gerade in Stunden, in denen er nicht mit Gwen zusammen ist, könnte es sein, dass er dich zum Beispiel leicht berührt." Die letzten beiden Wörter sagte ich nach einer künstlichen Pause und sie sah mich verwirrt an.

„Versteh das bitte nicht falsch", setzte ich erneut an. „Er wird nicht gleich zudringlich oder so, aber es könnte durchaus sein, dass er seine Hand mal kurz auf deinem Oberschenkel ablegt. Bei Kris macht er das manchmal."

„Und was machte die dann?", wollte sie von mir wissen.

„Na ja, meist nichts, das arme Mädchen kann sich doch nicht wehren." Die arme, kleine Kris? Dass ich nicht lache! Der würde was zu hören kriegen! Anjuli wirkte erschüttert.

„Danke, dass du es mir gesagt hast." Sie legte kurz ihre linke Hand auf meinen rechten Arm.

Ich grinste sie freundlich an. Der Gong erklang und ich sprang sofort auf.

Aus Versehen schmiss ich Tollpatsch Anjulis Mäppchen vom Tisch. Während sie ihre Stifte aufhob, steckte ich unbemerkt ihr Hausaufgabenheft ein.

„Es tut mir so leid."

„Kein Ding. Passiert mir auch oft." Als alle Stifte wieder in ihrem Mäppchen waren, sah sie mich erwartungsvoll an.

„Du kannst schon mal vorgehen, ich muss hier noch was mit jemandem besprechen."

Sie nickte knapp und verließ prompt den Raum, während ich zu Bulldog ging, der noch immer mit seinem Schal zugange war.

„Du, ich muss mal ganz dringend aufs Klo, kannst du das Anjuli gleich geben? Sie hat es vergessen."

Er nickte, nahm das Hausaufgabenheft an sich und ich verließ grinsend den Raum. Doch mein Weg führte nicht in den stinkenden Toilettentrakt, vielmehr versteckte ich mich unauffällig hinter einem Pfosten im Atrium und folgte Gwen und Bulldog dann in sicherer Entfernung auf dem Weg zum Gruppentreffpunkt in der Raucherecke. Wie mir aufgefallen war, stand oder saß Anjuli immer mit dem Rücken zu einer großen Gruppe von Leuten. So, als ob sie ihnen die kalte Schulter zeigte. Genauso, den Schulhof hinterrücks liegend, stand sie auch nun an ihrer Zigarette ziehend an unserem Treffpunkt und starrte vor sich hin.

Bulldog näherte sich ihr von hinten und, wie es nun mal seine Art war, berührte er sie leicht an der Schulter. Anjuli drehte sie um, sah ihm ins Gesicht, holte aus und knallte ihm eine. Selten hatte ich solch eine saftige Ohrfeige gesehen.

„Mach das nie wieder!", schrie sie ihn an. Ihr Gesicht war, soweit ich es im Profil sehen konnte, verkniffen und hochrot. Wütend warf sie ihre Zigarette auf den Boden und stiefelte davon.

Gwen und Bulldog standen da wie bestellt und nicht abgeholt. Ihre Münder waren beide offen, und noch immer hielten sie – wie in Schockstarre – Händchen. Ich sammelte mich wieder, verkniff mir ein Lachen und ging zu den beiden.

„Hi", sagte ich betont locker. „Habt ihr Anjuli … hoppla, was hast du denn da auf der Wange?" Künstliche Pause, keiner der beiden brachte eine Silbe heraus. „Na ja, ich geh dann mal wieder. Regelt das unter euch. Aber saftiger Abdruck. Hut ab, Gwen." Und ohne die beiden irgendwie zu Wort kommen zu lassen, drehte ich mich um und ging. Ich hatte selten solchen Muskelkater gehabt wie am nächsten Tag. Und das nur vom Lachen. Und noch eine letzte Info: Bulldog hatte nie herausgefunden, dass diese unsanfte erste Begegnung mit Anjuli von mir inszeniert worden war.

15

DON'T PHUNK WITH MY HEART

-- Johnathon --

„I wonder if I take you home, would you still be in love, baby in love baby", sang ich mit einer Duschgelflasche als Mikrofon in der Hand, während ich in unter der Brause stand. Heute Abend würden Kris, Anjuli, Gwen und ich unseren „Mädelsabend" im *Tommy's* haben. Ich liebte diesen Ausdruck, denn passender konnte er nicht sein. Voller Vorfreude machte ich mich fertig und fuhr mit dem Bus nach Burgweiler.

Die Mädels saßen schon da und nur Anjuli – mit hohen Stiefeln, in die sie ihre Jeans gesteckt hatte – stand auf und empfing mich mit einer Umarmung. Derartig bestiefelt war sie fast so groß war wie ich. Ich ließ mich auf den anderen freien Stuhl fallen und begann sofort ein Gespräch: „Sag mal, Gwen, wie ist das jetzt eigentlich mit dir und Milana? Habt ihr euch wieder lieb?"

„Wieso sollten wir nicht?"

„Na wegen Bulldog und so."

Sie rollte mit den Augen und schnalzte leise. „Was soll ich sagen? Sie ist meine älteste Freundin an dieser Schule und nur, weil sie das mit Graham nicht so gut findet, sind wir noch lange nicht zerstritten."

Ich warf Kris einen fragenden Blick zu, denn auf Malta hatte sich das alles ganz anders angehört, doch Kris blickte regungslos in Richtung Bar.

„Und, wie läuft es mit Jack?", wollte ich von ihr wissen, um auch sie in das Gespräch zu integrieren.

„Gut. Jack geht es auch gut." Sie zuckte mit den Schultern, ganz so, als wüsste sie nichts anderes zu berichten und als wäre den Blick durch den Raum schweifen zu lassen weitaus spannender, als meine Frage zu beantworten.

„Kris?"

„Alles bestens", antwortete sie mit einem fetten Grinsen, und bevor ich weiter nachhaken konnte, rief Gwen dazwischen: „Ich muss erst mal aufs Klo. Kommt jemand mit?"

Alle drei sprangen auf und ich hatte ich die Ehre, auf ihre Taschen und Jacken aufzupassen. Während mein Blick nach der Bedienung suchte, der ich meine Bestellung aufgeben konnte, klingelte Gwens Handy. SMS.

Das laute Klingeln drückte ich weg. Doch da ich das Handy gerade schon mal in der Hand hatte ...

Okay, es gab Sachen, die man wirklich nicht tat. Aber ich wollte schon immer mal wissen, was Gwen so gesimst bekam. Ich schickte noch ein schnelles Stoßgebet gen Himmel und drückte auf *Lesen*.

Hi Schatz. Alles klar? Pass gut auf dich auf heute Abend, ich trau da nicht allen ... Denk an dich. Dein Lustgott.

Ich löschte sofort und völlig unverfroren die SMS und überlegte, worüber ich mich mehr aufregen sollte: über die Anspielung, dass ich mich an Gwen ranmachen könnte, oder darüber, dass er mit *Lustgott* unterschrieb. Was bildete der sich denn ein? Ich hatte echt Lust, das Thema noch mal vor allen anzureißen. Aber zum einen würde rauskommen, dass ich Gwens SMS las, zum anderen würde es mir auch nicht weiterhelfen, weil Bulldog nun einmal alles für sie war. Ich würde es auf meine Art lösen.

„Was darf es denn zu trinken sein?", fragte die vollkommen aus dem Nichts aufgetauchte Bedienung.

„Einen Apfelwein-Cola und …"

„Insgesamt vier Mal, bitte", tönte Kris, die gemeinsam mit Anjuli und Gwen wieder aufgetaucht war.

„So, zurück zum Thema. Wie läuft es denn mit euren Kerlen? Immerhin seid ihr schon ein paar Monate zusammen, wir haben Mitte Februar und …"

„Ach, ich weiß ja nicht, was in letzter Zeit so mit Jack abgeht. Der hat auf gar nichts mehr Bock. Kein Bock auf Kino, kein Bock auf Weggehen, nur manchmal rummachen, das will er gern. Typisch Kerle!" Zunächst war ich erschrocken, wie freimütig Kris da über ihren Jack sprach, dann fiel mir ihre abschließende Verallgemeinerung auf, die ich nicht auf mir sitzen lassen wollte.

„Komm, wenn du dir auch so ein Prachtexemplar raussuchen musst. Nicht alle Kerle sind so wie dein biblischer Jacob."

Auch Gwen nickte eifrig.

„Aber es gibt auch die Weiber, die es einfach nicht raffen wollen, dass die Kerle nur auf Sex aus sind." Ich grinste Gwen an.

„Hey, stimmt doch gar nicht", verteidigte sie sich und ihren Lustgott.

„Wir lieben uns und darauf kommt es an. Alles andere gehört halt nun mal dazu."

„Oh, die Expertin spricht", frotzelte ich.

„Seien wir doch mal ehrlich", schaltete sich nun auch Anjuli ein, „es ist nun mal so, dass Männer meist nicht nur alleine Sex haben, sondern auch noch die passende Partnerin dazu brauchen. Und wenn die sich mal querstellt und weigert, ist der Kerl sozusagen aufgeschmissen."

„Bleibt ihm nur noch Vergewaltigen ", meldete sich Kris wieder zu Wort und ich musste mich ernsthaft fragen, ob sie nicht schon etwas zu tief ins Glas geschaut hatte. Ich verdrehte die Augen.

„Nicht jeder Kerl, der Sex haben will, vergewaltigt seine Freundin."

„Ihr wisst schon, was ich meine", beharrte sie auf ihrer Meinung. „Kerle wollen Sex. Und wenn sie ihn nicht bekommen, dann holen sie ihn sich."

„Kris, nicht jeder Kerl, der geil ist, stürzt sich wahllos und ungefragt auf irgendwelche Frauen. Da kann Mann sich auch anders Abhilfe schaffen."

„Oh, der Experte spricht", kicherte Anjuli und stupste mich in die Seite.

Ich lachte mit, konnte aber gegen das Blut, welches mehr und mehr in meinen Kopf schoss, kaum ankämpfen.

„Ist dem kleinen John so was peinlich?", stichelte Kris.

„Wenn du willst, kann ich mich bei Gelegenheit ja auch ungefragt auf dich stürzen. Ich kann ja bekanntlich nicht anders", konterte ich und nun war Kris es, die zu lachen begann. Mein Herz sprang auf und ab. Sie lachte über einen Witz von mir. War das ein gutes Zeichen? Ich hatte nicht sonderlich viel Zeit darüber nachzudenken, denn sie fragte gleich weiter.

„John, du als Mann", leises Gekicher von Gwen, welches ich ignorierte, „sag mal, wollen alle Kerle echt nur Sex?", wollte Kris wissen.

Gab es hierauf eine humorvolle Antwort? Schnell, überleg dir was! Okay, mir fiel nichts ein. Dann eben die Wahrheit. „So krass würde ich das nicht ausdrücken. Ich denke mal, dass das schon jeder Kerl irgendwie will. Aber doch nicht nur. Es kommt doch auch auf Gefühle an." Wenn schon nicht der Humorvolle, dann noch lieber der Romantiker.

„Meinst du?" Kris wirkte in Gedanken versunken. Verdammt, sie dachte über Jack nach.

„Aber natürlich gibt es auch die berühmten Ausnahmen, die nur das Eine wollen." Sehr schön. Gut nachgelegt.

Sie sah aus ihrem Tagtraum wieder auf.

„So oder so, ich muss mit ihm reden", sprach sie halblaut zu sich. „Und einen Apfelwein bitte noch", rief sie der Bedienung zu und kippte ihren ersten auf ex runter.

Um halb zwölf saß ich im Bus auf dem Weg nach Hause und dachte über den Abend nach. Kris wollte mit Jack reden, aber worüber? Dass er eigentlich eine Null war und dass sie nur mich wollte? Klang gut, doch die Wahrscheinlichkeit lag ebenfalls so ziemlich bei null. Wollte sie ihm sagen, was er für ein Idiot und Versager war, und dass sie ihn nie wieder sehen wollte? Auch gut, vielleicht fünf Prozent. Dass er sich manchmal wie ein absoluter Mistkerl benahm und er sich ändern musste, was sie sich von ganzem Herzen wünschte, da sie ihn liebte? Wohl die größte Wahrscheinlichkeit mit geschätzten 95 Prozent.

Was konnte ich denn tun? Ihrer Mutter noch eine Karte schreiben? Ganz übel. Einfach ich selbst sein und hoffen, dass sich was änderte, (was es in den letzten fünf Monaten auch nichts gebracht hatte)? Ja, das war wohl leider das einzig Richtige. Ich versuchte mich von dem Thema abzulenken. Anjuli. Gutes Ersatzthema.

Anjuli hatte sich mittlerweile in unsere Gruppe integriert, man konnte aber von ihr noch nicht als volles Cliquenmitglied reden. Vor allem David schien sie zu Beginn nicht sonderlich gemocht zu haben, vorgestern hatte er mich aber nach ihrer Handynummer gefragt.

Nach seiner missglückten ersten Kontaktaufnahme versuchte Bulldog hingegen mit Gesprächen über Politik und klassischer Literatur zu punkten. Zu seinem Pech war Anjuli zwar intelligent und eine glühende Verehrerin von Schiller, schien aber mit ihrem Wissen nicht so gezwungen prahlen zu wollen wie manch anderer. Gwen hatte immer noch ihre Scheuklappen auf, und auch als ich sie auf das Thema

Anjuli ansprach, sagte sie lediglich: „Hör auf, Geister zu sehen. Anjuli ist nicht Bulldogs Typ. Und bitte, John, spiel dich nicht so auf."

Wie schön musste Liebe wohl sein? Wahre Liebe, ehrliche Liebe. Keine Bulldog-Liebe, die nur darauf aus zu sein schien, möglichst bald Sex zu haben. „Spiel dich nicht so auf." Nein, diese Worte bedeuteten etwas anderes, nämlich so etwas wie: „Sei nicht eifersüchtig wegen ihm."

Ich hatte zwar noch immer nicht so wirklich verstanden, wieso er diese Scharade auf Malta inszeniert hatte, denn in meinen Augen gab es keinerlei Hinweise, dass ich mehr von Gwen wollte als Freundschaft. Komischweise deckte sich meine *er will Sex*-Vermutung nicht mit seinem wannabe-konservativen Gehabe. Irgendwie wurde ich aus Bulldog nicht schlau.

Doch auch bei Kris kam ich nicht weiter. Ich hatte gehofft, mich durch Anjuli von Kris zu entlieben. Aber ich musste einsehen, dass es nicht so einfach ging. Meine Gefühle waren viel zu stark. Ging entlieben überhaupt? War es möglich, jemanden von heute auf morgen nicht mehr zu lieben? Das war selbst nach der Tagebuchgeschichte nicht passiert. Wo war bloß der Schalter, mit dem man Gefühle ausschalten konnte, wenn man merkte, dass es einem nicht gut tat, in diese Person verliebt zu sein? Konnte unser Menschenverstand nicht solche Wunder vollbringen?

Wie so oft in letzter Zeit dachte ich vor dem Einschlafen noch lange an Kris. Aber auch in dieser Nacht schlief ich mit der Gewissheit ein, dass es im Moment mit uns nichts werden würde. Vielleicht sogar nie. Wie hieß der schöne Spruch? Auch andere Mütter haben schöne Töchter. Und vielleicht sollte ich mich wirklich darauf konzentrieren, mit Kris einen freundschaftlichen Weg einzuschlagen und die romantischen Vorstellungen endgültig auf Eis legen. Mit diesem Gedanken schlief ich ein.

16

SOMETHING STUPID

-- Johnathon --

Irgendetwas verband uns. Was es war, wusste ich bis heute nicht. Es war etwas nicht Greifbares, nicht Fassbares. Wir verständigten uns ohne Worte, irgendwie klappte es auch so. Ich hatte Gary schon ein paar Mal gesehen, obwohl wir nicht sonderlich viel miteinander zu tun hatten.

Es war Fasching in Birkenheim und ich kam zusammen mit Natascha und Emily an jenem Samstag in die noch halb leere Halle. Natascha war als Maus verkleidet, Emily ging als sie selbst und ich war ein Matrose mit weißer Hose und diesem lustigen kleinen Hütchen auf dem Kopf. Ich hätte mich wie Popeye fühlen können, doch stattdessen fühlte ich mich den ganzen Tag eher wie Donald Duck. Vielleicht rührte das geringe Selbstwertgefühl daher, dass Zoe nicht da war und ich mit den anderen, gerade Toni, auf mich alleine gestellt war. Auf jeden Fall saß ich, als das Programm anfing, bei Toni und seinen Kumpels Elias und Gary, die Mädels unweit von uns entfernt. Wir bestellten das Bier körbchenweise und bezahlten abwechselnd für die gesamte Runde.

Bis hierhin waren meine Erinnerungen klar und deutlich. Innerhalb einer Stunde hatte jeder eine Runde gegeben und ich war wirklich voll. Inklusive alles doppelt sehen und so weiter. Gary, der auch rauchte, hatte keine Kippen mehr, also schwankte ich mit ihm welche holen. Meine Erinnerungen an den Rest sind recht dünn. Als wir das Päckchen geholt hatten, setzten wir uns auf eine Bank hinter der Kneipe in einem nicht einsehbaren Hinterhof. Wir redeten, rauchten und dann fing alles an. Irgendwie.

Wir hatten geredet, aber was? Ich wusste nur noch, dass wir uns näher kamen. Irgendwann standen wir dann auf und gingen wieder rein. Ich bestellte mir eine Cola. Ich hatte mich wieder weitestgehend stabilisiert und laberte mit Natascha über dies und das. Nachher sagte sie mir, ich sollte sie angeblich angemacht haben. Wunschdenken.

Das Programm auf der Bühne ging weiter, aber meine Blase teilte mir mit, dass ich besser schnell aufs Klo gehen sollte. Ich stellte mich an ein Pissoir. Plötzlich kam Gary und stellte sich neben mich. Doch er pinkelte nicht. Dann Stimmen. Er ging, ich pinkelte fertig. Am Waschbecken traf ich ihn wieder.

Irgendwie schleifte ich ihn oder er mich erneut raus, ich wusste nicht wer wen, aber plötzlich fand ich mich mit ihm auf der Bank im Hinterhof wieder. Es passierte alles, aber doch nichts. Irgendwie alles komisch. Trotzdem passte es. Keine Gefühle, nur Lust.

Viele Leute hatten mir schon gesagt, dass ich schwul wirkte, wegen meines Klamottenticks und wegen meines Seins. Aber für mich hatte das mit Gary nichts mit Schwulsein zu tun. Es war einfach spontane Lust.

Wir machten weiter und hörten dann doch vorm Ende auf. Keine Ahnung, warum. Wir kamen überein, es niemals jemandem zu sagen. Von Gary würde niemand so etwas erwarten. Bei seinen ganzen Bettgespielinnen. Auch für mich war es eine einmalige Sache. Fertig. Keine Gefühle für ihn, immer noch nur Kris.

Nur … ich hatte mit einem Kerl rumgemacht. Wow. Als ob da etwas dabei wäre. War es aber doch. Irgendwie schon. Den ganzen Abend lang sahen wir uns zwar an, aber es ging nichts mehr. Wie beim Roulette. Rien ne va plus. Das war's. Keine Gefühle.

Nur Kris.

Gwens Couchgeflüster

In letzter Zeit habe ich viel über Sex nachgedacht. Über Sex und Kerle, um genau zu sein. Ich frage mich, warum das andere Geschlecht eigentlich so scharf darauf ist, ihr erstes Mal schnellstmöglich hinter sich zu bringen. Ich habe Ihnen ja bereits in der letzten Kolumne von meinem Freundeskreis erzählt, Sie erinnern sich: meine Weiblein-Freunde und Männlein-Freunde.

Nun, einer meiner Männlein-Freunden gibt mir Rätsel auf. Ständig profiliert er sich mit dummen Sprüchen und schwingt schlaue Reden über Sex, als wäre er der Mensch gewesen, der „es" überhaupt erfunden hat. Dabei hat er in etwa so viel Erfahrung wie ein sechs Monate altes Wickelkind. Gleichzeitig ist er so scharf drauf, wie ein Ex-Sträfling, der jahrzehntelang keusch leben musste.

Das kann doch nicht nur an dem berühmt-berüchtigten, bei Männern angeblich besonders ausgeprägten Sexualtrieb liegen. Muss man da nicht auch psychische Schäden vermuten? Zu wenig Mutterliebe vielleicht, ein konservatives Elternhaus oder womöglich gerade der Gegensatz: aufgewachsen im Privat-Bordell?

Seine penetrante Neugierde, was intime Beziehungsdetails anderer Leute angeht, geht vielen auf den Senkel, allen voran mir. Noch schlimmer, wenn er, der überhaupt keine Ahnung hat, wovon er redet, pikante Gerüchte letztendlich noch in aller Öffentlichkeit auswalzt.

Ich habe mich mit meinen Freundinnen schon oft über sein Verhalten, seine offensichtliche „Triebgesteuertheit" ausgelassen. Wir sind zu dem Schluss gekommen, dass

man diesem armen Jungen einfach mehr Zeit geben muss.
Zeit, erwachsen zu werden, und Zeit, seine eigenen Erfah-
rungen zu machen.

Und dann werden wir ihn bis zum letzten Blutstropfen
über sein Liebesleben ausquetschen und ihn mit den ver-
traulichen Informationen in seinem gesamten Bekannten-
kreis lächerlich machen.

Rache ist sexy.

Eine schöne neue Woche wünscht Ihnen Ihre Gwen

-- Johnathon --

Am Rosenmontag saßen wir im *Tommy's*, nur dieses
Mal las Gwen ihren Artikel selbst vor. Wort um Wort wurde ich roter und verlegener. Kris, die mir gegenübersaß,
konnte sich vor Lachen kaum noch halten. Nachdem Gwen
ihren Vortrag beendet hatte, sah sie mich grinsend an.

Stille. Niemand sagte etwas.

Dann fing auch ich an zu lachen.

„Bist du sauer?", wollte Gwen wissen, als wir uns alle
wieder beruhigt hatten.

„Sagen wir es mal so: Ich bin nicht erfreut, dass ihr mich
so seht. Aber ich werde mich deswegen nicht von einer
Brücke stürzen."

„Gut. Na ja, ich habe mir schon Gedanken gemacht, ob
es nicht fies ist, sich so über dich auszulassen", fügte Gwen
hinzu und erschien dabei aber dennoch gänzlich ohne
Reue.

„Erlaubst du mir nach deiner sehr persönlichen Kolumne eine sehr persönliche Frage?"

„Was immer du willst", meinte die grinsende Gwen, die,
wie ich fand, an einem Tag wie heute noch hübscher aussah. Das hieß: ohne Bulldog.

David, Kris und ich hatten mit Gwen ausgemacht, dass wir, wann immer die Kolumne herauskam, „solo" ins Tommy's gingen, weil es so auch bei unserem ersten Treffen gewesen war. Da David heute beim Zahnarzt war, saß ich den beiden Damen alleine gegenüber.

Nun zu meiner persönlichen Frage, die eine Spur Rache beinhaltete. Denn Rache war ja sexy.

„Aber du musst sie unbedingt beantworten. Versprochen?"

„Versprochen", gab Gwen leicht genervt von sich.

„Hast du mit Bulldog geschlafen?"

Gwens Gesicht schien urplötzlich eingefroren zu sein, so, als hätte sie ihren Kopf eine halbe Stunde in die Tiefkühltruhe gesteckt. Der Mund stand halb offen, sie rang nach Worten.

„Rache ist sexy", flüsterte ich ihr zu. Man hörte förmlich, wie es in Gwens Kopf ratterte. Sie holte nochmals tief Luft.

„Ja. Vor drei Wochen das erste Mal. Und John, du Volldepp, machst deinem Namen mal wieder alle Ehre." Ich wusste nicht, was ich sagen sollte, also sagte ich nichts. Dafür fuhr Gwen fort: „Und, was bringt dir das jetzt, dass du das weißt? Bist du jetzt geil oder was? Findest du das jetzt toll? Meine Güte, du bist so schlimm."

„Jetzt pass mal auf! Weißt du, wie du mich da hingestellt hast? Wie so ein notgeiler Primat, der nur an Sex denkt und alle ohne Unterlass darüber ausquetscht! Und jetzt stellst du mich auch noch so hin, als könnte ich kein Geheimnis für mich behalten. Nein, mir ist es natürlich nicht egal, dass du so von mir denkst, aber soll ich jetzt rumheulen oder was?"

Wir sahen uns böse an. Mitten in unserer Schlacht aus verachtenden Blicken fing ich an zu lachen. Es war einfach zu komisch, mit Gwen zu streiten und von ihr böse angesehen zu werden. Auch sie stimmte in mein Lachen ein. Kris schüttelte einfach nur den Kopf.

„Kinder, Kinder. Sex ist vollkommen normal. Nur blöd, wenn der Partner noch nicht bereit ist." Sie zog an ihrem Strohhalm, der zu einem Glas Cola führte, und sah grimmig in die Runde.

„Ach, der werte Herr zieht den Schwanz ein?", höhnte ich über Jack.

„Richtig. Ich bin noch nicht so weit, lass uns noch Zeit, bla, bla, bla. Ich dachte, dass wir nach vier Monaten langsam mal zu Potte kommen würden. Aber nichts ist! Tote Hose. Nur den ganzen Kinderkram, den macht er mit. Da war ich nach einer Woche mit Sven schon weiter", zog sie über ihren Freund her, was mich schon etwas verwirrte, weil ich so etwas von ihr nicht gewohnt war. Trotz allem musste ich grinsen.

„Ja ja. Kommt davon, wenn man sich den Falschen aussucht."

„Da hast du wohl recht."

Es war der erste März und die ersten Bäume trieben schon aus. Frühlingsgefühle lagen förmlich in der Luft. Und in diesem einen Monat würde sich viel ereignen. Zum einen würde ich fast einen Menschen auf dem Gewissen haben. Aber nicht so, wie man zunächst denken könnte. Vielmehr hegte ich die Befürchtung, dass sich jemand wegen mir umbringen wollen würde. Es dauerte, bis ich wirklich alles verstand.

Natascha hatte in ihrem Umfeld behauptet, ich hätte an Fasching mit ihr gekuschelt und mich an sie rangemacht. Natürlich konnte ich mich nicht mehr an alles erinnern, aber ich wusste, dass ich nichts mit ihr gehabt hatte. Es hatte auch keinerlei Grund für mich gegeben. Sie war zwar meine Kindergartenliebe, aber was bedeutete das schon?

Ich kannte sie kaum noch, über zehn Jahre lagen zwischen dieser freien und unbeschwerten Zeit und heute. Vier Tage nach Fasching bekam ich dann aus heiterem Himmel eine SMS von ihr: *Warum tust du mir das an? Weshalb meldest du dich nicht bei mir? Ich brauche dich doch!*

Natürlich war ich nach dieser SMS etwas überrascht, ich dachte zunächst, sie hätte an die falsche Person geschrieben – ich hatte seit Fasching nichts mehr von ihr gehört.

Also antwortete ich: *Meinst du mich?*

Darauf sie: *Wen denn sonst?*

Ich schrieb ihr klar und deutlich, dass ich nie Gefühle hatte und es keinen Grund gäbe, wieso ich mich täglich bei ihr melden sollte.

Ihre Antwort: *Das habe ich mir auch fast gedacht. Ich wollte ja auch nie was von dir. Vergiss es einfach.*

Natürlich war ich etwas irritiert, woher denn auf einmal dieser Sinneswandel kam. Erst war es Liebe und ich der böse Kerl, der mit ihren Gefühlen spielte, und jetzt alles egal und keine Liebe. Gut, sollte mir auch recht sein.

Zwei Tage nach diesem Vorfall bekam ich dann eine SMS von Zoe: *Ruf mal bitte bei Nata an. Die muss mal mit dir reden. Hdl.*

Warum rief denn Natascha nicht selbst bei mir an? Gut, meine Eltern waren unterwegs, dann könnte ich ja auch mal kurz da anrufen. Natascha meldete sich am anderen Ende. Ihre Stimme klang verheult.

„Was ist denn los?", fragte ich sie völlig ahnungslos.

„Als ob du das nicht wüsstest! Wegen dir geht es mir doch so mies!"

„Was ist los? Was soll ich denn gemacht haben?" Ich war total aufgebracht, hatte ich sie doch seit Fasching nicht mehr gesehen und bis auf die letzte SMS keinerlei Kontakt mit ihr gehabt.

„Ach, vergiss es einfach. Ihr Kerle seid doch alle gleich!" Im Hintergrund hörte ich dann eine Stimme, die ich wohl die letzten zehn Jahre nicht gehört hatte, aber trotz allem sofort erkannte. Ihre Mutter.

„Sag endlich, was los ist. Red nicht um den heißen Brei!" Unverständliche Zischlaute rauschten durch den Hörer und ich konnte erahnen, dass sie gerade ihrer Mutter mitteilte, dass sie still zu sein hatte und verschwinden sollte. Die Stimme der Mutter verstummte.

„Meine Güte, weißt du, wie du mit meinen Gefühlen gespielt hast? Ich halte das nicht mehr aus! Ich will das alles nicht mehr. Ich bringe mich ... ", sagte sie und die Leitung war tot.

Sie hatte einfach aufgelegt. Was sollte ich machen? Sie wollte sich umbringen! Okay, also, ich konnte nicht hinfahren, kein Auto da, Eltern weg. Hinlaufen oder mit dem Fahrrad nach Birkenheim fahren würde zu lange dauern. Also rief ich erneut an.

Nach dem ersten Klingeln wurde abgenommen. Geheul und das Schnäuzen in ein Taschentuch schlugen mir entgegen.

„Jetzt hörst du mir mal zu!", herrschte ich sie an. So langsam kam ich wieder zu mir. So ließ ich nicht mit mir umgehen. Ich war einmal in meinem Leben an etwas nicht Schuld und würde deswegen auch nichts ausbaden und mich vor allem nicht für einen Suizid verantwortlich zeigen.

„Ich habe dir nie Hoffnungen gemacht. Nie. Von meiner Seite aus waren wir nur befreundet."

„Ja ja", unterbrach sie mich, „nur befreundet. Du wolltest an Fasching mit mir tanzen!"

„Ich habe auch mit Elias getanzt und der will sich nicht umbringen. Komisch."

„Du findest das wohl auch noch lustig. Ich werd mich von einer Brücke stürzen!"

Endlich konnte ich jetzt von meinem Fernsehkonsum profitieren. Leute, die mit Selbstmord drohten, brachten sich nie um. Hoffte ich zumindest.

„Dann wirst du hier Pech haben. Die Brücken in der Nähe sind alle nicht hoch genug, da gibt es nur Knochenbrüche, mehr nicht." Stimmte zwar nicht, aber ich hoffte, dass sie endlich aufhörte. Ich zitterte am ganzen Körper. Wie sollte man sich auch sonst fühlen, außer schockiert und entrüstet?

„Was?" So langsam kam sie wieder runter.

„Ich finde das echt nicht lustig, dass du mir mit so was drohst. Das ist kein Spaß. So was sagt man einfach nicht! Ich habe dir nie Hoffnungen gemacht. Wir haben an Fasching nichts miteinander gehabt. Das hast du dir alles nur eingebildet. Ich lege jetzt auf. Ich möchte in nächster Zeit nichts mehr mit dir zu tun haben."

Es kostete mich alle Kraft, die ich in mir trug, in diesem Moment aufzulegen. Denn was, wenn sie sich jetzt wirklich umbringen wollte? Ich wusste ja davon und hätte somit Mitschuld. Wie nannte man das – unterlassene Hilfeleistung? In meiner Verzweiflung rief ich Zoe an, dass sie doch mal bitte mit Natascha telefonieren sollte. Natascha meldete sich am folgenden Tag nochmals kurz im Chat und schrieb, dass ihr alles leidtun würde und sie mich verstehen könnte, aber hoffte, dass wir weiterhin befreundet blieben.

Ich schrieb nichts zurück. Ich wusste keine Antwort. Bei Zoe sprach ich das Thema nicht an. Nur David erzählte ich am Freitag in der Schule fast unter Tränen davon, der mich einfach in den Arm nahm, mich tröstete und mir sagte, dass ich alles richtig gemacht hätte.

Vor drei Wochen war mit David und mir alles in Ordnung gewesen. Aber jetzt? Jetzt war alles anders. Seit zwei

Wochen war er mit Anjuli zusammen, was erstens nicht unbedingt abzusehen gewesen war und zweitens hatte ich von der Beziehung erst über Kris erfahren.

Anjuli und David hatten sich an dem Freitag nach Nataschas-Suizid-Anruf auf irgendeiner Party getroffen (David war auf einer Party gewesen? Und ohne mich? Erster Schock!) und da sie beide bis auf den Gastgeber nur einander kannten, redeten die beiden den ganzen Abend. Nun denn, übers Wochenende hatten die beiden des Öfteren miteinander geschrieben und telefoniert. Dann hatte David sie per SMS gefragt, was das mit ihnen wäre. Anjuli wiederum hatte Kris angerufen (auch sehr verwunderlich, da beide sich doch nicht wirklich mochten), der sie alles erzählte und auch, dass die beiden jetzt zusammen wären.

Montagmorgen beim allmorgendlichen Hochlaufen mit Kris bekam ich dann die Info: „Wie, du wusstest das nicht? David ist mit Anjuli zusammen. Ich dachte, er erzählt es dir als Erstes!"

Ja, ich dachte auch, dass mein toller bester Freund mir so etwas erzählen würde – immerhin hatte ich ihm wenige Tage zuvor auch als Einzigem von der Sache mit Natascha erzählt. Natürlich fand ich es – übrigens von beiden Seiten – reichlich verfrüht, zusammenzukommen. Zumal Anjuli und David in meinen Augen kein Traumpaar waren, aber das nur am Rande. Viel schwerer wog für mich, dass David mir davon keinen Ton erzählt hatte!

Ich war natürlich stinksauer und konnte nicht an mich halten. In der Schule angekommen schnappte ich mir sofort David, als ich ihn gegen die Klassentür gelehnt stehen sah.

„Was zum Teufel soll das?"

„Was denn?", antwortete er ganz unschuldig und ich war kurz davor, ihm eine zu knallen.

„Dass mit Anjuli", gab ich wütend zurück. „Es ist echt

ein Armutszeugnis, dass du mir davon nichts gesagt hast! Ich dachte, wir wären beste Freunde." Beleidigt zog ich ab.

Meine Reaktion war doch verständlich, oder? Ich hätte ihn sofort angerufen, wenn ich eine Freundin gefunden hätte. Und was machte er? Er sagte gar nichts.

Den weiteren Verlauf kann man sich wahrscheinlich denken: David und ich ignorierten einander, er hing die ganze Zeit mit Anjuli ab, während ich zwischen Gwen/Bulldog und Jack/Kris hin und her lief. Mal stand ich bei Erstgenannten und störte ihre Zweisamkeit, mal bei den anderen. Wohl oder übel zwang ich mich dann dazu, mehr und mehr mit Milana, Debbie und Jenny zu reden.

„Ich habe gehört, dass die Äpfel aus Kanada von kleinen Kindern gepflückt werden", hörte ich Debbie sagen und genervt, wie ich von den drei war, überhörte ich fast Milanas Antwort: „Deshalb kaufe ich nur Fair-Trade-Produkte."

„Genau", dachte ich mir, „weil auch so viele Äpfel in Kanada angebaut werden."

„Wusstet ihr, dass jeder Deutsche im Jahr fast 40 Kilo Äpfel isst? Bei Trauben sind es nur vier", fügte Jenny schlaubergerisch hinzu.

Ich denke, man bemerkte recht schnell, dass auch diese Notlösung nicht im Entferntesten meiner Vorstellung einer erholsamen Pause entsprach, weshalb ich eine Woche, nachdem David nun auch eine Freundin hatte, weder bei den Pärchen noch bei den Freaks stand. Stattdessen war ich in die alte, offiziell abgeschaffte Raucherecke am anderen Ende der Schule umgezogen, in der ich wie bestellt und nicht abgeholt herumstand, da ich dort niemanden kannte.

Ich qualmte vor mich hin, als mir jemand ins Auge sprang. Fast wortwörtlich. „Hi, ich bin Rahel. Bist du nicht der Freund von Kris?"

„Ähm, nein, bin ich nicht. Ich bin *ein* Freund."

Ich der Freund von Kris? Ich fühlte mich gekränkt und gleichzeitig geschmeichelt.

„Sag mal, kannst du mir 'ne Kippe geben?", fragte sie mich.

Natürlich gab ich ihr eine, und da sie anscheinend auch alleine herumstand, laberten wir über dies und das. Ich fasse kurz zusammen: Sie ging in eine meiner Parallelklassen, hieß Rahel, war so alt wie ich und ihre Eltern kamen aus Sri Lanka, was auch ihren dunkleren Hautton erklärte. Sie kannte Kris von Partys und schien wirklich nett zu sein.

Rahel erzählte mir aber auch, dass sie ab nächster Woche für knapp zwei Monate nach Frankreich gehen und dort an einem Austausch teilnehmen würde. Und genau heute, an diesem Freitag, sahen wir uns das letzte Mal für knapp zwei Monate. Eine ganze Woche lang hatten wir jede Pause hier gestanden und miteinander geredet. Es war schon komisch. Ich kannte Rahel kaum, aber ich hatte schon Vertrauen zu ihr gefasst. Ich hatte ihr oberflächlich von meinen Problemen mit David erzählt.

Sie schien wirklich aufrichtig daran interessiert, mir zu helfen, was ich sehr genoss. Auch sie erzählte mir viel von sich. Ihre ganzen Leute rauchten nicht und deswegen stand sie hier immer alleine herum. Ich sollte nicht denken, sie hätte keinen Freundeskreis, hatte sie bei unserem ersten Gespräch lächelnd hinzugefügt. Allein ihr Lächeln war atemberaubend. Die Zähne alle makellos und weiß, bis hinten zum letzten Backenzahn. Na gut, sie war ziemlich klein. Aber sonst wirklich nett und toll.

Was aber das wohl Schlimmste an ihrem Weggang für mich werden sollte: Ich musste wieder back to basics. Auf gut Deutsch: wieder zu meiner alten Clique. Wenn ich es mir so recht überlegte, hatte von allen einzig Milana gefragt, wo ich in letzter Zeit überhaupt gesteckt hatte. Und die Einzige, die sich für mich interessierte, raunte ich an, dass es sie einen feuchten Kehricht anginge. Milana war danach sauer abgezogen, was ich aber jetzt erst richtig verstand. Am Tag meiner Einsicht, sprich heute, loggte ich mich nachmittags bei ICQ ein und setzte erst einmal eine deprimierte Statusnachricht auf: *life sucks.*

Was sollte ich aber nun auch machen? Sollte ich mich einfach wieder zu den anderen dazustellen und so tun, als wäre alles okay oder sollte ich einfach eingeschnappt vor mich hin zicken – alleine? Was brachte es mir, eingeschnappt zu sein? Andererseits wollte ich aber auch nicht den anderen auf die Nerven gehen.

Es gab nur eine Lösung.

17

I'M STILL STANDING

-- *David* --

„Hi, ich bin's. John."

„Hey", grüßte ich ihn zurück.

„Kann ich mal mit dir reden?" Seine Stimme machte mir deutlich, dass er etwas auf dem Herzen hatte. Ich konnte mir auch denken, was es war.

„Was ist denn los?", fragte ich trotz allem.

„Ich weiß auch nicht und ich will dich da jetzt nicht irgendwie beeinflussen oder so, aber ich kann das so nicht mehr."

„Was kannst du nicht mehr?"

„Ich ... ich denke mal, wir sind doch noch beste Freunde, oder? Also, ich habe das Gefühl, du bist gar nicht mehr da. Irgendwie ist überall nur Anjuli." Er war wirklich fertig. Ich wusste, dass er oft solche Psychogespräche brauchte, aber es ihn jedes Mal Überwindung en masse kostete.

„Wir sind eben zusammen", stellte ich kurz fest, als er mir schon ins Wort fiel.

„Und was ist mit unserer Freundschaft?"

„Wir sind doch Freunde." War mir eben noch sonnenklar gewesen, was er wollte – über mich und Anjuli reden – so war es mir jetzt vollkommen schleierhaft, was er mit sich herumtrug.

„So gute Freunde, dass du mir nicht mal sagen kannst, dass du mit Anjuli zusammen bist?"

„Das hätte ich dir in der Schule noch erzählt und du warst so fertig wegen Natascha ..."

„Und es hätte mich dann ebenfalls in den Suizid getrieben, wenn ich von deinem Glück gewusst hätte, oder was? Spinnst du?"

„John ..."

„Nein, nichts John. Oh Mann, wie sie dich bezirzt hat. Freunde, ja? Wow, danke. Welch Ehre. Wann haben wir uns denn das letzte Mal getroffen? Oder noch einfacher, wann hast du mich das letzte Mal angerufen? Ich höre!"

Ich wusste keine Antwort. Zum einen fühlte ich mich ertappt, zum anderen war ich sauer auf ihn, dass er mir so etwas unterstellte. Waren wir hier beim Polizeiverhör? Er hatte mich einfach überrollt. Im gleichen Moment klingelte mein Handy.

„Du, tut mir leid, mein Handy klingelt."

„Anjuli?", flüsterte er fast schon.

„Warte kurz ..."

„Ich warte nicht. Danke." Und die Leitung war tot.

-- Johnathon --

Beste Freunde? Ja, wer's glaubt! Da schenkte mir selbst mein Spiegelbild mehr Aufmerksamkeit. Am nächsten Tag kam er noch einmal zu mir und wollte über alles reden. Ich hatte keine Lust mehr auf Funkstille. Mir war David einfach zu wichtig und deshalb vergaß ich meinen Stolz und ging auf sein Angebot ein. Er entschuldigte sich nicht wirklich, aber er sagte, dass er mich in gewisser Weise verstand. Er hatte nicht beabsichtigt, mich zu ignorieren. Er versprach mir auch, nicht mehr nur Anjuli im Kopf zu haben.

Irgendwie war es komisch: Wie aus heiterem Himmel waren die beiden zusammengekommen. Zuerst hatten sie keinerlei Berührungspunkte gehabt und jetzt plötzlich waren sie ein Herz und eine Seele. Und vor allem standen Anjuli und ich jetzt quasi in Konkurrenz zueinander. Klingt seltsam, aber irgendwie war es schon richtig. Bisher war immer ich an Davids Seite gewesen. Und nun sollte es jemanden geben, der mir diesen Posten streitig machte? Nein, keine Angst, ich hatte keine Lust darauf, für eine Trennung verantwortlich zu sein. Ich würde beide nicht gegeneinander ausspielen (falls ich so etwas jemals machen würde, dann nur bei Kris und Jack. Da würde es wenigstens auch funktionieren).

Immerhin eine positive Nachricht: Der März neigte sich dem Ende zu und bald gab es Osterferien. Noch genau eine Woche Schule, bis endlich der siebte April war. Das hieß aber auch: noch eine Englischarbeit. Und dann am Freitag würde Milana ihren Geburtstag feiern.

Die Woche im Schnelldurchlauf:

Montag: regnerisch. Jack ließ sich wieder mehr mit Sven blicken. Anscheinend Aussprache. Gwen und Bulldog schwer verliebt wie eh und je, Milana versuchte, wieder mehr mit Gwen zu reden. Anjuli redete weniger mit mir. Nur noch, wenn David nicht dabei war.

Dienstag: sonnig. Kris und Jack zickten sich an, Kris wollte mit mir alleine eine rauchen gehen. Hurra! Heulte sich bei mir aus. Hurra … nicht!

Doch Moment, diese Konversation war zu genial, um sie unerwähnt zu lassen. Ich bitte um Aufmerksamkeit:

Kris und ich gingen in Richtung „richtige Raucherecke", also dorthin, wo ich auch Rahel hatte kennenlernen dürfen. Kris sah nicht unbedingt fröhlich drein und ich fragte natürlich interessiert nach, was denn los wäre. Zuerst kamen nur kurze Zischlaute und ein Kopfschütteln, doch nachdem ihre Zigarette an war, schossen die ersten Worte mit dem Rauch aus ihrem Munde.

„Jack war gestern bei mir. Und na ja, ich wollte endlich mit ihm schlafen. Letzte Woche hatte er noch groß verkündet, dass er bereit wäre und es nur an mir scheiterte, da ich meine Tage hatte. Gestern hatte ich sie nicht und er wollte trotzdem nicht! Er wäre nicht in Stimmung und hätte Kopfweh. Toll. Das sind doch eigentlich die Ausreden für uns Weiber. Hast du eine Idee, warum er keinen Bock hat?"

Verblüfft sah ich sie an. Es musste sie anscheinend sehr belasten, dass ausgerechnet sie nicht das bekam, was sie wollte. Nur was sollte ich ihr als chronische Jungfrau denn dazu sagen?

„Der Druck ist ihm bestimmt zu hoch. Er hat Angst vorm Versagen und ist noch nicht bereit." Hört sich zumindest logisch an. Kris dachte nach.

„Meine Fresse, der Junge soll sich mal nicht so anstellen. Ich hole mir mittlerweile fast jede Woche eine Sehnenscheidentzündung! Ich weiß nur echt nicht mehr, was ich machen soll."

In diesem Moment sah ich am Horizont meine Chance aufleuchten. „Ach Kris, gib ihm Zeit. Er braucht halt noch etwas. Redet einfach mehr. Gib ihm das Gefühl, dass er Zeit hat." Und genau dieses Gefühl war das Letzte, welches Kris ihm vermitteln würde. Denn wenn sie etwas wollte, bekam sie es. Egal von wem ...

Mittwoch: Stürmisch. Englischarbeit. Sauschwer. Blöde Interpretation von *Dead Poets Society*. Bulldog erzählte uns nach der Arbeit, dass er nach den Ferien für zwei Wochen eine Spanierin aufnehmen würde. Unsere Schule hatte ein Austauschprojekt zwischen den zehnten Klassen am Laufen. Auch Anjuli und Sven würden teilnehmen.

Donnerstag: Durchwachsen. Unangekündigter Vokabeltest in Französisch. Glücklicherweise konnte ich die meisten. Treffen im *Tommy's*, Gwens neue Kolumne.

Auch hier hake ich mich mal wieder für eine ausführlichere Erläuterung ein. Dieses Mal waren wir wieder alle zusammen verabredet: Gwen, David, Kris und ich. Bulldog hatte einen Mordsaufstand gemacht, weil er nicht verstehen konnte, aus welchem Grund er nicht mitkommen durfte. Kris, die im Moment keinen Bock auf Jack hatte, griff meine Argumente auf und verwies auf die Abmachung zu Beginn. David forderte, dass Bulldogs Anwesenheit nur zu rechtfertigen wäre, wenn auch Anjuli mitkam. Genau dann hatte es mir gereicht.

„Wir haben zusammen diese Abmachung getroffen und wir halten uns auch gefälligst daran", hatte ich sie angeschrien.

Bulldog schmollte, weshalb er einen Grund mehr hatte, von Gwen betatscht und getröstet zu werden, wohingegen Anjuli es mit einem Schulterzucken hinnahm. Mir tat es wirklich leid, dass unsere Freundschaft unter der Beziehung zu David litt, doch ich suchte die Schuld daran nicht bei mir.

In der Zeitung suchten wir Gwens Kolumne an ihrem alten Platz auf der Tratschseite, doch sie hatte einen neuen Platz auf der Kinderseite bekommen.

„Die haben meine Kolumne gekürzt!", schrie Gwen auf und überflog sie.

Gwens Couchgeflüster

Wo verläuft eigentlich die Grenze zwischen Liebe und Wahnsinn? Tagtäglich hören wir von Verbrechen und Tragödien, die aus Liebe geschahen. Stalkerattacken, Selbstmorde, Eifersuchtsattentate – die Vielzahl ist schier unerschöpflich.

Der Angeklagte sitzt im Gericht und beteuert, er habe nur aus Liebe gehandelt, man könne ihn doch nicht dafür verantwortlich machen. Doch wer ist dann schuld an dem Dilemma? Der oder die Geliebte etwa? Das wäre ja noch schöner. Ist das Ende einer Beziehung denn ein Freibrief, dem eigenen beziehungsweise dem Leben eines anderen ein Ende zu setzen? Dreht die Welt sich denn nicht weiter, auch wenn die Liebe gescheitert ist?

Natürlich kann ich mir ein Leben ohne meinen Freund nicht mehr vorstellen, obwohl wir „erst" ein halbes Jahr zusammen sind. Insgeheim plane ich auch schon meine gemeinsame Zukunft mit ihm. Aber wäre das auch ein Grund für mich mein Leben vorzeitig zu beenden, wenn er zu einem Arschloch mutierte, mich betrügen würde oder mich einfach so, wie ich bin, nicht mehr liebte?

Eindeutig nicht! Denn unser Leben ist das kostbarste Gut, das wir besitzen, und es wegzuwerfen ist das schlimmste Verbrechen, das man zu begehen in der Lage ist.

Das Leben ist einzigartig, Männer gibt es milliardenfach auf diesem Planeten. Da würde sich schon irgendwann ein Ersatz finden lassen.

Verlieren Sie nie den Glauben an sich selbst, sonst verlieren Sie alles!

Eine schöne neue Woche wünscht Ihnen Ihre Gwen

„Die haben da ja voll viel rausgenommen! Außerdem bin ich jetzt auf der Kinderseite und bekomme bestimmt auch weniger Geld."

Die Indizien schienen klar: Ihre Kolumne hatte sich nicht bewährt. Aber was machte man, wenn eine Freundin verzweifelt nach Hilfe und dem Strohhalm zum Festhalten suchte? Man suchte ihn wie bekloppt im Heuhaufen und schmiss ihn ihr hin.

„Ach Quatsch. Deine Kolumne ist wirklich toll. Nur dass diese eine Adelige da 100 Jahre alt wurde, ist der Grund für deinen neuen Platz. Und das nächste Mal hast du deinen Stammplatz bestimmt wieder."

Zwar nickten David und Kris zustimmend, aber ich vermutete, dass es sich ähnlich verhielt wie bei den Einschaltquoten: Sahen nicht genügend Leute die Sendung, gab man ihr nochmals eine Chance auf einem neuen Sendeplatz. War sie auch da nicht erfolgreich, verschwand sie einfach aus der Fernsehlandschaft. Und genau das befürchtete ich für Gwens Kolumne.

Freitag: abwechslungsreich. Gwen hatte sich wieder gefangen. Letzter Schultag vor den Osterferien. Abends Feier zum 17. Geburtstag bei Milana mit Übernachten.

Dieser Tag wird wirklich in unsere Geschichtsbücher eingehen. Wir gratulierten Milana alle brav zum Geburtstag. Nachdem Herr Althaus uns vollkommen entnervt früher aus dem Unterricht entlassen hatte, suchten wir einen Getränkemarkt auf und feierten vor. Denn niemand rechnete im Entferntesten damit, dass Milana Alkohol zu Hause haben würde. Dazu später mehr.

In unserer erlauchten Runde standen die üblichen Verdächtigen: drei Pärchen plus ich. Bewaffnet mit Colabier und Klopfern stimmten wir uns auf den heutigen Abend ein. Auf gut Deutsch: Wir lästerten beim Vorglühen.

„Das wird heute Abend so geil. Topfschlagen und Reise nach Jerusalem", höhnte ich.

„Beides ertrage ich nur voll", warf Kris ein.

„Das sieht aber dann schlecht aus," ergriff nun auch Bulldog das Wort, „denn Milana und Alk, das passt irgendwie nicht."

Unsere brave Milana schien Lichtjahre von unserem Leben entfernt zu sein. Zwei Anekdoten zu diesem Thema:

Gwen und Milana waren auch schon in der Grundschule in einer Klasse gewesen. Damals trugen beide noch Latzhosen, wie kleine Kinder nun mal so herumliefen. Die kleine Milana aber hatte an einem Tag nichts zu trinken dabei und somit hopste sie zu Gwen, die gerade am Strohhalm ihres O-Safts nuckelte. Milana, durstig, wie sie war, fragte, ob sie einen Schluck haben dürfte. Gwen bejahte warmherzig und reichte den Tetrapack ihrer Freundin. Doch diese probierte nicht, nein, sie fragte Gwen wortwörtlich: „Ist das ökologisch?"

Gwen, die nicht dumm war und auch im Alter von acht Jahren zwischen ökologisch und von Pestiziden verseucht unterscheiden konnte, wusste es nicht genau und auch auf der Verpackung stand nichts weiter. Klein-Milana aber traute der Sache nicht und trank lieber nichts, weil die Gefahr bestand, dass es nicht aus ökologischem Anbau gewesen wäre.

Die zweite Story lag nur knapp ein halbes Jahr zurück. Es war kurz vor den Sommerferien und wir saßen in einer Freistunde auf der Wiese und diskutierten über Sex. Na ja, okay, wir redeten einfach ohne realen Bezug darüber. Man sah Milana förmlich an, dass sie etwas wissen wollte.

Nun, wie Milana eben war, stellte sie auch tapfer ihre Frage: „Kann das Ding platzen, wenn man dem Kerl einen bläst?" Merklich erleichtert sah sie Gwen, Kris und mich fragend an. Wir blickten uns an und lachten. Es dauerte, bis wir uns eingekriegt hatten und Milana den Vorgang erklären konnten, der nichts mit Aufblasen im eigentlichen Sinne zu tun hatte.

Diese kurzen Geschichten liefern wohl ein recht gutes Bild von Milana. Unsere Vorbehalte, dass es wohl keinen Alk geben würde, schienen also begründet, auch wenn wir den zum Feiern eigentlich nicht wirklich brauchten.

Zunächst einmal trudelte ich um kurz vor halb sechs ein. Im Flur empfing mich Milanas Mutter, die ich höflich grüßte, woraufhin sie mir sogar meinen Schlafsack abnahm und mich zu den anderen in Milanas Zimmer brachte. Fast wie vermutet saßen alle auf dem Boden und spielten Karten. Doch etwas irritierte mich: Bierflaschen. Überall auf dem Boden standen Bierflaschen! Volle Bierflaschen und solche, aus denen schon getrunken worden war! Die schon Anwesenden (Kris, David, Gwen und Bulldog) grinsten mich an.

„Ist das Bier?", wollte ich von Milana wissen.

„Ja, klar. Mein Papa hat gemeint, dass ich ja nun 17 wäre und man dann schon mal Bier auf Feiern haben könnte. Na ja, dann hab ich mir gedacht, gehst du mal mit der Schubkarre in den Ort und holst Bier. Ich habe einfach mal drei Kästen geholt. Ich weiß ja nicht, wie viel man trinkt. Im Grunde ist da ja auch Wasser ohne Kohlensäure drin und davon kann man an einem Abend schon mal einiges davon trinken."

Musste ich meine Reaktion irgendwie kommentieren? Die gleiche Geschichte wurde nochmals bei Svens, Jacks und Debbies Ankunft erzählt. Anjuli konnte leider nicht kommen (schade ...).

Nachdem wir dann das ein oder andere *so ähnlich wie Wasser*-Getränk getrunken hatten, lachten wir mehr und mehr, aus Karten spielen wurde Strip-Mau-Mau (Sven und Jack nur noch in Unterhose, Kris und Debbie im BH) und zu vorgeschrittener Stunde verteilten wir uns dann auf dem Fußboden in Milanas Zimmer und im Nebenraum.

Der Nebenraum war eine Abstellkammer, die sich Jack und Kris, beide gut angetrunken, zu eigen machten, während wir anderen in Milanas Zimmer waren.

Kris sagte, bevor sie Milanas Zimmer verließ, dass sie „nur kurz was besprechen" würden. Das „nur kurz" war mittlerweile eine Stunde her. Zwar witzelten wir über das mögliche Treiben auf der anderen Seite des Raumes, doch es traute sich niemand, in selbigem einfach nachzusehen.

Um kurz vor zwei Uhr nachts hatten wir zwei Drittel des Bieres getrunken, was bei uns allen für eine gewisse Müdigkeit sorgte. So langsam begaben wir uns in unsere Schlafsäcke. Eigentlich war recht schnell Ruhe eingekehrt – vielleicht auch dank des Biers – bis ein Schrei den Raum zum Vibrieren brachte.

Gwen.

Wir schreckten auf, Milana machte schnell das Licht an und sah verwirrt um sich. Schreie bei ihr als Gastgeberin? Ungeheuerlich! Den vermeintlichen Übeltäter, Bulldog, hatte Milana schnell ausgemacht und funkelte ihn böse an, doch zumindest dieses eine Mal war er nicht schuld.

„Da war eine Spinne! Auf mir! Die war auf meinem Arm!", brachte Gwen fast unter Tränen hervor. Sie hatte sich sofort in die Arme ihres Retters, sprich Bulldog, begeben. Heldenhaft, wie er war, sprang er auf, wodurch Gwens Arme auf den Boden geschleudert wurden, und suchte nach der Spinne. Als er das Ungetüm endlich gefunden hatte, stürzte er sich superheldenlike in den Kampf und besiegte die Bestie mit einem gezielten Tritt.

„Oh nein!", schrie Milana, die jedes Lebewesen schätzte. „Das arme Tier!"

„Hm, um genau zu sein, war es ein Weberknecht aus der Familie der Phalangiidae", hörte man Jenny sagen, während Bulldog den Kadaver des achtbeinigen Monsters nahm und ihn aus dem Fenster schleuderte.

Als wäre nichts gewesen legte sich zurück in seinen Schlafsack, packte Gwens Arme und legte sie wieder um sich. Milana machte kopfschüttelnd das Licht aus und begab sich wieder in ihr Bett.

Auch ich schlief endlich ein, doch plötzlich wurde ich wieder wach: Ich musste auf Toilette. Dringend. Ich schälte mich wieder aus meiner Ummantelung und ging aus dem dunklen Zimmer in den Flur.

Wo war noch mal das Klo? Links oder rechts? Auf gut Glück machte ich die rechte Tür auf – auch dort war es dunkel. Ich tastete nach dem Lichtschalter und legte ihn um. Vor mir lagen Kris und Jack, im Tiefschlaf wie die Murmeltiere. Die Klamotten lagen neben ihnen und ich vermutete, dass beide nackt in ihren Schlafsäcken lagen. Ich machte das Licht aus und ging dann doch zur linken Tür, hinter der sich wirklich die Toilette verbarg.

Obwohl ich das eine Bedürfnis befriedigt hatte, blieb ich länger als nötig auf der Keramikschüssel sitzen: Wie es aussah, hatten die beiden miteinander geschlafen. Was nun? Gab es überhaupt ein „was nun"?

Denn Kris und ich waren ja nur befreundet und fertig. Sollte mich das überhaupt etwas angehen, dass sie im besoffenen Zustand ihre Jungfräulichkeit an Jack vergab?

Ja, sollte es!

Verdammt noch mal, ich liebte dieses Mädel. Doch immer wieder das gleiche Problem: Sie liebte nun mal diesen Vollpfosten Jack. Dagegen konnte ich nichts tun. Gefühle konnte man nicht beeinflussen. Trotzdem musste ich nicht unbedingt stumm mit ansehen, wie Kris in ihr eigenes Unglück lief.

-- *Kris* --

Mein Handy vibrierte. Es war dunkel um mich herum und ich brauchte erst einmal einen Moment, um mich orientieren zu können. Jack lag neben mir. Ich kramte mein Handy hervor und las die Mittelung: *Und, wie war dein erstes Mal? Du weißt, dass du immer zu mir kommen kannst, wenn du Probleme hast oder einfach nur quatschen willst. John*

Ach richtig, ich hatte mit Jack geschlafen. Ich wollte mich hinsetzten und musste erst einmal gegen die Schmerzen im Unterleib ankämpfen. Melden, wenn ich Probleme hätte. Dann könnte ich sofort zu ihm gehen, denn wir hatten nicht verhütet. War Jack überhaupt gekommen? Ich wusste nichts mehr. Erst hatten wir ewig gewartet und dann war alles so plötzlich passiert. Was sollte ich jetzt machen? Mit John darüber reden?

Ich legte mich wieder hin. Neben mir lag Jack. Ich liebte ihn. Vorsichtig berührte ich seinen Unterarm. Er zuckte nicht. Ich strich ihm über die Haare. Er schüttelte sich im Schlaf leicht und ich wich zurück. Was Gwen in ihrer Kolumne geschrieben hatte, konnte ich nun vollkommen bestätigen. Denn auch ich hatte mir schon mein weiteres Leben mit Jack ausgemalt: ein nettes Eigenheim in einem größeren Ort, irgendwo in den Bergen. Zwei Kinder. Am besten Mädchen. Also das volle Programm. Aber war das nicht einfach nur Wunschdenken nach sechs Monaten Beziehung? Ich war 16 und dachte schon übers Kinderkriegen nach.

Wieder fiel mir ein, dass wir nicht verhütet hatten. Also vielleicht doch nicht so abwegig. Ich wollte mich eigentlich dazu zwingen, nicht darüber nachzudenken, aber ich musste es irgendwie. Ich brauchte einen klaren Kopf. Es war gegen drei Uhr in der Nacht, alle schliefen.

Ich zog mir meine Unterwäsche und Jacks Pulli an und ging leise die Stufen hoch in die Küche. Kaffee. Ich brauchte einen Kaffee. Und eine Zigarette. Ich wollte durchs Wohnzimmer in den Flur gehen, in dem meine Jacke samt Kippenpäckchen hing. Ich suchte nach dem Lichtschalter im Wohnzimmer und erschrak dennoch, als das Licht anging. John lag schlafend, auf der Couch, das Handy noch in der Hand.

Ach John …

Woher kam denn das Licht? Wo war ich? War ich auf meiner Suche nach Cola in der Küche eingeschlafen? Ich drehte mich um. Kris stand da, nur mit seinem Pulli bekleidet. Beschämt drehte ich mich sofort wieder um. Ich hörte sie leicht kichern. Sie ging um mich herum und setzte sich mir gegenüber.

„Du kannst mich ruhig ansehen. Ich hab noch was drunter."

„Wie? Ach so, äh ... okay", stammelte ich.

„Hast du Kaffee?", wollte sie von mir wissen. „Nein, aber Kippen."

Wir lehnten die Haustür an und setzten uns draußen auf die Stufen zu Milanas Haus. Es war nicht kalt, aber trotzdem fröstelte es mich. Wir schwiegen uns lange an.

Doch dann: „Wir haben nicht verhütet."

Ich sah sie nicht an, sondern blickte stumm vor mich. Was sollte ich sagen? Toll, freut mich, dass bald kleine Jacks hier herumspringen? Herzlichen Glückwunsch, dass ihr sogar zum Verhüten zu blöd wart? Ich schnaubte verächtlich, setzte zu einer spitzen Bemerkung an, doch dann dachte ich einen Moment nach. Die spitze Bemerkung auf meinen Lippen verflog, stattdessen machte sich Leere in mir breit.

„Kris, ich weiß nicht, was ich dazu sagen soll."

Also schwiegen wir uns weiter an.

Ich wusste nicht, ob ich lieber lachen oder weinen sollte. Oder gar nichts. Es war alles so absurd: Die Frau, die ich liebte, war vielleicht schwanger von einem anderen. War jetzt alles aus? War die Hoffnung, irgendwann mit Kris zusammenzukommen, nun endgültig hinüber? Mit einem Kind würden die beiden wohl zusammenbleiben. Vielleicht sogar für immer.

Ich drehte mich zu Kris und sah ihr in die Augen.

Sie schien unwahrscheinlich gefasst zu sein. Doch das Grün ihrer Augen schimmerte nur matt.

Es war jetzt kurz vor vier. Mittlerweile saßen Kris und ich auf dem Sofa und hielten je eine Tasse Tee in der Hand. Wir hatten uns Decken geschnappt und in diese eingemummelt starrten wir vor uns hin. Ich hatte vorsichtig meinen Arm um sie gelegt. Ihre Haare bedeckten den Großteil ihres Gesichts. Ich suchte Blickkontakt. Es dauerte lange, bis sie ihn erwiderte. Doch dann trafen ihre grünen Augen genau meine. Wie ein Blitz durchfuhr mich der Zwang, sie küssen zu wollen. Ich wollte bei ihr sein, noch näher. Am besten für immer. Doch ich hielt mich zurück und strich ihr lediglich eine Strähne aus dem Gesicht.

„John", sagte sie und hielt den Blickkontakt entschlossen aufrecht. „Danke."

Ich lächelte und fuhr ihr sanft durch die Haare. Dann drehte sie sich von mir weg, stellte den Tee ab und legte sich zu mir zurück. Es war kein Kuscheln, aber ich hatte meine Arme um sie gelegt.

Bis ich dann einschlief.

Die ersten Sonnenstrahlen schienen durchs Fenster und ich wachte auf. Immer das Gleiche: Bei Helligkeit konnte ich kein Auge mehr zumachen. Es dauerte etwas, bis mir dämmerte, wo ich war, und was in der Nacht passiert war. Erste Erkenntnis: Kris hatte mit Jack geschlafen und nicht verhütet. Die Zweite: Ich befand mich genau neben ihr auf einer Couch bei Milana. Noch immer lag sie schlafend an meine Schulter gelehnt. Ihre Haare, die im Sonnenlicht schimmerten, hingen wie ein Vorhang vor ihrem Gesicht. Auch wenn ich in diesem Moment am liebsten auf einen Pausenknopf gedrückt hätte, um alles anzuhalten, musste ich aufstehen. Was sollten die anderen denken, wenn sie uns so sahen? Sanft stupste ich Kris in die Seite. Zuerst reagierte sie nicht, doch dann regte sie sich langsam. Ihre Augen öffneten sich und sie gähnte.

„Guten Morgen."

„Morgen", sagte sie und streckte sich. Sie lehnte sich nach vorne und auch sie schien überlegen zu müssen, wo sie überhaupt war.

„Sollte ich irgendwas wissen?", fragte sie mich, während sie durch ihre Haare fuhr. Ich verstand die Frage nicht wirklich. Wusste sie nicht mehr, dass sie mit Jack geschlafen hatte? Dachte sie, dass zwischen uns etwas gelaufen war?

„Wir haben nur hier gelegen." Es schien, als fiele ihr ein Stein vom Herzen. „Aber du hast mit Jack geschlafen – und nicht verhütet." Sie sah mich entgeistert an, schmiss sich zurück gegen die Rückenlehne und stieß geräuschvoll Luft aus. Die Realität hatte sie wieder.

-- Kris --

Die ersten Sonnenstrahlen an diesem schönen Ferienmontag. Ich hatte so schön lange ausgeschlafen. Es war gegen Mittag, als Kim in mein Zimmer kam und mich weckte. „Na, Schwesterherz, hast du deine Tage bekommen?"

Ich sah sie kurz an und vergrub mein Gesicht sofort wieder im Kissen. Ich musste heute Abend mit Jack reden. Es konnte sein, dass ich schwanger war. Aber bis ich Jack auf das eventuelle Bestehen eines Nachkommen hinweisen würde, sollte es noch dauern.

„Kris, verdammt, steh auf! Ich weiß nicht, wo der Toaster steht!"

Ich sah Kim böse an, folgte ihr in die Küche und riss die untere Schranktür auf. „Da", patzte ich sie an und knallte den Toaster auf die Arbeitsplatte.

„Du hast aber eine gute Laune. Vielen Dank, Schwesterherz."

Ich trampelte die Treppe hoch zurück in mein Zimmer und überlegte, was ich die nächsten fünf Stunden tun sollte. Fünf Stunden, bis Jack kam. Meinen Kleiderschrank wollte ich ausmisten, genau. Meine Sommerklamotten nach vorne, die Wintersachen nach hinten. Natürlich fiel mir dabei auch mein Lieblingsminirock mit Schottenkaros in die Hände.

„Größe 34", murmelte ich vor mich hin. „Ob er mir noch passt?" Ich zog ihn über die Beine, bekam ihn sogar noch hoch, doch anscheinend hatte ich etwas Hüftgold angesetzt. „Dann also wie immer die Möhrendiät", sprach ich vor mich hin und sortierte weiter, kochte zwischendurch frischen Kaffee oder aß meine Möhren, die auf jeden Fall die Pfunde schmelzen lassen würden – Gesetz dem Fall, dass ich nicht schwanger war und es nicht noch mehr werden würden.

Es kam mir vor, als hätte ich gerade erst angefangen, da klingelte es an der Tür. Ein hastiger Blick auf die Uhr. Verdammt, waren schon fünf Stunden vergangen? Es klingelte schon das zweite Mal. Ich sprang auf und rannte die Stufen hinunter zur Haustür. Hastig riss ich sie auf. Ich gab Jack einen Begrüßungskuss, doch er sah mich entgeistert an. Ich grinste verlegen.

„Ist was?", wollte ich von ihm wissen.

Er lächelte, drehte mich um 180 Grad, hielt mir die Augen zu und führte mich – vor unseren Badezimmerspiegel. Er hatte die Hände von meinen Augen genommen und ich schrie einfach nur. Meine Haare waren total durcheinander, mein Lippenstift im Gesicht verschmiert und zwischen den Zähnen hingen Reste der Möhren. Ich schubste ihn aus dem Bad, schloss ab und richtete mich im Eiltempo wieder her. In gefühlten 30 Sekunden hatte ich mich neu geschminkt, Zahnseide verwendet und mir die Haare gekämmt. Ich schloss die Tür wieder auf, riss sie in einem Zug auf und sah Jack künstlich schlafend gegen die Wand gelehnt. Ich boxte ihn sanft in die Seite, er wachte auf und wir küssten uns.

„Sind deine Eltern nicht da?", fragte er mich, während wir die Treppe zu meinem Zimmer emporstiegen.

„Nein, Kim ist auch weg."

Wir erreichten mein Zimmer und die Abwesenheit der anderen Familienmitglieder gab mir die Chance, ziemlich schnell zur Sache kommen. Nicht sexuell, sondern verbal. Ich sagte ihm nämlich recht direkt, dass er mich vielleicht geschwängert hatte. Und er schwieg einfach, also hakte ich nach: „Hast du nicht daran gedacht, dass so was passieren kann?"

Zuerst kam nichts, dann zögernd: „Nicht wirklich. Ich dachte einfach, es würde schon gut gehen."

„Aber was ist, wenn nicht alles gut geht?"

„Dann hättest du ein Problem."

Ich sah ihn mit offenem Mund an.

„ICH hätte ein Problem? Du genauso, mein Lieber! Du wärst dann nämlich der Papi. Auch wenn ich es nicht hoffe, kann es sein, dass ich ein Kind von dir bekomme."

„So hab ich das doch gar nicht gemeint. Natürlich ist es unser Problem", versuchte er sich rauszureden.

„Du verstehst gar nichts. Wenn es wirklich so ist, dann sagst du doch sofort Lebewohl. Sex ist natürlich spaßig und schön, nur es kann auch ganz schön in die Hose gehen! Ich finde es auch nicht lustig. Hallo? Was ist mit meiner Zukunft? Jetzt ein Kind würde wohl keinem von uns in den Kram passen."

„Hör doch mal auf. Bekommst du ja wohl nicht. Ist doch alles okay."

„Du verstehst wirklich gar nichts", gab ich zurück, ließ ihn alleine in meinem Zimmer und sah ihn nicht wieder, bis er um Mitternacht abgeholt wurde.

18

UNFAITHFUL

-- *Johnathon* --

I don't wanna do this anymore, I don't wanna be the reason why. Every time I walk out the door, I see him die a little more inside.

Oh ja, Fremdgehen war wirklich kein Kavaliersdelikt und der Song war unendlich traurig, aber mich nervte er von Tag zu Tag mehr an, wenn er im Radio auf und ab gespielt wurde. Denn wem zur Hölle sollte ich denn fremdgehen? Ich war Single und es nervte mich immer noch. Und ich war auch noch Doppelsingle. Das hieß, ich war als Single allein, ohne One-Night-Stands oder irgendwas. Also einfach doppelt gelackmeiert.

Einziges derzeitiges Plus: Ich musste nicht mehr jeden Tag die Pärchen unserer Schule sehen. Einerseits war es schade meine Clique, (die sich ja größtenteils zu Pärchen zusammengefunden hatten), nicht mehr um sich zu haben, andererseits tat es mir wahnsinnig gut, nicht die ganze Zeit diese verliebten Menschen um mich herum zu haben. Hier Geknutsche, da Getatsche, überall nur Liebe.

Schmalzerei, Heuchlerei. Bestes Beispiel Valentinstag: Welche Rosen waren bis heute nicht verwelkt? Wo blieb der Langzeiteffekt bei diesem „Feiertag", der reiner Kommerz war? Jeder wusste doch, dass er lediglich der Blumenindustrie ein Umsatzplus bescherte, und dass die Qualität der Liebe dadurch auch nicht nachhaltig gesteigert würde.

Genervt stand ich von meinem Bett auf, zog mir einen Schlabberpulli über, ging auf den Balkon und steckte mir eine Zigarette an.

Mittlerweile war ich wirklich am Zweifeln. Wie viel Sinn steckte eigentlich in der Liebe? Ist es nicht immer so, dass Menschen unterschiedlich stark lieben? Okay, bei mir und Kris ist es vielleicht etwas extrem, aber selbst bei Bulldog und Gwen – dem Megapaar schlechthin – war dies der Fall. Ich würde ganz objektiv sagen, dass Gwen ihn mehr liebte als umgekehrt. Aber ist das dann schädigend für eine Beziehung? Ich würde sagen, ja, aber anscheinend kamen die Paare damit klar.

-- Kris --

Am Dienstagmorgen bekam ich noch eine SMS von Jack: *So war das alles nicht gemeint. Es tut mir leid, dass es blöd gelaufen ist. Sei mir bitte nicht böse, war nur überfordert. Lieb dich!*

Was sollte ich dazu sagen? Ich war doch auch total perplex. Aber egal, ich musste mich erst einmal selbst sammeln. Also schrieb ich ihm zurück: *Ich muss das erst mal verarbeiten. Ich melde mich dann bei dir. Lieb dich auch.*

Ich befand, dass dies die beste Entscheidung war, die ich hätte treffen können. Ich wollte keine Pause, weil das nur Schlussmachen auf Raten wäre. Deshalb blieben wir einfach zusammen und ich guckte, wie's weiterging.

Meine Schwester kam in mein Zimmer gerannt.

„Kris, hast du Bock heute Abend mit wegzugehen? Luisa hat mich eben gefragt, ob wir auf irgendeine Kirmes mitgehen."

Ich dachte nicht lange nach und stimmte sofort zu – das würde mir helfen, den Kopf freizubekommen.

„Wirst du was trinken?", fragte mich Kim.

Ich sah sie fragend an, sie blickte nur stumm auf meinen Bauch.

„Da ist nichts. Ich bin mir sicher, dass ich nicht schwanger bin. Und wenn …" Ich beendete den Satz nicht, aber Kim wusste, welcher schlimme Gedanke kurz in meinen Kopf gewesen war: Wenn da doch eines wäre, würde der Alkohol es vielleicht sogar vertreiben.

Die Kirmes lief anderes ab als geplant. Luisa, eine gute Freundin von Kim und mir, holte uns mit dem Auto ab und wir fuhren irgendwo in die Pampa. Die „Kirmes" war recht klein. Sie bestand aus genau einem Zelt und vielleicht 20 Leuten. Es war keine Kirmes, sondern vielmehr eine kleine Privatparty.

„Was erwartest du bei einer Kirmes unter der Woche?", sagte Luisa und grinste schelmisch.

Eigentlich wollte sie uns nur ihren neuen Kerl zeigen, der bei der Kirmes Mitorganisator war (okay, er war einfach Kirmesbursche). Keine Ahnung, wie ihr Neuer hieß, der Posten wechselte eh wöchentlich, doch an einen seiner Freunde erinnerte ich mich nachhaltig. Smith. Er war etwas größer als ich, hatte dunkle Augen, genau richtig zum Drinversinken, und kurze schwarze Haare. Sein Alter erfuhr ich, während wir tanzten.

„Ich bin 18", schrie er mir förmlich gegen die Musik ankämpfend und auf meine Frage antwortend ins Ohr. „Und du?"

„Rate mal", rief ich zurück und grinste ihn an.

„Okay, da ich angetrunken bin, sage ich 20."

Ich lachte laut auf. „Nein, ich bin 16."

„Dann passt das ja."

Den ganzen Abend schäkerten wir zusammen, er erzählte mir von sich, ich gab Sachen aus meinem Leben preis. Nur dass ich einen Freund hatte, vergaß ich zu erwähnen. Jede halbe Stunde kam Kim an und meckerte, dass es hier todlangweilig wäre und sie heimwollte. Gegen halb eins gab Luisa dann nach und wollte gerade losfahren, als Smith gegen die Scheibe des Wagens klopfte.

„Ich habe deine Nummer noch gar nicht", stellte Smith gespielt entrüstet fest.

Der Alkohol hatte mich recht wortkarg gemacht, also hielt ich ihm einfach meinen Arm hin und ließ ihn mit einem Kuli darauf schreiben.

„Und wie ist deine Nummer?"

„Ich melde mich", nuschelte ich, machte das Fenster hoch und Luisa fuhr los. Durch das Rückfenster sah ich die Gestalt von Smith immer kleiner werden.

Am nächsten Morgen hatte ich zum einen richtiges Kopfweh, zum anderen sah ich Zahlen auf meinem Arm. Smith fiel mir wieder ein. Ich nahm mein Kissen und hielt es mir über den Kopf. Was war da wieder in mich gefahren? Hatte ich was mit dem gehabt?

„Kim!", schrie ich aus meinem Bett durchs ganze Haus.

„Was denn?", schallte es mir entgegen.

„Komm mal her." Ich hörte sie die Treppe hoch stampfen.

„Was willst du denn?", schrie sie immer noch, obwohl sie schon in meinem Zimmer war.

„Nicht so laut", flüsterte ich fast zurück, „ich habe Kopfweh."

Sie lachte. „Na ja, so wie du gebechert hast, ist das kein Wunder."

„Halt mir keine Predigt, erzähl mir was zu der Nummer." Ich hatte weiterhin den Kopf unterm Kissen versteckt und hielt ihr den Arm hin.

„Ihr hattet Sex und habt nicht verhütet." Ich nahm das Kissen von meinem Gesicht und schmiss es auf sie.

„Ach, stimmt ja, das war Jack. Sorry, ich war gerade beim Falschen", gickelte sie. Gegen meinem Willen musste auch ich lachen.

„Ich habe schon verstanden. Danke. Aber jetzt mal im Ernst. Smith hieß er, richtig? Also, weiter."

„Na ja, ihr habt getanzt und gekuschelt und geredet."

„Hat er meine Nummer? Und vor allem: Haben wir uns geküsst?"

Sie dachte gespielt lange nach. „Beides nein."

Mir fiel ein Stein vom Herzen.

„So, danke, du kannst wieder gehen. Ich würde mich gerne anziehen." Sie stand auf und ging zur Tür. Doch dann hielt sie inne und drehte sich um.

„Was machst du jetzt mit der Nummer?", wollte sie von mir wissen.

„Ja was wohl? Abwaschen."

Sie nickte und ging.

Ich hatte sie nicht mal angelogen. Ich hatte ihr lediglich verschwiegen, dass ich sie davor in meinem Handy abspeichern würde.

Ich telefonierte abends mit Jack. Irgendwie war er schlecht gelaunt und zickte mich die ganze Zeit an. Was ich gemacht hatte, interessierte ihn nicht im Geringsten, er hörte mir nicht wirklich zu, und als ich fragte, wann wir uns mal wiedersehen würden, herrschte längeres Schweigen in der Leitung.

„Sorry, ich habe dir gerade nicht zugehört." Im Hintergrund hörte ich die Laute eines Computerspiels.

„Na toll", war meine Antwort.

„Ja, tut mir leid, ich hatte auch nicht damit gerechnet, dass du dich meldest. Wegen Milanas Feier und all dem."

Dann fiel es mir wieder ein. Ich hatte ihm eigentlich sauer sein wollen und ihn zappeln lassen. Trotz allem hatte ich ihn völlig routiniert wie jeden Abend angerufen. Ich glaube, das war der Moment, in dem ich bemerkte, wie viel Alltag schon in unsere Beziehung eingekehrt war.

„Und weil du so überrascht warst, hast du es nicht geschafft, den Computer auszumachen?", stichelte ich.

„Sorry, es tut mir doch leid."

„Ist schon okay. Ich lege dann mal auf und lass dich in Ruhe." Ich rechnete fest damit, dass er mich zurückrufen würde. Doch er tat es nicht. Eine Stunde nach dem Telefonat meldete ich mich bei Smith.

-- Johnathon --

Mir war wirklich todlangweilig. So langweilig, dass ich mein altes *SIMS*-Spiel wieder ausgegraben hatte und mein Leben in dem Spiel nachahmte. Alle meine Freunde wohnten in meiner Straße und wir verstanden uns alle prächtig. Musste ich irgendwie erwähnen, dass sich mein virtuelles Ich mit Kris eine Wohnung teilte? Wohl nicht. Zumindest dachte ich schon nicht mehr ganz so oft an die echte Kris.

Was ich mich aber genau an diesem vierten Ferientag fragte, war, ob es möglich war, dass auch wir nur *SIMS*-Figuren im Spiel einer höheren Macht waren. Ich dachte dabei nicht an Gott, sondern eher an das Schicksal, was für mich aber gleichbedeutend mit jenem war – nur ohne Personifizierung.

War es abwegig? Es musste doch etwas geben, das unserem Leben einen bestimmten Rahmen vorgab. Oder sollte doch alles zufällig geschehen und allein der Mensch selbst gab vor, welchen Weg er gehen wollte?

Alleine vor mich hin zu philosophieren war genauso anstrengend wie langweilig. Am liebsten tat ich dies dann doch mit einer weiteren Person, die zumeist David hieß.

„David Vogt", meldete er sich.

„Hast du dich schon mal gefragt, ob wir nur der Spielball in der Hand des Schicksals sind?"

„John, hast du was genommen?"

„Das Übliche: Magnesiumtabletten, nicht wie du Junkie. Ich meine es ernst. Hast du dich das auch schon mal gefragt?"

„John, ich würde wahnsinnig gerne mit dir philosophieren, aber Anjuli ist hier. Also ..."

„Ich verstehe schon,", fiel ich ihm ins Wort, „wenn du willst, kannst du dich ja heute Abend noch mal melden, okay? Wir können ja auch über andere Sachen reden."

„Ja, mache ich. Bis dann."

„Tschüss", sagte ich und legte auf.

Den kompletten Nachmittag über las ich unser Geschichtsbuch. Es war wirklich interessant. So viele Verknüpfungen, all die schweren Entscheidungen, die getroffen werden mussten. Auch David hatte anscheinend eine getroffen: Er rief mich nicht zurück.

Nein, ich würde jetzt nicht an unserer Freundschaft zweifeln. Nein, nicht schon wieder. Dieses Mal sagte ich mir einfach, dass er viel zu beschäftigt war und es lediglich vergessen hatte. Fertig aus. Ich vergaß doch ab und zu auch mal das ein oder andere. Dann durfte David das wohl auch. Ich versuchte es einfach zu vergessen und zog mir einen der geilsten Klassiker rein, den es gab: *California Dreaming*. „All the leaves are brown and the skys are grey ..."

Ich hatte also meine Kopfhörer auf und hörte mir den Song bestimmt bereits zum fünften Mal in Folge auf Repeat an, als mein Handy klingelte.

Sorry, dass ich nicht angerufen habe. Keine Angst, habe dich nicht vergessen. Bin nur, nachdem Anjuli hier war, eingeschlafen. Ruf dich morgen an. David

-- Kris --

Ich stand vorm Spiegel und tuschte meine Wimpern in einem kräftigen Schwarz. In fünf Minuten würde er kommen – er hatte Klasse, war ein richtiger Mann und würde mich nicht warten lassen. Heute war Freitagabend und wir würden ausgehen. Jack hatte sich schon die ganze Woche nicht von selbst bei mir gemeldet. Und machte es mir was aus? Nein! Kein Stück. Mir ging es absolut prima und ich hatte endlich einen Schwangerschaftstest gemacht: negativ!

Nach diesem freudigen Ergebnis hatte ich natürlich sofort Jack angerufen, um ihm von meinem anschließenden Doublecheck-Besuch beim Frauenarzt zu erzählen, doch der werte Herr schien nicht unbedingt euphorisiert zu sein. Ein knappes „toll" blieb seine einzige Reaktion. War es dann verwunderlich, dass ich mich eher mit dem reiferen und vor allem netteren Smith unterhielt? Außerdem war er ein echter Gentlemen, hatte er mich doch gefragt, ob er mich ausführen dürfte.

„Hm, ich muss noch mal schauen, ob ich da kann. Ich melde mich, bye", hatte ich gesagt und einfach aufgelegt. Ich hatte mich tierisch gefreut, war durch mein Zimmer gehüpft, doch gezeigt hatte ich es ihm nicht: Wenn ich ihn zappeln ließ, steigerte das sein Interesse, so war meine Maxime. Also hatte ich ihm heute Morgen ganz cool geschrieben, dass er sich, wenn er immer noch Bock auf Weggehen hätte, bei mir melden könnte, was er prompt tat.

Ich hole dich um 21h ab. Freue mich. Bis dann. Smith

Schuldgefühle hatte ich keine, immerhin war es ja kein Date, sondern ein freundschaftliches Treffen. Ich strich meine neue Jeans noch schnell glatt, da klingelte es auch schon an der Tür. Pünktlich auf die Minute. Im Runtergehen zog ich mein pinkfarbenes Top mit den Pailletten zurecht und öffnete dann die Tür. Vor mir stand Smith mit einer Jeans im *Used-Look* und einem *Vintage* T-Shirt, die kurzen schwarzen Haare hatte er mit nur ganz wenig Gel durchgewuschelt.

„Hi", begrüßte er mich und gab mir einen sanften Kuss auf die Wange. Er grinste über beide Ohren.

„Hi", grüßte ich zurück und wippte unruhig auf der Türschwelle hin und her. Verdammt, warum war ich so aufgeregt?

„Ich habe noch was für dich." Er holte eine weiße Rose hinter seinem Rücken hervor und gab sie mir. Weiß, wohlgemerkt, nicht rot.

„Danke", gab ich zurück und roch an der Rose. Sie dufte ganz leicht und war einfach wunderschön. „Ich bringe sie nur schnell rein." Ich verschwand in die Küche, stellte die Blume in ein Glas mit Wasser und ging ganz ruhig und cool wieder zu Smith.

„Können wir?", fragte er mich.

Ich nickte und hakte mich bei ihm ein.

Wir fuhren zuerst in eine Bar, in der wir einfach nur die ganze Zeit miteinander quatschten. Über unsere Hobbys, Clique und Beziehungen, wobei ich mich zu diesem Thema recht vage äußerte und Jack außen vor ließ. Man musste ja auch seinen Freunden nicht alles auf die Nase binden.

„Und was machst du so beruflich?", fragte ich ihn.

„Ich arbeite derzeit in der Werbeagentur meines Vaters. Na ja, eigentlich mache ich eine Ausbildung dort, aber das geht so einher." Er schickte diesen Worten ein entwaffnendes Lächeln nach.

„Wollen wir dann weiter?", wollte er nach dem zweiten Bier wissen.

„Klar", antwortete ich ihm und holte pro forma meinen Geldbeutel heraus, als er mir bedeutete, ihn sofort wieder einzustecken: „Der Abend geht auf mich."

Es wurde immer besser. Ich konnte mich nicht daran erinnern, dass mir Jack jemals etwas ausgegeben hatte. Nicht mal auf Malta, als wir abends weg waren. Smith fuhr also nicht nur ein Auto und verdiente sein eigenes Geld, sondern er hatte auch noch Manieren. Und er gab mir sofort dieses gewisse Gefühl. Dieses Schutzgefühl, dass ich immer zu ihm kommen könnte, dass er für mich da war. Also genau das, was ich bei Jack vermisste. Als wir wieder im Auto saßen, konnte ich kaum noch an mich halten, ihn nicht zu küssen oder ihn zu berühren. Ich dachte immer wieder an Jack, was er wohl im Moment machte. Wahrscheinlich Computerspielen.

„Spielst du eigentlich am PC?", wollte ich von Smith wissen.

Er sah mich kurz entgeistert an, blickte dann wieder auf die Fahrbahn und lachte. „Ja, klar, manchmal. Aber nicht viel. Dann eher PlayStation. Warum willst du das denn wissen?"

„Gott sei Dank", dachte ich, „nicht noch so ein Computerverrückter."

„Ach, einfach nur so", fügte ich mit einem erleichterten Grinsen hinzu.

Die Disco war brechend voll und nur durch seine Beziehungen kamen wir — speziell ich — überhaupt rein. Den Eintritt sowie jedes Getränk des Abends bezahlte er. Das hieß, dass er für eine, die er kaum kannte, locker 30 Euro springen ließ. Ob er das häufiger machte? Und vor allem: Warum machte er das? War das wirklich nur freundschaftlich? Wollte er einfach nur mit mir schlafen oder wollte er wirklich mehr von mir? Aber was wollte ich überhaupt?

Für diesen Abend stand fest: Ich wollte meinen Spaß.

Nachdem wir den ersten Wodka-O getrunken hatten, stürzten wir uns auf die Tanzfläche. Zum einen tanzte er gut, (wobei es nicht wirklich überragend war. Das konnte John am besten, auch wenn ich ihm das nie sagen würde), zum anderen konnte er extrem gut flirten (womit er, wohl dank seiner Erfahrung, locker an John und Jack vorbeizog).

Wenn er mich berührte, schien das nur ganz zufällig zu sein, als wäre es beim Tanzen aus Versehen geschehen. Diese sanften Berührungen brannten noch Stunden danach auf meinem Körper und zuckten wie ein Feuer durch meinen Körper.

Gegen halb eins fuhr er mich dann heim, er wollte keinen Stress mit meinen Eltern haben.

Okay, ich hatte getrunken, aber ich konnte mich beherrschen. Aber wie gerne hätte ich erfahren, ob seine Lippen so zart wie seine Hände waren. Doch ich hielt mich zurück. Ich hatte einen Freund, den ich liebte. Fertig aus. Kein wenn, kein aber. Smith brachte mich bis an die Haustür und wartete, bis ich aufgeschlossen hatte. Zum Abschied gab er mir einen sanften Kuss auf die Wange und ich schwebte in mein Bett.

Am nächsten Morgen, er begann bei mir nach meinem Aufstehen gegen halb zwölf, rief Jack an. Es würde ihm alles so leidtun und er wollte wissen, ob ich nicht Bock hätte, zu ihm zu kommen. „Klar", stimmte ich sofort zu. Mit Smith hatte ich nichts vereinbart und warum sollte ich mich nicht einfach mal mit meinem Freund treffen?

Im ersten Moment war es komisch, ihn wiederzusehen. Ich gab es ungern zu, aber ein wenig zwickte mich mein Gewissen schon, weil ich Jack nichts von Smith erzählte. Andererseits: Jack traf sich ja auch mit anderen und erzählte mir nicht jedes Detail.

„Willst du was trinken? Oder hast du Hunger? Wir haben noch Pizza Hawaii – ich kann dir den Schinken runter machen."

War das mein Freund? Seit wann war Jack so aufmerksam?

Ich begann zu lachen – aber ich lachte ihn nicht aus, es war ein mädchenhaftes Giggeln, weil ich es süß fand, wie er sich um mich bemühte.

„Nein, schon okay", antwortete ich und spürte plötzlich wieder eine Flamme in mir auflodern, von der ich gedacht hatte, dass sie fast erloschen war. Doch plötzlich spürte ich mich wieder zu ihm hingezogen. Ich wollte wieder in seinen Armen liegen, ihn einfach um mich haben. Vielleicht konnten wir alles, was in den letzten Wochen geschehen war, einfach vergessen.

„Ich liebe dich", säuselte er, als ich in seinem Arm lag und über seine Brust streichelte. Diese Worte hatte ich selten von ihm gehört, sodass sie von meinem Gehörgang bis in meine Fußspitzen für Freude sorgten.

Irgendwie brachte ich die Worte umgekehrt jedoch nicht über meine Lippen. Ich hatte nicht wirklich ein schlechtes Gewissen wegen meines netten Abends mit Smith – es war ja auch nichts passiert – aber trotz allem war es komisch. Ich hatte den Geruch von Smith immer noch in meiner Nase, und wenn ich in Jacks Augen sah, hatte ich das Gefühl, ihn hintergangen zu haben.

„Ist was?", fragte er mich, als ich seinem Blick zum wiederholten Mal auswich. Sollte ich gestehen und alles riskieren?

„Nichts. Ich bin nur immer noch ein bisschen durch den Wind, wegen der *fast schwanger*-Sache."

Es gab keinen Grund etwas gegen ein Treffen mit einem Freund zu sagen. Nichts. Ich redete mir einfach ein, dass ich nichts falsch gemacht hatte und schlief – geschützt – mit Jack.

„Hey Gwen."

„Hi, schon lange nichts mehr von dir gehört", meinte sie zu mir.

„Ich aber auch nicht von dir."

Kurzes Schweigen in der Leitung.

„Erzähl doch mal", wollte ich von ihr wissen, „wann kommt deine neue Kolumne?"

Sie zögerte. Noch immer schien es Probleme zu geben. „Ähm, wenn alles gut geht, wohl nächste Woche Dienstag."

„Und wo?"

„Ich bin wieder auf meinem alten Platz", antwortete sie knapp. Die Kinderseiten-Episode hatte sie anscheinend spüren lassen, wie schnelllebig das Mediengeschäft war.

„Treffen wir uns im *Tommy's*?"

Wieder zögerte sie. „Eigentlich wollte ich mich mit Graham treffen."

„Bring ihn doch einfach mit", schlug ich ihr vor.

„Im Ernst? Ich dachte ..."

„Lass das Denken, wir treffen uns wie gewohnt. Gleiche Zeit, gleicher Ort. Ich sage noch den anderen Bescheid."

Also rief ich noch David an und lud ihn und Anjuli ein. Als ich Kris auf dem Handy anrief, hörte ich Jack im Hintergrund und ließ es mir nicht nehmen, extra etwas länger als vielleicht nötig mit ihr zu reden.

Mein plötzliches Umdenken hatte einen ganz simplen Grund: Diese ganzen Streitereien und natürlich meine Sturheit waren nicht gut für unsere Clique, bestes Beispiel David und Anjuli. Keiner von meinen vergebenen Freunden würde sich jemals mit mir auf Kosten seiner Partnerin solidarisieren. Das hatte ich verstanden und versuchte nun, mit dem Strom zu schwimmen, anstatt vergeblich dagegen anzukämpfen.

Oder vielleicht hatte ich damals schon eine gewisse Vorahnung, dass die Harmonie nicht mehr allzu lange bestehen würde, und wollte noch einmal alle gemeinsam versammeln.

Kris und ich trafen uns an besagtem Feriendienstag am Busbahnhof. Sie schien glücklich und gut drauf zu sein und begrüßte mich mit einer herzlichen Umarmung.

„Hey, wie geht's dir?", wollte sie von mir wissen.

„Gut, gut. Und selbst?", fragte ich zurück.

„Besser denn je." Sie erzählte mir, dass sie sich mit Jack in den Ferien getroffen hatte, auf irgendeiner Mini-Kirmes gewesen war und sonst einfach viel geschlafen hätte. „Ach, übrigens: Ich bin auch definitiv nicht schwanger", sagte sie dann nebenbei.

Ich blickte sie aus dem Augenwinkel an und nickte. Meine Freude über diese Information wollte ich ihr nicht zeigen, aber mein Herz schlug einen freudigen Salto mortale.

Vor dem *Tommy's* warteten auch schon Gwen und Bulldog auf uns, die beide bester Laune waren. Gwen und Kris fielen sich sofort in die Arme, während Bulldog und ich uns recht verhalten zunickten.

„Alles klar?", fragte ich in die Runde.

„Immer doch", gab David zurück, der gerade mit Anjuli Hand in Hand zu uns stieß. Küsschen rechts mit Anjuli, leichtes Schulterklopfen mit David.

„Und wie immer kommt Jack zuletzt", frotzelte Bulldog.

„Kennst ihn doch. Er kommt immer zu spät", sagte Kris grinsend.

„Besser als nie", meinte ich zweideutig und bekam natürlich sofort wieder einen leichten Schlag in die Seite, während sich Bulldog köstlich amüsierte.

Mit gut zehn Minuten Verspätung kam dann Jack auch hereingeschlendert und bestellte sich zur Mittagszeit das erste Bier. Kris verdrehte nur die Augen und Gwen pochte darauf, endlich vorlesen zu können. Doch zuerst kam ein zusätzlicher Vorspann von ihr: „Nicht das ihr euch wundert, ich sollte über das Thema schreiben. Okay, also dann ...“

Gwens Couchgeflüster

Wem soll man eigentlich vertrauen? Kann man überhaupt jemandem trauen?

Den Eltern vielleicht, aber bei den Geschwistern und der weiteren Verwandtschaft hört es dann doch schon wieder auf mit dem bedingungslosen Vertrauen.

Wie oft hört man zwar: „Auf dich kann man sich nie verlassen!“ Doch handelt es sich dabei eher um kleine Vertrauensbrüche. Wenn zum Beispiel das Lieblingstop fehlt, das man Wochen später bei der kleinen Schwester wiederfindet. Oder die geliehene CD zerbrochen ist. Vielleicht stand man auch eine halbe Ewigkeit vor der Haustür und wartete vergeblich darauf, von jemandem abgeholt zu werden, um dann schließlich zu begreifen, dass man versetzt wurde.

Solche minimalen Vertrauensbrüche kennen alle, haben alle schon einmal erlebt und vermutlich selbst begangen. Doch es kann einen so viel schlimmer treffen. Bedeuten Werte wie Treue, Ehrlichkeit, Zuverlässigkeit denn heutzutage nichts mehr?

Betrug, Heuchelei, Feigheit treten an ihre Stelle.

Ich hoffe, Sie wurden noch nie betrogen.

Betrogen. Belogen. Hintergangen.

Eines ist schon schlimm genug, doch zumeist tritt alles zur selben Zeit ein. Umso schlimmer, wenn man von einem geliebten Menschen betrogen wird – oder von dem am meisten geliebten Menschen: Der Ehepartner, Lebensgefährte, Freund, wie auch immer, in den Armen einer anderen? Unvorstellbar. Wie grausam, wenn dies Realität wird.

Der unglaubliche Schmerz, der wie ein Schwert durch den gesamten Leib schneidet, das Herz zerteilt, das Sekunden zuvor noch heil und sorglos gewesen ist. Die Ohnmacht, die über einen hereinbricht, so plötzlich, wie eine Tsunamiwelle am Horizont erscheint. Man ist völlig unvorbereitet, erschlagen, man ist nur noch ein einziger großer Schmerz und kurz vorm Ersticken – und kann doch nicht sterben.

Alles, was zuvor schöne Erinnerung war, ist nun eine qualvolle Gedankenfolter, alles wird irreal.

Wie konnte ich diesen Menschen lieben? Habe ich ihn überhaupt jemals geliebt? Hat er MICH jemals geliebt?

Zweifel an der Existenz der letzten Wochen, Monate oder gar Jahre kommen auf. Sie fehlen plötzlich im Lebenslauf, scheinen verloren, unwiederbringlich, am liebsten möchte man die Zeit zurückdrehen und die schlimme Wahrheit verhindern.

Vertrauen ist wie ein Baum. Jedes Jahr erblüht er von Neuem, wenn man ihn lässt. Doch wenn er entwurzelt wird, ist er für immer verloren.

Aber: Hat er zuvor seine Samen hinterlassen, wird sein Geist neu erblühen können, doch nicht immer werden die Nachkommen so schön und stark wie der Urbaum.

Vertrauen kann von Neuem wachsen, langsam, als kleine, zarte Pflanze. Wenn man es behütet und pflegt, kann es wieder die einstmalige Größe erreichen.

Haben Sie Mut und geben Sie die Hoffnung nie zu schnell auf.

Eine schöne neue Woche wünscht Ihnen Ihre Gwen

Es folgte eine Pause. Natürlich kannten wir alle Gwens Kolumne, aber dieses Mal hatte sie alles, aber auch wirklich alles, aus sich herausgeholt und einen hammergeilen Text geschrieben.

„Wow", sagte ich dann, „das hat sich gerade sauecht angehört. So, als hättest du das wirklich schon mal durchgemacht."

Gwen grinste. „Ach, ich hoffe, dass ich diese Erfahrung nie machen werde. Ich habe mich da einfach hineingesteigert, das ist alles."

-- Kris --

Kennt ihr das Gefühl, ertappt worden zu sein, obwohl niemand einen ertappt haben kann? So fühlte ich mich, nachdem ich Gwens Kolumne gelauscht hatte. So, als hätte mir Gwen gerade einen Spiegel vorgehalten, inklusive Vergrößerungsglas, das mir all meine Sünden und Fehler aufzeigte.

Niemand konnte von mir und Smith wissen. Von diesem einen Kuss. Wir hatten uns am Morgen getroffen. Er hatte sich extra für mich freigenommen und wir hatten ein Picknick unter einem Lindenbaum mitten in einer riesigen Lichtung gemacht. Richtig romantisch, richtig schön. Und ja, wir hatten uns geküsst. Und ja, es war wunderschön. Und verdammt noch mal, ja, ich hätte gerne weiter gemacht. Aber dann musste ich an Jack denken. Ich habe daraufhin sofort aufgehört. Es war alles so kompliziert. Ich liebte Jack, doch Smith löste in mir ein flaues, weiches Gefühl aus. Was sollte ich nur tun? Eine Beziehung einfach wegwerfen und auf das neue Glück hoffen oder doch einfach an dem alten festhalten? So befremdlich es sich vielleicht anhörte, dachte ich über ein Leben ohne Jack nach. Und es war wirklich merkwürdig. Mir lief förmlich ein Schauer über den Rücken. Liebte ich ihn wirklich noch oder war ich bereits schon so an alles gewöhnt, dass ich es mir anders nicht mehr vorstellen konnte?

Ich musste mich entscheiden. Nur wie?

-- Johnathon --

„Bulldog, hast du eigentlich Post von deiner Spanierin bekommen?", wollte Anjuli wissen und spielte damit auf den bevorstehenden Austausch an.

„Ja, habe ich. Sie heißt Estefania. Und deiner?" Sie grinste und sah zu David.

„Danilo. Und er sieht furchtbar aus."

Sie zwinkerte David aufmunternd zu und er beugte sich natürlich prompt zu ihr, um einen Kuss abzugreifen.

Ich hasste glückliche Pärchen. Ich hasste sie. Dieses verliebte Gestubse hier, das verklärte Grinsen da. Wie ich es verabscheute. Aber okay, ich unterdrückte meinen Brechreiz. Vielmehr machte ich gute Miene zum sehr bösen Spiel. Also fragte ich munter drauf los: „Und hat Sven nicht auch so jemanden?"

„Ja, ich glaub, Alejandro oder so", sagte Kris.

„Woher weißt du das denn?", bemerkte ich spitzzüngig.

Jack sah sie musternd an. *Zufällig* war mir eine Anspielung auf ihr Techtelmechtel mit Sven rausgerutscht. Ich Dummerchen.

„Hast du es denn nicht gelesen?", setzte Kris dann an. „Er hatte es in seiner *ICQ away*-Meldung stehen."

Kris, du bist eine miese Lügnerin. Ich grinste mir eins und auf einmal kam mir zumindest ein Paar nicht mehr ganz so verliebt vor.

Viel zu schnell waren zwei Wochen Ferien vorübergegangen. Ich genoss gerade mit Anjuli unseren letzten richtig freien Freitagnachmittag im *Tommy's*. Wir saßen zusammen auf einem recht gemütlichen Sofa und tranken je eine heiße Schokolade, während im Hintergrund Alicia Keys lief.

Ja, verwunderlich: Anjuli und ich alleine, ohne, dass wir kratzend und beißend aufeinander losgingen. Die Zeiten,

in denen ich ihr wegen David böse war, waren vorüber. Solange er und sie zusammen glücklich waren, freute es mich
für beide. Ich wollte sie einfach nicht verlieren. Beide nicht.
Außerdem fühlte ich mich in ihrer Gegenwart immer wieder an die guten, alten *Sex and the City*-Folgen erinnert. Sie
war Samantha und Charlotte in einem, während ich ganz
klar Carrie war. Also im übertragenen Sinne. Mit unseren
(für Carrie obligatorischen) Kippen saßen wir da und lästerten gerade über Milana.

„Ich habe da was. David hat mir eine E-Mail geschrieben, in der er über Milana abstänkert. Immer wenn es mir
schlecht geht, nehme ich sie raus und lese sie mir durch."

Ich reichte ihr einen verknäulten Zettel aus meinem
Geldbeutel:

*Sie mit ihrer nervigen und quiekenden Stimme,
die so dermaßen hochfrequent ist, dass es ein
Wunder ist, dass das menschliche oder zumindest das männliche Ohr sie überhaupt wahrnehmen kann. Und immer wieder diese selbstgefäl-
ligen, hysterischen Lachattacken, durch die sie
andere indirekt auffordert, ihr Anerkennung für
ihre (nicht) humorvollen Statements zu zollen.*

„Und so weiter, und so weiter", sagte Anjuli grinsend
und nahm mir den Zettel wieder aus der Hand.

„Ja, ja, wenn mein Freund schwallt. Das habe ich an
ihm geliebt. Wo die Liebe halt hinfällt."

„Wie *geliebt*?", hakte ich nach. „Liebst du ihn nicht
mehr?"

Sie sah mich leicht verwirrt an. „Nein. Nicht wirklich."
Ich blickte sie fragend an. „Ach komm, John, du kennst
mich doch. Ich mag David, wirklich, er ist ein netter Kerl.
Aber ich liebe ihn nicht, vielleicht habe ich es nie getan."

„Wieso bist du dann mit ihm zusammen?"

Sie zuckte mit den Schultern. „John, lassen wir das Thema doch einfach. Wir beide können über alles andere reden, haben so viele Gemeinsamkeiten. Lass ihn doch mal außen vor."

Ich fasste es nicht. All der Streit, den ich wegen ihr mit David gehabt hatte, hätte vermieden werden können.

„Auch, wenn ich ihn nicht liebe, mag ich es doch, mit ihm zusammen zu sein. Aber denk gar nicht erst dran, es ihm zu sagen. Er wird es dir sowieso nicht glauben. John, lass es, es ist besser für uns alle."

Ich sah sie entgeistert an. War sie das größte Miststück oder sagte sie einfach nur die Wahrheit? Für den Rest unseres Gespräches war ich mehr als perplex, wohingegen sie einfach ganz normal weiterredete und so tat, als sei nichts gewesen. Sie hatte mir gerade einfach so ins Gesicht gesagt, dass sie meinen besten Freund nicht liebte und dass er mir all das sowieso nicht glauben würde, sollte ich sie verpfeifen. Hätte ich aufspringen, ihr eine Ohrfeige verpassen oder ihr einfach sagen sollen, wie durchtrieben sie war? Ich entschied mich für sitzen bleiben und sie verwundert anstarren.

„Jetzt guck doch nicht so blöd", herrschte sie mich fast schon an. „Gib dich keiner Illusion hin, das ist ein Fakt. Er wird dir nicht glauben. Ach, sag mal, ist dir auch aufgefallen, dass Kris ganz schön abgenommen hat?"

„Hm? Kann sein. Ja."

„Hi."

„Moin, was gibt's?", fragte er. Immerhin hatte David mich erkannt.

„Ich muss mit dir reden." Ich erzählte ihm von meinem Treffen mit Anjuli und von all dem, was sie mir an den Kopf geworfen hatte.

Als ich fertig war, schwieg er zuerst. Doch dann schien er zu explodieren.

„Kannst du mir mal sagen, was das soll? Warum erzählst du mir das? Gönnst du mir Anjuli nicht?"

Sie hatte recht gehabt. Verdammt.

„Hör mal", begann ich in einem ganz ruhigen Ton, „genau das will sie doch erreichen. Sie will, dass wir uns streiten. Und mit ihrer Prophezeiung, dass du mir nicht glauben würdest, hat sie anscheinend ja auch recht behalten."

„Jetzt hör echt auf. Wirklich, du hast dir das gut ausgedacht. Weshalb sollte sie denn mit mir zusammen sein, obwohl sie mich nicht liebt? Sag es mir!"

„Sie nutzt dich aus", gab ich zurück.

Er lachte höhnisch. „Was hätte sie denn davon?"

„Einfach alles. Es tut ihr in der Schule gut. Ihrem neuen Image. Ohne dich war sie bei uns auf der Schule ohne wirklichen Bezugspunkt. Durch dich hat sie jetzt einen braven und lieben Ruf."

„Jetzt hör echt auf! Ich habe da keinen Bock drauf. Du kannst dich gerne bei mir melden und dich bei mir entschuldigen. Aber lass den Scheiß! Ich liebe sie." Dann legte er auf.

Es war genau das passiert, was Anjuli mir halb drohend prophezeit hatte.

19

LIKE I NEVER LOVED YOU AT ALL

-- Johnathon --

Ja, Kris war wirklich dünn geworden. Es fiel mir sofort auf, als ich sie auf dem Busbahnhof erblickte. Woran das wohl lag? Vielleicht an dem vielen Alkohol, den sie mittlerweile konsumierte? Zwar war auch ich kein Kind von Traurigkeit, aber sie war derzeit jedes Wochenende unterwegs, feierte und trank. Auch, wenn wir uns wieder gut verstanden, sah ich keinen Grund, in die Rolle des Moralapostels zu schlüpfen und ihr zu sagen, dass sie, anstatt zu saufen, lieber brav zu Hause bleiben und lernen sollte. Und anständig essen.

Kaum hatten wir an diesem ersten Montag nach den Ferien gemeinsam den Berg in Angriff genommen, erzählte ich ihr von Anjulis Aktion im *Tommy's*. Auch sie war schockiert. Aber noch vielmehr war sie über David entrüstet.

„Hat der sie noch alle? Ich glaube, ich muss mal mit dem reden."

Wir trafen auf David, als er vor der Klasse wartete. Anjuli war noch nicht da und wir zogen ihn etwas von dem Rest der Gruppe weg.

„Hast du mir irgendwas zu sagen?", wollte er von mir wissen.

„Sag mal, tickst du noch richtig? Er ist dein bester Freund. Warum sollte er dich anlügen?", legte Kris los, bevor ich zu einer Antwort ansetzen konnte.

„Ich habe Freitagabend natürlich mit Anjuli telefoniert und sie schien wirklich schockiert. Sie hat mir versichert, so was nie gesagt zu haben und hat mir auch gleichzeitig deine Motive genannt: Eifersucht und Neid. Du als Single beneidest mich einerseits und bist andererseits eifersüchtig auf sie, weil ich nicht mehr so viel Zeit mit dir verbringe."

„Stopp mal!", unterbrach ich ihn. „Genau das hatte ich doch schon vorausgesagt: Sie wird dir versichern, dass sie so was nie gesagt hätte. Ich freue mich doch, dass du glücklich bist, auch, wenn alles nur eine Illusion ist. Aber ich bin wirklich enttäuscht von dir. Warum glaubst du irgendwem mehr als mir?"

„Das ist nicht irgendwer, das ist verdammt noch mal meine Freundin! Akzeptier das!"

„Hi. Kann ich irgendwie helfen?" Anjuli war auf der Bildfläche erschienen. Mit breitem Grinsen sah sie David an.

Dieser drehte sich von mir weg und zog sie an der Hand in Richtung Klassenraum.

Anjuli drehte sich nochmals kurz um und setzte diesen *Na, hatte ich recht*-Blick auf, der mit jeder Menge Verachtung und Häme gespickt war. Mir gefror das Blut in den Adern und ich sah zu Kris, die mir einfach nur die Hand auf die Schulter legte. Wir fügten uns unserem Schicksal und gingen in die erste Stunde nach den Ferien.

Wie nicht anders zu erwarten, redete ich an diesem Tag nicht mit David. Bald hatten alle aus der Clique von der Geschichte gehört. Was dann aber doch verwunderlich war: Alle hielten zu mir. Den meisten war Anjuli schon die ganze Zeit etwas suspekt und *too much* gewesen. Soll heißen: zu freizügig, frech, schlau, extrem.

Gerade unsere Öko-Mutter-Theresa Milana hatte natürlich schon die ganze Zeit gegen sie gewettert. Aber ihr heutiger Kommentar brachte es auf den Punkt: „Die kommt aus dem Nichts und stellt alles auf den Kopf." Apropos auf den Kopf stellen: Heute Mittag traf – frisch aus Spanien – eine Ladung Südländer ein, die eine Woche bei Gastfamilien wohnen würden.

Bulldog, Sven und Anjuli würden mit je einem ihr Zuhause teilen. Anjuli, wenn ich nur an sie dachte! Ich mochte sie eigentlich, warum tat sie das jetzt?

Am Dienstag lernten wir dann auch Danilo, Alejandro und Estefania kennen. Alle drei wirkten etwas schüchtern und zurückhaltend, wobei Alejandro doch ein ziemlich bunter Vogel zu sein schien. Bulldog erzählte uns in der Pause, dass sie am nächsten Tag einen Ausflug inklusive Bootstour machen und mit den Spaniern den ganzen Tag unterwegs sein würden. Unauffällig stellte ich mich zu meinen Suchtgenossen Jack und Kris.

„Anjuli ist morgen weg", sagte ich den beiden.

„Und?", war Kris' gewohnt zickige Antwort.

„Nehmen wir uns morgen David noch mal vor?"

Sie zog an ihrer Kippe. „Mal schauen."

„Nix mal schauen. Meine Güte, er ist unser Freund. Wir können bei so was nicht nur zuschauen."

„Er ist alt genug, um zu wissen, was er will. Wir haben es probiert, er wollte nicht auf uns hören. Was willst du da noch machen?"

Ich ging kopfschüttelnd weg.

Wenn mir niemand helfen wollte und David allen egal war, musste ich mich wohl alleine um die Sache kümmern. Doch soweit kam es erst gar nicht, denn die zweite große Pause brachte eine Wendung mit sich.

Anjuli und David standen ungewöhnlich weit abseits. Ich war gerade mit Gwen in eine Diskussion über die Schädigung der Ozonschicht durch Rauchen vertieft, als ich sah, dass Anjuli von David wegging. Er stand mit dem Rücken zu mir, doch spürte ich, dass irgendwas nicht stimmte. Ich musterte seine Körperhaltung, seine gesamte Gestik, und mir war eigentlich sofort klar, was geschehen sein musste. Ich ließ Gwen stehen und ging zu David. Ich tippte ihm auf die Schulter und er drehte sich um. Seine Augen waren mit Tränen gefüllt. Ich fragte ihn nicht, was los war, sondern umarmte ihn einfach. Dann ging ich mit ihm zu einer nahegelegenen Mauer und wir setzten uns.

„Sie hat gesagt, sie hätte keinen Bock mehr, ich würde an ihr hängen wie eine Klette und dass sie mich einfach nicht mehr liebt." Genau das waren seine Worte.

Ich schluckte ein „Hatte ich nicht recht gehabt?" schnell herunter. Ich hörte ihm einfach zu, als er mir weiter nacherzählte, dass sie dieses Gefühl schon länger gehabt hätte, und dass sie der Meinung wäre, dass sie einfach nicht zusammenpassen würden. Mit der Zeit kamen dann auch Gwen, Bulldog und Kris hinzu und David erzählte alles erneut. Wir überhörten den Stundengong und saßen einfach nur beisammen.

Plötzlich tauchte Milana auf. „Frau Rozier hat mich geschickt. Ich soll euch suchen. Was ist denn los?"

„Anjuli hat mit David Schluss gemacht", antwortete ich knapp und war über Milans Reaktion mehr als verblüfft. Sie schleuderte Hasstiraden gegen Anjuli aus sich heraus, die selbst Gwen von ihr nicht kannte.

„Milana, ich wusste nicht, dass du solche Wörter kennst", sagte ich lachend und selbst David konnte sich ein Lächeln abringen.

Aber auch Kris und Bulldog waren über Anjulis Verhalten aufgebracht. Einstimmig beschlossen wir einen Anjuli-Boykott und gingen in den Unterricht.

Das Gesicht der Rozier war erzürnt, als wir mit fünf Mann zu spät in die Klasse kamen. Doch als David, ihr Lieblingskind, als sechster mit verheulten Augen durch den

Türrahmen schritt, schien der Zorn wie aus ihrem Gesicht gefegt und sofort durch Mitleid ersetzt zu werden. Ich sah ihren Blick zu Anjuli wandern, fing ihn ab und nickte ihr zu. Sie nickte zurück und akzeptierte unser Fehlverhalten wortlos. Eigentlich saßen David, Kris und ich zusammen mit Anjuli in der letzten Reihe. Doch nun setzten wir uns allesamt lieber in die erste Reihe – genau vor die Rozier – und ließen Anjuli hinten versauern.

Während wir in einer Stillarbeitsphase wirklich einmal arbeiten, kam unsere Lehrerin zu uns: „Wenn du willst, kannst du rausgehen."

David nickte stumm und stand auf.

„Kommt ihr mit?", fragte er und sah Kris und mich an.

Wir standen auf und verließen die Klasse.

Ich wusste vorher nicht, wie schlimm das war, wenn der beste Freund neben einem saß und Rotz und Wasser heulte. Ich war mit ihm down, fühlte mich so unglaublich hilflos. Er stammelte immer wieder: „Wieso tut sie mir das an? Was habe ich denn falsch gemacht?"

Es mochte sich wie eine sinnlose Floskel anhören, doch in diesem Moment sagte ich ganz aufrichtig: „Du hast nichts falsch gemacht. Sie hat dich nicht verdient."

Bis zum Ende der Stunde hatte er sich wieder gefangen, doch die schlimmste Phase würde er wohl zu Hause durchmachen.

All jene, die Spanier aufgenommen hatten, waren am nächsten Tag auf Exkursion und somit nicht im Unterricht, was aus unserer Klasse neben Anjuli noch Bulldog und Sven betraf. Alle Versuche, David aufzumuntern, der, mit Verlaub, einfach komplett scheiße aussah, schienen noch nicht wirklich zu fruchten. Unser gestriges Telefonat hatte ihm aber anscheinend gut getan und ich hatte mir trotz Schulstress, Zeit für ihn genommen.

Ich so sauer auf Anjuli, dass ich sie in der Luft hätte zerreißen können. Trotz allem nahm ich sie weiter als Freundin wahr, wenn auch als eine intrigante. Ich hatte keine Ahnung, wie ich damit umgehen sollte.

Leider war dies nicht mein einziges Problem: Mehr und mehr schien die Schule Besitz von mir zu ergreifen, zog mich immer tiefer in einen Sog des Stresses und der Gedankengewalt. Schon in der Schule hatte ich schlimme Kopfschmerzen bekommen. Dieses Gefühl der Übelkeit wurde auch dann nicht besser, als ich eine SMS von Rahel bekam. Sie teilte mir mit, dass sie nächste Woche aus Frankreich zurückkehren würde. Dann diese Lustlosigkeit, das Gefühl der Schwäche und plötzlich versagte auch noch mein Koordinationsvermögen.

Auch nach einem Mittagsschläfchen zu Hause ging es mir eher schlecht als recht, was meine Mutter zum Anlass nahm, mich zum Arzt zu schleppen. Nach langer Wartezeit kam ich endlich dran. Ich schilderte meinem Doc die Symptome.

„Leidest du häufig unter Stress?", wollte er wissen.

Ich bejahte.

„Nächtliche Schlaflosigkeit? Gefühl der Lustlosigkeit?"

Nicken.

„Sei morgen früh bitte nüchtern zum Blutabnehmen hier. Dann wissen wir mehr."

Diesem Rat folgte ich auch. Am Donnerstagmorgen ließ ich mir zwei Ampullen Blut abzapfen und mich dann von meiner Mutter in die Schule fahren. Ich hatte die erste Stunde komplett versäumt und kam pünktlich zur kleinen Pause zwischen den Stunden.

Kaum hatte ich den Gang betreten, kam auch schon Milana aus unserem Klassenraum gestürzt und in dem Moment, in dem sie mich gesehen hatte, rannte sie auf mich zu.

„John!", rief sie und packte mich ausgerechnet an dem Arm, aus dem gerade noch mein Blut geflossen war.

„Was ist denn los? Und warum rennst du hier rum? Ist Herr Althaus noch nicht da?"

„Nein. John, Bulldog hat mit einer rumgemacht. Und Gwen glaubt das nicht."

Ich blickte sie fragend an, ich war noch nicht wieder auf der Höhe, um solche elliptischen Sätze zu verstehen. „Mal langsam. Und bitte ausführlicher."

Lang und breit erzählte mir Milana, dass Bulldog bei der gestrigen Tour eine Spanierin namens Estefania geküsst haben soll – eben jene Spanierin, die seine Austauschschülerin war!

„Und er ist auch noch Hand in Hand mit ihr rumgelaufen! Stell dir das mal vor!"

Dumm nur, dass Sven mit seinem Handy Bilder von dem Paar gemacht hatte. Gwen hatte ebendiese Bilder von Sven gezeigt bekommen und bezweifelte dennoch deren Echtheit. Bulldog äußerte sich zu dem Vorfall in keinster Weise und somit stand Aussage gegen Aussage.

„Und wie geht's ..."

„Guys, ab in die Klasse!" Herr Althaus war auf der Bildfläche erschienen und schickte uns in den Klassenraum, in dem reges Treiben herrschte: Gwen saß, umringt von Kris, David, Debbie und Jenny auf der einen Seite der Klasse, während Bulldog gegen die Wand starrte.

„Folks, wie alt seid ihr denn? Mittlerweile solltet ihr doch wissen, wann der Unterricht anfängt. Ab auf eure Plätze!"

Nach der Stunde wollte ich sofort zu Gwen, doch ohne ein Wort zu sagen, war sie bereits aufgestanden und gegangen, wohin auch immer.

„Sie will mit Bulldog und Sven reden", klärte mich Milana auf, die ausnahmsweise mit in die Raucherecke gekommen war.

„Und was machen wir jetzt?", fragte ich, obwohl mir nach solchen Gefühlsduselei-Kram derzeit wirklich nicht der Kopf stand.

„Der Rabenolt ist nicht da und somit haben wir zwei Freistunden", erzählte mir David. „Dann ist genügend Zeit, mal Licht ins Dunkel zu bringen."

Zurück in der Klasse: Während Gwen umringt von David, Milana, Kris, Jenny, Debbie und mir war, saß Bulldog auf der anderen Seite des Raums und schien stumm die Wolken durch das Fenster zu beobachten. Alle Versuche, Gwen zu beruhigen, schlugen fehl, sie heulte Rotz und Wasser und gab immer nur kurze Wortfetzen von sich.

„Wie konnte er nur", schluchzte sie immer wieder, was für mich ein untrügliches Zeichen dafür war, dass sie Svens Fotos nun doch Glauben schenkte.

Ich tätschelte – wie alle, die bei Gwen saßen – mitleidig ihren Rücken, Schulter oder was sich sonst noch an unverfänglichen Körperteilen anbot. Ich spürte natürlich, dass ich nicht viel machen konnte. Mit einem Blick signalisierte ich David, dass wir wohl besser einmal raus auf den Gang gehen sollten, um in Ruhe zu reden.

„Hat sie mit ihm Schluss gemacht?", fragte ich ihn, nachdem die Tür ins Schloss gefallen war.

„Nein, noch nicht."

Ich nickte knapp und ließ mich auf den Boden fallen und lehnte mich mit geschlossenen Augen gegen die Wand.

Ich brauchte jetzt erst einmal einen klaren Kopf. Davids Trennung, meine Kopfschmerzen, Bulldogs Betrug, alles war im Moment so viel.

„Alles klar bei dir?", fragte mich David und ich nickte knapp.

„Nur Kopfweh, nichts Ernstes", log ich halb, denn ich hatte ja noch keine Ahnung, was mit mir los war.

David schien mir zu glauben und machte seiner Wut auf Bulldog Luft.

„Bulldog hat heute Morgen nicht schlecht geguckt, als Sven das Handy rausgeholt und Gwen die Bilder gezeigt hat. Ihm sind richtig die Gesichtszüge entglitten. Zuerst hat er rumgestottert, was das denn sollte und so weiter. Gwen war richtig geschockt und hat rumgeschrien, wobei nichts, aber gar nichts, gegen Bulldog ging. Die hat nur den armen Sven voll zusammengefaltet. An… ähm … Anjuli kam dann auch dazu und hat das Ganze nochmals bestätigt."

„Gwen hat Sven angeraunzt? Der meinte es doch nur gut. Na ja, vielleicht nicht ganz. War bestimmt auch etwas Rache für die Sache auf Malta und die Erpressung", warf ich dann ein.

„Ja, denke ich auch. Aber es ist ja nicht so, als ob er es nicht verdient hätte, oder? Sein ganzes Getue, dieses arrogante und besserwisserische Gehabe hat tatsächlich auch mal eine Retourkutsche verdient."

Ich nickte. Bulldogs Verhalten konnte ich nicht einmal ansatzweise verstehen. Er tat doch sonst alles, um als die Reinkarnation der konservativen Perfektion dazustehen und plötzlich schnappte er sich eine andere? Waren die Triebe mit ihm durchgegangen? Das wäre bestimmt nicht im Sinne seines so vergötterten, englischen Großvaters gewesen.

„David, wir reden hier die ganze Zeit von Gwen. Wie geht es dir überhaupt? Hast du mal mit Anjuli geredet?"

„Nein, das ist auch wohl besser so. Ist momentan alles kompliziert."

Ich boxte ihm leicht in die Seite und grinste ihn an.

„David?"

„Hm?" Er blickte mich fragend an.

„Auf welcher Seite stehen wir jetzt eigentlich?"

David konnte mir keine Antwort geben, denn just in diesem Moment wurde die Tür geöffnet und Gwen (mit verheultem Gesicht) und Bulldog (mit angespannter Miene) kamen aus dem Klassenraum. Bulldog räusperte sich vielsagend, was mehr als unnötig war. Als ob wir nicht checken würden, dass die beiden alleine reden wollten!

David und ich standen postwendend auf und ließen die beiden alleine auf dem Gang zurück. Kaum war die Tür unseres Klassenraums ins Schloss gefallen, kamen Kris und Milana angestürmt und horchten an der Tür.

„Hat jemand vielleicht ein Glas?", flüsterte Kris und blickte sich fragend um.

„Was willst du mit einem Glas?", fragte ich sie in normaler Lautstärke.

„Pst! Sei still! Ich will hören, was die reden", keifte sie mich mit bemüht leiser Stimme an.

„Mit einem Glas?"

„Ja! Hast du das noch nie in den Filmen gesehen? Die machen das mit Gläsern. Dann kannst du besser lauschen."

„Bei uns gibt es fürs bessere Hören Hörgeräte", witzelte ich. Na ja, mein Humor eben.

„Hat denn niemand hier ein Glas?", fragte die fast verzweifelte Kris.

Ich hatte keine Ahnung, wie David es machte, doch er zauberte plötzlich aus dem Nichts ein Wasserglas hervor und drückte es ihr in die Hand. Unser alter Profi Kris musste sich natürlich nicht bei David bedanken, sie positionierte das Glas an der Tür und hielt das Ohr daran. Doch genau in diesem Moment – nein, es war kein schlechter Hollywoodfilm – ging die Tür auf und Gwen kam heulend in die Klasse gestampft. Kris strauchelte nach vorne, das Glas glitt aus ihrer Hand und knallte schließlich auf den Boden, wohingegen sie ihren eigenen Sturz noch abfangen konnte.

Tausende kleine Scherben bedeckten nun den Flur und leuchten im Licht der Neonröhren gelblich, als die Tür der Nachbarklasse aufging, und der dort unterrichtende Lehrer Kris ordentlich zusammenstauchte.

„Es tut mir leid, war ein ... Missgeschick." Sie wurde sofort knallrot und entschuldigte sich vielmals. „Ich kehre es auch bestimmt gleich weg."

Ohne dies wirklich vorzuhaben, schloss sie die Tür hinter sich und widmete sich zunächst der weinenden Gwen.

„Es ist vorbei", schluchzte diese nur. Ihre Hände bedeckten ihr Gesicht, immer und immer wieder durchzuckten verzweifelte Schluchzer die Stille des Klassenraums.

Debbie und Jenny, diese sensationsgeilen Tratschtanten, wollten sofort wissen, was geschehen war, und Kris und Milana mussten sehr deutliche Worte finden, damit Gwen sich zuerst einmal beruhigen konnte.

„Wenn ihr beiden euch nützlich machen wollt ... kehrt die Glasscherben draußen zusammen!", herrschte Kris beide an. Ganz wie in der guten alten Zeit gingen sie tatsächlich vor die Tür, wohl in der Hoffnung, dadurch nachher bessere Infos zu erhalten.

David und ich wussten, dass wir in diesem Moment nichts für Gwen tun konnten und beschlossen stattdessen, Bulldog zu suchen.

-- *Graham* --

Lieber Gott, was hatte ich getan? Wie hatte das geschehen können? Der Abstieg aus der höchsten Liga hierhin, auf die Jungentoilette!

Hatte nicht schon Schiller gesagt, dass die Triebe den Verstand nicht überflügeln durften und beides stets im Einklang sein sollte? Was hatte ich mir, nein, was hatte ich Gwen angetan?

Wie hatte ich es nur soweit kommen lassen können? Ja, ich hatte mein Zwischenziel erreicht: Ich wurde mittlerweile als der akkurate, intelligente und konservative Graham wahrgenommen, der ich nun einmal war. Ich glaubte daran, dass man mit der richtigen Einstellung und harter Arbeit etwas erreichen konnte, genauso wie mein Großvater, als er vor vielen Jahren nach Deutschland kam und sich ein neues – ein perfektes – Leben aufbaute. Ich hatte mir einen Ruf, ein Leben aufgebaut und Gwen war schon längst nicht mehr ein einfacher Stein auf dem Weg zu einem höheren Ziel. Nein, ich empfand so etwas wie Liebe für sie. Ich wusste nicht, ob es wirklich Liebe war, denn ich besaß keinerlei Vergleichsmöglichkeiten. Aber ich mochte sie sehr. Nicht nur wegen des Sex', nicht nur, weil sie mir fast untertänig gefolgt war, nein, ich mochte ihr Wesen.

Warum hatte mich diese Estefania dann so magisch angezogen? War es eine versteckte Sehnsucht nach dem Unbekannten oder vielleicht ein biologischer Drang nach Polygamie? Ich wusste es nicht.

Einerseits wollte ich Gwen wiedergewinnen, andererseits musste ich mich aber auch fragen: Was würde aus uns werden, wenn ich nach Amerika ging? Würde ich dann wieder so leicht schwach werden und mich der Fleischeslust hingeben?

-- Johnathon --

„Also, wir sind uns einig, dass er eine Scheißaktion gebracht hat, aber auch, dass er unser Freund ist", fasste ich das zusammen, was David und ich eben lang und breit besprochen hatten.

Er nickte. Noch immer hatten wir Bulldog nicht gefunden. Auf dem Gang war er nicht, auch nicht in der Raucherecke oder im Atrium.

Blieb eigentlich nur noch ein Ort: das Jungsklo. Kaum hatte ich die Tür geöffnet, schossen mir auch schon die typischen Gerüche in die Nasenlöcher. Der beißende Gestank von Urin war dabei fast der harmloseste. Aber welchen Effekt konnte man auch sonst erwarten, wenn auf den Toiletten beständig die Heizung lief?

„Graham?", rief David.

Es kam keine Antwort. Ich sah zu den Urinalen – niemand. Nochmals rief David seinen Namen.

Nichts.

Wir wollten gerade wieder gehen, als wir ein Schluchzen hörten.

„Bist du da?", fragte David nochmals nach.

Dann ging eine Klotür auf und vor uns stand Bulldog. Seine Augen waren komplett verheult. Ich war hin und her gerissen. War es möglich, dass er Gwen doch mehr liebte, als wir alle dachten? Oder war er schlicht und ergreifend ein guter Schauspieler? Ich traute ihm ja wirklich viel zu, aber würde er so weit gehen, das alles zu faken? Immerhin war er über ein halbes Jahr mit Gwen zusammen gewesen. Könnte er ihr dann das alles antun? Und vor allem, warum?

Ich fällte die Entscheidung innerhalb einer Millisekunde. Ich entschied mich, Bulldog zu glauben. Also ging ich zu ihm und umarmte ihn.

David schien sich ähnlich entschieden zu haben und tat es mir gleich. Ich konnte mir einfach nicht vorstellen, dass ein Mensch so durchtrieben sein würde. Außer vielleicht Anjuli. Sei es drum, ich glaubte ihm einfach.

„Es war eine Scheißaktion von dir und ich sage dir ganz ehrlich: Ich denke, dass Gwen ohne dich besser dran ist. Aber wir sind auch deine Freunde."

Er sah mich zum einen dankbar, zum anderen verständnisvoll an.

„Willst du alleine sein?", wollte David von ihm wissen.

Er nickte und wir waren fast aus der Tür hinaus, da ertönte mit schwacher Stimme noch: „Danke."

David und ich traten also wieder den Weg zurück in den Klassenraum an. Ich hörte schon von Weitem, wie Gwen immer noch heulte. Wer sollte es ihr vergelten? Die Wut, die ich auf Bulldog hatte, war die eine Sache. Ich konnte nicht einfach zusehen, wie Gwen mit roten und angeschwollenen Augen da saß, weil er ihr fremdgegangen war.

Die andere war, dass ihre Pseudo-Freundinnen Milana, Debbie und Jenny nun alles vorhergesehen haben wollten und Gwen sagten, wie dumm sie gewesen wäre, sich überhaupt mit Bulldog eingelassen zu haben.

„Jetzt spielt ihr euch nicht so auf!", fauchte ich sie an. „Ja, Bulldog hat einen beschissenen Fehler gemacht! Und dafür, dass er Gwen verletzt hat, hasse ich ihn. Aber sie liebt ihn nun einmal. Lasst sie also mit euren Binsenweisheiten in Frieden!"

„Wie kannst du das nur sagen? Der Kerl ist einfach nur ein Arschloch!", fuhr mich Milana an.

„Na und, dann ist er eins. Aber er ist und bleibt einer meiner Freunde. Und Gwen liebt ihn. Wenn ihr sie wirklich mögt, akzeptiert das endlich."

„Nein, werden wir nicht, weil uns Gwen am Herzen liegt", keifte nun Debbie zurück und versuchte, mir einen bösen Blick zuzuwerfen, der aber durch die Fettschicht auf ihrer Brille abgebremst wurde.

„Wie sehr sie das tut, merke ich. Ihr unterstützt sie gerade wahnsinnig. Wenn *ihr* irgendwann mal geliebt haben werdet, werdet ihr sie verstehen."

Milana setzte gerade zu einem Konter an, doch Gwen hielt sie fest und zeigte ihr somit, dass sie die Klappe zu halten habe. Genau in diesem Moment ging die Tür auf und Bulldog kam herein.

Nachmittags rief ich Gwen nicht an. Wahrscheinlich meldeten sich schon genug Mädels bei ihr, die sie vollschnatterten. Da musste ich sie nicht auch noch belästigen.

In den nächsten Tagen legten sich die Spannungen in unserer Clique etwas. Zwar gab es anstelle von drei Paaren nur noch eines, aber keines der Ex-Pärchen hetzte gegeneinander. Anjuli war sowieso kaum noch bei uns und wenn, dann war sie bei Sven oder versuchte, wieder mit mir in Kontakt zu treten. Natürlich war ich immer noch stinksauer auf sie. Aber ich hatte mich ja auch dazu durchgerungen, weiterhin mit Bulldog befreundet zu bleiben – wäre es dann fair, mich bei Anjuli anders zu verhalten?

Bulldog schien halbwegs akzeptiert zu haben, dass Gwen ihre Ruhe wollte und in den seltenen Fällen, in denen er sie doch ansprach, waren Milana, Jenny und Debbie natürlich sofort zur Stelle, um Bulldog gar nicht erst an Gwen heranzulassen.

Und eines hätte ich wirklich nicht von ihm gedacht: Nachdem sich Gwen von ihm getrennt hatte, machte er Estefania sofort klar, dass alles ein Fehler gewesen war und dass zwischen ihnen nie wieder etwas laufen würde. Estefania war dann frustriert nach Hause gefahren. Und was man weiterhin erwähnen sollte: Gwen und Estefania waren sich nie über den Weg gelaufen. Sobald Gwen auch nur im näheren Umkreis auftauchte, hatte Bulldogs Knutschaffäre sofort die Flucht ergriffen. Zwar konnte ich mir nicht wirklich vorstellen, dass Gwen auf sie losgegangen wäre und ihr an den Haaren gezogen hätte, anderseits würde ich für diese Vermutung aber nicht die Hand ins Feuer legen.

Ein Teil unseres letzten Pärchen, Kris nämlich, schien in letzter Zeit wirklich ernsthafte Probleme zu haben. Sie hatte häufiger als normal Streit mit Jack, der wohl auch nicht ganz verstand, was mit ihr abging.

Zwischen ihr und mir war aber mittlerweile eigentlich alles okay. Eigentlich. Trotz allem fing sie in letzter Zeit vermehrt an, persönlich beleidigend zu werden. In der Kunststunde zum Beispiel meldete ich mich, um irgendetwas zum Thema Renaissance zu sagen. Doch kaum war ich fertig, fing Kris an, Jack etwas ins Ohr zu flüstern. Natürlich dachte ich, dass ich etwas Falsches gesagt hätte, und bezog das Getuschel auf mich.

„Was gibt es denn?", fragte ich sie also.

„Das geht dich gar nichts an. Raff es endlich – du bist nicht der Mittelpunkt der Welt. Es dreht sich nicht alles um dich", keifte sie.

Ich antwortete nicht darauf.

Nächstes Beispiel: Wir standen in der Pause rauchend herum. Rahel, die wieder aus Frankreich zurück war, stand auch bei uns und redete mit Kris über die *Topmodel*-Folge, die am Abend zuvor im Fernsehen gelaufen war. Da ich sie auch gesehen hatte, mischte ich mich in die Konversation ein.

„Also, ich fand die Entscheidung voll gerecht." Damit widersprach ich aber Kris.

„Wer hat denn gesagt, dass deine Meinung irgendwie gefragt ist? Halt einfach die Klappe."

Rahel sah mich etwas irritiert an. Anscheinend hatte sie ebenfalls keinen Schimmer, wo Kris' Problem lag. Auch für mich war keines zu erkennen. Kris schien glücklich mit Jack, die Schule lief für sie angemessen und auch sonst hatte sie zumindest von nichts Schlechtem erzählt.

Gwen hingegen hatte richtige Probleme.

Das mit Bulldog hatte sie anscheinend immer noch nicht recht verdaut – die Trennung war mittlerweile eine Woche her. Manchmal erschien sie noch immer mit verweinten Augen in der Schule, wobei wir uns wirklich um sie kümmerten. Ich bot ihr jeden Tag an, mit ihr ins Kino zu gehen oder einfach nur zusammen durch Burgweiler zu schlendern. Doch all das wollte sie nicht.

Was wohl das Schlimmste an allem war: Jeden Tag sah sie Bulldog in der Schule und in manchen Stunden saß sie direkt neben ihm. Damit war es natürlich vorprogrammiert, dass ihre Gefühle sich nicht beruhigen konnten und sie einfach immer wieder an ihn denken musste.

20

BECAUSE OF YOU

-- *Johnathon* --

Der Monat Mai, der fünfte nach dem Gregorianischen Kalender, wurde nach Iupiter Maius benannt, dem römischen Gott des Frühlings und des Wachstums. *Alles neu macht der Mai* ist auch so ein Spruch, den man im Hinterkopf haben muss, wenn man sich das Treiben, welches in dem Monat vor sich ging, vor Augen führte.

So war es vor allem für Gwen gut, dass der wechselhafte April endlich vorbei war. Nicht nur, dass sie Bulldog verloren hatte, auch ihre Kolumne wurde endgültig eingestellt. Den letzten Entwurf, den sie Ende April eingesendet hatte, befand die Redaktion für grauenhaft. Es würde die junge und unbeschwerte Frechheit fehlen, die *Gwens Couchgeflüster* sonst ausgemacht hätte. Also wurde Gwen zu einer *Kreativpause* verdonnert.

Doch nun, in der dritten Maiwoche, hatte Gwen sich wieder gefasst und so langsam schälte sie sich wie ein Schmetterling aus ihrem Kokon.

Eines Morgens, es war draußen schon angenehm warm, kam sie mit schwarzen Stilettos in die Schule, dazu trug sie einen gepunkteten Rock im 60er Jahre Stil und ein rotes Lagentop. Nicht nur mir fiel fast die Kinnlade herunter.

Vor allem sah man aber nun, wie viel sie in den letzten drei Wochen abgenommen hatte. Endlich strahlte Gwen wieder. Man konnte mit ihr Scherze machen, sie necken und wieder herzhaft lachen – alles allein, ohne ihr ehemaliges Anhängsel.

Und es gab noch zwei gute Nachrichten: Die erste war, dass mein Bluttest ergeben hatte, dass ich zwar unter leichtem Eisen- und Magnesiummangel litt, und es der Stress war, der mich schlappmachte.

„Aber ich will dir nicht irgendeine Modekrankheit wie Burn-out einreden. Trotzdem weisen deine Werte ein wenig in Richtung Überbelastung. Versuch, den Stress ein wenig zu reduzieren", meinte mein Arzt.

Das klang doch recht beruhigend.

Die zweite: Meine Eltern würden über Christi Himmelfahrt, nämlich genau am Mittwoch, in den Kurzurlaub fahren und erst Sonntagmittag wiederkommen. Da sie über einen beweglichen Ferientag wegfuhren, lud ich die Clique zu einer Hausparty ein. Doch kaum jemand hatte Zeit. David war mit seinen Eltern ebenfalls unterwegs, Milana, die ich nur wegen Gwen gefragt hatte, hatte keine Lust, Jack war auf einer zweitägigen Lan-Party. Somit blieben nur noch Kris, Gwen und Bulldog. Da ich keinen Bock hatte, dass sich Gwen und Bulldog im besoffenen Zustand wieder näher kamen, lud ich ihn nicht ein und somit plante ich mit den beiden Mädels einen Partyfreitag.

„John, ich weiß wirklich nicht, ich müsste auch irgendwann mal wieder schlafen und ein Wochenende chillen."

„Ach Kris, komm schon. Wann haben wir denn das letzte Mal alle zusammen gefeiert? An Silvester, vor fünf Monaten! Kris, bitte!"

Kris seufzte und sah die mitleidserregend guckende Gwen über ihre Rauchwolke hinweg an. „Meine Güte, ja. Mir fällt zu Hause sowieso die Decke auf den Kopf."

Brav, wie ich war, winkte ich am Mittwochnachmittag dem Auto meiner Eltern nach. Sobald sie außer Sichtweite waren, stürmte ich auf dem Balkon und steckte ich mir eine Kippe an.

Ja, noch immer lebte ich *ungeoutet* vor meinen Eltern und wirklich ändern wollte ich das auch nicht. Eigentlich wollte ich ja mit dem Rauchen aufhören, aber es war so herrlich entspannend. Belustigend fand ich, dass sie sich zwar wunderten, warum bei einer Nichtraucherfamilie Zigarettenkippen in der Mülltonne lagen, doch der Groschen schien nicht gefallen zu sein. Ich war froh darüber.

Während ich also auf dem Balkon stand, und die Sonne leicht gedimmt durch die Wolken fiel, überlegte ich mir, was ich die nächsten Tage machen sollte. Kris und Gwen wollten erst morgen Abend vorbeikommen und dann bei mir feiern und pennen. Warum sollten wir davor nicht ausgiebig shoppen gehen? Also rief ich Gwen an, die meinen Vorschlag gut fand und mit mir einkaufen gehen würde.

„Dann kann ich auch zum Friseur", sagte sie freudig.

Aber: Sie wollte, dass Kris auch mitkam. Da ich mich wegen der Weihnachtskarte immer noch schämte (ich wollte weder Kris' Mutter noch Vaters jemals Auge in Auge gegenüberstehen), rief ich natürlich Kris nicht auf dem Festnetz an, sondern klärte das per SMS. Zu meinem Erstaunen hatte Kris erstens Zeit, zweitens Geld und, was wohl am Verwunderlichsten war, drittens Lust. Also machte ich alles dingfest, rief wiederum bei Gwen an, die mir auch zusagte. Somit würden wir uns am Freitagmorgen im Zug zu einer Shoppingtour nach Lawetz aufmachen, die die Welt noch nicht gesehen hatte.

Doch zunächst war ich am Donnerstag erstmals seit Langem wieder in Birkenheim. Zoe hatte mich eingeladen, mit ihr und den anderen Pizza zu essen. Ich war schon etwas verwundert, dass ich gefragt wurde, denn ich hatte mit allen fast keinen Kontakt mehr. Emily und Elias hatte ich die Sache mit Toni nie ganz verziehen und Natascha wagte

sich nach ihrer Selbstmorddrohung nicht mehr, mich anzu-
schreiben. Nur mit Zoe hatte ich hier und da noch zu tun.

„John, bitte, die anderen haben wirklich nichts dagegen, wenn du kommst. Emily freut sich sogar."

„Ich weiß nicht. Irgendwie habe ich ein ungutes Gefühl
dabei."

Sie seufzte in den Telefonhörer. „Du bist ja nicht alleine.
Ich bin auch da. Wir sehen uns dann heute Abend, ja? Ich
muss mal schnell nach meinem Bruder sehen, der kränkelt
schon wieder."

„Okay. Bis dann."

Neben dem mir bekannten Teil der Clique würde allerdings noch jemand vor Ort sein, mit dem ich nicht gerechnet hatte.

Ich war wie immer zu früh und wollte draußen warten,
bis alle eintrudeln würden. Ich wippte also von den Fußbal-
len auf die Zehenspitzen und sog schon einmal den Knob-
lauch-Basilikum-Geruchmix vor der Pizzeria ein, als eine
dunkle, große Gestalt allmählich näher kam. Zunächst war
ich verwundert, wieso sie so zielstrebig auf mich zukam,
denn von der Größe her konnte das weder Toni noch Elias
sein. Dann, als sie den Lichtkegel einer Straßenlaterne betrat, erkannte ich im orangegelben Licht die Gesichtszüge
einer mir bekannten Person: Gary Fröhlich.

Mit großen Schritten kam er auf mich zu, doch zunächst
schien auch er mich nicht zu erkennen. Dann stand ihm der
Schrecken für einen Moment direkt ins Gesicht geschrieben, bevor seine Mimik wieder die standardisierte Gleich-
gültigkeit annahm.

„Hi", sagte ich.

„Hi", grüßte er zurück.

Darauf folgte das große Schweigen. In mir kam alles
wieder hoch. Ich erinnerte mich an Fasching, an das, was

passiert war. Zumindest glaubte ich, dass es passiert war. Oder hatte ich mir das alles nur eingebildet, gar geträumt? Mittlerweile war ich mir nicht mehr ganz so sicher. Irgendwie erinnerte ich mich nur noch bruchstückhaft an alles – wie in einem Traum. Oder waren meine Erinnerungslücken nur dem Alkohol zuzuschreiben? Meine Hoffnung, nur zu fantasieren, wurde aber sofort zunichtegemacht, denn Gary verhielt sich ebenso ungewöhnlich wie ich. Also musste es passiert sein.

Sollten wir hier nun stumm herumstehen oder miteinander reden? Und wenn ja: Was sollte ich ihn nur fragen?

Du auch hier? Nein, zu klischeehaft und viel zu dumm. Was tat man also heutzutage, wenn man blöd herumstand, sich nichts zu sagen hatte, und kein Gespräch anfangen wollte? Man tippte auf seinem Handy herum und tat beschäftigt. Also schrieb ich eine SMS mit sinnlosem Inhalt, nur, um nicht blöd herumzustehen.

Ich konnte nicht einschätzen, wie lange wir stumm nebeneinanderstanden, aber irgendwann hörte ich Nataschas grelle Stimme durch die Nacht hallen. Ich hätte nie gedacht, irgendwann einmal froh zu sein, sie zu hören.

Zoe und Emily begrüßten mich mit einem Küsschen auf die Wange, Elias gab mir die Hand, während Toni und Natascha mir nur knapp zunickten, ohne ein Wort des Grußes. Warum sollten sie auch? Der eine hatte mich von vorne bis hinten vorgeführt, die andere hatte sich wegen mich betreffender Hirngespinste umbringen wollen. Nicht zu vergessen der andere Kerl, der neben mir stand, mit dem ich einmal was gehabt hatte. Das konnte ja ein Abend werden!

Ich hatte zwei Optionen: Entweder konnte ich mir alles schöntrinken, und zwar auf die Gefahr hin, dass ich irgendeinen neuen Mist machte oder ich blieb stocknüchtern und ernst, wüsste dann aber zumindest halbwegs, was ich tat. Ich entschied mich für Ersteres.

Bereits vor dem Essen hatte ich zwei große Biere getrunken und musste als Konsequenz nach dem Essen dringend auf Toilette. Die zwei Schnaps, die ich während des Essens und kurz danach mit Elias zur Verdauung getrunken hatte, bemerkte ich auch prompt. Mein Koordinationsvermögen wollte nicht mehr so wie ich. Obwohl das Waschbecken meiner Meinung nach schräg hing, war ich mir sicher, dass ich nicht erneut was mit Gary haben wollte. Dafür war ich sogar jetzt noch zu nüchtern. Denn, und jetzt wurde es wirklich abstrus, ich hatte das Gefühl, dass ich Kris damit fremdgehen würde. Nein, ich bildete mir nicht ein, dass wir zusammen waren, es war einfach so ein Gefühl in mir. Nachdem ich wieder zu den anderen gegangen war, die Fliesen bewegten sich übrigens leicht, stand schon das nächste Bier auf meinem Platz.

„Komm, vergessen wir die alten Geschichten, wir trinken einen zusammen", sagte Toni zu mir.

War das Lächeln auf seinem Gesicht höhnisch oder bildete ich mir das nur ein? Nein, bestimmt war dieses Bild nur meiner derzeit verzerrten Sichtweise geschuldet. Vielleicht war der Abend doch nicht so schlimm.

„Klar." Ich erhob das Glas und stieß mit ihm an.

Nach einigen sinnfreien Gesprächen, die meiner Verfassung allerdings genau angepasst gewesen waren, machte ich mich kurz vor Mitternacht auf den Nachhauseweg, der mir seltsam schmal und bergig vorkam. Wie üblich hörte ich Musik und schaute auf mein Handy zur Kontrolle der Uhrzeit. Nicht nur die Uhrzeit erfuhr ich, noch etwas anderes wurde mir mitgeteilt.

Hat irgendjemand schon einmal drei Stunden auf dem Klo gesessen? Es war kein Zuckerschlecken. Drei Stunden. Abführmittel. In meinem Bier. Während ich in der Pizzeria auf dem Klo gewesen war, so stand es in Zoes SMS, hatte

Toni mir dieses nette Mittelchen in das von ihm gesponserte Bier gekippt und alle hatten zugesehen.

Dass Gary nichts gesagt hatte, um die *Verbindung* zwischen uns zu vertuschen, war einleuchtend. Natascha hatte auch keinen Grund gehabt, sich zu äußern. Und Emily war Tonis Freundin. Anscheinend legte sie keinen sonderlich großen Wert auf mein Wohlbefinden oder traute sich nicht, ihm zu widersprechen. Ebenso Elias. Bestimmt hatte Toni meinem Erscheinen nur zugestimmt, um sich diesen Spaß mit mir zu erlauben. Vielleicht war alles schon vorher geplant worden. Die Einzige, die zu mir gehalten hatte, war Zoe, wenn auch zu spät. Eines hatte ich mir noch in dieser Nacht geschworen: Ich würde niemandem etwas davon erzählen. Toni sollte sich über diesen Erfolg nicht noch mehr freuen können.

Als ich nach einer unfreiwilligen Entschlackung am nächsten Morgen dann auf der Waage stand, zeigte sie mir ein Kilo weniger an. Beste Voraussetzungen für Extremshoppen und für mein *wenn ich Shoppen geh*-Essen. Das bestand nach bester *Sex and the City*-Manier aus: Vanillemilchshake, chinesischem Essen zum Mitnehmen, zwischendurch Cola (nicht light!) und Kippen.

In all dem Trubel hätte ich fast noch den Zug verpasst, in dem ich mich mit Kris und Gwen treffen wollte. Schnaufend stieg ich ein.

„Na?", begrüßte mich Gwen. Sie hatte dieses Mal ein älteres und schlichtes, braunes Top mit einer neuen Röhrenjeans kombiniert. Die alte Gwen hätte in dieser Kombi ausgesehen wie in eine Pelle gesteckt. Die neue, schlankere und dazu selbstbewusstere Gwen wusste in der Hose zu gefallen.

„Sorry, ich hätte fast den Zug verpasst." Ich setzte mich zu den Mädels in eine Vierersitzgruppe. Kris musterte mich etwas skeptisch, wobei ihre Augen wie kleine Smaragde funkelten.

„Hat dir Gwen erzählt, dass sie zum Friseur will?", fragte ich Kris, um ihr eine Vorlage zu liefern.

„Wie? Du? Heute? Wo?"

Auch ich war erstaunt gewesen, denn Gwens wieder blonder werdende Haare waren normalerweise ihr Ein und Alles, Friseurbesuche nahm sie nur in Notfällen auf sich.

„Ja, ich wollte mir die Haare leicht stufig und kürzer schneiden lassen. Findest du das etwa nicht gut?"

„Doch, schon, aber du wolltest doch nie kurze Haare", forschte Kris nochmals nach.

„Zeiten ändern sich", sagte sie zuerst in einem deprimierten Ton, versuchte aber dann alles mit einem Grinsen wettzumachen.

Während der Zugfahrt nach Lawetz ließ sich Kris darüber aus, dass sie ihre ganzen Sachen mitschleppen müsste, weil wir ohne Zwischenstopp nach Lawetz fuhren, ohne bei mir zuvor die Übernachtungsutensilien zu verstauen. Die Arme musste ihren Kosmetikkram, etwas Schminkzeug (wofür bitte? Wir gingen nicht weg!) und natürlich noch Klamotten durch die Gegend tragen. Ich verdrehte die Augen, während Gwen brav nickte. Nicht alles schien sich geändert zu haben.

Unweit vom Bahnhof lag auch schon das Einkaufscenter von Lawetz. Der graue Metallklotz, den man durch viel Glas hatte optisch auflockern wollen, ragte aus der Umgebung heraus wie ein einzelner Baum auf einer Lichtung. Kein bisschen passte er in das Gesamtbild der Stadt, doch wirklich zu stören schien das niemanden, Hauptsache zweckmäßig. Kaum stand ich vor der beständig laufenden Drehtür, die ins Shopping-Paradies führte, durchfuhr meinen Körper das altbekannte Kribbeln.

Endlich wieder shoppen!

Unsere erste Anlaufstation war mein Lieblingsklamottenladen aus Schweden. Als Discounter unter den Bekleidungsgeschäften bekannt, war es für mich der materielle Himmel auf Erden. Hier die neusten T-Shirts, da Polos in den buntesten Farben, Jeans in allen erdenklichen Schnitten. Während ich also mit leuchtenden Augen von Regal zu Regal streifte, sahen sich auch Gwen und Kris um und suchten nach Klamotten für mich. Mein Arm war schnell mit Kleidungsstücken aller Art gefüllt und somit begann der lustigste Teil – die Modenschau.

Ich zog mir in der Umkleide nach und nach alles an, trat vor die Jury, bestehend aus Gwen und Kris, die mir dann mitteilten, ob mir die ausgesuchten Klamotten standen oder nicht. Der orange-blau-weiß gestreifte Pulli kam bei den Mädels nicht an, das schlichte blaue Polo hingegen gefiel beiden. Nach und nach hatte ich dann gut 20 verschiedene Stücke angehabt, wobei nur vier von der Jury als gut befunden wurden. Ich entschied mich zu guter Letzt für zwei neue Polos, ein neues T-Shirt und einen Pulli, den die Mädels besonders toll fanden. Mein Geschmack war er zwar nicht wirklich – er war mir etwas zu schlicht – aber da ich mir noch eine supercoole kurze, weiße Hose kaufte, verließ ich vollkommen glücklich die Männerabteilung und ging mit den Mädels eine Etage höher, um dort für sie Anziehsachen auszusuchen.

Da ich in etwa wusste, welche Größe Kris hatte, konnte ich für sie ohne Probleme Tops und Hosen auswählen. Bei Gwen war ich mir nicht so ganz sicher – früher war sie eine 42, aber jetzt? „Gwen?", rief ich ihr, die sich gerade durch einen Sonderpostenständer wühlte, zu. „Hast du jetzt 40 oder 38?"

„38!", antwortete sie mir stolz und von umstehenden Einkaufenden erntete sie bewundernde Blicke.

„Okay, ich such dir mal was aus."

Kaum waren wir wieder das dem Laden raus (Kris kaufte zwei Tops, Gwen ein T-Shirt), kamen wir an einer Fast-Food-Kette vorbei. „Vanillemilchshake!", rief ich aufgeregt, ließ die Mädels stehen und kaufte mir einen halben Liter dieses himmlischen Zeugs.

Kris sah mich schockiert an.

„John, weißt du, wie viel Kalorien das hat?"

„Nein, aber es ist mir auch egal. Ich kann es mir leisten."

In einem Klamottenladen nur für Mädels mit ätzender Boygroup-Kauf-Animationsmusik fand ich gleich etwas, was ich Gwen aufschwatzen musste.

„Bitte Gwen, zieh das mal an. Bitte!"

Mein Betteln wurde erhört und nicht nur ich wusste, dass Gwen der schwarze Minirock mit schwarzer Weste und weißer, bauchfreier Bluse mit integrierter Krawatte nie im Leben stehen würde. Auch der Hut, den es passend dazu gab, würde den Gesamteindruck nicht verbessern.

Als Gwen in diesem Etwas aus der Kabine kam, kugelten wir drei uns vor Lachen. Nie im Leben hätte ich gedacht, dass Gwen so dermaßen bescheuert darin aussehen würde.

„Doch, ich finde, das steht dir ausgezeichnet", war der Kommentar einer plötzlich auftauchenden und etwas kräftigeren Verkäuferin, die sich dazu berufen fühlte, Gwens Outfit zu kommentieren. „Du kannst dich ja mal etwas bewegen und gucken, ob es angenehm ist."

Ich betete, dass Gwen auf ihren Vorschlag einging. Und es passierte etwas Unglaubliches: Wie ein Topmodel marschierte sie durch den Laden, poste kurz am Ende des Geschäftes, drehte sich dann um und ging zurück zu uns. Ich konnte nicht mehr. Ich hatte einen Krampf im Kiefer und Kris gab die ganze Zeit nur noch Lachlaute von sich, die man im Entferntesten als *Hört auf, mein Make-up ist nicht wasserfest* deuten konnte. Sie weinte vor Lachen. Gwen hatte während des Laufens keine Miene verzogen, war aber anschließend sofort in die Umkleide abgezischt und von dort hörte man sie lachend quieken.

Die Verkäuferin, die offensichtlich komplett geschmacksverirrt veranlagt war, war Gwen vollkommen verfallen. „Also, wenn jemand das tragen kann, dann du", sprach sie in Richtung Kabine, in der Gwen sich laut lachend umzog.

„Mhm", machte ich nur und versuchte, ebenfalls möglich ernst zu wirken. Kris hingegen war jenseits von Gut und Böse und noch immer liefen Tränen ihre Wange herunter.

Mit der gleichen Miene, mit der sie eben den imaginären Laufsteg passiert hatte, kam Gwen nun aus der Umkleide. „Können sie mir das gute Stück so ein Stündchen zurücklegen? Ich brauche noch etwas Bedenkzeit."

„Natürlich, gerne. Bis dann."

Wir kehrten dem Laden den Rücken zu und kaum waren wir draußen, lachten wir uns wieder dumm und dämlich.

Nach gut drei Stunden shoppen waren wir dann alle fertig – und Gwen ziemlich glücklich, denn ihre neue Frisur war genauso, wie sie es haben wollte: „Nicht zu kurz, nicht zu lang. Ich muss mich nur noch daran gewöhnen, dass da plötzlich nicht mehr so viel Haar ist."

Bevor wir heimfahren konnten, mussten wir uns noch das Abendessen besorgen. Also flitzen wir in einen Lebensmitteldiscounter. Zuerst suchten wir nach der Flüssignahrung, sprich Alkohol. Besonders Kris bestand darauf.

„Also Sekt brauchen wir auf jeden Fall. Wir werden wohl keinen Wodka bekommen, oder?"

„Unglücklicherweise sind wir unter 18", sagte Gwen und blickte Kris skeptisch an, als sie nach einer Flasche Sekt noch eine zweite nahm.

„Meinst du nicht, dass das etwas viel ist?"

Kris lachte. „Glaube mir, Gwen, der Sekt wird schon nicht umkommen."

Gwen und ich wechselten vielsagende Blicke. Auch ihr war aufgefallen, dass Kris in letzter Zeit ziemlich viel trank. Trotz allem durften wir unser Abendessen nicht vernachlässigen. Die Auswahl gestaltete sich etwas schwieriger als gedacht. Kris war ja bekanntlich Vegetarierin und somit mussten wir uns auf eine Pizza ohne Fleisch einigen. Wir standen also gut zehn Minuten vor dem Gefrierfach und beratschlagten darüber, was wir nehmen wollten. Ich war natürlich für die Variante „gut und günstig", während Kris lieber „Markenname und teuer" bevorzugte. Gwen hielt sich wie immer diskret zurück, solange auf der Pizza keine Paprika wäre. Ich blickte immer wieder hektisch auf die Uhr, um zu überprüfen, ob wir noch den Zug bekommen würden, da wir unsere Shoppingtour bereits ziemlich ausgiebig genossen hatten. Schlussendlich entschieden wir uns dann für eine vegetarische Pizza sowie für zwei Hawaiipizzen.

„Also, ich warne euch schon mal vor: Mein Zimmer ist das totale Chaos", klärte ich beide auf, kaum dass wir durch meine Haustür getreten waren. Das war natürlich eine glatte Lüge: Ich hatte extra das Bett neu bezogen, Staub gewischt, gesaugt, sogar geputzt. Meine Mutter wäre stolz auf mich gewesen. Deshalb freute ich mich umso mehr, als die beiden raunend in meinem Zimmer standen und sich über die „Unordnung" aufregten.

„John, willst du mich veräppeln? Wo ist denn hier bitte Unordnung? Selbst deine Bücher sind nach der Farbe des Einbands sortiert!"

Ich lenkte grinsend von dem Thema ab und fragte viel lieber, ob sie schon Hunger hätten und ob ich ihnen vielleicht einen Eistee anbieten könnte. Beides wurde mit großem Enthusiasmus bejaht, und während ich in der Küche herumhantierte, war mir vollkommen klar, dass in meinem Zimmer still und leise nach meinen versteckten Geheimnissen gesucht wurde.

„Im Bücherregal ganz links ist das Tagebuch", rief ich an Kris gerichtet. Gwen kicherte, Kris warf mir ein nettes „Klappe!" an den Kopf.

Während sich die Pizzen im Backofen eine gesunde Bräune abholten, schickte ich die Mädels raus auf den Balkon, der von der Abendsonne noch immer in warmes Licht getaucht wurde, und schenkte ihnen Eistee ein. Natürlich hatte ich auch schon den Balkontisch und die Stühle für den Abend vorbereitet. Die Sitzgarnituren waren aufgelegt und der der Aschenbecher stand auch schon bereit.

„Wollt ihr den Sekt schon zum Essen?", wollte ich von den beiden wissen.

„Klar, immer her damit", grölte Kris fast schon.

„Hast du schon eine Flasche intus oder was ist mit dir los?", fragte ich sie.

Gwen kugelte sich lachend auf ihrem Stuhl und fiel fast von selbigen, obwohl ich nicht so recht verstand, weshalb sie überhaupt so herzhaft lachte. Jedenfalls war es mehr als ansteckend und Kris und ich mussten einfach mitlachen. Ich wollte mich vor einem Lachflash, wie ihn Gwen gerade erlitten hatte, und den ansteckenden Symptomen, die Kris bereits aufwies, schützen, und ging in die Küche, um den Sekt zu holen. Doch kaum war ich aus dem Quarantänebereich heraus, da zeigte auch ich schon die ersten typischen Krankheitsanzeichen: Muskelzucken in der Mundgegend, Verengung der Augenbrauen und Ausstoß von Glückshormonen. Als mich die Mädels mit einer La Ola empfingen, war es endgültig vorbei: Es gab kein Halten mehr und auch ich wurde hoffnungslos von dieser schönen Krankheit infiziert.

21

DIRRTY

-- Johnathon --

Noch bevor wir überhaupt ein Stück Pizza angerührt hatten, war das erste Glas Alkohol schon getrunken worden. Um die beiden Mädels und auch mich vor einem vorzeitigen Abschuss durch Sekt in Zusammenarbeit mit der Sonne zu behüten, holte ich lieber noch Orangensaft, um den Alkohol zu strecken.

„John, wir haben ein Problem." Kris sah mich tief betrübt an, wobei ihre Nasenflügel zitterten. Ich sah sie fragend an. „Hast du noch Kippen?", wollte sie von mir wissen. Das hatten wir vollkommen vergessen.

„Ich habe noch drei", teilte ich ihr mit.

„Ich noch eine." Wir sahen einander fragend an.

„Leute", mischte sich dann plötzlich Gwen ein, „ihr wisst ja, was ich von eurer Raucherei halte." Ich verdrehte die Augen, weil ich schon wieder eine dieser Moralpredigten kommen sah. „Aber ich habe ganz zufällig den Rucksack von meinem Papa dabei. Vielleicht ..."

Doch Kris und ich waren schon aufgesprungen und durchsuchten nun die Tasche von Gwens Papa. Als wir auf ein volles Päckchen stießen, hatte Gwen wohl erkannt, dass ihr Tipp Gold wert gewesen war.

Stand 21:00 Uhr: Die Sonne war untergegangen, Kerzen beleuchten den Tisch. Das Päckchen von Gwens Vater war angebrochen. Zwei Flaschen Sekt sowie eine halbe Flasche Weihnachtstraum Heidelbeere waren getrunken worden, – vor allem von Kris und mir. Stimmung gut. Aktuelles Thema: Sex.

„Also, eins muss ich Jack lassen, er ist wirklich gut."
Gegacker von Gwen, Ernüchterung auf meiner Seite.
„Im Vergleich zu Graham ist er bestimmt eine Null."
Kopfschütteln bei Kris, Verwunderung über Gwens Offenherzigkeit bei mir.
„Ihr könnt ja mal tauschen."
Gegacker bei Gwen und Kris.
„Was ich ja auch mal ganz interessant finden würde, wäre ein Kuss mit einer Frau", legte Kris weiter nach.
„Ein Kuss? Nicht mehr?"
„Vielleicht." Sie zuckte mit den Schultern.
„Und du, Gwen?"
„Keine Ahnung, eigentlich ziehen mich Frauen nicht sonderlich an."
„Ich glaube, dass eine Frau viel besser weiß, was eine Frau will. Die weiß, welche Knöpfe man drücken muss, um zu stimu...stimul..."
„Stimulieren", ergänzte ich.
„Genau, um zu stimulieren."
„Und welche wären das?", fragte ich aus reiner Neugierde, und ohne einen direkten Bezug zu Kris herstellen zu wollen, nach.
„Also da gibt es ..."
„John, denkst du, dass verraten wir dir? Musst du selbst herausfinden", unterbrach Gwen Kris' offenherzigen Redeschwall und ich sah sie verärgert an.
„Aber du würdest tatsächlich was mit einer Frau haben wollen?", fragte ich Kris und sie nickte.
„Es gibt ja die Theorie, dass jeder Mensch zu einem gewissen Grad bisexuell ist. Manche mehr, manche weniger."

Gwen sah mich fragend an: „Und zu welchem Grad bist du bi?"

Unweigerlich musste ich an Gary denken, doch eine Antwort blieb mir erspart.

„Mensch, warum sagt denn niemand was? Der Heidelbeerkram ist alle! Wir liegen trocken. Alkohol, ich will Alkohol!" Kris stand auf und steuerte im Wohnzimmer zielsicher das Barfach an. „Boahr! So viel Prozent."

Ich sprang auf, da ich Angst um die Schnäpse meiner Eltern hatte, und wankte zu ihr.

„Guck mal hier!" Ich zeigte auf eine halb volle Flasche Bacardi. „Die können wir nehmen."

Gwen, die noch am Nüchternsten war (quasi die Einäugige unter den Blinden), holte eine Flasche Cola. Ich sorgte dagegen für neue Gläser, da in den alten noch ein Gemisch aus Sekt, Eistee und Heidelbeerkram schwamm und sich seltsame Reste am Rand des Glases abgelagert hatten. Nachdem wir uns alle zugeprostet hatten, trank Kris die Bacardi-Cola auf ex, während Gwen und ich nur einen kleinen Schluck nahmen.

„Wisst ihr, was ich jetzt bräuchte? Einen richtigen Kerl." Und von wem stammte dieser Satz? Nein, nicht von mir, nein, nicht von Kris. Er stammte von Gwen.

Kris und ich lachten laut auf.

„Ich bräuchte echt mal wieder richtig guten Sex."

Wir lachten noch lauter.

„Na ja, ich könnte, wenn ich wollte, mit zwei Kerlen ...", plapperte Kris.

Gwen gackerte, ich wurde hellhörig.

„Wie, zwei Kerle?"

„Na ja, noch so ein Kumpel von mir. Smith."

„Smith", gickelte Gwen, „was für ein blöder Name."

Ich ignorierte ihren sinnlosen Kommentar. Wer war dieser Smith und was zur Hölle machte er ins Kris' Leben? Ein

Kontrahent war doch genug! Kris' Beziehung mit Jack war für mich zwar kein offenes Buch, doch ich sah beide fast täglich und so bekam ich wenigstens einiges mit. Und jetzt brachte sie einen weiteren Kerl ins Spiel. Vergessen war der freundschaftliche Kurs! Wer war er? Wie alt? Warum? Wieso? Was lief da?

Ich ordnete meine Gedanken und sprach Kris an.

„Von dem hast du uns noch nie erzählt."

„Wieso auch? Ihr kennt ihn gar nicht. Sag mal John, warum ist hier keine Musik? Ich will tanzen!"

Natürlich wollte ich mehr über diesen Smith herausfinden ... aber dieser Blick. Kris sah mich mit diesem unglaublich süßen *Bitte, bitte, bitteeeee*-Blick an. Ich konnte ihm nicht widerstehen. In weiser Voraussicht hatte ich schon einen Ordner mit Partymusik angelegt, den ich nur noch von meinem Laptop abspielen musste. Während wir also auf dem Balkon tanzten, tranken wir natürlich weiter.

In gewisser Weise sah ich heute meine Chance, bei Kris landen zu können. Sie schien meine Hoffnung zu spüren und stellte sogleich mit „Ich bin voll und du musst bitte auf mich aufpassen. Nutz das bitte nicht aus!" ein riesengroßes Stoppschild auf. Da ich (Dummkopf) es ihr natürlich versprach, blieb ich brav, weil ich mich immer an Versprechen hielt. Besonders schwierig wurde dieses Kris-in-Ruhe-lassen, als sie plötzlich nur noch in einem knappen Top auf dem Balkon herumsprang und dann auch recht eng mit mir tanzte.

Plötzlich – ich wollte gerade eine Pause machen und eine rauchen (in meinem Kopf drehte sich alles. Ich war einfach nur voll und hatte wie ein Blöder getanzt. Da waren solche Folgen logisch) – setzte sich Kris auf meinen Schoß und sah mich mit ihren großen Augen an.

„Hast du *We have a dream*? Das würden Gwen und ich so gerne hören!"

Ja, ich hatte das Lied. Auf irgendeiner CD. Irgendwo.

„Denke ja", antwortete ich zurückhaltend, ging in mein Zimmer und begann zu suchen, wobei ich gar nicht mehr wusste, welche CD es genau war. Vom Balkon aus kamen dann schon die ersten Rufe von Kris, wann ich denn mit der CD zurückkommen würde.

Mein Suchen wurde immer hektischer, da ich Kris nicht enttäuschen wollte. Aber wie sollte es anders sein, erneut hatte ich zwei Probleme: Erstens war ich ziemlich angetrunken, was die Suche nicht gerade erleichterte und zweitens war auch nicht jede meiner CDs beschriftet. Somit griff ich mir schlussendlich einfach zwei in der Hoffnung, dass zumindest eine den Song enthielt. Während ich zurück ins Wohnzimmer wankte, überlegte ich, warum sie unbedingt diesen verpönten Song hören wollte. Er war kein Meilenstein der Musikgeschichte und ich konnte mir nicht vorstellen, dass die coole Rockerin Kris solche Popballaden zu hören pflegte. Aber vielleicht ihr anderes Ich, Kristeen.

„Hast du den Song?", wollte Kris natürlich sofort wissen, kaum dass ich das Wohnzimmer betreten hatte. An die Schiebetür gelehnt blickte sie mich fragend an, während ich im Hintergrund Gwen, beide Arme in die Luft gereckt, ausgelassen tanzen sah. Ich bejahte, obwohl ich mir natürlich überhaupt nicht sicher war. Um mir etwas mehr Zeit zu verschaffen, versuchte ich beide mit *Take me tonight* bei Laune zu halten.

Der Erfolg meines Ablenkungsmanövers war aber nur mäßig. Sofort im Anschluss verlangten die beiden nach ihrem Wunschhit. Wahllos spielte ich Songs ab, in der Hoffnung, den richtigen zu finden. Fortuna war mir hold: Der vierte Track traf ins Schwarze. Ich ließ sofort das Lied laufen und gesellte mich zu den beiden anderen auf den Balkon. Anstatt leise mitzusummen, um den Moment auf uns wirken zu lassen, grölten wir das Stück aus voller Kehle mit.

We have a dream, music is our life
We have a hope, music will survive
We'll take the chance, we had it all
We feel like heroes, we're standing tall.

Es ist möglich, dass ich hier und da gerne mal übertrieb. Aber an dieser Stelle nicht. Wir standen wirklich – vielleicht etwas sehr beschwipst – auf dem Balkon und grölten das Lied mit. Und ja, wir lagen uns in den Armen. Und wenn mich nicht alles täuschte, war da auch ein kleines Tränchen in Gwens Augenwinkel. Weiter ging es mit *Lemon Tree* und dann endlich *Dirrty*. Ich konnte wirklich nicht widerstehen und tanzte mit Kris zu meinem Lieblingslied. Es hatte wohl was von einem Paarungstanz. Sie machte verhalten mit, aber sah nun wirklich nicht mehr so locker und glücklich aus. Entweder stand ein Ausbruch von Kristeen inklusive Heulattacke bevor oder ...

Das *oder* war mir für den Moment egal, da mir nach dem Tanzen so was von schlecht wurde, dass ich mich im Bad einschloss, um mich zu übergeben. Ich bemerkte, dass jemand vergeblich versuchte, die Tür zu öffnen. Mir war plötzlich schrecklich schwummrig. Vielleicht war es doch nicht so klug gewesen, bereits einen Tag nach meiner unfreiwilligen Entschlackung wieder Alkohol zu konsumieren.

Nachdem ich mir schnell die Zähne geputzt und mein Aussehen gecheckt hatte, entriegelte ich die Tür und fand Kris in der Küche vor, wie sie gerade ihr Erbrochenes mit Wasser im Waschbecken den Abfluss hinunterspülte. Gwen hingegen hatte am vernünftigsten gehandelt und die Party kurzerhand für beendet erklärt. Die Schiebetür war verschlossen, meinen Laptop fuhr sie gerade herunter.

„So ihr beiden Hübschen, ich glaube, es Zeit fürs Betti." Sie sah uns freundlich und gar nicht vorwurfsvoll an und vor allem Kris schien durchaus eine Prise Schlaf vertragen zu können.

Während die Mädels sich in meinem Zimmer bettfertig machten, tat ich das lieber im Bad, wo ich mich nochmals übergab und mir erneut die Zähne putzte. Als ich wieder in mein Zimmer kam, lag Gwen auf dem von mir bezogenen Klappsessel, während Kris' Luftmatratze unbelegt war. Stattdessen lag sie an die Wand gepresst unter meiner Decke.

„Kris, ich schlafe in meinem Bett."

„Mach das", nuschelte sie und versteckte ihr Gesicht in meinem Zweitkissen.

Ohne nachzudenken, was in Zeiten wie diesen sowieso nur schleppend vonstattenging, schmiss ich mich neben sie.

„Du kannst ein bisschen Decke haben", gab Kris noch von sich, bevor sie das Licht ausmachte.

Da lag ich nun. Neben Diva, Kris, Kristeen. Egal, wie ich sie nennen mochte, es hieß einfach, dass sie die Frau meiner Träume blieb. Und dann hatte ich ein Déjà-vu. Den Geruch, den ich damals an Kris' Schal gerochen hatte, vernahm ich nun wieder. Meine Gefühle spielten verrückt. Sollte ich sie berühren? Nein, sagte ich mir, ich hatte ihr und mir Abstinenz versprochen. Doch wann würde sich nochmals eine solche Gelegenheit bieten wie jetzt?

Ich strich ihr vorsichtig die Haare von der Schulter. Dann streichelte ich sanft über selbige. Es kam keine Gegenwehr. Vielmehr drehte sie sich sogar zu mir um und ich sah ihre Augen im schwachen Mondlicht blitzen. Sie sah mich erwartungsvoll an. Unsere Blicke waren voller Magie. Sie zogen sich geradezu an. Dann der Kuss.

Doch all das passierte nur in meinem Traum.

Keine Realität.

In der Wirklichkeit weckte mich Gwen auf. Unbeabsichtigt. Kris, die aber tatsächlich neben mir lag, schien auch aufgewacht zu sein. Noch etwas dösig hörte ich, wie sich

Gwen für ihre Störung entschuldigte. Ich sah auf die Uhr. Halb sechs.

„Ich habe so Bauchweh. Ich gehe mal an die frische Luft", gab Gwen den Grund für ihr Aufstehen an.

Da ich, wenn ich einmal wach war, nicht erneut einschlafen konnte, schnappte ich mir in der Dunkelheit meinen Pulli vom Boden und ging zu Gwen auf den Balkon. Ich hatte mit vielem gerechnet, unter anderem mit kalten Temperaturen, doch so, wie es draußen aussah, ließ mich nur der dortige Ordnungszustand erschaudern: Es sah aus wie nach einem Bombeneinschlag (dies wäre wohl auch der Originalkommentar meiner Mutter gewesen).

Auf dem Tisch standen und lagen neun Gläser, diverse Flüssigkeiten waren ineinandergeflossen und mit einzelnen Zigarettenkippen gespickt, die bei dem nächtlichen Wind wohl aus dem Aschenbecher geflogen waren. Auf dem Boden befanden sich die fast schon obligatorischen Sekt- und Schnapsflecken, wobei die Flaschen, vier an der Zahl plus je einer Flasche Orangensaft und Cola, danebenstanden. Die Stühle schienen alles unbeschadet überstanden zu haben und deshalb ließen Gwen und ich uns auf jeweils einem nieder. Gwen gab mir die halbe Decke, damit ich mich mit einmummeln konnte, und so warteten wir auf den Sonnenaufgang.

„Hey, keine Party ohne mich", auch Kris kam zu uns auf den Balkon. Sie trug ein altes T-Shirt von mir. Wahrscheinlich tat sie es bei Jack genauso. Ich konnte mich aber nicht daran erinnern, es ihr gegeben zu haben. Sie inspizierte noch schnell die Flaschen, raffte dabei ihre blonden Haare zu einem lockeren Zopf zusammen, und ließ sich mit dem spöttischen Kommentar – „Den Rest Sekt hätten wir auch noch trinken können!" – nieder.

Der Rest Sekt war eine gute Viertelflasche und ich brauchte nur an den Geschmack des billigen Fusels zu denken, um meinem Magen erneute Krämpfe zu bescheren. Kris hingegen nahm das alles recht locker. Ohne Decke saß sie ihre Knie umklammernd auf dem Stuhl, zündete sich aus dem herumliegenden (zweiten) Päckchen von Gwens Papa eine Kippe an und sah der aufgehenden Sonne entgegen.

So gegen sieben widmeten wir uns dem wohl schlimmsten Teil: aufräumen. Die leeren Flaschen musste ich unbedingt wegbringen, da es gewiss etwas auffällig wäre, wenn die Flaschen nicht nur fehlten, sondern leer im Hausmüll lagen. Also gingen wir drei morgens um sieben Uhr durch Stocklar und warfen die Flaschen in den Container.

Natürlich war es damit noch lange nicht erledigt. Kris sammelte alle Kippen ein, während Gwen versuchte, Tisch und Boden zu reinigen. Ich hingegen säuberte den Backofen und die Spüle. Ersteres ging schneller als gedacht, doch mit der Spüle kamen die Probleme: Der penetrante Geruch aus den Tiefen des Abfluss' trug noch immer eine ekelige, säurige Note. Mit Lüften und Wasser nachspülen konnte ich da nichts ausrichten. Deshalb holte ich das Desinfektionsmittel meiner Mutter, mit dem ich kräftig den Abguss besprühte, was zumindest den Geruch schön chemisch überlagerte. Mit einer ordentlichen Portion Spüli, die ich auch noch nachschickte, war zumindest fürs Erste der Gestank verschwunden.

Mein Zimmer räumte ich ganz grob auf und stieß auf die CD, die ich Kris vor gut einer Woche gebrannt hatte. Ich hatte noch nicht den Mut gehabt, sie ihr vor der gesamten Klasse zu überreichen. Der Moment schien nun aber recht günstig zu sein und so steckte ich sie ihr unbemerkt in ihre Tasche zwischen all die neu gekauften Klamotten.

Als ich den Balkon wieder betrat, fand ich Gwen verzweifelt über den Tisch stehend vor, während Kris genüsslich eine weitere Zigarette qualmte.

„Das geht nicht weg!"

„Lass mich mal." Das Hausmütterchen Kris nahm den Lappen in die Hand, rubbelte zweimal über die Verunreinigungen und meinte dann: „Ja, da hast du recht", und drückte Gwen den Lappen wieder in die Hand.

Plötzlich blieb sie wie eingefroren stehen.

„*O.C.*, fängt an!" Wie eine Irre lief sie nun durch die Wohnung in mein Zimmer. Jedoch bekam sie dort den Fernseher nicht auf Anhieb an, weshalb sie wieder zurück ins Wohnzimmer gerannt kam. Da sie auch dieses Mal vergaß, den Receiver einzuschalten, kam sie zu mir auf den Balkon gestürmt.

„John! Hilfe! Ich muss das sehen! Heute entscheidet sich, was aus Marissa und Johnny wird!"

Sie versuchte wirklich alles. Zuerst die hysterische, nun die *große Augen*-Nummer. Das war zu viel. Ich stand vor ihr und lachte einfach nur noch.

„Lach mich nicht aus. Ich muss das sehen! Nur wegen dir konnte ich das gestern nicht gucken. Jetzt mach schon, ich will wenigstens die Wiederholung sehen!"

Immer noch musste ich lachen. Ob ich sie an- oder auslachte, konnte selbst ich nicht so genau sagen. Kris packte mich nun an der Hand und zog mich ins Wohnzimmer. Mein Widerstand war natürlich recht gering. Immerhin zog sie mich an der Hand! Wir liefen quasi Händchen haltend gut zehn Meter miteinander. Dafür ließ ich mich doch gerne irgendwo hinziehen. Nachdem sie nun auch noch die Heulnummer abgezogen hatte, nahm ich all meine Güte zusammen, schaltete den Receiver ein und setzte mich mit Kris und Gwen, die übrigens gegen die Flecken doch noch einen späten Sieg errungen hatte, vor die Glotze und sah mir die *O.C.*-Folge *Der Cliffhanger* an.

Plötzlich stockte mir der Atem. Zwar hatte ich schon die ein oder andere Folge der ersten Staffel beim Durchzappen gesehen, aber jene der zweiten Staffel zog mich sofort in ihren Bann: Dieser Kerl namens Johnny wies unglaubliche Parallelen zu meinem Leben auf. Mit etwas (viel) Fantasie konnte man diese fiktive fast-Dreiecksbeziehung auf Kris, Jack und mich übertragen: Ryan, der Freund dieser Marissa, war logischerweise Jack, Marissa konnte man als Kris verstehen. Auch die Beziehung von Ryan und Marissa schien den Zenit schon überschritten zu haben, wohingegen Johnny frisch in Marissa verliebt war. Okay, so frisch war es bei mir dann doch nicht mehr, aber trotz allem entdeckte ich mehr und mehr Übereinstimmungen, auch in den Leben und den Verhaltensweisen der drei. Als man dann langsam vermuten konnte, dass Marissa auch etwas für Johnny empfand, hüpfte mein kleines Herz auf und ab. Konnte das gar ein Fingerzeig des Schicksals sein? War genau jetzt meine Chance gekommen, Kris meine Liebe zu gestehen, obwohl sie von dieser durchs Tagebuchlesen schon wusste, um sie so vielleicht auch für mich zu gewinnen?

Aus dem Augenwinkel sah ich zu Kris, deren Blick leicht glasig war. Sah ich da gar eine Träne, die ihre Wange hinunterlief? Ich hatte nicht geahnt, dass sie die Serie so mitnehmen würde, doch ich nahm mir fest vor, ihr nach der Folge reinen Wein einzuschenken – verbal, natürlich.

Ich fixierte wieder den Fernseher und entdeckte einen ganz anderen Fingerzeig am Ende der Folge: Johnny starb, indem er von einer Klippe stürzte. Etwas überraschend vielleicht, aber genau hier wurde ich aus meinem Gefühlschaos wachgerüttelt. Wenn wirklich so viele Überschneidungen zwischen den fiktiven Personen von *O.C.* und uns existierten, wollte ich doch lieber meine Klappe halten. Denn wie Gwen es schon einmal so schön in ihrer Kolumne geschrieben hatte: Das Leben ist eindeutig zu kurz, um es für jemand anderen aufzugeben.

22

CONFESSIONS OF A BROKEN HEART

-- Kris --

Ich konnte nicht mehr. Mir war das alles zu viel. Ich war meiner großen Liebe Jack mehrmals fremd gegangen und entschied mich trotzdem immer wieder für ihn, was aber nicht hieß, dass ich derzeit glücklich in dieser Beziehung war. Ich war mir fast sicher, dass er mich bald satthaben und Schluss machen würde. Smith hatte ich jetzt wohl nicht nur als möglichen Freund verloren, sondern auch als Kumpel.

Zudem stand es nun endgültig fest: Meine Eltern würden sich scheiden lassen. Sie waren heute zusammen essen gegangen, um alle Formalitäten zu klären. Ich wusste nicht, wie es weitergehen sollte. Ich verlor meine Familie, meinen Freund, einfach alles schien den Bach runter zugehen. Kim saß in ihrem Zimmer und hörte Musik.

Sollte ich einen Brief hinterlassen?

Aber was sollte ich schreiben?

Der gestrige Abend mit Gwen und John war ein schöner Abschluss gewesen, doch er hatte meine bereits gefasste Entscheidung nicht mehr beeinflussen können.

Während ich ins Bad ging, um die beiden Packungen zu holen, überlegte ich mir, was ich schreiben könnte. Ich stand vor dem Badezimmerspiegel. Ich sah mich nochmals an, vielleicht das letzte Mal. Hatte ich noch irgendetwas zu klären?

Ich überlegte, was meine letzten Worte zu Gwen, David und den anderen gewesen waren. War es ein einfaches Tschüss gewesen? War es wirklich das Richtige, was ich tun wollte?

„Ja, ist es", redete ich mir ein. Es gab nur diesen einen Weg, denn ich wollte das alles nicht mehr. Ich konnte das alles nicht mehr ertragen: Bald getrennt von einem Elternteil zu leben. Noch mehr Menschen zu verletzen. Jack, Smith, aber auch John, den ich ausgenutzt hatte. Von all jenen hatte ich ihre Liebe zu mir ausgenutzt. Sie sollten sich nicht länger mit so jemandem wie mir herumschlagen müssen. Sie verdienten jemand Besseren. Ich konnte ihnen allen nicht mehr ins Gesicht sehen und mir selbst auch nicht. Ich schaffte es einfach nicht mehr.

Die Packungen lagen gut versteckt in der Schublade. Mit ihnen in der Hand stieg ich die Treppen zu meinem Zimmer hoch. Nochmals zählte ich alle Stufen. 16. Wie immer 16. Ich setzte mich auf meinen Schreibtischstuhl und machte die CD an, die John in meine Tasche gesteckt hatte. Das erste Lied war *Mit dir chilln*. Er hätte wohl alles dafür gegeben, um einmal in meinen Armen zu liegen, doch es würde nie passieren. Nie mehr.

Ich kramte mein bestes Papier hervor, und fing an zu schreiben:

Hallo ihr Lieben,

ich muss mich bei euch allen entschuldigen. Mein Verhalten war falsch und mir tut alles im Nachhinein so leid.

Ich hielt inne.

Die ersten Tränen tropften auf das Blatt. Ich dachte an Malta. An meine Affäre mit Sven. Nur weil Jack nicht gleich so schnell zur Sache gekommen war und ich sofort das Neue hatte ausprobieren wollen. Ich hatte Sven für mein sexuelles Verlangen ausgenutzt. Noch jemand, dem ich Schmerzen zugefügt hatte.

Im Hintergrund sangen Revolverheld:

Aber der ganze Teufelskreis
Lässt mich nichts weiter sehen
Außer wenig Zeit
Und zu viel Einsamkeit

Ich nahm die erste Tablette. Das Schmerzmittel. Bei einer Überdosis hörte mit der Zeit die Leber auf zu arbeiten. Sofort danach nahm ich noch eine Schlaftablette. Wenn ich genug von ihnen nahm, vergas mein Körper irgendwann zu atmen und ich erstickte.

Ich habe vielen von euch das Herz gebrochen und dafür entschuldige ich mich. Wir hatten wirklich eine tolle Zeit und ich werde euch unendlich vermissen.

Doch ich kann das alles nicht mehr – ich halte den ganzen Stress nicht mehr aus, die ganzen Probleme, es wird alles zu viel. Ihr könnt nichts dafür, nur ich bin dafür verantwortlich.

Ich hielt nochmals inne.

Ich schluckte von jeder Sorte je zwei Tabletten. Die schönen Momente. Ja, davon hatte es einige gegeben. Unsere Abende auf Malta, das Beisammensitzen im *Tommy's*, das Silvester bei John und all die großen Feiern. Aber auch die kleinen Momente, in denen wir einfach zusammengesessen und unseren Spaß gehabt hatten.

Diese Momente versuchte ich nun zu verdrängen.

All die Schuld scheint mich zu erdrücken. Ihr seid wirklich die wichtigsten Menschen in meinem Leben. Behaltet mich in Erinnerung, so wie ich war. Nein, vielleicht besser doch nicht. Behaltet mich in guter Erinnerung. Ich vermisse euch.

In Liebe, Kristeen

Ich nahm nochmals zwei Tabletten von jeder Sorte und adressierte den Briefumschlag an jene Menschen, an die ich eben gedacht hatte: Mama und Papa, Jack, Smith, Gwen, David, John, Luisa, Graham, Kim, Sven.

Als ich den Briefumschlag verschließen wollte, kämpfte ich schon gegen den Schlaf an. So, als würde man mich langsam in Watte packen, spürte ich ihn über mich kommen.

23

NOBODY WANTS TO BE LONELY

-- Johnathon --

Gute Laune! Okay, es war wieder Schule, vorbei war der Feiertag, aber trotzdem hatte ich einfach gute Laune. Mit den beiden Mädels war es einfach nur genial gewesen. Wir hatten solch einen Spaß gehabt wie schon lange nicht mehr. Und meine Eltern hatten nichts gemerkt. Das war noch viel besser. Ich schlenderte also gut gelaunt in unsere Klasse. Doch ich war etwas irritiert. Gwen saß recht dicht bei Bulldog. Und Kris war nicht da. Komisch, ich war davon ausgegangen, dass sie heute wohl nicht auf mich gewartet hatte, weil mein Bus etwas verspätet gewesen war. So hatte ich sie aber bereits in der Klasse vermutet. Leicht verdutzt legte ich meinen Rucksack auf den Boden und setzte mich zu David, der nun auch zu dem Ex-Pärchen dazugestoßen war.

„Na, hat dir Gwen schon von unserem geilen Wochenende erzählt?"

„Welches geile Wochenende?", wollte Bulldog sofort wissen. Ich hatte vollkommen vergessen, dass ich ihn wegen Gwen nicht eingeladen hatte.

„Ach, Wochenende? Wie kommst du denn jetzt darauf? Man soll nicht in die Vergangenheit sehen, sondern fest die Zukunft anstreben." Bulldog sah mich vollkommen verwirrt an und ich ging davon aus, dass er spätestens jetzt sicher sein musste, dass ich total bekloppt war.

„Wie dem auch sei. Hat jemand von euch Englisch gemacht?", fragte ich in die Runde, die jetzt durch Debbie und Jenny vergrößert wurde.

„John, wir hatten keine Hausaufgaben", belehrte mich Bulldog und seine Stirn kräuselte sich skeptisch.

„Ach so, stimmt ja. Na ja, was ich eigentlich sagen wollte ... Oh, Herr Althaus kommt." Ich sprang schnell über die Tische zu meinem Platz, da unsere Lehrkraft wirklich zur Tür hereinkam.

Bulldog guckte mir immer noch vollkommen irritiert hinterher und Gwen, die sich die ganze Zeit das Lachen verkneifen musste, nahm jetzt auch auf ihrem Stuhl Platz.

Ich suchte ihren Blick, während Herr Althaus uns gerade mitteilte, dass wir heute wie gewohnt mit unserer Lektüre namens *Cal* weitermachen würden. Dieser Cal stand, wenn ich bisher richtig durchgeblickt hatte, zwischen den Fronten in Irland, das ja typografisch sowie religiös gespalten war. Zwischen den Zeilen bemerkte man zunehmend, dass er einen Ödipuskomplex besaß und weiß der Kuckuck was noch alles. Jenny war gerade dabei, eine Zusammenfassung über die bisher behandelten Kapitel zu geben, als Gwen meinen fast schon bohrenden Blick endlich bemerkte.

Ich sah nun von ihr auf Kris' Platz und fragte sie tonlos, ob sie wüsste, was mit Kris war. Sie schüttelte den Kopf und deutete mit diesem zu Jack. „Sag mal, weißt du, was mit Kris ist? Gwen würde das gerne mal wissen", log ich.

„Keine Ahnung, ich habe seit Mittwoch nichts mehr von ihr gehört", nuschelte er und kritzelte weiter seinen Collegeblock voll. Anscheinend wollte er gar nicht so genau wissen, was mit seiner Freundin war. Ich hingegen nahm kurzerhand mein Handy und schrieb ihr eine SMS.

„Bisher noch keine Antwort da", teilte ich Gwen mit, die in der Pause nun mit mir, Bulldog und David zusammen in der Raucherecke stand. Bulldog, der seit der Trennung wieder rauchte, und ich qualmten gemütlich vor uns hin.

„Komisch. Hat jemand Kim heute schon mal gesehen?", wollte Gwen wissen.

„Nein", antwortete Bulldog, „aber wir wüssten, wenn sie da wäre." Wir grinsten uns eins, denn Kims Anwesenheit bemerkte man dank ihrer markanten Stimme bereits aus recht weiter Entfernung.

„Weiß denn Jack echt nichts?", fragte David.

„Nein, aber ich denke, den interessiert das gar nicht. Die beiden hatten am Mittwoch das letzte Mal Kontakt. Das heißt, die Letzten, die sie gesehen haben, waren Gwen und ich", antwortete ich ihm.

„Das wird ja jetzt richtig mysteriös", witzelte David.

„Hey, ich finde das nicht lustig. Was, wenn echt was ist?", fragte ich in die Runde.

„John, da ist nichts. Die hat gestern vielleicht noch mal Party gemacht und hatte heute keinen Bock zu kommen. Die üblichen Kater-Kopfschmerzen."

„Ja, wahrscheinlich", antwortete ich Bulldog nachdenklich und musste unweigerlich an diesen Smith denken.

„Ach Leute, mir ist übrigens ein Thema für meine neue Kolumne eingefallen: Woran man merkt, ob noch Liebe in einem ist. Das Thema ist echt toll. Da kann ich richtig viel schreiben, und ..."

„Gwen, du hast keine Kolumne mehr." Es tat mir leid, aber ich musste sie auf den Boden der Tatsachen zurückholen.

„Ach so, stimmt ja", anscheinend war es ihr erst jetzt wieder eingefallen. Nach einem Moment der Traurigkeit und des In-sich-Kehrens rief sie dann in die Runde: „Na, wer hilft mir, wieder an meine Kolumne zu kommen?"

Bulldog und ich nickten sofort, doch David hatte die Frage überhaupt nicht verstanden. Gwen sah ihn skeptisch an und ich rammte ihm kurz meinen Ellenbogen in die Rippen, um auch seine Aufmerksamkeit auf Gwen zu lenken.

„David macht auch mit", sagte ich für ihn und Gwen lächelte.

„Gut, dann seid ihr ja alle dabei. Dann kann es ja losgehen. Morgen Mittag *Tommy's*. Kann da jeder?"

Wir nickten, obwohl ich durchaus von ihrem plötzlichen Arbeitseifer irritiert war. Nicht nur, dass der Gewichtsverlust und der Wechsel der Kleidung ihr ungemein gut getan hatten, sie strahlte nun einfach generell wieder mehr und war voller Tatendrang.

„Wo mache ich mit?", wollte David von mir wissen, als wir zurück zum Unterricht gingen.

„Mister Verpeilt hat sich mit uns dafür gemeldet, Gwens größten Traum zu erfüllen."

„Was, sie und Bulldog wollen schon Kinder bekommen? Weißt du, wie die aussehen werden? Rote Haare, dazu die ständig roten Wangen von Bulldog, seinen dicken, haarigen Bauch und noch als Krönung die dicken Waden, denen sich die Kinder gar nicht entziehen können, denn beide haben die!"

Während wir nun wieder in der Klasse saßen, hörte ich unserer Lehrkraft nur bedingt zu. Denn was mir Kopfzerbrechen bereitete, war nicht nur Kris' Fehlen, sondern nun auch Gwen. Wie es aussah, liebte sie Bulldog noch immer trotz seines Fehltritts. Klar, sie liebte ihn, doch eine Frage musste gestellt werden: Wie bedingungslos durfte Liebe sein? Musste man all seine Träume für den (Traum)-Partner aufgeben?

Dass sie sich und ihre anderen Träume nicht aufgeben durfte, war ihr jetzt wohl klar geworden. Ich wurde aus meinen Gedanken gerissen, als ich unseren lieben Herrn Rabenolt fragen hörte, wer gerne ein Referat über

*Die Presse im Nachkriegsdeutschlan*d halten würde. „Die Präsentation wird sich dann sicherlich nur positiv auf eure mündliche Note auswirken", deutete er vielsagend an.

Gwens und Bulldogs Arme schossen zeitgleich in die Höhe und somit bekamen die beiden den Zuschlag. Ob das von den beiden so beabsichtigt oder gewünscht war, konnte ich an dieser Stelle nicht beurteilen. Nur eines war klar: Die Chance, dass die beiden wieder zusammenkamen, war dadurch erheblich gestiegen.

In der nächsten Pause hörte ich die beiden schon rege darüber diskutieren, wann sie sich treffen würden, um das Referat vorzubereiten, welches schon nächste Woche gehalten werden musste. Wie mir Gwen aber erzählt hatte, könnte Bulldog einen Besuch bei Gwen zu Hause niemals überleben, da ihr Vater Bulldog wohl am liebsten sofort mit einem Luftgewehr aus dem Haus vertreiben würde. Weiterhin würden ihre Eltern einen Besuch bei Bulldog noch weniger dulden, da sie ihm im Hause der Chestnuts vollkommen „ausgeliefert" wäre. Wahrscheinlich schlug sie ihm auch deshalb das *Tommy's* als neutralen Treffpunkt vor.

„Gut, dann treffen wir uns morgen Mittag da."

An dieser Stelle musste ich mich einmischen. „Gwen, wollten wir nicht alle gemeinsam morgen im *Tommy's* zusammenkommen, um uns über deine Kolumne zu unterhalten?"

Gwen zögerte. „Stimmt ja. Aber ich kann sonst die ganze Woche nicht. Nur Freitag noch."

„Das ist schlecht. Da bin ich beim Arzt", warf Bulldog sofort ein.

Ich schäumte innerlich vor Wut und sah Bulldog finster an, der mich einfach ignorierte.

„Dann müssen wir das Treffen für die Kolumne wohl ausfallen lassen", schlussfolgerte Gwen.

Bulldog grinste sich eins und nickte Gwen eifrig zu, während ich mich wie ein Druckluftkessel fühlte, der gleich explodieren würde.

Doch ich unterstand mich, etwas zu sagen. Zwar entschied sich Gwen vielleicht gerade gegen ihre Zukunft als Journalistin zugunsten eines Volltrottels, aber es war ihre Entscheidung. Und noch war das Kind ja nicht in den Brunnen gefallen. Oder, um es weiter bildlich auszudrücken, vielleicht war Bulldog ja ihr Frosch, der irgendwann tatsächlich zu ihrem Prinzen werden konnte. Eigentlich erinnerte er mich mehr an einen Hund, denn einen Frosch oder gar einen Prinzen, aber vielleicht änderte sich das ja während seines Aufenthalts in Amerika. Solange dauerte es auch gar nicht mehr bis zu seiner Abreise. Noch gut zwei Monate und dann würde er zumindest aus Gwens Augen sein. Ob er ihr damit auch wirklich aus dem Sinn wäre, musste sich dann zeigen.

Es war später Nachmittag und ich hatte immer noch keine SMS oder Nachricht von Kris erhalten. Auch Kim war nicht online, was mich wirklich wunderte, da sie eigentlich ständiger Gast auf meiner ICQ-Liste war. Aber vielleicht sah ich im Moment einfach alles etwas überdreht, sei es bezüglich Gwen, sei es bezüglich Kris. Außerdem waren beide alt genug zu wissen, wie sie leben wollten. Wenn Kris meinte, dass ihr übermäßiger Alkoholkonsum ihr half, so würden auch meine Worte nicht dagegen ankommen.

Mein Leben hingegen war im Moment ganz auf die Schule fixiert. Vielleicht klang das für den ein oder anderen etwas bitter, aber für mich waren die Noten durchaus wichtig und der Fokus auf die Schule minimierte auch das Risiko zwischenmenschlicher Fettnäpfchen, die in meinem Fall die Größe einer Fritteuse hatten. Was für eine gute Leistung aber wichtig war, war ein ausgeglichener Körper.

War zwar erst halb neun abends, aber so ein bisschen ausruhen, ja, nur einen Moment ...

Ich saß auf einem Stuhl, wohl schon eine lange Zeit. Mein Rücken schmerzte und ich hatte das Gefühl, dass so langsam meine Augen zufielen.

„Nein, nicht schlafen", sagte ich zu mir. „Du musst wach bleiben, aufpassen."

Worauf ich aufpasste, konnte ich nicht so genau sehen. Es war verschwommen, irgendwie, als sähe ich durch ein Milchglasfenster. Ein ständiges Piepsen drang in mein Ohr, doch ich konnte die Quelle des Tons nicht ausmachen. Der Raum wirkte sehr hell, war weiß gestrichen. Ein banges Gefühl hatte ich im Magen, konnte aber nicht deuten, weshalb es dort war. Irgendwas war passiert und deswegen blieb ich wach. Das, was so undeutlich vor mir lag, blickte ich nun an.

Mit festem, fast starrem Blick versuchte ich das Bild schärfer zu stellen. Lange tat sich nichts, doch dann sah ich Konturen. Ich nahm ein Bett wahr, aufgestellt mitten im Raum. Ich wollte aufstehen und sehen, wer in ihm lag, doch meine Beine wollten sich nicht bewegen. Ich nahm all meine Kraft zusammen und versuchte, zum Bett zu gehen, doch meine Füße gaben unter dem Gewicht meines Körpers nach. Das Bild, ich hatte es einen Moment aus den Augen gelassen, wurde wieder unscharf. Ich lag nun auf dem Boden, dort, wo meine Beine aufgehört hatten mich zu tragen, und sah wieder in Richtung des Bettes, welches ich zumindest erahnen konnte. Und tatsächlich, langsam wurde es wieder deutlicher. Ich heftete meinen Blick an einen bestimmten Punkt, so fest, wie ich nur konnte, und robbte auf dem Boden zum Bett.

Mein Zeitgefühl sagte mir, dass schon Stunden vergangen sein mussten, seit ich auf den Boden gefallen war.

Eisern kämpfte ich gegen die Gewissheit an, dass mir langsam die Kraft ausging. Ich kam dem Bett näher und näher. Es wurde immer deutlicher: Das Bett war mit weißen Bettlaken bezogen. Metallgestänge hielten es zusammen. Noch ungefähr ein Meter, dann wäre ich dort. Mit letzter Kraft schob ich mich das entscheidende Stück über den Boden und griff nach dem Gestänge. Langsam zog ich mich daran hoch. Mir schien es, als wäre das Bett viel höher als ein normales. Schweiß rann von meiner Stirn, doch ich musste nachsehen, wer dort lag.

„Noch ein Stück", sagte ich mir und kämpfte mich weiter voran. Meine Augen erblickten nun die Decke des Bettes. Ich drehte meinen Kopf – und erschrak. Fast so bleich wie die Decke lag Kris' Gesicht auf einem Kopfkissen. Der Mund halb offen, die Augen geschwollen.

Ich versuchte nach Hilfe zu rufen, doch kein Ton kam über meine Lippen. Nach Hilfe suchend blickte ich mich um, aber niemand war da. Als ich Kris wieder ansehen wollte, saß ich wieder auf meinem Stuhl und starrte auf das unscharfe Etwas vor mir.

-- *Kris* --

Um mich herum erschien alles verschwommen. Als hätte man mir Watte auf die Ohren gepackt, hörte ich Stimmen aus weiter Entfernung. Ganz undeutlich und leicht verzerrt. Meine Augen waren geöffnet, das wusste ich, dennoch sah ich nur Dunkelheit. War das der Himmel?

Plötzlich war das Schwarz weg und grelles Licht blendete mich. Dann erkannte ich die Umrisse von Kim. War auch sie tot? Mir war übel, einfach schlecht. Mein Kopf schmerzte, das fühlte ich nun. Erkennen konnte ich trotz allem nicht viel. Ich schloss meine Augen, öffnete sie wieder und sah das grelle Licht als Flimmern. Wie bei dem alten Fernseher, den meine Oma noch irgendwo hatte. Ich schloss und öffnete sie erneut und konnte plötzlich die Konturen von Kim immer schärfer sehen. Sie saß auf einem Stuhl und starrte mich an. Ich spürte ihren Blick. Kleine Lichtblitze flackerten um mich herum, also machte ich erneut meinen kleinen Trick.

Und dann, ohne Vorwahrung, sah ich alles, wie ich es aus meinem normalen Leben kannte. Ich drehte meinen Kopf ganz leicht und nahm wahr, dass Geräte zu beiden Seiten neben mir standen. Geräte, wie ich sie von meinem Praktikum im Krankenhaus kannte. Sah der Himmel so aus? Ich hörte nun auch langsam besser. Wie bei einem Tinnitus war aber ein Dauerpiepsen in meinem Ohr. Ich sah wieder dahin, wo ich eben noch Kims Konturen gesehen hatte. Doch sie war weg. Keine Kim mehr da.

War das alles ein Traum? Was war los? Wo war ich?

-- Johnathon --

Schweißgebadet wachte ich auf. Was hatte ich da geträumt? Ich erinnerte mich noch recht genau an das, was ich gesehen hatte. Der weiße Raum, Kris ebenso blass im Bett. War das nun Realität oder schlicht und ergreifend ein Albtraum gewesen? Ich sah verschlafen auf meinen Wecker. In einer Stunde musste ich so oder so aufstehen.

Ich stieg aus meinem Bett und sah auf mein Handy. Keine Nachricht von Kris. Ich hüpfte unter die Dusche und überlegte, ob und wem ich von meinem Traum erzählen sollte. Gwen vielleicht oder David. Aber ging es nicht auch Jack etwas an? Er war immerhin ihr Freund. Aber warum sollte ich ihm bezüglich Kris helfen? Würde er das tun, wenn wir die Rollen tauschten? Mit Sicherheit nicht. Wahrscheinlich wusste er sowieso, was mit Kris los war, wollte oder durfte es uns aber einfach nicht sagen.

Oder maß ich in einem einfachen Traum zu viel Bedeutung zu? „Ruhig John, sammel dich", sagte ich mir.

Ich atmete einmal tief ein und wieder aus. Wahrscheinlich hatte der Traum nichts zu bedeuten. Außerdem würde sich heute sowieso alles auflösen. Denn Kris würde heute bestimmt in der Schule erscheinen und uns von ihrem megageilen Wochenende berichten, an dem sie so viel getrunken hatte, dass sie viel zu fertig gewesen war, um am nächsten Tag in die Schule zu gehen. Genau, so war es bestimmt gewesen. Ich könnte mir in den Hintern beißen, dass ich mir über all das so viele Gedanken machte.

Wenn ich einmal krank war, hatte da irgendjemand jemals das Schlimmste vermutet, also, dass mir etwas passiert sein könnte? Nein, bestimmt nicht. Ich hatte mich viel zu stark in alles reingesteigert.

Ich nahm mir also heute schön viel Zeit im Bad, machte meine Haare besonders aufwendig und hockte mich dann mit Cornflakes vor die Glotze und zappte von Programm zu Programm. Im Bus machte ich noch schnell die Französischhausaufgaben und aus Protest gegen die Weisung der Rozier lernte ich sogar noch Englischvokabeln. Im Strom der Massen auf dem Weg zur Schule freute ich mich fast schon auf das Wiedersehen mit den üblichen Verdächtigen – inklusive Kris. Doch auch heute erschien sie nicht.

-- Kris --

Langsam kam alles wieder. Ich war im Krankenhaus. Kim war da. Sofort, als sie gesehen hatte, dass ich wach wurde, hatte sie meine Eltern geholt, die draußen auf den Wartestühlen geschlafen hatten. Mittlerweile hatte sich auch die Übelkeit gelegt und mein Kopf schmerzte nicht mehr so arg. Auch meine Laune besserte sich langsam. Ich konnte schon mit Kim witzeln, dass das Magenauspumpen wenigstens meiner Figur guttat. Meine Eltern standen beide immer noch vollkommen unter Schock. Sie machten sich große Vorwürfe, weil sie nichts bemerkt hatten.

Irgendwie war ich schon stolz auf Kim. Sie war nämlich hoch in mein Zimmer gekommen, um sich die CD von John auszuleihen, als sie mich auf dem Schreibtisch liegen sah. Zuerst wollte sie schon gehen, doch dann hatte sie die Schlaftablettenpackung entdeckt und sofort den Notruf und meine Eltern benachrichtigt. Ohne sie wäre ich nun wirklich tot – dass hatten mir die Ärzte mehrmals versichert.

Immer mehr wurde mir bewusst, was ich da getan hatte. Mein Handeln war so unüberlegt gewesen. Ich hätte noch mehr Menschen Trauer und noch größeren Schmerz zugefügt, als ich es bisher schon getan hatte. Vor allen Dingen meinen Eltern, die sich schwere Vorwürfe machten, sich so oft gestritten zu haben. Aber genau an diesem Abend hatten sie sich doch wieder versöhnt – wegen Kim und mir. Meine größte Angst war aber zunächst, dass ich nun in die Nervenheilanstalt kommen könnte. Meine Familie und ich konnten die Ärzte aber von diesem Gedanken abbringen. Die Doktoren hatten die wirkliche Ursache meines Selbstmordversuchs verstanden, und da sich die Situation zumindest teilweise bereinigt hatte, stand meiner morgigen Entlassung nichts mehr im Wege. Nächste Woche würde ich schon wieder in die Schule gehen können.

Kim hatte mir natürlich sofort mein Handy gegeben. John, Smith und David sowie Gwen hatten mir geschrieben. Keine Nachricht von Jack. Zwar schwor mir Kim hoch und heilig, dass er uns auf den AB gesprochen, sie die Nachricht aber in all der Panik gelöscht hatte, aber ich glaubte ihr nicht. Ich ließ es mir nicht anmerken, aber ich hatte damit sowieso rechen können. Es war einfach nicht mehr so wie früher. Das musste ich akzeptieren.

Aber darum musste ich mich nicht jetzt kümmern. Erst einmal sollte ich mich noch etwas ausruhen und dann schauspielern üben: Bei meiner ganzen Familie wäre die Magen-Darm-Grippe ausgebrochen. Erklärte mein und Kims Fehlen in der Schule. Es war einfach besser, wenn niemand von meinem Suizidversuch wusste. Viele würden sich unnötig Gedanken machen, andere Angst haben und die meisten würden hinter meinem Rücken über mich herziehen – und das konnte ich jetzt am allerwenigsten gebrauchen.

-- Gwen --

Wolke sieben war nichts dagegen. Wir saßen im *Tommy's*. Die ganze Zeit musste ich ihn ansehen. Ich nahm ihn so intensiv wahr wie seit Langem nicht mehr. Ich hörte seine Stimme wieder viel bewusster. Sie klang erst so sanft in meinem Ohr, dann wieder ruppig, männlich und voller Dominanz. Ich hörte ihm zu, genoss seine Stimme, doch ich hörte nicht, was er sagte. Ich wollte es nicht hören. Ich wollte einfach wieder bei ihm sein. Mein Herz hatte er allerdings bereits einmal gebrochen. Würde ich es ein zweites Mal überstehen können?

Nein, würde ich nicht, aber das stand auch gar nicht zur Debatte, denn das würde er nicht tun. Er hatte aufgehört zu reden. Erwartete er eine Antwort von mir? Was hatte er überhaupt gefragt? Spielte das eine Rolle?

Meine Hände glitten über das Papier, ich las quer über den Inhalt, ohne recht zu verstehen, worum es ging. Doch dann rüttelte ich mich wieder wach. Nein, Gwen, lass ihn verdammt noch mal zappeln. Er hat sich wie der letzte Arsch benommen. Zeige ihm, dass er nicht einfach mit dem Finger schnipsen muss, damit du wieder da bist. ´Spiel die Coole!

„Also, ich habe mir das so vorgestellt …" In weiser Voraussicht, dass ich heute rückfällig werden könnte, hatte ich das Thema zuhause bereits komplett ausgearbeitet und schob ihm mit einem verschämten Grinsen meine Gliederung unter die Augen.

-- *Johnathon* --

Wie sich innerhalb der nächsten Tage herausstellte, waren Gwen und Bulldog nicht wieder zusammengekommen. Zwar war ich mir recht sicher gewesen, dass Gwen ihn immer noch liebte und Bulldog Gwen gegenüber nicht abgeneigt war, doch war ich froh, eigentlich sogar stolz, dass sie ihm widerstanden hatte. Anstatt uns irgendwann nach der Schule zu treffen, verlegten wir unsere Treffen zur Rettung von Gwens Kolumne in die Pausen.

Kris, die nach ihrem schlimmen Magen-Darm-Infekt wieder in unseren Kreis gestoßen war, hatte unserer Idee den Namen *Mission Affinität* gegeben. Dieses tolle Wort hatte sie anscheinend vor Kurzem gelernt, denn sie erwähnte es in letzter Zeit (laut Definition ist Affinität eine Verbindung zweier Begriffe, vor allem im philosophischen Sinne) andauernd. Kris fand, dass Gwen und die Kolumne einfach zusammengehörten. So zumindest ihre offizielle Begründung. Wie auch immer, für die Mission Affinität gab es schon zwei Vorschläge.

Nummer eins: Viele Briefe an die Zeitung mit unterschiedlichen Absendern schreiben, die die Kolumne zurückforderten (mein Vorschlag).

Nummer zwei: Einfach das Gebäude stürmen, Geiseln nehmen und sie erst freilassen, wenn Gwens Kolumne wieder veröffentlicht wurde (ebenfalls mein Vorschlag).

Der zweite fand recht wenig Anklang, aber auch beim ersten schien nur David auf meiner Seite zu sein.

„Ich will keine Fanbriefe fälschen. Die sollen mich auf ehrlichem Weg zurücknehmen, sonst ist das doch total falsch."

An diesem Punkt kamen wir derzeit nicht weiter – zwar hatte niemand einen anderen oder gar besseren Vorschlag als meinen ersten, doch solange Gwen nicht dafür war, lag die Sache auf Eis.

Aber auch die zwischenmenschlichen Beziehungen schienen derzeit einen Aufenthalt im Gefrierschrank gebucht zu haben. Anscheinend hatte sich Jack während Kris' Magen-Darm-Grippe nicht bei ihr gemeldet und sie hatte ihm die passenden Takte dazu gesagt. Er hatte sich entschuldigt, doch, so wie Kris es uns erzählt hatte, war er dann einfach abgezogen und hatte ihr an eben jenem Dienstag nach Pfingsten nicht einmal Tschüss gesagt.

„Ich sehe es auch gar nicht ein, ihm hinterherzulaufen. Ich muss doch nicht mit ihm reden, wenn er nicht will."

Es herrschte also derzeit Funkstille zwischen den beiden. So gesellte sich Jack zunehmend zu „den Aussätzigen" Anjuli und Sven, während wir in der Raucherecke immer mal wieder durch Rahel verstärkt wurden. Auch sie kannte *Gwens Couchgeflüster* und wollte helfen, es zurückzubringen. Sie war nunmehr Teil der Mission Affinität, für die leider noch immer kein Durchbruch zu vermelden war.

24

IF I FALL

-- Johnathon --

Der Juni war erst wenige Tage alt und doch wollte sich der Sommer endlich von seiner schönsten Seite zeigen. Der Mittwoch begann aber zunächst wie jeder andere Tag: aufstehen, duschen, die richtigen Klamotten (knallgrünes T-Shirt und Bluejeans) auswählen und zum Bus hetzten, der dann begleitet von den ersten Sonnenstrahlen am Burgweiler Bahnhof hielt.

Zwischen den Abgaswolken sah ich bereits Kris stehen, die heute ein blassgrünes Top und eine karamellfarbene Stoffhose trug.

„Grün scheint eine Trendfarbe zu sein", sagte ich zu ihr.

„Mein Schrank hat einfach nichts anderes mehr hergegeben", erwiderte sie lächelnd und wir traten gemeinsam den Weg zur Schule an.

Abgesehen von diesen wenigen Worten blieb Kris verdächtig ruhig, antwortete allenfalls auf meine Fragen mit Ja oder Nein.

„Geht es dir nicht gut? Dein Gesicht sieht so blass aus."

„Und eingefallen", hätte ich ergänzen können, ließ es aber bleiben. Wenn Kris meinte, nun auch eines dieser *Size Zero* Mädels werden zu müssen, fand ich es zwar nicht gut, aber es war ihr Leben. Seit der Erpressungssache mit Sven hielt ich mich lieber etwas mit Belehrungen zurück.

„Ach, es ist wegen Jack."

Wieder eine einsilbige Antwort. Ich blickte sie fragend an und sie seufzte.

„Es muss endlich was passieren, ich habe auf so einen Kinderkram keine Lust mehr. Wir reden kaum noch miteinander, sehen uns nicht, er hängt eigentlich nur noch mit Sven und Anjuli rum. Dann soll er es mir wenigstens sagen, wenn er mich nicht mehr will."

„Aber du willst ihn schon noch?"

„Natürlich. Ich liebe ihn. Von ganzem Herzen. Nur ich weiß, dass ich so nicht mehr weitermachen kann."

Auch, als wir uns vor unseren Klassenraum setzten, würdigte Jack sie keines Blickes, viel zu vertieft war er in das Gespräch mit Sven über die Clans bei *World of Warcraft*.

Ich fand es fast schon etwas verstörend, wie gut sich die beiden verstanden, obwohl Sven doch was mit Kris gehabt hatte – und das nicht nur einmal. Aber gut, auch das war nicht mein Bier.

Wie üblich kam Herr Rabenolt zu spät und begann dann den Deutschunterricht mit einem unglaublich nervigen Thema – dem Konjunktiv II in der deutschen Sprache. Warum konnte man den Konjunktiv II nicht einfach generell mit *würde* bilden? Wäre viel einfacher als *äße, flöge, büke* und Co. Der Rabenolt hatte uns sämtliche Sonderformen und Regeln – mitsamt auf Schreibmaschine getippten Beispielen – ausgeteilt und nun mussten wir sie stundenlang durchgehen. Das war natürlich eine willkommene Vorlage, um dem Unterricht nicht zu folgen und stattdessen mit Kris zu plappern – zumindest im Flüsterton.

Da Jack noch immer neben und somit zwischen Kris und mir saß, geschah dies über seinen Kopf hinweg. Kris war so unverfroren, dass sie sogar über Jack sprach, wobei sie ihn aber nicht beim Namen nannte, sondern nur über „den werten Herrn" redete.

Jack schien all dies nicht zu interessieren, er schrieb mal wieder Songtexte auf seinen Collegeblock.

„Sag mal, John, wo hast du eigentlich dein Bett her? Da konnte man ja so schön und gut auch zu zweit drin schlafen."

„Ähm, keine Ahnung, ich …"

„Johnathon, würde es dir vielleicht etwas ausmachen, nicht ständig mit Kris zu reden? Wenn ihr das Spiel Boy-meets-Girl spielen wollt, dann macht das doch bitte in der Pause", sagte Herr Rabenolt.

Ich nickte stumm und fühlte mich an meine Spick-Aktion aus dem letzten Jahr erinnert – ich wollte nicht schon wieder eine schlechte Deutschnote bekommen.

Ich entschloss mich, die Klappe zu halten und dem Unterricht zu folgen. Also beantwortete ich Herr Rabenolt auch sogleich die Frage, wie der Konjunktiv II von *fliehen* hieß: „flöhe." Herr Rabenolt würdigte die prompte Besserung meines Verhaltens mit einem Lächeln – wenn es doch immer so sein würde …

In der Pause folgte die übliche Diskussion über die Mission Affinität und Gwen rang sich immer mehr dazu durch, meinen Vorschlag mit den gefälschten Leserbriefen zu akzeptieren, da ihre Idee, eine Unterschriftenaktion zu machen, in unser aller Augen einen wesentlich schwächeren Effekt haben würde.

Kris war bei dem Gespräch nicht anwesend und so ging ich davon aus, dass sie mit Jack endlich reinen Tisch machte. Doch falsch gedacht!

„Na, was sagt er?", fragte ich sie, als wir uns vor unserem Klassenraum trafen.

„Nix."

„Wieso nix?", fragte ich.

„Weil ich ihn noch nicht drauf angesprochen habe."

Ich sah sie fragend an und ihr Blick wurde traurig.

„John, verstehst du nicht, wie schwer mir das alles fällt? Ich kann das nicht, ich liebe ihn so." Stich ins Herz. „Ich will ihn nicht verlieren." Stich ins Herz die Zweite. „Ich kann ohne ihn nicht leben." Herz tot.

Ich stand schweigend da. In ihren Augen waren Tränen. Ich wusste, dass sie das aussprach, was sie tief im Inneren fühlte. Es war genau das, was ich auch für sie empfand, nur dass meine Gefühle von ihr nicht erwidert wurden.

„Habt ihr schon gehört? Wir haben zwei Vertretungsstunden und danach Mathe frei!", durchbrach Gwen nun die Stille, als sie gemeinsam mit Bulldog und David zur Klasse kam.

Ich nickte knapp und wartete darauf, dass unser Vertretungslehrer uns den Raum aufschloss, damit ich mich ganz hinten in die Klasse setzen und Musik hören konnte.

-- Kris --

Innerlich seufzte ich, als ich mich zu den anderen setzte. Da hätte ich auch gleich zu Hause bleiben können. Wie vertrieb man sich also die Zeit in zwei Freistunden, in denen man eigentlich einen Arbeitsauftrag in der Anwesenheit des Vertretungslehrers erledigen sollte? Jack und Sven spielten Karten, John hörte Musik und David saß stumm herum. Eigentlich war mein Kopf voller Gedanken, die sich zu einem einzigen bündelten: Du musst mit Jack reden!

Ich zog es zunächst vor, mit Gwen, Milana, Jenny, Debbie darüber zu diskutieren, wie kurz ein Minirock sein durfte. Wenigstens wurde ich so von meinen Gedanken abgelenkt, wenn auch die Runde, in der die Diskussion stattfand, nicht ganz meine übliche war. Nach der Meinung unserer lieben Milana waren Miniröcke generell zu kurz.

„Röcke müssen mindestens zehn Zentimeter übers Knie gehen, sonst sieht es total billig aus", befand sie.

Wir anderen, selbst Jenny, sahen das lockerer.

„Ich finde die nicht schlimm. Außerdem sind Miniröcke doch ein alter Hut, waren sie doch schon 1962 erstmals auf der britischen Vogue", sagte unser wissenshungriges Monster Jenny.

Ich nickte geistesabwesend und ließ meinen Blick durch den Raum wandern. Bei Jack blieb er hängen.

„Kris, ich weiß, dass es dir schwerfällt, aber wie lange willst du das noch machen?" David war aus seiner Schockstarre erwacht und hatte mich angesprochen. Ich sah ihn erschrocken an, hatte ich doch wirklich nicht mit so etwas gerechnet. „Ich sehe doch, woran du denkst."

Die Mädels nahmen von seinen Worten keine Notiz und redeten lautstark weiter. Er sprach eigentlich das aus, was John mir schon seit Längerem predigte und was ich auch schon ziemlich lange vor mir herschob.

„Pass auf", sagte ich und holte noch einmal tief Luft. „Ich liebe ihn und habe Angst, dass plötzlich alles vorbei ist. Verstehst du? Wenn er Schluss macht, fällt mein Kartenhaus zusammen."

„Aber willst du, dass aus deinem Kartenhaus immer mehr Karten rausgezogen werden? Irgendwann stürzt es dann auch ein. Es ist nur eine Frage der Zeit."

Ich blickte David tief in die Augen und erkannte, wie gut er es mit mir meinte. Keinerlei Eigennutz trieb ihn an, dies zu sagen. Er hatte recht. Vielleicht waren es einfach diese Worte, die ich für eine Initialzündung gebraucht hatte.

Ich stand auf und ging zu Jack.

„Wir müssen reden", sagte ich und blickte von oben auf seine lockige Mähne herunter. Meine Stimme war zwar stark, vielleicht auch kalt, aber in meinem Herzen zitterte ich. Und doch ging ich in Richtung Tür. Ich merkte, wie mich von hinten die Blicke der Klasse durchbohrten. Mir war das egal. Ich musste jetzt wissen, woran ich war.

Ich wartete im Gang, die Arme verschränkt, die Beine über Kreuz. Es dauerte, bis er kam.

Er schloss die Tür hinter sich und baute sich vor mir auf. Der Mann meiner Träume stand vor mir. Diese großen, dunklen Augen, in denen man sich wie in einem Labyrinth verlor, der schlaksige Körper. Mir ging durch den Kopf, was wir alles erlebt hatten. Die schöne Zeit, vielleicht bisher die schönste und kostbarste meines Lebens. Sein Blick war leer und ich wusste, dass es gleich vorbei sein würde. Er sagte nichts. Wir starrten einander schweigend an. Ich würde zum letzten Mal in unserer Beziehung den ersten Schritt machen. Wie damals, als wir zusammengekommen waren.

„Findest du es nicht scheiße, wie es gerade läuft?", fragte ich. Ich hatte das Gefühl, mein Magen drehte sich gleich um. Er zögerte mit seiner Antwort.

„Ja", antwortete er kurz und knapp. Er verzog keine Miene. Er stand vor mir und sagte nichts. War er es wirklich, den ich über ein halbes Jahr geliebt hatte? Wer war dieser gefühllose Mensch? Meine Augen füllten sich mit Tränen.

„War es das?", fragte ich.

„Sieht so aus."

Ich starrte ihn an. Noch immer war keinerlei Regung an ihm erkennbar. Sein Ausdruck war vollkommen leer, so, als würden ihm diese Worte nichts ausmachen. Sie waren einfach so über seine Lippen gekommen, als hätte er schon Wochen darauf gewartet, sie zu sagen.

Ich drehte mich um und ging an ihm vorbei in die Klasse. Ich wollte einfach nur weg. Weg von ihm, am besten weg von mir selbst. Ich ging zu David und John. Beide sahen mich an, sie wussten sofort, was los war.

Ich sah alles wie in einem Tunnel. Alles um mich herum war verschwommen. Ich war mir sicher, die Tür zugemacht zu haben, doch kurz nachdem ich auf den Stuhl gefallen war, sah ich Jack mit Sven Karten spielen. Hatte ich alles nur geträumt? Wieso saß er da, als wäre nichts gewesen? War ich nichts wert? Ich saß nun umringt von meinen Freunden. John nahm meine Hand. Er hielt sie einfach nur und gab mir ein Taschentuch. David kam und umarmte mich, wie auch Jenny. Aus dem Augenwinkel sah ich Gwen, wie sie kopfschüttelnd dasaß.

-- Johnathon --

Wir konnten alle nur ahnen, was draußen abgelaufen war. Ich konnte es nicht fassen: Jack saß nur da, ohne zu uns zu sehen, während wir – die heulende Kris umringend – keinen vernünftigen Satz herausbringen konnten. Wir standen alle unter Schock. Ich streichelte ihre Hand. Ich wusste nicht, wieso, aber ich musste es tun. Ich hatte das Gefühl, dass es richtig war, als könnte ich ihr durch meine Hand mein ganzes Mitgefühl schicken.

Innerhalb von ein paar Sekunden hatte sich alles für mich geändert. Kris, früher lebensfroh und lustig, saß bei mir und weinte. Weinte um Jack. Nun war sie Single.

Der Gong beendete die Stunde.

Die anderen, unter ihnen Debbie, Jenny, Bulldog und David, gingen, um die Busse zu erwischen. Zuvor umarmten sie Kris kurz.

Gwen, Kris und ich saßen in dem leeren Raum. Vor der Klasse lief eine Meute kleiner Kindern vorbei, tobte und schrie, während ich hier mit den anderen beiden saß und wir einfach nur schwiegen. Gwen und ich hatten jeweils eine Hand von Kris ergriffen.

Wir hatten beide Tränen in den Augen. Kris weinte und sah uns mit verheultem Gesicht an. Ich wischte ihr die Tränen von der Wange. Ich wartete darauf, dass endlich jemand etwas sagte.

Es kam mir vor, als wären bereits Stunden vergangen.

„Kris, es tut mir leid, aber ich muss aufs Klo", sagte Gwen mit einem verkniffen Grinsen und man sah ihr an, dass es ihr wirklich leidtat, sie nun im Stich zu lassen.

Kris, die die ganze Zeit in die Leere gestarrt hatte, kam aus ihrer Trance zurück. Sie sah Gwen kurz an, nickte. Gwen lief Richtung Tür und sah sich noch einmal um, um zu klären, dass es wirklich okay war. Erneut nickte Kris und Gwen ging endgültig. Sie schloss die Tür.

Ich drehte mich zu Kris und sah ihr in die Augen. Was sie nun bloß denken mochte? War dieser Moment nicht der, auf den ich seit über einem halben Jahr wartete? Aber was fühlte ich? Ich fühlte weder Zufriedenheit noch Glück, ich trauerte mit ihr. Und das ehrlich. Wir fielen wir uns in die Arme. Ihr Haar duftete nach Mandel. So wie mein Kopfkissen oder ihr Schal. Aber nun war all das egal.

Mein Herz pochte auch zu Hause noch unaufhörlich stark. Ich überlegte, ihr zu schreiben. Ich fuhr meinen Laptop hoch und stellte fest, dass sie nicht online war, dafür aber Kim. Ich frage sie sofort, wie es Kris ginge, doch Kim antwortete nicht. Ich nahm mein Handy und schrieb eine SMS: *Hey du! Wie geht es dir denn? Wenn du mit jemandemreden willst, ich bin da, okay? Vergiss das bitte nie. Melde dich, wann immer du willst, Tag und Nacht. Hdl John.*
Ich verwarf die SMS. Sie wusste, dass ich für sie da war. Ich hatte es ihr vorhin bestimmt Hundert Mal gesagt. Würde sie das Gleiche auch für mich machen? Ich hatte nie Spielchen mit ihr gespielt. Immer war ich nur derjenige gewesen, der da war, wenn es einen Grund für sie gab, sich bei mir auszuheulen. Dafür war ich wiederum gut.

„So John", sagte ich mir. „Du wartest einfach, bis sie sich bei dir meldet."

Zehn Minuten später schickte ich ihr die SMS.

Auf eine Antwort der besagten SMS wartete ich bis heute, wobei es natürlich unwahrscheinlich war, dass sie mir nach einer Woche noch antworten würde.

Umso neugieriger war ich, Jacks Sicht der Dinge zu erfahren. Er, der damit Bulldog als Buhmann der Mädels abgelöst hatte, schrieb für seine Verhältnisse sehr freimütig mit mir über das Geschehene. Er erzählte mir, er wollte mit Kris befreundet bleiben, und er bedauerte, dass es so zu Ende gegangen war. Kris ging aber auf das Angebot nicht ein sein Bedauern glaubte sie ihm ums Verplatzen nicht. Weiter schrieb er, und das fand ich durchaus interessant, ihm wären diese ganzen Spielereien mit Sven schon die ganze Zeit auf die Nerven gegangen. Er schrieb, dass das auch ein Hauptgrund für die Trennung gewesen wäre.

Und genau hier sah man, wie grün Jack noch hinter den Ohren war: Die ganze Chose war jetzt über ein halbes Jahr her. Der Junge hatte sich schon die ganze Zeit daran gestört, hatte es aber nie gebacken bekommen, den Mund aufzumachen. Wer weiß, vielleicht hatte er sie die ganze Zeit schon nicht mehr geliebt und war nur aus Bequemlichkeit mit mir zusammengeblieben.

Eigentlich könnte ich es mir nach der Trennung der beiden recht gut gehen und ich endlich meine Chance bei Kris wahrnehmen, aber nein, dieser Mr. X stand noch vor mir. Herr Supertoll-Smith kümmerte sich bestimmt gerade vorzüglich um Kris. Sie hatte Jack nie von ihm erzählt, nur Gwen und ich wussten von ihm. Mir gegenüber hatte sie den Kommentar fallen gelassen, dass sie *ab und zu* mal mit ihm simste. Wenn der Kerl so aussah, wie sie sagte, dazu noch älter war als ich und, was für die materiell orientierte Kris immens wichtig war, ein Auto hatte, konnte ich mir meine Chancen an einer Hand abzählen. Ich hatte auch nie weiter nach ihm gefragt, weil ich immer genug mit Jack zu tun hatte und einen weiteren Kerl vor mir auf der Warteliste hätte mich wohl endgültig aus der Bahn geworfen. Wenn ich ein Auto hätte, würde ich jetzt auch bei Kris sitzen und Händchen halten. Wie ich ihn hasste!

Aber wie konnte ich jemanden hassen, den ich nicht kannte? Vielleicht war er ja nett? Vielleicht könnten wir ja Freunde werden? Moment, time out, jetzt reichte es! Was quatschte ich denn da? Verdammt, das bedeutete Krieg! Mann gegen Mann, jeder will die Burg einnehmen, nur einer konnte sie bekommen – und das war ich. Aus die Maus.

Also startete ich am heutigen Mittwochmorgen eine Offensive mit der Parole: „Ich bin auch noch da!"

Zuerst einmal holte ich Madame am Bus ab, umarmte sie und sprach ihr ein Kompliment für ihr Parfum aus (es roch wirklich gut!) und bemerkte aufmerksam, dass sie ein neues rosafarbenes Top trug. Auf dem Weg hörte ich mir wieder eine *Smith war da*-Story an, die damit endete, dass er bis 22:00 Uhr bei ihr gewesen war und sie getröstet hatte (der ist ja sooooooo toll ...).

Sie erzählte und erzählte. Mich fuchste das Ganze und ich dachte mir, was der kann, kann ich schon lange und lud sie zum Frust-Shoppen ein. Madame lehnte deutlich bewegt (leichtes Kopfschütteln) ab, denn sie hätte „momentan einfach keinen Kopf für so was".

„Aha", sagte ich, „woher hast du noch mal das Top?"

Völlig ungeniert und ohne etwas zu merken, sagte sie: „Von Smith, der hat es vorgestern mit mir ausgesucht."

Bedurfte DAS noch einer Erklärung?

Somit gingen wir (sie labernd, ich sauer) in Richtung Klassenraum, wo ich mich direkt neben Jack setzte, mit dem sie noch immer kein Wort gewechselt hatte, und den sie vollkommen ignorierte.

Hatte ich für einen Moment wie der Nutznießer dieses Beziehungswirrwarrs ausgesehen, musste ich mittlerweile einsehen, dass ich wohl noch nicht einmal auf der Ersatzbank saß. Anscheinend nahm mich Kris nicht einmal als potenziellen Freund wahr!

Ich beschloss, sie jetzt nur noch zu meinen Gunsten zu manipulieren, koste es, was es wolle. Der freundschaftliche Kurs war vorbei!

Von nun an versuchte ich, etwas über Smith herauszufinden, um mich mit diesem Wissen besser positionieren zu können, und jene Lücken in Kris' Leben zu füllen, die er nicht besetzte. Mit der Zeit eröffnete sich mir ein Bild eines mittlerweile 19-jährigen Kerls, der auf Kris stand, und in der Werbeagentur seines Vaters arbeitete. Von Woche zu Woche erfuhr ich mehr Details, die mir Kris – wahrscheinlich in der Hoffnung, ich würde sie Jack sagen (denkste!), damit der eifersüchtig würde (DENKSTE!) – mitteilte.

Wir standen wieder in der Raucherecke, Gwen und Bulldog, die noch immer nicht wieder zusammen waren, etwas abseits, da erzählte Kris freimütig: „Ach, das Wochenende war so toll. Er war den ganzen Sonntag bei mir – Samstag konnte er nicht, er musste arbeiten. Wir haben uns geküsst. Er küsst so unglaublich gut!"

„Aha", antwortete ich knapp.

„Weißt du, wir haben saulange geredet, ich habe dann ein paar Mal mit ihm rumgeknutscht, mehr nicht. Und er liebt mich vielleicht. Na ja, mal schauen, vielleicht komme ich ja mit ihm zusammen."

Anmerkung Nummer eins: Man beachtete, dass seit ihrer nervenaufreibenden Trennung erst zwei Wochen vergangen waren. Anmerkung zwei: Anstatt jemanden zu nehmen, der sie wirklich liebte (mich!), wollte sie lieber einen dahergelaufenen Werbefutzi, der sie nur vielleicht liebte.

„Aha", war mein erneuter Kommentar und ich rang mir ein Grinsen ab. „Cool."

Sie hatte nichts gemerkt und sah mich freudig an. Ohne auf sie zu warten, drückte ich meine Kippe aus und ging wieder auf den Schulhof. Ich ignorierte sie auch im Unterricht. Als der Gong die Stunde beendete, ging ich alleine zu unserem Stammplatz, um zu rauchen.

Kris, Gwen, David und Bulldog kamen ebenfalls angedackelt. Wie im Kindergarten kamen sie in Zweierreihen. Kris, die über irgendeinen blöden Witz von David lachte, der neben ihr lief, sowie Bulldog und Gwen. Aus der Ferne konnte ich sehen, wie sich ihre Hände immer wieder – quasi zufällig – berührten und sie sich verliebte Blicke zuwarfen. Gwen wusste anscheinend nicht, wie hinter ihrem Rücken über sie und ihre Naivität gelästert wurde. Entweder wollte sie es nicht wahrhaben oder sie ignorierte es recht gekonnt.

Immerhin gab es etwas Neues in Sachen Mission Affinität. Alle hatten sich mittlerweile mit meinem Vorschlag angefreundet, die Redaktion mit *Wir wollen Gwens Couchgeflüster wieder*-Briefen zu bombardieren und im Moment befanden wir uns in deren Herstellungsphase. Einziges Problem waren die vorher nicht einkalulieren Kosten. Gwen wollte partout keine E-Mails, das fand sie nicht „stilvoll", doch mit der wesentlich altmodischeren Post würden wir bei den angepeilten 100 Briefen 55 Euro für Briefmarken blechen müssen.

In just dieser Pause wollten wir darüber sprechen, wo wir das Geld herbekämen, doch ich hatte einfach keine Lust auf die vier. Keine Ahnung, weshalb, ich wollte sie einfach nicht sehen. Ich nahm noch die letzten Züge von meiner Kippe, da standen sie alle vor mir.

Kris sah mich fragend an: „Was ist los? Warum hast du nicht auf uns gewartet?"

„Nichts von Bedeutung. Ist egal", sagte ich und inhalierte noch einmal tief.

„Was soll das denn? Lass es doch mal raus! Was habe ich dir denn getan?"

„Kris, bitte lass es. Frag nicht, es ist alles okay. Sorry wegen vorhin."

Ich sah sie an. Ihre Stirn war leicht in Falten gelegt, wobei ich diesen skeptischen Blick eigentlich recht süß fand. Der leichte Wind wehte durch ihre Haare und aus ihren Augen sprach starker Zweifel. Ich wusste nicht, was ich sagen sollte, aber am liebsten hätte ich mich jetzt nach vorne gebeugt und sie geküsst.

„Gut", sagte sie leicht zögernd, „aber wenn was ist, sag es bitte, okay? Ist besser so."

„Vielleicht sag ich es dir irgendwann mal", murmelte ich, machte die Kippe aus und ging unter den irritierten Blicken meiner sonst so geliebten Clique weg.

25

GET MINE, GET YOURS

-- Johnathon --

Ich saß zu Hause am Schreibtisch.
Ich liebe dich. Ich liebe dich. Ich liebe dich. Ich liebe dich. Ich liebe dich. Ich liebe dich.
Am liebsten hätte ich Kris diese Worte laut ins Ohr geschrien und sie aufgeweckt, um ihr zu zeigen, dass ihr Traummann direkt vor ihr stand, und sie keinen Werbeheini brauchte. Aber ich konnte und wollte das Risiko nicht eingehen, sie als gute Freundin zu verlieren. Zu eindrücklich waren die Erinnerungen an die Zeit nach der Tagebuch-Sache, als es um unsere Freundschaft nicht sonderlich rosig gestanden hatte. In diesem momentanen Gefühlswirrwarr erschien es als willkommene Abwechslung, dass jemand komplett anderes mich plötzlich wieder zu schätzen wusste: Anjuli.

Nachdem ich sie seit der Aktion mit David weitestgehend ignoriert hatte, suchte sie in letzter Zeit wieder meine Nähe, stellte sich beispielsweise zu uns in die Raucherecke und versuchte auch, sich mit Kris gut zu stellen, was aber nicht so recht gelang.

Bei mir hingegen stieß ihr freundschaftliches Anbandeln nicht grundsätzlich auf Gegenwehr. Ich mochte sie als Mensch, nur erforderte das, was sie mit David und mir abgezogen hatte, immer noch Rache.

Anjuli 22.6. 15:14 Uhr
John, wollen wir nicht mal wieder was unternehmen?

John 22.6. 15:14 Uhr
Ich weiß nicht, ob ich da so große Lust drauf habe. Nach der Aktion mit David ...

Anjuli 22.6. 15:15 Uhr
Ja, ich weiß, das war nicht okay, aber hoffentlich hast du auch gesehen, wie leicht sich dein toller Freund vereinnahmen lässt. Ich werde da nicht die Letzte gewesen sein ...

Gut, vielleicht hatte sie wirklich recht, immerhin gehörten zu einer Beziehung immer zwei und David war nun einmal blind vor Liebe gewesen. Das war aber auch ein Grund dafür, dass ich ihm alles nicht so übel nahm. Ich wusste, welche dummen Sachen man tat, wenn man verliebt war.

Schlussendlich erklärte ich mich bereit, Anjuli ins Kino zu begleiten, aber nicht ohne David in meinen Plan einzuweihen.

Am nächsten Tag schlenderten sie und ich nach der Schule ins Burgweiler Kino und ganz Gentleman sponserte ich ihr das Popcorn. Auf unsere neu gewonnene Freundschaft stießen wir dann mit einer Cola an. Wie Anjuli es sich gewünscht hatte, gingen wir in einen dieser viel besuchten Romantikfilme, die aber vollkommen überlaufen waren. Ich glaube, der Film hieß *Französisch für Anfänger*.

„Mist, jetzt ist nur noch da in der Mitte was frei", sagte ich und musste ein leichtes Schmunzeln unterdrücken. Mein Plan schien perfekt aufzugehen.

Wir waren kurz vor Toresschluss gekommen und schon begann die Anfangssequenz des Films. Anjuli und der große Rest des Publikums starrten gebannt auf die Leinwand, während sich die Handlung entwickelte. Dann kam der dramatische Teil, in dem die beiden Figuren zunächst zueinanderfanden und dann auseinandergingen. Ein Raunen ging durch den Raum, als die Protagonisten, ich glaube, sie hießen Valerie und Henrik, sich mehr oder weniger trennten, weil es so aussah, als würde dieser Henrik was mit einer weiteren Frau, Charlotte, haben.

Und genau in dieser zwielichtigen Stimmung kam mein Einsatz: „Was? Du hast mich mit meinem besten Freund betrogen? Anjuli, ist das dein Ernst?" Ich schrie den ganzen Frust, all das, was mir auf der Seele lag, heraus.

Ich sah aus dem Augenwinkel, wie für die meisten Kinobesucher der Film zur Nebensache wurde und sie stattdessen mich anstarrten. Solche Szenen waren in der freien Natur recht selten zu beobachten und erweckten den Voyeurismus in jeder der anwesenden Personen.

„Wie konntest du mir das nur antun? Ich dachte, wir würden heiraten!" Gut, vielleicht etwas dick aufgetragen, doch Anjuli schwieg vollkommen, starrte mich nur schockiert an.

Zum krönenden Abschluss entleerte ich meine Tüte Popcorn über ihrem Kopf und verließ wütend den Saal. Ich wartete gut zwei Minuten vor dem Eingang, da kam eine weitere Person aus dem Kino. David. Er hatte eine Reihe vor uns gesessen und meinen kompletten Auftritt versteckt mit seinem Handy aufgenommen. Eigentlich hatten wir vorgehabt, die Szene auf YouTube zu stellen, ließen es dann aber doch. Doch ein schönes, fettes Colabier im *Tommy's* ließen wir uns nicht nehmen. Ich denke, besser konnte man seinen besten Freund nicht rächen.

Das Ganze war nun knapp eine Woche her, in denen Anjuli keine weiteren Anstalten gemachte hatte, sich wieder mit mir annähern zu wollen. Stattdessen hing sie wieder mit Jack und Sven ab. Da wir uns nun kurz vor den Sommerferien befanden, gab es fast keine Hausaufgaben mehr und so nutzte ich einen Großteil meiner Zeit, Briefe für die Mission Affinität zu schreiben. Nebenbei lief natürlich immer ICQ mit, damit ich mit allen in Kontakt blieb. Parallel dazu klickte ich mich durch das World Wide Web, weil ich nach neuen Klamottentrends und Haarschnitten suchte, um trendy in den Sommer zu starten. Als wäre all das nicht genug, hatte ich mich endlich dazu durchgerungen, Kris zu sagen, was ich für sie empfand. Sie sollte die drei Worte hören, die ich schon so lange in mir trug.

Doch wie sollte es anders sein: Statt Kris kam Gwen online, die mich prompt fragte, wie weit ich mit den Briefen wäre.

John 28.6. 16:45 Uhr
Alles gut soweit. Zwei habe ich mit unterschiedlichen Schriften per Hand geschrieben, vier mit dem PC.

Gwen 28.6. 16.45 Uhr
Wow! Ich sitze noch vor dem ersten. Irgendwie kommen mir die Worte nicht so. Graham hat gemeint, ich sollte einfach das schreiben, was ich auch fühle …

Ich seufzte. Zwar waren die beiden noch immer getrennt, doch viel fehlte meiner Meinung nach nicht mehr, damit sie wieder das glückliche Pärchen mimen konnten. Während ich Gwen antwortete, sah ich es am rechten Bildschirmrand aufblinken: Kris war online gekommen!

Verdammt, warum war ich nur so aufgeregt? Ich spürte, wie mein Herz immer schneller schlug, ich nervös mit dem linken Fuß wippte – und doch zögerte. Eigentlich wusste sie seit der Tagebuch-Sache von meinen Gefühlen. Und auch sonst: War es wirklich so schwer zu merken? All die kleinen Gesten, meine Blicke – konnte man das falsch deuten?

David 28.6. 16.46 Uhr
Hey John. Wie geht's? Ich hätte ja echt nicht gedacht, dass du in Deutsch dieses Halbjahr die Eins im Zeugnis bekommst. Nach deiner Spickerei im letzten Halbjahr ...

John 28.6. 16.46 Uhr
Hey, ja, finde ich auch saucool. Mir gut, dir?

„Verdammt, jetzt sag es ihr endlich", fuhr ich mich innerlich an. Ich holte tief Luft, Doppelklick auf ihren Namen. Plötzlich blinkte es wieder – Gwen und David hatten mir geantwortet. Jetzt nicht! Ich drückte beide ruckartig weg und tippte dann schnell „Ich liebe dich", klickte auf Senden, bevor ich das Fenster wieder schloss und mir die Hand vor die Augen hielt.

Oh Gott, was hatte ich getan? Ja, ich hatte mich überwunden, hatte Farbe bekannt. Einerseits war ich war stolz auf mich, andererseits fragte ich mich, ob es wirklich so gut gewesen war. Aber es gab kein Zurück mehr.

Kris 28.6. 16:47 Uhr
Hey, ich muss gleich off, wollte dir aber sagen, dass ich fünf Briefe geschrieben habe. Bringe sie morgen zur Durchsicht mit.

WAS?

Ich hatte ihr gerade meine Liebe gestanden und sie ging einfach offline? Was war das denn? David antwortete („Was machst du heute so?"), aber ich ließ ihn links liegen, was er eigentlich nicht verdient hatte, aber ich musste das jetzt klären. Ich war gerade dabei, Kris „Sonst sagst du nichts?" zu schreiben, da hatte Gwen auch schon wieder geschrieben:

Gwen 28.6. 16.48 Uhr
John, nichts gegen dich, aber für mich bist du nur ein guter Freund.

Noch einmal: WAS?
Ich las, was ich davor geschrieben hatte.
Nein. Das konnte nicht wahr sein!
Ich hatte Gwen meine Liebe gestanden. Genial.
Also erklärte ich, dass die Message nicht für sie gewesen war. Ich hatte das Gefühl, dass sie mir nicht so recht glaubte, was man aus ihrer Antwort „Du kannst ruhig zu deinen Gefühlen stehen. Wir können trotzdem befreundet bleiben" gut herauslesen konnte.
Leicht gefrustet verließ ich das ICQ.

Am nächsten Tag in der Schule wollte ich noch einmal mit Gwen reden und ich hoffte, dass sie mir nun glauben würde. Doch sie wich mir aus: „Oh, John, tut mir leid, aber ich habe im Moment keine Zeit."
„Gwen, du stehst hier ganz alleine vor unserem Klassenraum. Was musst du denn *jetzt* machen?"
Gwen sah sich Hilfe suchend um und fand ein Opfer: Kris. „Ähm, du, ich muss noch was mit Kris besprechen. Wegen meiner Kolumne. Ganz wichtig, Frauensache."
Sie schnappte die verdutzt dreinblickende Kris am Arm und zog sie einige Meter weg. Ich sah beide erst im Unterricht wieder. Die eine liebte ich, die andere dachte, dass ich sie liebte.

An diesem sonnigen Donnerstag war ich alleine mit David in die Raucherecke vorgegangen, da nahm mich Kris, kaum dass sie aufgetaucht war, zur Seite: „Hör mal, du weißt, wie schüchtern Gwen ist. Du kannst ihr das nicht einfach so im ICQ-Chat sagen. Für sie seid ihr nur befreundet."

„Stopp!", schrie ich, vielleicht etwas zu laut, denn die in der Nähe stehenden Zwölftklässler drehten sich alle zu uns um. Ich dämpfte die Stimme etwas. „Ich liebe sie nicht", ich sprach schnell weiter, denn sie wollte mir schon ins Wort fallen, „und ich bin auch nicht in sie verknallt."

Kris hatte ihre Arme vor ihrer Brust verschränkt und verdeckte damit den regenbogenfarbenen Aufdruck ihres weißen T-Shirts. Ich merkte, dass sie nun nicht eher antworten würde, bis ich ganz mit der Sprache herausrückte.

„Es war für jemand anderen, ich habe es ins falsche Chatfenster geschrieben."

So, bis hierhin war es die reine Wahrheit.

„Wer ist denn die Glückliche?"

Tja, da stand ich nun. Sollte ich sagen „Du" oder doch eher: „Ähm ... kennst du nicht. Aus Birkenheim!"

Ich entschied mich für Letzteres.

„Oh, cool. Und was geht? Seid ihr zusammen?"

„Nee, noch nicht." Was nun wieder endlich mal der Wahrheit entsprach.

„Wird schon, wird schon", sagte sie und tätschelte voller Freude meine Schulter. Ich war mit den Gedanken einen Moment abgeschweift, da sprach sie mich gleich an: „Alles okay?"

Ich war verlegen. Hatte sie etwas gemerkt?

„Hm? Jaja, alles okay. Aber Kris? Danke."

„Kein Ding. Für dich immer. Und weißt du was – komm mal her. Ich wünsche dir alles Gute!" Sie umarmte mich.

Zuerst traute ich mich nicht, sie zu drücken, doch dann drückte ich sie fest an mich.

Wieder diese duftenden Haare.

„Kris", rief Gwen, die gerade hoch zur Raucherecke kam und wild winkte. Ihren Gesichtsausdruck konnte ich auf die Distanz nicht interpretieren.

„Ja, komme", rief Kris, löste sich aus meiner Umarmung und ging von mir weg. Sie drehte sich mir noch einmal um. Sie winkte. Doch als ich zurückwinkte, hatte sie sich schon wieder umgedreht und war weitergegangen.

Obwohl wir eigentlich für die Mission Affinität bereits alles vorbereitet hatten, lief es doch schleppend weiter. Die gute Gwen schien nun, kurz bevor die Briefe rausgehen sollten, doch aufgeben zu wollen. Zumindest vermisste ich etwas Elan, denn immerhin ging es um ihre Kolumne. Zwar hatten wir schon den Großteil der Briefe an die Redaktion beisammen, aber unter ihnen waren auch ein paar unbrauchbare: Kris hatte alle mit der Hand geschrieben, und da sie ihre verschnörkelte und geschwungene Schrift bei keinem der Briefe unterdrücken konnte, war nur einer verwertbar. Außerdem gab es noch ein etwas unbrauchbareres Exemplar, welches David mal im Physikunterricht geschrieben hatte, aber es beinhaltete nur Hasstiraden auf die Redaktion, was sie sich dabei gedacht hätten, die Kolumne abzusetzen.

Gwen, die fürs Geldeintreiben zuständig gewesen war, hatte bisher nur die zwei Euro von uns Eingeweihten. Das waren nach Adam Riese zwölf Euro. Ihre Verwandtschaft und Eltern hatte sie noch nicht gefragt und aus eigener Tasche wollte sie nicht alles bezahlen. Außerdem war die Gute ja „so im Stress", obwohl wir zumindest für die Schule nichts mehr zu tun hatten. Ich vermutete, dass Bulldog ihren Arbeitselan erheblich abschwächte. Immerhin hatte Kris sie davon überzeugen können, dass mein Liebesgeständnis wirklich nicht an sie gerichtet gewesen war. Im Gegenzug wurde ich aber immer wieder nach der ominösen Unbekannten aus Birkenheim gefragt.

Doch nicht nur dieser ganze Liebesklamauk erschütterte unsere Clique. Wir mussten uns bis zur nächsten Woche entscheiden, mit wem wir in der Elften in eine Klasse gehen wollten. Zwar war uns schon vor einem knappen Monat mitgeteilt worden, dass wir uns entscheiden mussten, aber es gab von Tag zu Tag mehr Diskussionsbedarf.

Als wir vor ewiger Zeit darüber informiert worden waren, dass wir nur mit fünf Leuten aus unserer alten Klasse zusammenbleiben würden, hatten Gwen und Kris eine Dummheit begangen: Mit Milana, mit der sie damals noch dicke gewesen waren, hatten sie pro forma abgemacht, gemeinsam in eine Tutorgemeinschaft (dem neuen Wort für Klasse) zu gehen. Nun waren Gwen, Kris und Milana schon lange nicht mehr beste Freundinnen. Hinzu kam: David wollte auch Jack in der neuen Klasse dabeihaben – und da lag auch schon das Problem: Gwen, Kris, David, Milana, Jack und ich. Einer war da zu viel.

„Wieso willst du denn mit Milana zusammen in eine TG? Die passt kein Stück zu uns: Benimmt sich wie eine Zwölfjährige und hat auch bei der Mission Affinität nicht mitgemacht."

„John, ich kenne Milana schon so lange und wir verstehen uns an und für sich gut. Und nur mal so: Jack macht auch nicht mit." David sah Gwen böse an.

„Aber er ist nicht so nervig wie Milana."

Kris lachte hämisch auf. „Das sagst du."

„Okay, Leute, ich fasse mal kurz zusammen: Dass Gwen, David, Kris und ich in eine TG gehen, steht fest, richtig?"

Die drei mir in der Raucherecke Gegenüberstehenden nickten.

„Gut. Anjuli und Sven fallen sowieso raus. Bulldog geht in die USA. Gegen Jenny und Debbie sind wir auch, oder?"

Wieder Nicken, doch dann erhob Kris das Wort.

„Also ich weiß nicht, ob ihr es schon wisst, aber Milana

will, dass Gwen, sie, Debbie, Jenny und ich zusammen gehen." Ich blickte die Mädels fragend an.

„Hatten wir nicht eben gesagt, dass dies vollkommen indiskutabel ist?", fragte David.

„Aber ich will nicht mit Jack! Keine Chance!" Kris sah David böse an.

Der Gong beendete die Pause und wir waren keinen Schritt weitergekommen.

Glücklicherweise war nun erst einmal Wochenende und wir würden uns bis Montag nicht sehen. Dienstag musste dann aber alles feststehen.

Wobei *nicht sehen* wohl der falsche Ausdruck war. Ein Radiosender veranstaltete in Burgweiler eine riesige Fete mit DJ und so weiter und Gwen, Kris, Bulldog und ich hatten abgemacht, uns dort zu treffen und etwas zu feiern.

Wie immer war ich überpünktlich und wartete vor dem riesigen, gelben Zelt auf meine Clique. Es war noch nicht sonderlich viel los, etwa 50 Leute waren bereits da, als Bulldog pünktlich erschien.

„Hi", grüßte ich ihn. Auf seinem roten Poloshirt war unübersehbar das Zeichen von Ralph Lauren eingestickt und auch seine Jeans war von Tommy Hilfiger. Die Chestnuts hatten ziemlich viel Geld, wobei immer noch niemand genau wusste, womit sein Großvater damals das große Geld verdient hatte.

„Und, freust du dich schon?", fragte er mich.

Ich sah ihn etwas verwirrt an. „Worauf denn?"

Er lächelte vielsagend und schwenkte dann seinen Kopf nach rechts. Kris kam auf uns zu. Ihr blondes Haar hatte sie in einem Zopf gebändigt und ihr trägerloses, weißes Top schlackerte locker über ihren Bauch. Es war unverkennbar: Kris hatte in letzter Zeit wirklich einige Kilos verloren. Vielleicht flößte man auch ihr ab und an Abführmittel ein.

„Hey", begrüßte sie Bulldog und mich.

„Habt ihr euch irgendwie farblich abgesprochen?", fragte Bulldog und zeigte auf mein weißes Poloshirt.

„Wir sind einfach nur beide unschuldig, das ist alles."

„Wer ist hier unschuldig? Kris?" Gwen kam lachend auf uns zu.

„Ist es Zufall, dass sie rot trägt?", wollte ich mit Blick auf ihr bordeauxfarbenes T-Shirt wissen.

„Es gibt keine Zufälle, John. Das solltest du noch mittlerweile wissen."

Nach dieser vieldeutigen Belehrung von Bulldog stürzten wir uns in das noch nicht vorhandene Getümmel: Wir waren viel zu früh, es war erst halb neun. Da es keine späteren Busse gegeben hätte, konnten wir uns wenigstens schon einmal etwas warm trinken.

Eigentlich sollte Bulldog die Getränke holen, während ich mit den Mädels über die Mission Affinität reden wollte, doch er kam ohne Getränke zurück.

„Was ist denn los?"

„Die verkaufen mir ohne Ausweis keine Getränke."

„Aber du bist doch 16. Hast du deinen Perso vergessen?"

Er nickte.

Also ging ich die vier Colabier holen und lustigerweise wurde ich nicht einmal nach meinem Ausweis gefragt.

„Und, schon aufgeregt wegen den USA?", fragte Kris und nippte an ihrem Colabier.

„Na ja, aufgeregt nicht wirklich. Aber es gibt hier schon noch Einiges zu klären."

Was es so zu klären gab, konnte man nach den nächsten beiden Colabier erahnen. Gwen und Bulldog hingen gefährlich nah beieinander, lachten, flüsterten sich gegenseitig ins Ohr, während Kris und ich uns schweigend gegenüberstanden.

„Ich muss mal aufs Klo. Kannst du meine Tasche nehmen?"

Eigentlich hätte sie diese Frage gar nicht stellen müssen, war doch klar, dass ich es tun würde. Also stand ich mit ihrer Handtasche herum, wartete auf den Beginn der Party und beobachtete Bulldog und Gwen. Er hatte schon seine Hände an ihre Hüfte gelegt und ich überlegte ernsthaft, mal dazwischen zu gehen, da sah ich Gary.

Seine kurz geschorenen, blonden Haare ragten aus der Masse heraus, und obwohl ich nur seinen Hinterkopf sah, wusste ich genau, dass er es war. Verdammt.

Am liebsten wäre ich einfach gegangen, doch zu spät, Kris war wieder da.

„Alles klar bei dir?" Anscheinend hatte sie meinen abwesenden Blick bemerkt.

„Ja, klar. Wollen wir nach draußen gehen, eine rauchen?"

Zwei Stunden später, kurz vor elf, war das komplette Zelt voll mit Feierwütigen, wohl um die 500 an der Zahl. Der DJ hatte begonnen, die richtigen Dance-Hits und Chartstürmer zu spielen und dementsprechend war die Stimmung aufgeheizt – vor allem bei Bulldog und Gwen. Ihre Oberkörper aneinanderschmiegend tanzten sie neben Kris und mir. Ich war sichtlich verhaltener als Bulldog. Vielleicht lag es daran, dass ich noch immer nicht wusste, ob ich den freundschaftlichen oder doch lieber den romantischen Kurs fahren wollte. Oder an Kris' Zurückhaltung. Oder an Garys Anwesenheit.

Ich hatte ihn noch einmal kurz von hinten gesehen, ein Mädchen kaum älter als Kris im Arm haltend. Für mich war er wie ein Phantom und das war nichts Gutes. Denn wenn er wieder in meinen Gedanken war, musste ich unweigerlich an das denken, was geschehen war und …

„John!" Kris schrie mir mit voller Lautstärke ins Ohr.

„Was denn?", rief ich zurück und sie zeigte auf Bulldog und Gwen. Sie tauschten sanfte Küsse aus. Ich verdrehte die Augen, zuckte aber mit den Schultern.

„War ja klar, dass das kommen musste."

„Was?" Kris deutete an, dass sie mich nicht verstanden hatte, doch ich winkte ab.

Als ich eine Stunde später abgeholt wurde und in das Auto meiner Mutter stieg, versuchte ich dem Abend etwas Positives abzugewinnen: Vielleicht war Gwen jetzt endlich rundum glücklich und der Mission Affinität stand nichts mehr im Wege.

Am Sonntagabend hatte ich eigentlich all das, was bei der Feier passiert war, fast schon wieder vergessen. Hätte nicht Milana angerufen.

„Guten Abend."

„Hi", grüßte ich sie leicht verdutzt zurück. Die Wahrscheinlichkeit, dass Gott persönlich bei mir anrief, hätte ich für größer gehalten. Zunächst dachte ich, sie würde wegen des TG-Krams bei mir anrufen, doch weit gefehlt.

„Haben Gwen und dieser Bulldog sich gestern geküsst?" Das Wort *Bulldog* hob sie stimmlich noch einmal extra hervor und mischte noch etwas Ekel und Abscheu bei.

„Ja", sagte ich, „warum?"

„Nur so. Danke, bis morgen."

Und schon hatte sie aufgelegt.

Wie ich am nächsten Morgen beim Hochlaufen mit Kris erfuhr, hatte Milana von den Küssen durch eine Freundin gehört, und hatte sich bei mir rückversichern wollen. Die vollkommen liebestrunkene, aber verwirrte Gwen war daraufhin sofort von Milana angerufen worden.

„Das musst du dir mal vorstellen: Da schreit Milana Gwen wie eine Irre an, dass sie ihr doch verboten habe, wieder was mit Bulldog anzufangen." Den ganzen Zusammenhang kannte Kris übrigens, weil Gwen danach heulend Kris angerufen hatte.

Ich musste lachen, aber ich konnte es mir nur zu gut vorstellen, wie Milana vollkommen am Rad drehte. Diese frigide Ökotussi!

„Pass auf, es geht noch weiter. Dann meint sie, also Milana, dass sie so keine Freundschaft mit Gwen weiterführen könne, weil sie ihr Vertrauen missbraucht habe. Und es geht noch weiter! Sie würde nicht mit uns in eine Klasse gehen wollen, da sie auch nicht mit *Flittchen* in einer Klasse sein wollte. Damit meinte sie übrigens Gwen."

„Voll hart! Und mit wem will sie dann gehen? Sonst wollte sie doch sowieso niemand!"

„Du wirst lachen: Ihre Busenfreundinnen Debbie und Jenny sollen es sein. Aber damit nicht genug: Mich hat sie dann heute Morgen – überleg dir mal, heute Morgen – angerufen, ob ich mit den drei in eine Gruppe will."

Sie zog an ihrer Zigarette und hustete lachend den Rauch aus. „Weißt du, Gwen *Flittchen* nennen. Wenn das auf eine zutrifft, dann wohl auf mich, oder?"

„Seit wann bist du denn so selbstironisch?"

„Wenn ich mit Gwen, David und dir in einen Kurs gehe, muss ich das doch sein, oder?"

Wie sehr sich Kris mittlerweile verändert und gebessert hatte, konnte man daran sehen, dass David sie in der Pause sogar davon überzeugte, Jack mitzunehmen. Gwen, David, Kris, Jack und ich – das nächste Jahr konnte spannend werden.

26

FOR YOU

Ich wusste nicht recht, ob ich mich freuen oder wehmütig auf die Jahre zurückblicken sollte, die ich in der Klasse von Herrn Althaus verbracht hatte. Es waren vier Jahre voller Höhen und Tiefen gewesen, die nun in zwei Wochen endgültig vorbei sein würden.

Vielleicht hatte mein Leben derzeit nicht nur wegen meiner unerfüllten Liebe zu Kris einen faden Beigeschmack. Denn obwohl Gwen und Bulldog noch nicht wieder zusammengekommen waren, lag die Mission Affinität auf Eis. Ich, der sie maßgeblich vorangetrieben hatte, sah es nicht gerne, aber vielleicht würde es sich ändern, wenn Bulldog gehen würde. Das Schicksal zeigte wirklich seine ironische Seite, da nicht nur er weggehen würde, sondern auch Sven.

Sein Vater hatte in Irland ein lukratives Jobangebot bekommen und seine Familie folgte ihm dorthin. Es war mir auf eine fast schon seltsame Weise egal, was mit ihm geschah und wo er hinging. Einerseits hatte ich mich bis zu der Malta-Episode gut mit ihm verstanden, andererseits hatten wir seitdem nie mehr richtig miteinander geredet, geschweige denn uns ausgesprochen.

Aber es sollte der Tag kommen, an dem Sven und ich zumindest wieder einen miteinander trinken konnten.

Die Abschlussfeier unserer Klasse rückte näher. Es war noch eine Woche bis dahin und unsere Klasse traf die letzten organisatorischen Vorbereitungen. Wer brachte Zelte mit, wer Getränke, wer grillte und so weiter. Alles musste geklärt werden.

Am Mittwoch vor unserer Abschlussfeier beschloss unsere Clique, ins Schwimmbad zu gehen.

„Ich hoffe, mein neuer Bikini hält, die Träger sind so komisch."

Gwen sah Kris mitfühlend an und ich, der hinter Kris im Bus saß, konnte mir natürlich einen Kommentar nicht verkneifen. „Hat Smith dir den geschenkt?"

Einen Moment zögerte sie, dann kam ihre Antwort, ohne mich auch nur anzusehen. „Ich habe mit Smith nichts mehr zu tun."

„Wie?", entfuhr es Gwen und sie sah Kris ernsthaft schockiert an.

„Er hat gemeint, sich die ganze Zeit an mich hängen zu müssen. Ständig SMS und Anrufe."

„Ist ja nicht wahr!", entfuhr es Gwen.

Bulldog und ich mussten herzhaft lachen. „Gwen, anscheinend schon, oder meinst du, Kris lügt dich an?"

Kaum hatten wir das noch halbwegs leere Schwimmbad erreicht, schlich sich auch schon der Chlor-Geruch in meine Nase.

„Und wo gehen wir hin? Denkt dran, ich brauche Schatten!", sagte Gwen und ließ ihren Blick über das Schwimmbadareal schweifen. Die Wiese war zwar nicht mehr wirklich grün, aber noch war das Gras nicht komplett verbrannt und unter einem der Schatten spendenden Bäume ließen wir uns schließlich nieder.

Gwen, die mit Abstand den hellsten Hauttyp hatte und immer aufpassen musste, nicht sofort Sonnenbrand zu bekommen, schien heute in Plauderlaune zu sein.

„Also nur David will vielleicht noch nachkommen, ja?"

„Genau. Warum fragst du?", fragte Kris.

„Weil da hinten gerade David kommt. Mit Jack."

Wir alle blickten zum Eingang und der Anblick des unverkennbaren, schlaksigen Gangs ließ vor allem Kris nicht kalt.

„Was macht der denn hier?", keifte sie und meinte damit Jack. Mittlerweile lag die Trennung ziemlich genau einen Monat zurück, doch die Wogen hatten sich noch nicht geglättet.

„Wahrscheinlich hat David ihn eingeladen", schlussfolgerte Bulldog, der prompt verstummte, weil Jack schon direkt vor uns stand.

„Hi."

„Hi", antwortete Bulldog, „setzt euch doch zu uns."

Kris machte mit ihrem Blick mehr als deutlich, wie unerwünscht Jack hier war, doch er schien sie gar nicht so recht wahrzunehmen. Er setzte sich einfach so weit wie möglich von ihr weg. Auch David bekam einen bösen Blick von Kris zugeworfen, doch er schien sich keiner Schuld bewusst.

Damit Kris nicht gleich explodierte, schlug ich vor, doch einfach mal ins Schwimmbecken zu gehen und etwas rumzuplanschen.

„Meinetwegen", murrte Kris, deren Laune sich trotz der strahlenden Sonne ziemlich verdunkelt hatte.

Während Gwen, Bulldog, Jack, David und ich schon vorgingen und sofort ins Wasser sprangen, zögerte Kris und tauchte zunächst nur den großen Zeh rein.

„Verdammt, das ist so kalt. Da geh ich nicht rein."

Ich könnte darauf wetten, dass es ihr gar nicht zu kalt war, sondern sie einfach etwas Aufmerksamkeit wollte, die wir ihr auch prompt schenkten.

Bulldog und ich nickten uns nur zu, kletterten wieder aus dem Becken und gingen zu Kris. Die roch den Braten und versuchte zu entkommen, aber jede Flucht war zwecklos. Wir schnappten sie uns und warfen sie ins Wasser.

„Nein, nein, nein!" *Platsch.* Zu spät.

„Hey! Nicht vom Beckenrand springen, klar?", schrie uns dann der Bademeister an und Bulldog und ich nickten, bevor wir ordnungsgemäß über die Treppe ins Wasser gingen.

Wenn ich dieses immer wiederkehrende Tunken und getunkt werden auch hasste, machte ich aus Zeitvertreib doch mit, stellte aber belustigt fest, dass sich Kris und Jack selbst dabei aus dem Weg gingen. Das konnte nächstes Jahr in einer gemeinsamen TG wirklich lustig werden …

Nachdem wir alle richtig nass waren, schwammen wir an den Beckenrand und hielten uns daran fest. Ich setzte mich an den Rand und ließ die Beine im Wasser baumeln.

„Noch eine Woche", frohlockte Gwen, die sich sichtlich auf das baldige Ende des Schuljahres freute. Wahrscheinlich aber eher weniger auf den Weggang ihrer immer noch großen Liebe Bulldog. Wir alle stimmten zu, dass es schön wäre, endlich Ferien zu haben und mir schien der Zeitpunkt gekommen, den anderen mitzuteilen, dass meine Eltern zwei Wochen wegfuhren und ich das Haus für mich alleine haben würde.

„Party!", rief Kris und schlug mit den Armen aufgeregt ins Wasser.

„Wann fahren die denn genau weg?", wollte Bulldog wissen.

Mir war schon im vornherein bewusst gewesen, dass ich ihn mit dem Termin nicht unbedingt erfreuen würde. „Zweite und dritte Ferienwoche", sagte ich kurz und knapp.

Er verzog das Gesicht. Sein Abflugtermin war bereits Ende der ersten Ferienwoche. Unsere Clique würde dann ein weiteres Mitglied verlieren. Nachdem Milana sich selbst ins Abseits geschossen hatte und Bulldog ging, waren wir nur noch vier einhalb, denn Jacks Mitgliedschaft neigte sich ja ebenfalls dem Ende zu.

Bulldog erzählte uns, wie der Abflug und seine erste Woche in Texas bereits verplant waren, als Kris sich am Beckenrand emporzog, und ihr Bikini leicht verrutschte. Triefend nass setzte sie sich zu meiner großen Verwunderung neben mich.

„Hey", sagte sie und schenkte mir ein freundliches Lächeln.

„Hi."

„Was geht?"

„Nix, ich sitze", antwortete ich und konnte fast ahnen, was nun kam.

„Oh John!" Noch während dieses Ausrufs packte mich eine Hand am Knöchel und zog mich, während Kris mich von hinten schubste, ins Wasser. Anscheinend war es David gewesen, der Kris geholfen hatte, doch auch sie fand sich sofort im Wasser wieder: Bulldog hatte sie ebenfalls ins Wasser gezogen, weshalb sie prustend neben mit auftauchte.

„Was habe ich euch eben gesagt? Nicht vom Beckenrand springen! Wofür bin ich denn Bademeister, wenn keiner auf mich hört?"

Endlich wieder mit festem Boden unter den Füßen kam mir die Idee, endlich einmal über Bulldogs Abschiedsgeschenk und -feier zu reden. Kaum hatten wir unseren Platz erreicht, stand er auch wie aufs Stichwort sofort wieder auf.

„Will noch jemand was zu essen? Ich will mir Pommes holen." Wir verneinten, und während er zu dem kleinen Kiosk ging, sprach ich das Thema an.

„Hört sich gut an", lobte Gwen meinen Vorschlag, während sie ihre Haut mit einer dicken, weißen Sonnenmilchschicht bedeckte.

„Ist okay. Viele Bilder von uns auf einen Pappkarton zu kleben, ist aber nicht wirklich eine revoltierende Idee", antwortete Kris.

„Eine was?", fragte ich vorsichtig nach, um sicherzugehen, dass ich mich nicht verhört hatte. Auch David sah Kris skeptisch an.

„Eine revoltierende. Also keine neue. Kennt ihr das Wort nicht?"

Ich lachte laut auf. „Kris, revoltieren bedeutet, sich gegen etwas aufzulehnen. Es heißt aber *revolutionäre* Idee, also eine neue, eine umwandelnde oder innovative."

Sie schnalzte verächtlich mit der Zunge. „Ach, ihr wisst doch, was ich meine."

David beugte sich zu mir und flüsterte mir ins Ohr: „Ganz bekannt ist ja auch die Französische Revolte …"

Gwen brachte uns wieder zum Thema zurück. „Also, ich kann das mit dem Fotos-Sammeln machen. Hat außer mir noch jemand welche?"

Verlegen blickten wir einander an. „Ich glaube, ich habe ein oder zwei von uns mit Bulldog", sagte ich schließlich und hoffte, dass irgendein Maltafoto uns alle zeigte. Oder hatte ich damals so einen Hass auf Bulldog gehabt, dass ich ihn nirgends abgelichtet hatte?

„Sehr schön. Also, ihr seid alle für die Idee?"

„Ja", ertönte es und Gwen erklärte sich dazu bereit, ebenfalls den Rahmen zu besorgen.

„Ähm, ich mische mich ungern in eure Planungen ein, aber da kommt er gerade." Jack hatte uns noch gerade rechtzeitig vorgewarnt, denn keine zehn Sekunden später ließ sich Bulldog in unserer Mitte auf die Decke fallen und bot allen Pommes an.

„Sagt mal, wie wär es, wenn wir nächste Woche Samstag was machen?", fragte Kris noch halb kauend.

Gespielt überrascht haute ich auf meinen Oberschenkel. „Kris, welch revoltierende Idee. Ich habe da nichts vor. Irgendeiner von euch?"

Unauffälligerweise sahen wir alle Bulldog fragend an.

„Das ist doch der Samstag nach unserem letzten Schultag, oder?" Wir nickten erwartungsvoll.

Er zuckte mit den Schultern. „Nö, noch nicht."

„Dann gehen wir mal wieder ins *Castello*, okay?", schlug Kris spontan vor.

„Och ne, nicht in den Schuppen!" Während das *Tommy's* eher zum gemütlichen Beisammensein und Kaffeetrinken animierte, war das *Castello* ein Bistro zum Feiern und Billard spielen zu souligeren Klängen. Kris sah ihn böse an und seufzend teilte uns David mit, dass wir – wenn es unbedingt sein müsste – auch dahin gehen könnten.

„Aber lass uns erst mal unsere Abschlussfeier hinter uns bringen, bevor wir uns darüber Gedanken machen."

Oh ja, die Abschlussfeier, die bereits für dieses Wochenende angesetzt war, stand ins Haus. Das bedeutete, einen gemütlichen bis feuchtfröhlichen Abend mit all den Pappnasen aus unserer Klasse zu verbringen, bevor wir mehr oder weniger getrennte Wege gehen würden. Selbst manche Lehrer, unter ihnen Herr Althaus, die Rozier und Herr Rabenolt, gaben ein Stelldichein. Doch, wie es immer war, sollte es auch heute sein: Wo getrunken wird, fallen auch Späne. Oder so ähnlich.

Im Vorfeld hatte ich kräftig Werbung für die Location in Birkenheim gemacht, da dieser Platz halb im Wald lag und wir somit ungestört feiern könnten. Außerdem gab es genügend Platz zum Zelten, Grillen, Labern und allem, was man sonst noch tat.

Etwas Egoismus spielte natürlich auch eine Rolle: So mussten mich meine Eltern nicht durch die Weltgeschichte kutschieren und am nächsten Tag wieder abholen.

Mittags gegen vier Uhr würden wir uns treffen und ich begann bereits um zwei damit, Sachen für den Abend zu packen. Neben dem obligatorischen Alkohol fand auch noch ein Pulli und Deo seinen Platz in meinem Rucksack, der vor allem wegen der Wodka- und Sektflasche kaum zuging.

Ich freute mich auf den Abend, denn heute sollte es soweit sein: Endlich wollte ich Kris persönlich sagen, was ich für sie empfand. Ich machte mir sogar Hoffnungen, dass meine Gefühle erhört würden, da wir uns in letzter Zeit wirklich gut verstanden und ein sehr vertrauensvolles Verhältnis aufgebaut hatten. Gut gelaunt aber mit einem leicht mulmigen Gefühl im Magen ging ich duschen.

Anscheinend schien mein Haar meine Aufregung zu teilen, denn es war widerspenstig und wollte nicht so, wie ich wollte. Meine Haare, die im Sommer gefühlt immer schneller wuchsen als sonst, waren mittlerweile wieder länger, hingen mir an der Stirn fast bis zu den Augenbrauen. Die Sonne der letzten Wochen hatte ihr Übriges getan und sie etwas aufgehellt, was mein schwuler, aber netter Friseur bei meinem Termin vor drei Wochen gleich bemerkt hatte.

Moment, habe ich das gerade so geschrieben? Habe ich quasi behauptet, dass Nettsein bei gleichzeitigem Schwulsein extra zu betonen wäre? Okay, wenn ich von Gary gesprochen hätte, wäre es wohl recht unlogisch gewesen, beide Eigenschaften in einem Satz zu nennen. Ich hatte in letzter Zeit kaum an ihn gedacht, auch nicht an alle anderen aus Birkenheim, aber jetzt im Moment war wieder dieses ganz komische Gefühl in meinem Magen. Sollte ich ihn auch zur Klassenfeier einladen? Quasi als Zweitbesetzung, falls Kris nicht wollte?

Während ich also meine Haare doch glatt föhnte, fiel mir ein, dass ich nicht einmal seine Handynummer hatte und ich ihn somit nicht informieren konnte. Und außerdem: Das zwischen ihm und mir war nichts, aber auch wirklich gar nichts Ernsthaftes gewesen. Sondern eher ein … Rumexperimentieren. Genau. Ich musste selbst über meine Überlegungen den Kopf schütteln und stylte meine Haare fertig.

Ich beschloss, die weißen Schuhe anzuziehen (Fehler!) und dazu meine nicht so guten Hosen und ein normales T-Shirt (das hieß in diesem Fall ein türkisfarbenes T-Shirt mit weißen Totenköpfen).

Mit meinem Rucksack bepackt und dem Schlafsack sowie einem Zelt unterm Arm, kam ich pünktlich an der Hütte an. Bulldog, der extra früh kam, damit er für die Lehrer an einem 25 Grad warmen Julitag frischen Kaffee kochen konnte sowie Sven und Gwen waren schon da. Es war später Nachmittag und der weitläufige Platz war schon teilweise durch die Schatten der umliegenden Bäume verdeckt, was bei der Hitze auch ganz angenehm war – dafür würde es aber nachts frisch werden.

„Hey", grüßte ich in die Runde, doch keiner reagierte. Bulldog – mit der Bierflasche in der einen und mit dem Hammer für die Heringe in der anderen Hand – reagierte als Erster: „Hi", sagte er kurz und knapp und wand sich sofort wieder dem Biertrinken und Aufbauen zu.

„Okay", dachte ich, „das kann ja heiter werden."

„Kann mir gleich mal jemand beim Aufbauen helfen?", fragte ich, um mich nach einer kurzen Pause wieder irgendwie einzubringen.

„Ich habe schon zwei aufgebaut", sagte Sven, den ich aber nicht gefragt hatte und ignorierte.

„Gwen", sagte ich, mit leichter Verzweiflung in der Stimme, „hilfst du mir, bitte?"

Mit meinem mitleidserhaschenden Blick sah ich sie an. Sie zögerte, doch schlussendlich seufzte sie und entwirrte sogleich die Kordeln, die für was auch immer dem Zelt beilagen. Somit standen wir da und bauten mein Zelt auf, in dem eigentlich David, Kris und ich schlafen wollten. Dass noch niemand von ihnen da war, überraschte mich nicht im Geringsten, denn Kris kam schon allein wegen des Showeffekts und ihrem Faible für große Auftritte eine Stunde später.

„So, das Grundgerüst steht. Jetzt fehlt nur noch das Dach", meinte ich, doch Gwen sah mich entgeistert an.

„Dach? Du meinst die Plane, oder?"

„Ja, halt das Dach."

„John, das ist kein Dach. Ein Dach ist auf einem Haus!"

„Sie hat recht." Fast wäre ich beim Umdrehen umgefallen, da ich über einen Hering gestolpert war, doch glücklicherweise hielt mich David sogleich an den Schultern fest. „Sorry, aber ich habe einfach verpennt, meiner Mutter für das Fahren Bescheid zu geben. Tut mir leid. Und ein Dach ist immer der oberste Abschluss eines Gebäudes und schützt das Gebäude vor Witterung. Zwar wird es allgemein Außenzelt genannt, aber ich denke mal, Dach geht auch."

„Gibt es dich als Wörterbuch auch zu kaufen?", pampte ich in seine Richtung.

Er sah mich verdutzt an, doch ich winkte ab. Nein, ich wollte heute Abend keinen Streit mit ihm. Nicht wegen seines Zuspätkommens und auch nicht wegen seiner Besserwisserei. Ich wusste, dass er es ganz bestimmt nicht böse gemeint hatte, aber in letzter Zeit vergaß der Junge wirklich alles. War es wirklich so schwer, sich solche Sachen zu merken?

Doch es war nicht der einzige Grund, weshalb ich in den letzten Tagen etwas schlecht auf ihn zu sprechen war: Im ganzen letzten Jahr hatte er sich in jedem Fach etwa zehn

Mal gemeldet und bekam eine Eins mündlich, wobei jene wie ich, die sich zehnmal mehr meldeten, nur eine Zwei bekamen. Seine Antworten wären qualitativ sooo hochwertig und seine Arbeiten zeigten ja sein großes Wissen.

Ich fand es einfach nur ungerecht, dass seine Arbeiten auch noch als Berechtigung für seine mündliche Note herangezogen wurden – das Mündliche und Schriftliche waren nun einmal genau deshalb voneinander getrennt, weil jeder an anderen Stellen seine Stärken hatte. Während ich also manchmal den Geschichtsunterricht alleine bestritt, mich ständig meldete und oft das Risiko einging, etwas Falsches zu sagen, schwieg David meist und kassierte trotzdem bessere Noten.

An solchen Kleinigkeiten konnte ich mich normalerweise wirklich hochziehen, doch ich beschloss, es heute gut sein zu lassen und bat ihn einfach nur, mir ein Bier zu holen.

„Alles klar bei dir? Du guckst so verkrampft."

Verkrampft war eine eher euphemistische Beschreibung für meinen wütenden Blick, denn ich war entnervt und zornig, doch ich versuchte, halbwegs cool zu bleiben.

„Ja. Ich habe nur Durst."

Nachdem das Zelt aufgebaut war, ich zwei Flaschen Bier intus hatte und Kris endlich (in einer weißen, langen Stoffhose, Flip Flops in Leopardenmuster und rotem Top) erschienen war, mich aber noch nicht begrüßt hatte, ging es mir deutlich besser.

Ich gesellte mich zu meiner heiß geliebten Französischlehrerin, der ich unter deutlichem Einfluss von Alkohol und mit Kippe in der Hand erklärte, dass ich die Ferien garantiert nutzen würde, um Französisch zu lernen. Sie empfahl mir, viel französisches Fernsehen zu sehen und viel zu lesen, während ich einfach nur noch nickte und mir meinen Teil dachte.

„Ach John, hier bist du. Kris sucht dich."

Ich nickte knapp und warf der Rozier einen Blick zu, der keinen Zweifel daran lassen sollte, wie gerne ich doch noch bei ihr geblieben wäre – doch die Pflicht rief.

„Und du, David, hast du dir schon ein schönes französisches Buch für die Ferien gekauft? Nicht, dass du es nötig hättest, aber ich würde dir eines empfehlen ..." Sofort hatte sich die Rozier mit David ihr nächstes Opfer geschnappt und mich – wohl mit Wohlwollen – aus ihren Fängen freigelassen.

„Verdammt", dachte ich, „jetzt hat mir David nicht gesagt, wo Kris ist."

Der Lehrertisch war vorne an der Hütte und nach hinten zum Waldesrand waren es gut 200 Meter – irgendwo dazwischen, also inmitten all der Bänke und Zelte, musste Kris sein.

Doch zunächst begegnete ich Jack, der mir bereits jetzt leicht schwankend mit Sven im Arm entgegenkam. Und das, obwohl auch sie nicht viel länger als eineinhalb Stunden hier waren.

„John!", brüllte er mich an und seine langen Arme fassten um meinen Rücken.

„Jack!", äffte ich ihn nach, was er aber nicht als spöttisch zu empfinden schien.

„Komm, wir trinken mal einen." Er zog eine Flasche Wodka hinter dem Rücken hervor und war sichtlich stolz.

„Also, eigentlich suche ich Kris, die mich sucht, und ..."

„Ach, die kann warten. Hier, nimm mal 'nen Riss."

Stimmt, eigentlich konnte Kris warten oder einfach selbst zu mir kommen. Während Sven ohne ein weiteres Wort davonging, nahm ich einen Schluck aus der Flasche und spürte, wie das Destillat meine Kehle hinunterfloss und brennende Spuren hinterließ.

Ich verzog das Gesicht.

„Nur der erste Schluck ist so ekelig. Danach wird es besser. Komm, trink noch einen."

Nun standen wir nebeneinander, jeweils einen Arm um den anderen, und tranken aus der Flasche, als auch Bulldog und David, der sich irgendwie von der Rozier losgerissen hatte, zu uns kamen. Es war wirklich schön, mit meinen Freunden da zu stehen, ohne Zoff, ohne Probleme, einfach nur wir. Immerhin sollte es der letzte gemeinsame Abend von uns vier werden.

„Leute, ich werd euch vermissen. Es fällt mir schwer zu gehen, aber ich bin ja nicht aus der Welt. Es gibt ja das Internet."

Ich sah, wie seine Augen glasig wurden, und fühlte für einen Moment ehrliche Traurigkeit in mir aufsteigen. Obwohl unsere Freundschaft in diesem Jahr wirklich stark strapaziert worden war, hatte ich das Gefühl, dass er nicht mehr der berechnende Bulldog aus Malta war, sondern ein guter Freund, dem ich vertrauen konnte.

Bulldog hatte extra für diesen Tag ein neues und großes Mehrraumzelt gekauft, in dem man auch bequem stehen konnte, und das wesentlich größer als mein billiges Igluzelt aus dem Discounter war. Jack fiel eher hinein, als dass er sich setzte und auch wir anderen drei wiesen bereits leichte Koordinationsschwächen auf.

Nachdem der Rest Wodka und ein Rest Apfelwein geleert waren – wohl gemerkt in unserer kleinen Runde und innerhalb einer Stunde – sprach ich das Thema Kris an.

Bulldog und Jack waren mit ihr zusammen gewesen und über meine momentanen Gefühle brauchte ich keine Auskunft zu geben. Bulldog war mit ihr in der achten Klasse zusammen gewesen. Respektable drei Monate. Bei Jack und Kris war es über ein halbes Jahr gewesen, doch sie hatten ja erst vor fast einem Monat ihre Liaison beendet. Somit konnte ich doch einmal Klartext mit den Jungs reden.

„Wisst ihr, die kann einem so verdammt wehtun! Einerseits ist sie manchmal echt voll cool und nett, aber dann dreht sie plötzlich voll am Rad! Dann hat sie so miese Laune und man weiß nicht mal, warum überhaupt. Die zickt dann einfach nur rum und das nervt mich echt an. Die soll sich echt mal nicht so aufspielen. Wer denkt sie denn, wer sie ist?"

„Genau. Die zickt einen den ganzen Tag an, und wenn sie was von einem will, dann kann sie sooo nett sein! Aber wenn sie es dann hat, ist alles aus!", sagte Jack und nahm einen Schluck Bier.

„Wenn du mit der zusammen bist, kann die das blühende Leben sein oder sie hat wieder diese *Alles scheiße*-Anfälle. Aber unter uns: Manchmal geht sie schon ab. Aber hallo. Wenn die einmal loslegt ...", bemerkte Bulldog zweideutig, was aber eher als Stimmungskatalysator wirkte und wir lachten.

„Also, was geht denn heute mit den Mädels? Hat jemand von euch Interesse an irgendeiner? Also ihr, ich bin ja außen vor", sagte Bulldog grinsend.

„Hm ... Anjuli wäre ganz gut. Die hat zwei schlagende Argumente", sagte Jack und lachte über seinen eigenen Witz am meisten.

„Ich nehme niemanden."

„Wieso das denn?", fragte ich David.

„Ach, keinen Bock. Ich mache lieber Party mit euch. Bist du eigentlich wieder offiziell mit Gwen zusammen?", fragte er Bulldog. Dieser machte mit seinen Händen eine unsichere Bewegung.

„Offiziell noch nicht. Aber irgendwie schon. Aber ich habe gehört, Sex mit der Ex soll toll sein."

Kurz darauf gingen wird wieder unter Leute. Es war ein komisches Gefühl, wieder frische Luft zu schnappen und ich war erstaunt, wie schnell es kühl geworden war – der ganze Platz lag nun im Schatten. Wir vier Kerle trennten uns: Bulldog lief speziell zur Gruppe mit Milana, Jenny und Gwen, wobei ich annahm, dass Gwen nicht ganz freiwillig bei Milana stand.

Aus der Ferne hörte ich, wie sie Gwen mit deutlichen Worten erklärte, dass die Pille schrecklich für den weiblichen Körper wäre und ihm mehr Schaden zufügte, als dass sie nutzte.

Jack hingegen steuerte auf Anjuli und Kris zu, David und ich folgten ihm. Zwar verstand ich nicht, warum genau diese beiden da zusammenstanden, denn normalerweise hatten beide ja nichts miteinander zu tun.

„Hi", begrüßte ich beide Mädels, die je eine Kippe und eine Flasche Bier in der Hand hielten.

Ich sah Anjuli an und musste schmunzeln. Diese ganze Kinoaktion war noch gar nicht so lange her. Ich hoffte, sie hatte sie auch mit Humor genommen. Da ihre Reaktion nichts Gravierendes verriet, vermutete ich, dass der Alkohol auch bei ihr schon gewirkt hatte und sie die kleine Geschichte zumindest kurzzeitig vergessen ließ.

„Hey John", grüßte sie mich zunächst und ging dann einen Schritt auf mich zu, um mich zu umarmen.

„Da bist du ja", begrüßte mich auch Kris. „Wo warst du denn die ganze Zeit? Ich habe dich heute noch gar nicht gesehen."

„Ich war mit den Jungs in Bulldogs Zelt. Und, was hast du hier schon so gemacht?"

„Ach, mal hier gelabert, mal da gelacht, so wie immer. Sind Bulldog und Gwen jetzt eigentlich wieder offiziell zusammen?"

„Nein", antwortete ich knapp und sah aus dem Augenwinkel, dass David, kaum dass wir zu Kris und Anjuli gegangen waren, schon wieder kehrtmachte.

Ich wurde aus dem Jungen manchmal wirklich nicht schlau.

Anjuli, die eben noch alleine neben Kris gestanden und nur zugehört hatte, wurde plötzlich von Jacks Aufmerksamkeit beglückt. Kris warf den beiden lauthals Lachenden einen skeptischen Blick zu, bevor sie mich wieder ansah.

„Meinst du, dass da heute Abend was geht? Bulldog steht doch bei ihr, oder?"

„Ja, schon." Kris wusste dem nichts mehr hinzuzufügen.

„Und, was machen wir jetzt?"

„Betrinken", sagte sie, ohne mit der Wimper zu zucken.

„Okay", antwortete ich. Etwas anderes hätte ich auch nicht erwartet. „Hast du noch ein Radler?"

Sie schüttelte den Kopf.

„Dann hole ich mal neues." Ich nahm ihre und meine leere Flasche mit in die kleine Hütte, vor der Bulldog und Gwen standen, und holte zwei neue Biere aus dem Kühlschrank. Auf dem Rückweg – ich stand in Gwens Rücken – nickte ich in Richtung Gwen, um Bulldog stumm zu fragen, wie es lief. Er streckte unauffällig den Daumen nach oben, ich nickte grinsend und ging weiter.

Doch das Grinsen verging mir, als ich sah, dass Kris nicht mehr allein stand, sondern Sven bei ihr war. Als wäre es erst ein paar Tage her, schossen mir die ganzen Assoziationen zu Sven und Malta wieder in den Kopf und über allem ein Gedanke: Kris war wieder Single (gut, auch eine Partnerschaft hatte sie von einer Affäre nicht abgehalten). Sofort meldete sich auch eine andere Theorie in meinem Gehirn zu Wort: Obwohl oder vielleicht auch *weil* Jack und Sven Kumpels waren, spielte sie mit ihm, nur um ihrem Ex eins auszuwischen, der seinerseits mit Anjuli flirtete.

Vielleicht traten die beiden ja neuerdings in einem *Wie zeige ich meinem oder meiner Ex, dass ich ihn oder sie nicht mehr liebe*-Battle gegeneinander an.

Da ich heute Abend keinerlei Lust auf solch intrigante Spielchen hatte, steuerte ich statt den vieren den Lehrertisch an. Herr Althaus und die Rozier waren trotz der allmählichen Kälte noch da und unterhielten sich auch um 23 Uhr noch angeregt über die Exkursionen nach Frankreich.

„Johnathon", begrüßte mich die Rozier, „setz dich doch mal zu uns. Wir haben gerade über eine Exkursion nach Paris geredet. Wäre das nicht auch mal was für dich?"

„Natürlich", sagte ich knapp und lud die Rozier damit ein, ein Feuerwerk der großen Worte auf mich niederprasseln zu lassen, bei dem ich nur ab und an nicken musste und nebenbei an meinem Radler nuckeln konnte.

„Und ich denke wirklich, dass es dir viel bringen könnte, einmal mit einem Muttersprachler zu reden. Das bringt oft mehr, als stures Lernen, was du ja immer tust. Das will ich dir nicht absprechen, aber deine Defizite im Schriftlichen kann man am ehesten durch persönliche Begegnungen wettmachen."

Unglaublich. Endlich. Nach zehn Minuten ohne Luft holen hatte ihr Redefluss geendet, und da sie dachte, mich bekehrt zu haben, wandte sie sich nun wieder Herrn Althaus zu.

Dies gab mir die Gelegenheit, meine leere und die volle Flasche ordnungsgemäß in den Kasten in der Hütte zu stellen und danach David zu suchen, der mir irgendwo abhandengekommen war. Doch kaum hatte ich die Wodkaflasche für uns geholt und war im Begriff, die Hütte zu verlassen, lief mir Kris entgegen. Im schwachen Licht der Außenbeleuchtung erkannte ich, dass sie schwarze Flecken unter den Augen hatte. Ihre Wimpertusche war verlaufen, sie weinte.

„John", rief sie schluchzend. Ich durfte wieder mal Seelenklempner spielen. Was war es dieses Mal? Hatte sie sich einen Fingernagel abgebrochen? Hatte Sven gesagt, dass sie schon besser ausgesehen hatte? Oder hatte sie gar Smith geschrieben, der ihr nicht antwortete? Ich musterte sie.

Sie hatte keine Verletzungen oder sonst etwas, das ihre Tränen erklären konnten. Selbst ihre Fingernägel schienen noch alle intakt zu sein. Die Haare lagen richtig und ihr Lipgloss war ... weg! Der Glanz auf ihren Lippen war verschwunden!

Dafür gab es genau zwei Möglichkeiten – entweder hing er an der Öffnung einer Bierflasche oder an Svens Mund.

„Kris, komm her. Bitte!", rief genau er flehend und kam in unsere Richtung gelaufen.

Kris hielt sich an mir fest, versteckte sich sogar halb hinter mir.

„Er soll gehen und mich in Ruhe lassen", sagte sie mir ins Ohr.

Und was tat ich? Ich rief: „Hast du nicht gehört? Lass sie in Ruhe!"

Er kam trotzdem dichter zu ihr und wollte sie anfassen, da schrie ich ihn an: „Lass deine Finger von ihr!"

Er wich immer noch kein Stück zurück.

Mittlerweile war uns die ungeteilte Aufmerksamkeit des gesamten Zeltplatzes gewiss. Selbst die Lehrer, so schien es, wollten sich das Spektakel nicht entgehen lassen.

Die folgende Stille war fast erdrückend. Immer noch klammerte sich Kris an mich, umschlang mit ihren Armen von hinten meinen Bauch. Dann brach sie das Schweigen mit zittriger Stimme: „Lass mich, bitte."

Anscheinend hatte Sven jetzt endlich begriffen, dass sie es wirklich ernst meinte. Resigniert schüttelte er den Kopf, warf die Hände in die Höhe und stapfte in Richtung Wald. Kaum war dies geschehen, wandten sich alle wieder ihren Gesprächen zu.

„Was ist denn los?", fragte ich Kris, die weiterhin dicht bei mir stand.

„Nicht hier." Sie warf mir ein mattes Lächeln zu und ging in Richtung einer entfernten Bank, die unter zwei dunklen Tannen stand. Doch zu meiner Verwunderung setzte sie sich nicht hin. Ohne, dass ich die Frage stellen musste, bekam ich prompt die Antwort: „Jack hat eben die Bank für einen Baum gehalten und darauf gepinkelt."

Da ich diese Behauptung nicht auf ihren Wahrheitsgehalt prüfen wollte, ging ich mit ihr noch ein paar Meter weiter und schlussendlich setzte ich mich mit ihr auf ein halbwegs trockenes Fleckchen Wiese. Kris nahm mir die Flasche Wodka aus der Hand und trank den ersten Schluck. Sie gab mir die Flasche und ließ mich trinken. Ich hasste diesen bitteren Geschmack.

Plötzlich fing Kris an zu lachen.

Ich war total irritiert und schluckte schnell runter, bevor ich es noch ausprustete.

„Was ist denn los?", fragte ich sie.

„Nichts. Es schmeckt nur so dermaßen saueklig!"

Wir lachten gemeinsam. Nach einem lange anhaltenden Lachflash legte sie sich nach hinten auf den Boden. Ich tat es ihr gleich. Über uns am Himmel leuchteten die Sterne. Neben mir leuchtete noch ein anderer Stern.

„Was war denn vorhin los?", wiederholte ich meine Frage von vorher.

„Es war einfach ein Fehler. Neben mir stand Jack mit Anjuli und die beiden machten rum und es war alles so ekelig. Er tat so, als wäre ich nicht da, und alles war einfach belastend. Dann habe ich eben mit Sven das Gleiche gemacht, aber eher aus Frust. Doch der fing dann an, mich gleich überall zu begrapschen und ich merkte, dass es einfach falsch war. Er hörte nicht auf und befummelte mich überall und ..." Sie brach ab.

Kris sah mich an und weinte einfach nur aus Kummer und Schmerz und ich drückte sie an mich. Langsam beruhigte sie sich wieder und ich entließ sie aus meiner Umarmung.

„Schon gut", sagte sie dann und fuhr sich mit dem Daumen unter dem Auge entlang. „Ich glaube, jetzt habe ich die letzten Reste Wimperntusche weggeheult."

Ich lächelte knapp, doch sagte nichts weiter.

Dafür lagen wir eine ganze Zeit schweigend auf der Wiese und bestaunten den Sternenhimmel, bevor ich die Stille durchbrach. „Hast du das Outfit von Anjuli gesehen? Da kannst du ihr ja sofort *bitch* auf die Stirn schreiben."

„Ja, und dann mit Jack rummachen. Hallo?"

Ich bemerkte, dass der Boden mittlerweile ziemlich kühl wurde und auch sonst wurde es immer kälter. Ich hielt es für das Beste, Decken zu holen. Ich stand schon und wollte gerade losgehen, da rief mich Kris wieder zurück. Sie zog mich zu sich hinunter. Sie strich sich langsam die Haare aus ihrem Gesicht und sagte dann: „Danke."

Und nachdem sie das „Danke" eher in mein Ohr gehaucht hatte, küsste sie mich sanft auf die Wange. Wie auf Wolken schwebte ich zu meinem Zelt und holte meinen Schlafsack und eine Decke. So schnell wie möglich wollte ich wieder zu Kris.

Ich rannte zurück.

Sie lag einfach da und sah nicht zu mir.

„Hey", begrüßte ich sie, doch sie reagierte nicht.

Ich stellte mich vor sie und sah im fahlen Mondlicht ihre geschlossenen Augen. Sie schlief. Ich legte die Decke über sie und legte mich in meinen Schlafsack neben sie. Noch einen Moment saß ich da und sah sie an. Bewunderte ihre Schönheit, die auch durch verwischte Make-up-Reste nicht geschmälert wurde. Bis ich ein Geräusch aus dem Wald hörte.

Eigentlich war es ganz und gar nicht meine Art, mitten in der Nacht in einen Wald zu gehen, doch der Alkohol oder mein Beschützerinstinkt ließen mich aufstehen.

Vorsichtig und so leise wie möglich näherte ich mich dem Waldesrand und versuchte zunächst in der Dunkelheit der dichten Bäume die Quelle der merkwürdigen, rhythmischen Geräusche auszumachen. Ich konnte nichts sehen. Ich stieg über ein paar Büsche hinweg und stand nun wenige Meter von der dichten Baumreihe entfernt, wo mich nur noch das erdrückende Schwarz der Nacht umgab. Dann hörte ich das Geräusch wieder. Es klang fast wie ein Stampfen, als würde jemand hin- und hertrampeln. Es wurde immer lauter. So, als würde es auf mich zukommen.

„Ist da wer?", fragte ich dann vorsichtig mit fast schon brüchiger Stimme. Wie aus dem Nichts tauchte ein Lichtkegel auf, der ein Gesicht bestrahlte.

„Ah!"

„Pssst! Nicht so laut! Sonst hören sie dich!"

Es dauerte, bis ich feststellte, dass es Debbies Kopf war, der aus der Dunkelheit herausragte.

„Was machst du da?", fragte ich dann, als sich der erste Schreck gelegt hatte.

„Sei leise! Sonst hören sie uns!"

„Wer?"

„*Sie* natürlich! Die Freimaurer!" Das Licht der Taschenlampe flackerte auf und ab, so, als würde Debbie springen.

„Hörst du das? Sie sind unter uns! Sie bauen Höhlen, genau hier, unter uns. Nicht nur die Gesellschaft höhlen sie aus, nein, auch hier, den Wald, alles!", flüsterte sie mir eindringlich zu.

„Und weshalb hüpfst du hier herum?"

„Weil ich zu ihnen will."

„Gibt es da kein Online-Bewerbungsformular?"

Sie sah mich fragend an, schüttelte erbost den Kopf

und wandte sich dann wieder ihrer Tätigkeit zu. Vollkommen verwirrt wandte ich mich von ihr ab und ging zurück zu Kris, die noch immer engelsgleich dalag. Ich legte mich neben sie, deckte uns zu und wartete darauf, dass auch ich einschlief.

Die ersten Sonnenstrahlen hatten mich geweckt. Es musste noch früh am Morgen sein, denn es war noch recht kalt. Ich rieb mir den Schlaf aus den Augen und setzte mich auf. Warum hatte ich nicht in meinem Zelt geschlafen? Es dauerte einen kurzen Moment, bis die Erinnerungen wiederkehrten. Ich war nach der Aktion mit Sven hier neben Kris eingeschlafen. Doch sie lag nicht mehr da.

Ich ließ mich wieder zurückfallen. Wollte ich mir das weiterhin antun? Weiter den Seelentröster spielen, nur um bei Kris zu sein? Erst jetzt wurde mir bewusst, wie oft sie sich bei mir wegen Jack, Smith und Sven ausgeheult hatte. Und was bekam ich dafür? Einen Kuss auf die Wange. Aber würde sie jemals das Gleiche für mich tun? Würde sie sich mein umgekehrt auch mein Jammern ohne Murren anhören? Bevor ich mir selbst eine Antwort geben konnte, hörte ich Stimmen. Nein, es hörte sich nicht nach Kris an. Eher nach Jack. Ich griff nach meinem Handy in der Hosentasche. Ich hatte mich wohl leicht verschätzt. Es war nicht früher Morgen, es war schon zehn Uhr.

Ich richtete mich erneut auf und sah in Richtung Hütte. Vor dieser saßen auf Bierzeltgarnituren Kris, Jack und Sven. Alle drei lachten am gedeckten Frühstückstisch, als wäre nichts gewesen. War alles – ihre Trennung von Jack, der Streit gestern mit Sven – nur ein Traum gewesen?

Ich konnte das alles nicht mehr. Und ich wollte es auch nicht mehr. Ich hatte mich schon viel zu sehr um die Probleme anderer gekümmert. Sollte Kris doch machen, was sie wollte! Das konnten sie alle. Es war verdammt noch mal mein Leben, welches ich so oft anderen widmete. Nein, so sollte es nicht weitergehen. Ich stand auf, ohne dass irgendjemand Notiz von mir nahm, baute mein Zelt ab und rief meine Mutter an, dass sie mich abholen sollte. Ich lief an allen vorbei, ohne sie eines Blickes oder Grußes zu würdigen, und fuhr mit Sack und Pack wieder heim.

Wieso tat ich mir das alles an? Den ganzen Schmerz, der mich dazu brachte, nun in meinem Zimmer zu sitzen und bei der Hitze Schüttelfrost zu haben? Den ganzen Kummer, den ich hatte, da sie mich nicht liebte. Die ganzen Selbstzweifel und die daraus resultierende Frage, warum sie mich nicht liebte. War ich nicht intelligent genug, sah ich nicht gut genug aus? War ich bösartig oder zu gutherzig? Wieso der Nichtsnutz Jack und der ekelige Sven?

WARUM? Warum lief ich ihr hinterher, wenn ich doch wusste, dass ich sie sowieso nie erreichen würde? Warum tat ich mir das alles an? Ich hatte das Gefühl, an diesem Tag innerlich sterben zu müssen.

Alle waren in einer Beziehung gewesen, nur ich nicht, weil ich der einen hinterher lief. Für sie war ich aber einfach wie einer ihrer Tangas: Wenn sie ihn brauchte, zog sie ihn bequem aus ihrer Schublade und benutzte ihn solange, bis er nicht mehr passte und unbequem wurde, und nahm dann den nächsten. Jede Drecksdroge wurde verboten, aber Kris nicht! Ich musste auf Entzug gehen. Zwar nicht auf einen kalten, aber Entzug musste sein. Ich würde sie in den Ferien nicht sehen. Das sollte genügen, um erst einmal runterzukommen.

Doch danach würde sie wieder um mich sein.

Das wäre vergleichbar mit einem trockenen Alkoholiker, der sich den ganzen Tag in eine Kneipe hockte. Bis mein Entzug beginnen konnte, würde es ohnehin noch etwas dauern. Noch eine weitere Woche würde ich sie jeden Tag in der Schule sehen. Und dann: endlich Ferien!

Für diese eine Woche musste ich mein weiteres Vorgehen planen. Es gab zwei Möglichkeiten:
Erstens: Einfach so zu tun, als wäre alles gut.
Zweitens: Ihr sagen, dass etwas nicht stimmte.

Bei Ersterem würde es mir nicht besser gehen, das war klar. Ob ich es schaffen würde, ihr mein Herz auszuschütten und es quasi vor sie zu werfen, sodass sie einfach darauf herumtrampeln konnte, wusste ich auch nicht. Somit war Möglichkeit zwei genauso vertrackt wie die erste.

Ich schloss mich in meinem Zimmer ein und hörte die CD, die ich nur in Notfällen hörte. Die, bei der ich mich fallen lassen konnte. Eben jene, die mich am meisten berührte, die mir aber auch gleichzeitig Schutz gab: Christina Aguileras Album *Stripped*.

Es lag nicht nur an ihrer ausgezeichneten Stimme, sondern auch an der Art, wie Christina sie einsetzte. Die Texte waren voller Schmerz, Freunde, Angst und Hoffnung. Sie legte Seelenstrips en masse hin. Genauso wie ich.

Wie oft hatte ich Kris schon gesagt, wie wichtig sie mir war? Wie oft den anderen meine tiefsten Gefühle an den Kopf geworfen? Vielleicht waren sie damit überfordert, denn zum Beispiel von Gwen kamen dann generell nur Antworten wie „Danke". Das war alles. Kein: „Ich habe dich auch lieb." Nie.

Nachdem ich eine Schmerztablette genommen hatte, (die aber leider nur bei äußerlichen Schmerzen helfen würde, nämlich bei meinen momentan tatsächlich vorhandenen Rückenschmerzen – der Waldboden ließ grüßen) und ich nun unter zwei Decken begraben war, weinte ich mich in den Schlaf. Ich weinte selten, fast nie. Nur in Ausnahmefällen.

27

WITHOUT YOU

-- Johnathon --

Nachdem ich wieder aufgewacht war – es war Montagmorgen, fünf Uhr – überlegte ich, an diesem Tag nicht in die Schule zu gehen, um so Abstand von Kris zu bekommen.

Aber was würde es mir bringen? Ich würde sie spätestens am Freitag bei der Zeugnisausgabe sehen und dann bei Bulldogs Abschiedsfeier. Somit beschloss ich, ganz normal in die Schule zu gehen.

Ich musste aber heute nicht mit ihr hoch laufen, denn ihr Bus hatte Verspätung und ich wartete nicht auf sie. Zu meiner Verwunderung waren schon fast alle vor unserem Klassenraum. Am heutigen Tag würden wir genau sechs Schulstunden haben. Die ersten beiden waren richtiger Unterricht (Französisch), dritte und vierte waren geistige Freistunden (Deutsch) und fünfte und sechste aßen wir Kuchen (Mathe).

Die ganze Zeit über saß Kris zwei Plätze von mir entfernt und ich fragte mich, wie es mir unter diesen Umständen gelingen sollte, mich zu konzentrieren und sie zu vergessen. Ich hatte sie in den Stunden nicht direkt ignoriert, aber ich hatte sie auch nicht gerade vollgetextet. Ich behandelte sie zurückhaltend.

Als würden die hiesigen Busunternehmen ganz meinem Willen unterstehen, kam Kris' Bus auch am Dienstag zu spät.

Am Mittwoch erblickte ich ihn schon von Weitem, legte aber extra einen Zahn zu, um sie bloß nicht sehen zu müssen. Doch bereits zu diesem Zeitpunkt hegte ich erste Zweifel, ob ein solches Verhalten angebracht war. Konnte ich das überhaupt durchhalten? Einerseits war mir vollkommen klar, wie indiskutabel sie sich benahm und wie weh mir all dies tat. Andererseits: War mein derzeitiges Handeln wirklich besser? Sollten meine Gefühle unsere Freundschaft nun tatsächlich zerstören?

Seit Oktober letzten Jahres befand ich mich in diesem inneren Kampf – hin und her gerissen zwischen Freundschaft und Liebe – warum sollte ich nicht noch länger durchhalten können? Gewissermaßen stand ich nun an einem persönlichen Scheideweg, denn egal, wie ich mich entschied, es würde eine Kaskade von Konsequenzen nach sich ziehen. Kris und ich würden nächstes Jahr zusammen in einer TG sein. Wir hatten eine gemeinsame Clique. Sollte ich all das wegen meiner Gefühle aufgeben? Nur, weil ich sie lieben musste? Würde ich ihr jemals entfliehen können? War es vielleicht sogar so etwas wie meine Bestimmung, ja, fast Verdammung, sie zu lieben?

Vielleicht war meine Liebe zu ihr sogar genau das, was unsere Freundschaft in guten und vor allem in schlechten Zeiten um alle Eisberge herumschiffen ließ. Außerdem konnte ich das *nicht mit Kris sprechen* kaum noch durchhalten. Von Pause zu Pause, in denen wir beieinanderstanden, wurde es schlimmer. Ich konnte sie nicht hassen. Ich konnte sie nicht ignorieren, da ich sie nicht hasste. Kris hatte (in letzter Zeit) keinen Fehler gemacht, den ich ihr anlasten konnte. Es waren nur meine Gefühle, meine Empfindungen, die mich sie bestrafen ließen.

Im Unterricht konnte ich mich nicht konzentrieren. Ich musste sie die ganze Zeit ansehen. Aber immer, wenn sie es merkte, sah ich beschämt weg oder lief rot an.

Doch dann, ich war gerade mit David auf dem Weg zu unserem Pausentreffpunkt, rief sie nach mir.

„John! Warte mal!"

David warf mir einen eindringlichen Blick zu, der so viel hieß wie: „Dreh dich um und rede endlich mit ihr." Auch ihm war es also nicht verborgen geblieben, wie schwer ich mir derzeit mit ihr tat.

„Verdammt John! Warte doch mal!"

Für einen Moment zögerte ich, blieb dann aber doch stehen. Ich holte nochmals tief Luft, dann drehte ich mich um. Mit großen Schritten kam sie auf David und mich zu, ihr braunes Top spannte etwas um ihren Busen, der bei jedem Schritt rhythmisch mitwippte. Ich beglückwünschte mich in sarkastischen Gedankengängen selbst, dass dies das Einzige war, das ich wahrnehmen konnte.

„David, kannst du vielleicht schon mal vorgehen?", fragte ich ihn, meinen Blick von ihrer Oberweite losreißend.

Er nickte mir vielsagend zu und ging, während ich verlegen auf den Boden blickte und wartete, bis sie direkt vor mir stand.

„Was ist denn los?", fragte sie mich und ihre leuchtend grünen Augen schienen wirklich verwirrt. „Habe ich dir was getan?"

„Nein. Eigentlich nicht." Ich begann nun, meinen Weg zur Raucherecke fortzusetzen, Kris lief links neben mir her.

„Wirklich? Irgendwie bist du seit der Abschlussfeier so komisch."

„Wenn es so bei dir ankommt, tut es mir leid. Ich bin derzeit irgendwie im Stress und in Gedanken versunken. Das Übliche, du kennst mich ja."

Sie lächelte knapp, aber meine Antwort schien sie nicht wirklich zufriedengestellt zu haben. „Gut. Es ist nur wichtig, dass du mir sagst, wenn was ist. Du weißt ja: Sonst gibt es nur noch mehr Probleme."

„Hast du wohl recht."

Sie antwortete darauf nicht mehr und kaum hatten wir die Raucherecke erreicht, schienen all die Probleme wie weggeblasen. Lag das daran, dass sobald wir unserer Sucht frönten, unsere Körper befriedigt waren? Halfen Benzol und Co. mir, meine Sorgen zu vergessen? Man las ja auch immer wieder, dass Nichtraucher durch Schokolade Glücksgefühle bekamen? Zumindest minderten sie für einen Moment einfach den Stress und die Probleme.

Denn neben dem üblichen Gruppenzwang-Rauchen war ich nun einmal auch ein Stress-Raucher, der in hektischen Zeiten vermehrt zum Glimmstängel griff. Kris hingegen schien in ihrer neu gewonnenen Freizeit anderes zu tun zu haben, als zu relaxen: Anscheinend war ihr Bedarf an Männern noch immer nicht gestillt. Fast so, als wäre es purer Zufall, war ihr neuer Flirt ein Freund von Jack.

„Übertreibst du es im Moment nicht? Ich meine, erst Smith, dann Sven, jetzt der ..."

„Ach komm schon, das ist doch im Moment nur Spaß. Da geht ja nichts. Denke ich mal."

Der Nachsatz gab mir kurz zu denken, aber der Gong zum Ende der Pause veranlasste Kris, David und mich wieder Richtung Klasse zu trotten. Kris, David und ich. Wo zum Teufel waren eigentlich Bulldog und Gwen? Vielleicht redeten sie darüber, wie es nun mit ihnen weitergehen sollte. Wie schwachsinnig. Immerhin würde Bulldog in kurzer Zeit sowieso nur noch in Gwens Gedanken oder auf ihrem Computerbildschirm präsent sein. Wäre es da nicht klüger, auf Abstand zu gehen, um sich schon einmal an den Zustand der Trennung zu gewöhnen?

Nachdem die Schulstunden an diesen Tag endlich geschafft waren, standen uns noch zwei weitere Schultage bevor. Am Donnerstag lief ich wieder mit Kris den Berg hoch. Es herrschte endlich wieder Harmonie zwischen uns beiden, was ich durchaus genoss. Und ich fing an, das Kapitel Kris endlich abzuschließen. Schritt für Schritt konnte ich die Situation und das Schicksal akzeptieren. Mir war sie natürlich noch immer nicht egal, aber ich merkte, dass unser beiden Leben immer nur freundschaftlich verbunden bleiben würden, nie mehr.

An unserem letzten Schultag, am Freitag, war ich SUPER gut gelaunt und freute mich, dass es endlich so weit war: Ich würde nach den Sommerferien in die Oberstufe kommen. Das hieß: Nur noch drei Jahre bis zum Abi! Machte mir auch ein wenig Angst. Außerdem war es auch traurig, bald so viele Leute aus der Klasse zu „verlieren". Wir waren immerhin vier Jahre ein Klassenverbund gewesen.

Ich dachte an meinen ersten Schultag in der Siebten zurück. Wie ich den Raum suchte, auf und ab lief und hoffte, richtig zu sein. Dann endlich kam jemand und fragte, ob ich auch in die Klasse gehen würde. Es war Jenny. Ich würde nie vergessen, wie dann Herr Althaus kam, wir einen Stuhlkreis bildeten und wir uns einen Ball zuwerfen sollten, um uns auf Englisch vorzustellen. Shit happens: Ich hatte den Ball nämlich nicht bekommen.

Heute – in der ersten Stunde unseres letzten gemeinsamen Schultags – sahen wir uns eine Präsentation über unsere Klasse mit alten Fotos an, die Jenny vorbereitet hatte. Sie beinhaltete nicht nur Bilder unserer ersten Klassenfahrt in der achten Klasse, sondern auch Bilder von Malta.

Wir lachten viel und schwelgten in Erinnerungen. In der zweiten Stunde verabschiedeten wir unseren Herrn Althaus mit netten und oft ironischen Geschenken von uns. Das Geschenk unserer Clique war ein Tanzkurs. Herr Althaus hatte mal gescherzt, dass er mit J.Lo. getanzt und es ihr so gut gefallen hätte, dass sie gleich einen Film darüber gemacht hätte. Leider wäre er zu der Zeit verhindert gewesen, weshalb Richard Gere für ihn hätte einspringen müssen.

Dann war es wirklich soweit. Bulldog und Sven durften eine Ansprache halten, da sie die Schule verließen. Vor allem Bulldog ging das Ganze sehr nahe. Man konnte sehen, dass seine Augen mit Tränen gefüllt waren.

Was die ganze Zeit noch in weiter Ferne lag, war nun zur Gegenwart geworden. Wir verabschiedeten uns voneinander, manche unter Tränen.

Ich würde sagen, es war einer der bisher schwersten Abschiede, obwohl wir uns nach unseren wohlverdienten Ferien natürlich immer noch irgendwie wiedersehen würden. Es war einfach ein neuer Lebensabschnitt.

Arbeiten würden dann Klausuren heißen, und wir würden nicht mehr alle zusammen sein, nein, wir wurden in Kurse eingeteilt. Auch neue Lehrer warteten auf uns.

Da mein Bus aber recht zügig kam, konnte ich nicht mehr allzu lang bei meinen Lieben bleiben und verabredete mich für den nächsten Tag mit den anderen, um Bulldogs Abschied würdig zu feiern.

Am Samstagabend verfiel ich wieder in meine übliche *ich muss mich fertigmachen*-Panik. Ich stand mal wieder eine Stunde im Bad, gelte mir die Haare und zog mich an. Dann ging's ab zum Bus, denn um 19:00 Uhr traf ich mich mit Kris. Wir hatten vor, noch irgendwo abzuhängen, denn beginnen sollte das Treffen erst um 20:00 Uhr im *Castello*.

Um 23:00 Uhr müsste ich schon wieder mit dem Bus heimfahren, da dies der letzte Bus nach Stocklar war. So der Plan. Mich nervte es ziemlich an, wenn meine Pläne nicht aufgingen. Und dieser würde nicht aufgehen.

28

EVERLASTING FRIENDS

-- Johnathon --

Es war schon schwer genug gewesen, ein Outfit zu finden, das zu einem Abschied passte. Was das kleine Schwarze bei der Frau, war bei mir mein blaues Lieblingspolo, kombiniert mit meiner schwarzen, ausgewaschenen und in Richtung Röhre gehende Jeans. Dazu zog ich mir noch schnell meine neuen, silberfarbenen PUMAs an und schon raste ich zum Bus. Kris ließ in Burgweiler wie immer auf sich warten und somit qualmte ich die Erste am heutigen Abend. Wider Erwarten und erfolgter Ankündigung kam Kris nicht mit dem Bus. Stattdessen hielt ein Auto, ein großer Jeep, neben mir. Kris sprang in einem roten Rock, der bis zu den Knien ging, und einem trägerlos weißen Top, heraus, umarmte mich fix und musterte mich.

„Gut siehst du aus."

„Danke", gab sie zurück, fuhr aber sogleich fort: „Also, meine Mutter würde uns auch schnell hoch ins Castello fahren. Wollen wir lieber laufen oder fahren?"

„Laufen", war meine prompte Antwort und ich deutete auf meine Zigarette.

Kris nickte, winkte ihrer Mutter zu und diese fuhr davon. Eigentlich war das mit der Kippe nur ein Vorwand – mir war die Sache mit der Weihnachtskarte immer noch peinlich. Das musste Kris auch gemerkt haben, da ich sie nie zu Hause, sondern nur auf dem Handy anrief. Okay, vielleicht war es kindisch oder affig, aber sie wiederum rief bei mir wegen der Tagebuchgeschichte auch nicht mehr an, da sie davon ausging, dass meine Eltern davon wüssten, (was sie natürlich nicht taten). Wie dem auch sei, ich legte keinen gesteigerten Wert darauf, mit ihrer Mutter im Auto zu sitzen, auch wenn es nur gut 500 Meter wären. Lieber vertrat ich mir noch etwas die Beine.

Heute fand quasi die Probe aufs Exempel statt: Wie unabhängig war ich von Kris? Dass wir uns vorab verabredet hatten, war rein freundschaftlicher Natur. Ein erster Schritt in die richtige Richtung. Ich verschwendete keinen Gedanken daran, sie küssen zu wollen. Keinen. Na gut, außer vielleicht in diesem Moment, in dem ich mich darauf konzentrierte, nicht daran denken zu wollen. Und dem folgenden, in dem ich darüber nachdachte, warum ich darüber nachgedacht hatte, sie zu küssen. Und dann diesen, in dem ich mich fragte, warum um alles in der Welt, ich darüber nachdachte, an sie zu denken und sie zu küssen. Und ...

„John! Hörst du mir nicht zu?"

„Doch, klar", log ich.

Sie sah mich fragend an. Eine Pause entstand und sie blieb stehen. Ich ging ein Stück weiter, merkte dann, dass sie stehen geblieben war, ging wieder ein paar Schritte auf sie zu und blieb erneut stehen.

„Wie war deine Frage noch mal?", wollte ich wissen.

„Ob du Gwen Bilder von Graham gegeben hast!"

„Graham? Wer?" Ich sah sie fragend an.

„Mittelgroß, ständig rote Wangen, cholerisch veranlagt, Freund von Gwen ..."

„WAS?", schrie ich sie an. Eine alte Frau auf der anderen Straßenseite war vor Schreck stehen geblieben und sah mich erbost an. Ich winkte ihr zu, lächelte gekünstelt und wandte mich wieder Kris zu. „Ihr Freund?" Mein Ton war nun flüsternd leise, bestimmt und voller Abscheu.

„Sag mir, was du weißt!", herrschte ich sie an.

„*Ex*freund. Ich wollte Exfreund sagen." Sie log. Ihr Grinsen war aufgesetzt und zu nett für Kris.

„Wer hat dir das erzählt? Wer?"

„Ich weiß es doch selbst nicht. Ich habe es nur mal so vermutet."

„Nur mal so vermutet, ja? Soll ich mal was vermuten? Ich vermute, dass ich zu Bulldog gehe, ihm eine reinhaue und ihm sage, was er für ein Arschloch ist. Erst zieht er eine zweigleisige Nummer ab, die ich ihm verziehen habe, aber jetzt binden die beiden sich, obwohl er bald in Amerika ist und Gwen sich endlich frei entfalten könnte. – Lass mich ausreden! – Dann gehe ich zu Gwen und sage ihr, wie enttäuscht ich von ihr bin, und dass sie mir von nun an egal ist. Wenn sie mir nicht mal so etwas erzählt, dann kann sie mich mal."

Die letzten Worte hatte ich im Vorwärtsgehen gesprochen, denn ich war rasend vor Zorn. Ich riss mir den Hintern für sie und die Mission Affinität auf, während sie wieder mit Bulldog anbandelte und es dann nicht einmal für nötig hielt, mir das Ganze zu erzählen. Ich war wütend. So was von wütend. Dieser Bulldog-Trottel würde von mir eine Abreibung bekommen – zumindest verbal.

Zielstrebig stampfte ich den Weg zum *Castello* hoch. Was mit Kris war, interessierte mich nicht. Wahrscheinlich wusste David davon, bestimmt auch Jack, Sven, selbst Anjuli und Jenny waren mit Sicherheit schon informiert. Nur ich mal wieder nicht.

„Jetzt bleib endlich stehen!", rief Kris mir zu und hielt mich an meiner Hand von hinten fest.

„Lass mich in Ruhe!", gab ich bissig zurück und sie ließ mich los.

„Soll ich dir was sagen? Genau deshalb wollte Gwen es dir nicht sagen. Sie wusste, dass du so reagieren würdest."

Ich blieb stehen. Gwen hatte sich Gedanken um mich gemacht. Kris näherte sich langsam wieder. Sie legte ihren linken Arm um mich und zog mich zu einer Bank. Ich wusste nicht, was ich sagen sollte. Ich sah einfach nur deprimiert zu Boden. Ihre Hand lag weiterhin auf meiner Schulter und streichelte jetzt leicht über meinen Rücken.

„Sie wollte es dir heute in aller Ruhe sagen. Es ist ihr sehr wichtig, dass sie dir das Ganze selbst erklärt. Tu bitte so, als wüsstest du von nichts. Und bitte, bitte, sei ganz normal."

Gwen wollte es mir selbst sagen. Es war ihr wichtig. Ich nickte Kris zu. Sie nahm die Hand von meinem Rücken und stand auf. Sie streckte mir ihre Linke hin, um mir aufzuhelfen. Ich nahm sie und ging nun neben ihr her.

Plötzlich, wir waren ein paar Meter gegangen, fing ich an zu lachen. Ich wusste nicht recht, warum. Nein, es war nicht so, dass ich die Sache mit Gwen lachhaft fand. Eher war es lachhaft, wie ich mich aufführte. Ich wollte, dass es Gwen gut ging. Und wenn es ihr mit Bulldog gut ging, musste ich mich damit abfinden. Sie war einfach meine beste Freundin und ich konnte mir keine bessere wünschen. Ich wollte, dass sie glücklich und zufrieden war. Und vielleicht waren sie und Bulldog füreinander bestimmt. Ich wollte dem potenziellen Glück als Letzter im Wege stehen.

„Liebe Freunde!"

Wir saßen im *Castello*, es war kurz nach acht, und Bulldog hielt seine obligatorische Ansprache.

„Wie ihr wisst, werde ich euch verlassen. Keine Angst, wir bleiben in Kontakt und ich werde euch nicht vergessen. Natürlich gehen heute alle Getränke auf mich."

Gwen, David, Kris und ich applaudierten brav. Wir standen im unteren Geschoss des Lokals, in dem zwei Billardtische waren. Bulldog rief sogleich die Bedienung herbei, die zum einen unsere Bestellungen aufnahm, zum anderen Bulldog den Schlüssel für einen der Billardtische gab. Die blonde Dame mit ziemlich vielen Tattoos am rechten Unterarm dampfte ab, um die Getränke zu holen, während Bulldog am Billardtisch herumwerkelte.

Gwen kam zu mir. „Komm mal mit", sagte sie mit ernster Stimme und bedeutete auch den anderen beiden mitzukommen.

„Wir gehen mal schnell aufs Kloooo", rief Kris, während wir mitsamt dem Bilderrahmen auf die Damentoilette abdampften.

„Wow. Klasse. Wir gehen alle zusammen aufs Klo. Unauffälliger geht es nicht", höhnte David, woraufhin Kris mal wieder einen Lachflash bekam, in den Gwen sogleich einstimmte.

„Ich habe hier mal ein paar Fotos ausgedruckt", sagte Gwen, die sich ausnahmsweise und im Gegensatz zu Kris wieder recht schnell gefangen hatte. Nicht nur an die Fotos, auch an einen Klebestift und Filzstifte hatte sie gedacht.

Ich schüttelte innerlich den Kopf. Die ganze Abschiedsgeschenkaktion war sehr auffällig und dadurch extrem lustig. Dass es, kurz vor seinem Abflug, kein normaler Abend werden würde, konnte Bulldog sich wohl an zwei Fingern abzählen und auch die *Wir verschwinden mit einem Bilderrahmen aufs Damenklo*-Nummer war sehr durchschaubar. Gwen klebte die Fotos schnell auf, während David als Erster auf dem Plakat unterschreiben durfte.

„Was schreibe ich denn?", wollte er von uns wissen.

„Das ist komplett egal, Hauptsache du gehst schnell wieder raus und lenkst Graham ab", hetzte ihn Gwen.

Aus Protest ließ sich David extra viel Zeit und malte die Buchstaben geradezu auf den Karton. Gwen sah man an, dass sie deswegen kurz vorm Durchdrehen war. Nachdem David endlich fertig war, durfte Kris sich verewigen.

Dann kam meiner einer. *Viel Spaß du alte Socke. Sei brav, denk an uns*. Das war mein Text. Ich wollte gerade aus dem Raum gehen, da hielt Gwen mich zurück. Wir waren alleine auf dem Damenklo.

Ich schmunzelte.

„Was ist?", fragten wir zeitgleich. Auch lachten wir zeitgleich. Und ich sah das Strahlen in ihren himmelblauen Augen.

„Komm, erzähl schon. Was gibt's?", wollte ich von ihr wissen.

„Also, du kannst dir sicher sein, dass es für mich nicht leicht war, aber ich liebe ihn. Ich weiß, es gefällt dir vielleicht nicht so gut, aber, nun ja, wir sind wieder zusammen. Ich wollte es dir selbst sagen. Ich hoffe, du kommst damit klar?"

Ich grinste. „Solange du glücklich bist, ist mir alles egal." Ich fiel ihr um den Hals und hörte, wie sie erleichtert Luft ausstieß. „So, dann komm. Die anderen warten", meinte ich zu ihr und trug mit ihr den DIN A2 Bilderrahmen.

„Jetzt sag, worüber hast du gelacht?", fragte sie, als wir die Toilette verließen.

Ich grinste erneut. „Na ja, wir waren alleine auf dem Damenklo."

Gwen verdrehte die Augen. „Oh John, du änderst dich wohl nie."

„Also, mein Schatz", sagte Gwen an Bulldog gerichtet, „wir haben etwas für dich gebastelt."

„Und du weißt ja, wie Gwen bastelt", frotzelte ich.

Gwen blickte mich grinsend an und fuhr dann fort. „Das ist für dich. Wir hoffen, es gefällt dir." Sie ging auf Bulldog zu und übergab ihm den Rahmen mitsamt unseren Bildern. Anscheinend gefiel es ihm. Zwar stellte er den Rahmen recht schnell zur Seite, aber nur, um uns alle nacheinander umarmen zu können.

„Ich hoffe, du bleibst brav", sprach ich ihm ins Ohr, als er mich drückte.

Er grinste und wuschelte mir durch die Haare. „Dir geh ich doch nicht fremd."

Ich lachte. „Jetzt fehlt nur noch eins – Gruppenumarmung!", rief ich.

„Ja, Gruppenknuddeln!", kreischten die Mädels und rannten zu mir.

„Was ist los? Komm schon!"

„So viel Homoerotik an einem Tag", sagte Bulldog schmunzelnd und gesellte sich mit David zu uns.

Als hätte ich mit meinem Okay den eigentlichen Startschuss für Gwen und Bulldogs Beziehung gegeben, standen sie nun meist Händchen haltend herum oder küssten sich innig. Übrigens hatte ich mit meiner Vermutung recht behalten, denn David wusste schon von Bulldog, dass er und Gwen wieder ein Paar waren, doch auch er hatte schweigen müssen. Komischerweise machte es mir nun recht wenig aus, dass ich als Letzter von der Sache erfahren hatte. Gwen hatte immerhin ihre Gründe gehabt.

Um kurz vor zehn bat Bulldog nochmals um Ruhe.

„Ich habe natürlich auch was für euch vorbereitet", sagte er. „Ich weiß, wie wichtig euch und vor allem Gwen die Kolumne ist. An den paar Euro fürs Porto soll es dann nicht scheitern. Deswegen", er kramte in seiner Hosentasche, „habe ich mir erlaubt, 50 Briefmarken zu kaufen, damit ihr die Briefe wegschicken könnt. Ich hoffe, wir haben damit Erfolg und ich freue mich schon auf die neuen Kolumnen." Er übergab Gwen die Briefmarken, die ihm sofort um den Hals fiel. Somit konnte dann die Endphase der Mission Affinität in den Ferien endlich anlaufen.

Es war Viertel vor elf, als ich aufbrechen musste. Ich verabschiedete mich von allen, vor allem natürlich von Bulldog.

„Machs gut. Und bleib anständig!", waren meine letzten Worte, bevor ich aus der Bar an die frische, abendliche Luft trat.

Als ich zum Busbahnhof lief, dachte ich über seinen Weggang nach. Es war soweit. Ich würde ihn für zehn Monate nicht mehr sehen. Es war unvorstellbar. Ich hatte ihn sonst fast jeden Tag in der Schule gesehen und jetzt auf einmal war er weg. Und ich dachte über Gwen nach. Sie wusste genau, dass er sie betrogen hatte. Trotz allem wollte sie ihn so sehr, dass sie ihn „ohne Aufsicht" in ein fremdes Land ziehen ließ. Die Chancen, dass er ein Wiederholungstäter war, waren doch recht hoch, aber er war ihr so wichtig, dass sie das Risiko einging und die Fernbeziehung auf sich nahm.

Was ich jetzt erst einmal auf mich nehmen musste, waren Taxikosten. Denn, clever, wie ich war, hatte ich nicht mehr auf den Fahrplan geguckt. Sonst hätte ich womöglich festgestellt, dass nur Montag bis Freitag der letzte Bus um elf Uhr abends fuhr, samstags hingegen bereits um neun Uhr. Meine Eltern waren selbst bei irgendeinem Freund auf einem Geburtstag eingeladen und ich erreichte meine Mutter nicht auf dem Handy.

Also biss ich in den wirklich sauren Apfel und fuhr mit einem Taxi. „Wie teuer ist denn nach Stocklar?", fragte ich, als ich bereits im Taxi saß.

„15 Euro", sagte der gute Mann mit einem leichten, russischen Akzent.

„Und nach Birkenheim?"

„Zehn."

„Dann bitte nach Birkenheim." Geizig wie eh und je lief ich lieber die zwei Kilometer, bevor ich dafür fünf Euro blechte.

„Wo soll ich dich raus lassen?", fragte mich der Fahrer, kaum dass wir das Ortsschild passiert hatten.

„Am besten gleich hier."

Ich drückte ihm die zehn Euro in die Hand und trat, obwohl ich leicht fror, den Weg Richtung Stocklar an. Ich kramte meinen iPod aus meiner Hosentasche und mit Musik im Ohr stellte ich mir meinen Nachhauseweg als großen Film vor. Bei den schnelleren Nummern (wie zum Beispiel *Fighter*) agierte ich, wie in einem Musikvideo und lief wie Christina Aguilera mit großen Schritten auf die imaginäre Kamera zu. Bei langsameren Nummern setzte ich dann die Trauermiene auf und performte den Song als Play-back zum Sound im Ohr.

Es machte wie immer einen Heidenspaß, und als ich zu Hause ankam, warf ich mich in mein Bett und schlief zum ersten Mal seit langer Zeit sofort ein.

29

SHE'S SO

-- *Johnathon* --

Die Sonnenstrahlen brannten mit voller Kraft auf meinen nackten Oberkörper nieder, als könnten sie mir damit umso mehr zeigen, wie wundervoll Ferien waren. Ja, es *könnte* alles so schön sein! Einfach wunderbar. Alleine hier auf dem Balkon in einem Plastikstuhl sitzend könnte man eigentlich richtig entspannen. Keine Wolke war am Himmel, die den Sonnenschein trüben konnte.

Doch all dies – auch die Zigarette in meiner Hand – konnte nicht über meine Lustlosigkeit hinwegtäuschen. Fast alle meiner Freunde waren im Urlaub und Bulldog in Amerika. Selbst meine elternfreie Zeit – ich war sie bereits eine Woche los und sie würden noch eine weitere Woche im Urlaub bleiben – wollte mich nicht so recht aufheitern.

Ich hatte das Gefühl, alleine auf einer einsamen Insel zu sitzen, die nichts, aber auch gar nichts, zu bieten hatte. Alle Bücher, die ich lesen wollte, hatte ich mir bereits vorgenommen und auch das typische Sommerprogramm im Fernsehen wollte mich nicht wirklich glücklich machen. Und dann war auch noch der einzige Hoffnungsschimmer, der einmal kurz am Horizont zu sehen gewesen war, so schnell wieder verschwunden, wie er aufgetaucht war. Die Rede war von Kris (so viel zu meiner Abstinenz), mit der ich eigentlich einen gemütlichen und rein freundschaftlichen Abend hatte verleben wollen.

Ich hatte gestern mit ihr gechattet und ihr erzählt, dass meine Eltern weg waren und sie hatte vorgeschlagen, dass ich eine Hausparty machen könnte.

John 24.07. 13:34 Uhr
Super Idee, aber leider sind doch alle ausgeflogen und niemand ist mehr zum Feiern da ...

Kris 24.07. 13:35 Uhr
Was ist denn mit den Leuten aus Birkenheim?

Johnathon 24.07. 13:35 Uhr
Ähm, lange Geschichte. Muss nicht sein.

Kris 24.07. 13:36 Uhr
Dann könnten wir doch was machen. Sekt besorgen und ein bisschen feiern, O.C. oder Sex and the City gucken.

Johnathon 24.07. 13:36 Uhr
Ja, warum eigentlich nicht? Du kannst mit dem Bus herkommen, musst dann nur sehen, wie du heimkommst.

Kris 24.07. 13.37 Uhr
Kann doch auch bei dir pennen. Ich kläre das noch mal mit meinen Eltern, und wenn alles klargeht, bin ich morgen bei dir. Sage dir heute Abend noch mal Bescheid. Ich muss dann auch wieder offline.

Ja, das hatte sie geschrieben und offensichtlich nur den Begriff „heute Abend" relativ weit ausgelegt. Ich hatte um halb elf das letzte Mal mein Handy, ICQ und meine E-Mails vergeblich gecheckt, bevor ich mich ins Bett legte. Dann, um halb eins, weckte mich mein Handy.
Hey, sorry, ich kann nicht kommen. Meine Eltern sagen,

ich muss Kim am Sonntagmorgen mit ihnen zum Flughafen begleiten. Die fliegt nach Capri. Bis denne, hdl.

Müde ließ ich mich zurück auf mein Bett fallen und versuchte, wieder einzuschlafen, doch ich musste über das, was Kris geschrieben hatte, nachdenken.

Wenn ich ehrlich zu mir war, gab es nur zwei Möglichkeiten, weshalb diese SMS kam:

Erstens: Ihre Eltern wollten nicht, dass wir uns trafen. Die Karte an ihre Mutter würde mir bis in alle Zeiten alles verbauen.

Zweitens: Sie selbst hatte einen Rückzieher gemacht. Allein bei mir zu pennen, war ihr nicht ganz geheuer.

Ich schrieb ihr schlaftrunken zurück: *Hatte ich mir schon fast gedacht, dass es nicht klappt. Ich glaube, deine Eltern haben was gegen mich. Vielleicht machen wir wann anders noch was.*

Mit meinen Gedanken in der Gegenwart angekommen, fragte ich mich, wann dieses „wann anders" sein würde. Eigentlich müsste es mir doch mittlerweile wirklich klar sein, wie sehr ich ihr verfallen war – egal, wie stark ich versuchte, nur freundschaftlich mit ihr verbandelt zu sein.

Doch trotz allem konnte dieses Gefühl der Macht über mich – wenn sie es überhaupt bewusst tat – nicht der einzige Grund für ihr Verhalten sein. Vielleicht hatte sie einfach Angst, dass ich etwas machen könnte, was sie nicht wollte.

Aber würde sie mir so etwas wirklich zutrauen? Dachte sie wirklich, dass ich, kaum dass sie das Haus betrat, wie ein wildes Tier über sie herfallen würde?

Natürlich war ich derzeit – vorsichtig ausgedrückt– sexuell nicht unbedingt ausgelastet, was aber noch lange nicht hieß, dass ich bei ihrem Anblick nicht mehr an mich halten konnte.

Wobei … nein, ich glaubte langsam, mir tat die Sonne nicht ganz so gut!

Da mein Körper vor Schweiß mittlerweile nur so triefte, und mein Gesicht mit einem dicken Sonnenmilchfilm bedeckt war, entschied ich mich für eine entspannende Dusche. Danach begab ich mich in mein schattiges Zimmer und ließ mich dort auf mein Bett fallen.

Es war halb acht, als ich wieder aufwachte.

„Verdammt", sagte ich mir, „du hast doch nicht allen Ernstes so lange geschlafen!"

Noch immer schien die Sonne, wenn auch etwas schwächer, und ich genoss die letzten Sonnenstrahlen auf unserem Balkon, als ich meine Abendzigarette rauchte. Meine Gedanken kreisten dabei abermals um Kris: Was sie wohl gerade machte? War sie bei diesem komischen Freund von Jack oder gab sie Sven einen Abschiedskuss?

Eigentlich könnte es mir egal sein. Die SMS hatte mir gezeigt, dass sie keinen gesteigerten Wert auf meine Gesellschaft legte. So hatte ich gute Chancen, den letzten verbliebenen Monat der Ferien ohne sie zu verbringen, und sie endlich zu vergessen. Genau, ganz einfach. Ich musste sie nur symbolisch aus meinem Leben streichen und alles würde funktionieren. In vier Wochen war ich ein von Kris geheilter Mann beziehungsweise Junge.

Kaum hatte ich meine Kippe ausgemacht, stürmte ich in mein Zimmer, und während der Laptop hochfuhr, löschte ich Kris' Nummer aus meinem Handy. Fehlte nur noch ICQ. Kaum ertönte die altbekannte Begrüßungsmelodie, sah ich, dass Kris online war. Noch bevor ich sie löschen konnte, erreichte mich auch schon eine Nachricht.

Kris 25.07. 20:01 Uhr
Hallo. Hier ist Kris' Mutter.

(Ich brauche wohl nicht erwähnen, wie mir die Kinnlade herunterfiel!)

Kris 25.07. 20:01 Uhr
Ich suche Kris. Weißt du, wo sie ist?
(Die Frau stellt Fragen! Ich dachte, Kris sei im ICQ.)

John 25.07. 20:02 Uhr
Tut mir leid, ich habe keine Ahnung. Wenn sie sich meldet, sage ich Ihnen Bescheid. Ich muss leider gehen. Tschüss.

Über den Schock, plötzlich mit Frau Fuchs gechattet zu haben, konnte ich nicht recht nachdenken, denn plötzlich klingelte mein Handy. Unbekannte Nummer.

„Hey. Ich hatte Stress mit meinen Eltern. Kann ich kommen?" Es war Kris, die sich ziemlich verheult anhörte.

„Ähm, ja ... klar", stotterte ich vollkommen perplex und warf somit alle kürzlich gefassten Vorsätze über Bord.

„John, ich bin ..." Ich verstand nicht, was sie sagte, denn im Hintergrund waren Motorengeräusche zu hören.

„Noch mal, bitte. Ich verstehe dich nicht", entgegnete ich ruhig.

„Sei in fünf Minuten bitte am Bus. Ich bin gleich da."

Weg war sie. Einfach aufgelegt. Wie in Trance dem stummen Befehl eines Hypnotiseurs folgend, nahm ich meinen Schlüssel, zog Schuhe an und lief zur Bushaltestelle.

Ich rannte hinab zur Hauptstraße, meine Flip Flops flogen mir fast von den Füßen, so schnell lief ich, nur um festzustellen, dass Kris noch nicht da war. Ich hatte mir nicht einmal die Zeit genommen, aus meinem gammeligen grünen T-Shirt zu schlüpfen und mir eine vernünftige Hose – gerade trug ich eine kurze Sporthose – anzuziehen.

Doch dann kam er auch schon. Auf den ersten Blick erkannte ich Kris hinter der Scheibe nicht, doch dann, kaum hatte sich die Bustür geöffnet, stieg sie aus. Als wollte sie zu einem Picknick mit ihrem Liebsten, trug sie ein leichtes, knielanges weißes Kleid. Eine riesengroße Brille zierte ihr Gesicht, dazu trug sie große Ohrringe und ihre Haare waren zu einem schlichten Zopf gebunden. Bei sich trug sie einen Rucksack, den sie wie einen Koffer in der Hand hielt.

Nichts zu spüren von dem Ärger, den sie zu haben schien, äußerlich war ihr nichts anzumerken. So schritt sie mit einer nicht kopierbaren Gelassenheit aus dem Bus auf mich zu.

Ich ging ihr zwei Schritte entgegen und der Bus brauste davon. Zunächst standen wir uns schweigend gegenüber, meine Augen hatte ich etwas zusammengekniffen, um sie trotz der blendenden Abendsonne sehen zu können. Und dann durchbrach sie die Stille und fiel mir um den Hals.

„John", schluchzte sie. Die Maske fiel.

Ich drücke sie an mich, doch die Sonnenbrille störte.

„Moment", sagte sie lachend und nahm die Sonnenbrille ab, bevor ich sie erneut drückte.

„Schön, dass du mich abholst", meinte sie und setzte ihre Sonnenbrille wieder auf, doch in diesem kurzen Moment, in dem ihr Gesicht ohne „Schutzvorrichtung" gesehen hatte, hatte sich mir die Tragweite ihrer Trauer gezeigt: Ihr Make-up war verschmiert, schwarze Ränder unter ihren Augen zeugten von ihrem verlaufenen Mascara.

„Gib mir mal die Tasche, wir gehen zu mir, okay?"

Sie nickte und ohne Grund nahm ich den Rucksack in die eine Hand, mit der anderen streichelte ich ihr über die Wange, bevor wir losgingen.

Auf dem Weg zu mir hatten wir kaum gesprochen und ich hoffte, dass jetzt, wo ich die Haustür aufschloss, die Mauer des Schweigens fallen würde. Ihre Tasche stellte ich in meinem Zimmer vor dem Kleiderschrank ab und wir ließen uns auf das Bett fallen, was bei dem Gewicht von zwei Personen etwas knarrte.

„Willst du mir erzählen, was passiert ist?"

Sie schüttelte den Kopf.

„John, ehrlich danke, aber ich will erst mal bitte ins Bad und dann pennen, okay?"

„Ja, ist okay. Du kannst mein Bett haben, ich hol mir eine Luftmatratze."

„Ich will nicht alleine sein. Können wir zusammen in deinem Bett schlafen?"

Ich war verblüfft. Sie wollte mit mir in einem Bett schlafen! Vor ein paar Stunden wollte sie nicht einmal zu mir kommen.

„Okay", sagte ich dann zögerlich, vermied aber, ihr ins Gesicht zu sehen.

„Willst du was haben? Tee oder so? Oder brauchst du noch was? Vielleicht eine Zahnbürste?"

„Nein, danke. Ich habe alles dabei. Ich will nur ins Bad." Sie schnappte sich ihre Tasche und ging, ohne sich nochmals umzusehen, aus meinem Zimmer.

Obwohl es erst halb neun war und ich vorhin ewig geschlafen hatte, zog ich mir schnell meine Schlafboxershorts und ein weites T-Shirt an. Dann schaltete ich das Licht an und ließ das Rollo herunter. Als ich anschließend in den Spiegel blickte, sah ich (logischerweise) mich. Konnte ich das glauben? Was war bei ihr los gewesen, dass sie zu mir wollte? Und ausgerechnet zu mir? Ich würde es morgen erfahren – hoffentlich. Und vielleicht war es auch besser, dass ich es derzeit nicht wusste. In meinem Kopf herrschte ohnehin großes Chaos und ich war mir sicher, dass jedes weitere Wort dieses nur vergrößern würde.

Dann kam sie wieder in mein Zimmer. Sie war abgeschminkt und trug Hotpants und ein T-Shirt mit der goldfarbenen Aufschrift *Sexy back*.

„Cooles Shirt."

„Danke. Ist ganz neu, von einem Label, das nur Underground Fashion macht. Kim hat es mir besorgt."

Ich nickte knapp und sah sie sprachlos an. Wie sie da vor mir stand, sich in meinem Zimmer umblickte, die Hände leicht in die Hüfte gestemmt ...

„Ach so: innen oder außen?" Ich zeigte fragend auf das Bett.

„Innen", entgegnete sie mir knapp und lächelte.

„Müsstest du doch eigentlich wissen."

Ich stand auf und ließ sie über das Bett zur Wandseite kraxeln, bevor ich mich an die äußere Seite legte.

Irgendwie war es schon eine gemeine Situation: Ich lag in einem Bett mit der Person, die ich liebte, und es war klar, das nichts laufen würde. Wirklich schlafen würde ich auch nicht können, da ich kein Stück müde war. Ich war einfach nur verwirrt.

„Soll ich das Licht ausmachen?", fragte ich sie, nachdem sie sich bereits in eines meiner Kopfkissen eingekuschelt hatte.

„Bitte."

Kaum hatte ich das Licht gelöscht, ließ auch ich meinen Körper unter meine Bettdecke gleiten, doch ein verdächtiger, bekannter Geruch kroch in meine Nase.

„Hast du was getrunken?", fragte ich sie, ohne genau zu wissen, wie weit sie von mir entfernt lag. Vorsichtshalber sprach ich in die entgegengesetzte Richtung.

„Eine Flasche Sekt", teilte sie mir mit.

Ich nickte, ohne zu wissen, ob sie es sah. Ich konnte kein Auge zumachen. Ob Kris schlief? Ich konnte es nicht genau sagen, aber ich hörte, wie sie sich ab und an bewegte, hin und her rollte, spürte, wie sie kurz mit ihren eiskalten Füßen meine berührte.

Irgendwann lagen wir beide auf dem Rücken. Ich genoss es einfach, in ihrer Nähe zu sein, obwohl ich wusste, dass dies alles nicht einfacher machen würde. Aber es war mir in diesem Moment vollkommen egal.

Dann nahm sie meine Hand. Wir drehten uns zueinander. Sie sah mich an. Im Halbdunkel sah ich das Funkeln in ihren Augen. Zumindest glaubte ich, es zu sehen.

Alles kam mir vor wie in einem Traum. Ich sah ihre Umrisse. Sie bewegte ihren Kopf auf mich zu. Sie kam mir näher, ließ meine Hand los und beugte sich dann über mich, ohne sich auf mich zu legen. Mit ihren Händen, zu jeder Seite von mir eine, stützte sie sich ab. Ich lag bewegungslos da.

Ihre Lippen berührten sanft meine. Erst einmal. Dann folgte eine lange Pause. Zu lange, wie sie wohl fand. Dann legte sie ihren Oberkörper auf meinem ab. Wir küssten uns intensiver.

30

DOES LOVE COST A THING?

--Johnathon --

Am nächsten Morgen weckte mich die Kälte an den Beinen. Verschlafen öffnete ich langsam die Augen. Während ich langsam meine Sinne wieder spürte, schoss eine unwirklich wirkende Erinnerung in meinen Kopf. Kris war hier gewesen. Bei mir. Und auch in meinem Bett.

Eigentlich viel zu schön, um wahr zu sein. Nein, es konnte nur der schönste aller Träume gewesen sein. Doch so, als wäre es tatsächlich passiert, spürte ich den sanften Druck, den sie auf meinen Lippen ausgeübt hatte und wie ihre Hände über meine Brust geglitten waren und ...

Ich registrierte, dass ich kein T-Shirt trug und nur noch eine Boxershorts anhatte. Ich tastete vorsichtig neben mich. Ich spürte, dass dort jemand lag, in meine Decke eingewickelt. Langsam drehte ich mich und meinen Kopf nach links. Kris lag tatsächlich neben mir. Es war kein wunderbarer Traum gewesen, sondern die wunderschöne Realität!

Ich legte mich auf die Seite und sah sie an. Wie ein Engel schlief sie neben mir. Ihre Augen waren sanft geschlossen, die blonden Haare lagen halb über ihrem Gesicht und halb über dem Kopfkissen. Die vollen Lippen hatte sie leicht geöffnet und so, als würde sie im Schlaf lächeln, leicht nach oben gezogen. Kurzum: Sie sah zum Anbeißen aus.

Es fiel mir schwer, mich von ihrem Anblick loszureißen, egal, wie oft ich sie schon gesehen hatte – so nah, so zerbrechlich, so schön hatte ich sie noch nie vor mir gehabt. Ich hatte keine Ahnung, wie es um mich geschah, aber ich hatte das Gefühl, sie nun noch mehr zu lieben, als es sowieso schon der Fall gewesen war.

In diesem Moment – vollkommen vom Glück beseelt – fühlte ich mich, als würde die Welt stillstehen, alles andere war mir egal. Und dann, ich wusste nicht, wie lange ich sie so beobachtete, raffte ich mich auf, und warf einen Blick auf meinen Wecker: halb neun.

Ich stieg vorsichtig aus dem Bett und schlich in die Küche, schob Aufbackbrötchen in den Ofen und legte Butter und Marmelade raus, bevor ich schnell ins Bad zum Zähneputzen ging. Dann ging ich wieder in die Küche, um die Brötchen rauszuholen. Zusammen mit der Marmelade, Butter und Co. brachte ich sie auf den Balkon, wo ich mit Kris frühstücken wollte – wenn sie irgendwann aufwachte.

Ich wollte sie nicht wecken, am liebsten hätte ich mich neben sie gesetzt und sie einfach nur angesehen und bewundert, doch dann, als ich mich gerade wieder in die Küche aufmachen wollte, um Honig zu holen, begegnete sie mir auf halbem Wege im Wohnzimmer.

Sie rieb sich die Augen und strich sich durch die Haare, sodass sie sanft nach hinten glitten, nur um dann wieder nach vorne zu fallen. Ich blieb vor ihr stehen, um abzuwarten, was sie tun würde. Die Tatsache, Kris nun wahrhaftig vor mir stehen zu haben, überforderte mich, da irgendwo in meinem Hinterkopf noch immer eine Stimme sagte, dass ich träumen musste.

Sie hingegen schien vollkommen in dem Moment aufzugehen, ging zwei Schritte auf mich zu und grinste mich an. Ich lächelte zurück.

„Na du", sagte ich.

Sie gähnte. „Selber *na du*", antwortete sie halb gähnend, beugte sich vor und küsste mich.

Ich hatte tatsächlich nicht geträumt!

„Gut geschlafen?"

Diese Worte kamen eher gestottert aus meinem Mund gefallen, als dass ich sie gesprochen hatte. In mir tobte zur gleichen Zeit das unglaubliche Gefühl von Glück und Freude, gleichzeitig war aber auch einer nicht greifbare Unsicherheit anwesend, die mir deutlich machte, wie surreal das alles doch war. Ich war eigentlich davon ausgegangen, die nächsten paar Wochen von meiner Kris-Liebe geheilt zu werden und nun war ich verknallter denn je.

„Ja, super geschlafen. Das Bett ist geil."

„Nur das Bett?", fragte ich gespielt eingeschnappt und vollkommen liebestrunken.

„Naja, der Besitzer ist auch ganz nett."

Wir lachten. So langsam fand ich mein Selbstbewusstsein wieder und ich ging in die Offensive.

„Ich habe Frühstück gemacht. Hunger?"

„Klar, ich habe seit gestern Mittag nichts gegessen."

„Na dann", sagte ich und geleitete sie auf den Balkon, wo es angenehm sonnig war. Die Brötchen waren lauwarm, sodass die Butter darauf langsam zerfloss.

„Und, was machen wir heute?", fragte ich.

„Erst mal essen."

„Gute Idee, und dann?"

„Wenn du brav bist, was Nettes", sagte sie lachend.

Nachdem wir ausgiebig gefrühstückt hatten und die Sachen alle weggeräumt waren, lümmelten wir wieder auf meinem Bett herum. Der Fernseher war an und mit einer Tüte Chips in der Hand sahen wir uns den morgendlichen Schwachsinn an.

Meine Lieblingssendung am Morgen in den Ferien war *talk talk talk*. Aneinander gekuschelt fütterten wir uns gegenseitig mit dem fettigen Kram. Natürlich hielt dieser Status quo nicht lange an und wir bewarfen uns ziemlich bald mit den Chips, was wir beide in der darauffolgenden Nacht noch bereuen sollten.

„Ich kapituliere!", schrie ich lachend, als Kris auf mir saß und mir nun bereits den zehnten Chip in Mund steckte. Sie rollte sich von mir runter und gab mir so die Chance, die Chips wenigstens zu kauen, wobei sich das bei dieser Anzahl als leicht problematisch herausstellte.

„Feigling", meinte sie. „Und du willst ein Mann sein!" Sie lachte laut und fing an, mich zu kitzeln.

„Erbarmen!", rief ich, immer noch mit halb vollem Mund und lachend.

Sie hörte auf.

„Ich will ja nicht, dass du erstickst."

„Wie großzügig die gnädige Kris heute wieder ist. Außerdem macht einen Mann ja noch mehr aus, als die Gabe, zehn Chips gleichzeitig essen zu können." Ich schluckte die halb gekauten Chips herunter, denn sofort stand die nächste morgendliche Disziplin auf dem Programm: Kissenschlacht! Dieses Mal schlug ich zurück und Kris lag mit dem Rücken auf der Matratze, während ich auf ihr saß.

„Und was wird der blutrünstige Ritter nun mit dem hilflosen Burgfräulein machen?", fragte sie gespielt schüchtern.

„Hm ... mal gucken." Ich küsste sie.

„Also so schlimm muss du mich nun auch wieder nicht bestrafen!" Ihr Blick war ernst, doch dass alles gespielt war, sah man daran, dass ihre Mundwinkel immer wieder leicht nach oben zuckten.

„Jetzt, wo wir die Machtverhältnisse geklärt haben, kann ich auch mal duschen gehen." Ich stand auf und kramte gerade im Schrank nach frischen Boxershorts, da antwortete mir Kris: „Okay, ich muss auch ins Bad."

„Willst du zuerst?", fragte ich gentlemanlike.

„Wir können auch zusammen gehen", schlug sie vor.

„Okay", dachte ich, „wenn das so ist." Sie wollte mit mir ins Bad, am besten noch zusammen duschen. Nichts für ungut, aber ich wusste nicht, ob ich dafür schon bereit war. Zwar liebte ich sie über alles, aber wir waren doch nicht einmal richtig zusammen.

Oder war es genau das, was sie wollte? Vielleicht wollte sie es kurz und heftig, nicht lang und langsam. Sollte ich darauf eingehen? Ich wartete auf ihren nächsten Schritt.

„Also, was machen wir? Der Tag ist noch jung. Hast du ein Problem damit, gemeinsam zu duschen?", fragte sie leicht schmunzelnd.

„Nein, Quatsch, wo denkst du hin? Aber du kannst ja schon mal Zähneputzen gehen. Ich suche noch was zum Anziehen. Bis gleich."

Sie stand auf, warf mir einen Luftkuss zu und ging mitsamt ihrer Tasche ins Bad.

Ich schmiss mich wieder mit dem Rücken zuerst auf mein Bett und verschränkte gedankenverloren die Arme hinterm Kopf. „So schön kann das Leben sein", dachte ich. Zwar war es für mich einfach nur unglaublich, was hier gerade geschah, und ich zweifelte wieder an meinem Verstand. Doch selbst, wenn es nur ein Traum war, so wollte ich ihn doch lieber ewig leben, als ihn plötzlich vor mir zerplatzen zu sehen. Nachricht an meinen Kopf: Aufhören zu grübeln! Carpe diem!

Nun hatte ich das *vielleicht nackt vor Kris*-Problem immer noch nicht gelöst.

Aber dann kam mir die rettende Idee. Ich zog meine Badehose an und ging zur Badezimmertür.

„Bist du angezogen? Kann ich reinkommen?"

„Was denkst du denn? Klar, komm rein."

Da stand sie in ihrem roten Bikini.

„Und, können wir?", fragte sie neckisch und strich sie von der Stirn her ihre Haare nach hinten.

„Immer doch", gab ich zurück und gemeinsam stiegen wir in die Dusche, wo es etwas eng war. Wie peinlich wäre es gewesen, wenn ich nackt ins Bad gegangen wäre, obwohl sie „nur" angezogen duschen wollte? Ich wollte es mir gar nicht erst vorstellen.

Das Wasser war zunächst etwas kühl, aber zum Abhärten genau richtig.

Nachdem wir soweit sauber waren, fragte ich sie: „Und jetzt? Wie machen wir das mit dem Abtrocknen?"

„Wir machen das mit Umdrehen. Ich denke mal, du bist alt genug und guckst nicht mehr, oder?" Ich nickte anständig, wofür ich mir zur Belohnung einen Kuss auf die Wange einfing. Wir stiegen aus der Dusche.

„Ich ziehe mich zuerst um", ordnete sie an und ich gehorchte. Ich setzte mich auf den Rand der Badewanne und blickte in Richtung Tür, sodass ich sie nicht sehen konnte. Mit aller Kraft hielt ich mich davon ab, mir sie in diesem Moment vorzustellen, denn unweigerlich hätten sich bestimmte Regionen meines Körpers dabei freudig in die Höhe gereckt.

„Fertig", sagte sie und ich drehte mich zu ihr um.

Vor mir stand Kris in dunkelblauen Hotpants und einem türkisfarbenen Top, welches nicht ganz mit dem Höschen abschloss. „Wo ist denn der Föhn?"

„Da im Schrank, aber ich möchte mich jetzt gerne auch noch umziehen."

„Mach doch", sagte sie spottend, „ich föhne mir derweil die Haare."

„Moment", warf ich ein, „ich habe dir nicht zugeguckt, du solltest mir auch nicht zugucken, so war der Deal!"

„Wo kein Handschlag, da kein Deal." Sie schaltete den Föhn ein, grinste süffisant und beobachtete mich über den Spiegel an.

„Oh Mann", dachte ich, „jetzt hilft nur noch der Trick

mit dem Handtuch." Ich schnappte mir das große Handtuch, band es um meine Taille. Langsam zog ich mir die klitschnasse Badehose aus, was Kris grinsend durch den Spiegel beobachtete.

„Geht doch auch so!", rief sie gegen den Lärm des Föhns an.

„Und wie", antwortete ich mit einem ironischen Grinsen auf den Lippen.

Fast wäre mir das Tuch heruntergefallen, als ich die neue Boxershorts anzog, doch im letzten Moment hielt ich es noch fest und stand dann in neuer Montur da.

„Na also", sagte sie lachend und machte den Föhn aus.

„Ja ja, ich weiß. Ging doch. Aber denk dran: Rache ist süß!" Ich fing an, sie zu kitzeln.

„Nein, nein", schrie sie und wir kitzelten uns weiter.

Später am Nachmittag, wir hatten Pizza zu Mittag gegessen, lagen wir im Garten und bräunten uns. Mir fiel ein, dass sie immer noch nichts über den Grund ihres Auftauchens gesagt hatte. Ich war am Überlegen, ob ich sie darauf ansprechen sollte, doch ich entschied mich, es auf morgen zu vertagen. Es würde diesem wunderbaren Moment einen faden Beigeschmack geben und das wollte ich mit aller Kraft verhindern. Doch ohne, dass ich danach fragte, erzählte sie mir von dem Ende ihrer „Beziehung" zu Smith.

Ihre erste Begegnung war bei einer Kirmes gewesen. Sie und Smith hatten eine gemeinsame Freundin und über selbige lernten sich die beiden kennen und tauschten Handynummern aus. In der darauf folgenden Woche war eine SMS von ihm gekommen, ob sie nicht zusammen weggehen wollten, was Kris gerne bejaht hatte.

Das wiederholten sie des Öfteren, denn, so Kris: „Hatte auch ich mal meinen Spaß, denn Jack wollte nie weggehen." Also trafen sich die beiden öfter und öfter, und als das Interesse von Jack an Kris immer mehr verebbte, trafen sich die beiden auch unter der Woche. Sie versuchte, Jack mit Smith eifersüchtig zu machen, was ihr aber nicht gelang.

„Ich bin mir gar nicht so sicher, ob Jack jemals wirklich verstanden hat, was da mit Smith ging. Ich meine, natürlich hatten wir keinen Sex oder so, aber wenn ich gewollt hätte, wäre es kein Problem gewesen. Im Nachhinein war es vielleicht auch besser so, dass er es nicht gerafft hat. Nach der Sache mit Sven war es nie mehr wirklich rund zwischen uns beiden gelaufen und vielleicht wäre alles noch schlimmer geworden, hätte er von Smith gewusst."

Kris wendete sich und setzte nun ihre Kehrseite der Sonne aus. „Nach der Trennung von Jack habe ich mich noch ein paar Mal mit Smith getroffen. Aber es war dann so komisch. Ich hätte ihn, ohne ein schlechtes Gewissen zu haben, küssen können, doch ich konnte es irgendwie nicht."

„Vielleicht warst du noch nicht bereit für was Neues."

„Ja, gut möglich. Bis gestern Abend habe ich seit der Trennung von Jack keinen Jungen mehr geküsst."

„Zumindest nicht freiwillig", antwortete ich und spielte damit auf Svens Kussversuch an, der in einem Drama geendet hatte.

„Im Nachhinein ist mir das mit Sven so schrecklich peinlich. Ich habe keine Ahnung, was mich da auf Malta geritten hat."

Ich verkniff mir jeglichen zweideutigen Kommentar und wartete, was sie noch zu sagen hatte. Doch zu diesem Thema kam nichts mehr.

„Was machen wir heute Abend?", fragte sie dann.

„Alles, was du willst", antwortete ich vielsagend und hatte mein Versprechen an Kris' Mutter schon lange vergessen.

„Hm, erst mal essen wir Spaghetti und dann geben wir uns mal richtig die Kante, während wir voll den traurigen Film gucken. Das wäre cool! Das brauche ich jetzt voll. Hast du *Cap und Capper*?"

„Ja, habe ich, den können wir gucken. Aber Kris? Darf ich dich mal was fragen?"

Sie drehte sich zu mir. „Klar, was denn?"

„Meinst du nicht, dass du das mit dem Alkohol übertreibst? Ich meine, natürlich können wir einen Schluck Wein oder so zum Essen trinken, aber ich habe das Gefühl, dass du in den letzten Monaten ziemlich oft betrunken warst und … na ja, wie soll ich sagen … es ist danach nicht immer alles besser geworden."

„Aber ich suche den Wein aus."

Anstatt weiter über ihr eventuelles Alkoholproblem zu reden, bewegten wir uns lieber wieder zu seichteren Themen: Lästern über Milana, Debbie, Jack und Co. gehörte zu den Disziplinen, die wir wie keine anderen beherrschten.

„Milana hat mal zu mir gesagt, dass sie an einem Abend mehr Typen abbekommen würde als ich."

Zunächst lachte ich, doch dann merkte ich, dass Kris keinen Spaß machte. Eine Bewerbung von Milana bei *Germany's next Topmodel* wäre direkt in eine Kartei für Horrorfiguren gewandert oder man hätte sie gleich als Hexe in der Geisterbahn eingestellt.

„Nein, du verarscht mich", entgegnete ich und um meine Entrüstung zu verdeutlichen, richtete ich mich sogar aus der Horizontalen auf.

„Doch, und du hättest ihren Gesichtsausdruck sehen müssen. Ganz nach dem Motto: *Ich* bin die Diva. Ich sah sie nur an und dachte mir meinen Teil."

Wir lachten beide herzlich. „Ja, wenn es eine Diva gibt, dann bist du das." Diesen Ausspruch nahm sie mir nicht böse und es war, als würden wir uns Jahre kennen.

Taten wir ja auch, aber eben eher oberflächlich. Normalerweise trafen wir uns nur in der Schule oder wenn wir abends weggingen.

Aber im Moment schien alles anders. Ich hatte einfach das Gefühl, dass ich bei jemandem war, bei dem ich mich fallen lassen konnte, keine Rolle spielen musste, sondern einfach ich sein konnte. Ich fühlte mich geborgen.

Es war schon strange. Es war noch gar nicht so lange her, da hatten wir uns total in der Wolle. Vor einem knappen halben Jahr hatten wir nicht einmal mehr miteinander geredet und jetzt lagen wir bei mir zu Hause herum: so eine Mischung aus frisch verliebtem und alteingesessenem Ehepaar.

Abends standen wir gemeinsam in der Küche und kochten Spaghetti. Kris war für die (fleischfreie) Soße zuständig, von der sie mich kosten ließ, während ich die Nudeln beaufsichtigte.

„Probier mal", sagte sie.

Ich war gerade dabei nachzusehen, ob die Nudeln al dente waren (sie waren es noch nicht), als sich langsam von links ein Kopflöffel näherte. Der dortige Inhalt sah durchaus akzeptabel aus, wovon man bei einer Fertigmischung auch ausgehen sollte.

„Lecker", antwortete ich, „aber würz noch mal ein bisschen nach. Etwas Oregano wäre gut." Ich zeigte ihr, wo wir in der Küche die Gewürze deponierten. Sie gab noch etwas Oregano, Basilikum und Knoblauch hinzu und ich durfte noch einmal kosten. „Perfekt", lobte ich sie und küsste ihre Wange. Dann probierte sie selbst noch einmal, wobei sie ein wenig Soße zwischen Nase und Oberlippe verteilte.

Ich kicherte.

„Was ist?", wollte sie sofort von mir wissen.

„Moment", sagte ich und küsste es ihr weg.

Sie sah mich zunächst fragend an, bevor sie verstand. „Danke." Kris wurde zu meinem großen Erstaunen rot.

Ich grinste und nahm sie einfach in den Arm.

Als das Essen dann fertig war, bat ich sie, kurz fünf Minuten in meinem Zimmer zu bleiben.

Während sie wahrscheinlich mein Zimmer unter die Lupe nahm, ging ich auf die Terrasse. Im Westen war die Sonne bereits teilweise am Horizont verschwunden und tauchte die Umgebung in ein blutrotes Farbgemisch. Ich legte eine schlichte dunkelblaue Plastiktischdecke auf den Plastiktisch, wobei ich, um die Atmosphäre etwas festlicher zu gestalten, zu weißen Tellern, Silberbesteck und einer ockerfarbenen Langstilkerze griff. Ebenfalls fand auf dem Tisch der große Weinschwenker Platz, in dem der italienische Wein dunkelrot schimmerte.

Nachdem ich Soße und Nudeln auf den Tisch gestellt hatte, ging ich in mein Zimmer, um Kris zu unserem Candle-Light-Dinner abzuholen. Kris war gerade dabei, eine Schublade (in der aber lediglich die Hefte von letztem Schuljahr waren) zuzuschieben.

„Essen ist fertig."

„Super, dann können wir ja."

Sie war schon halb aus meinem Zimmer, da hielt ich sie an ihrem Arm zurück, legte meine Hände auf ihre Augen und manövrierte sie so auf die Terrasse, wo ich ihr den Blick auf meine Interpretation eines schönen Abend gewährte.

„Madame, darf ich bitten?", fragte ich sie und zog gentlemanlike den Stuhl zurück, auf den sie sich sogleich niederließ. Ich nahm ihr gegenüber Platz.

Sie strahlte mich an. Eigentlich wäre so etwas das perfekte Ambiente für einen Heiratsantrag.

„Du hast sie nicht mehr alle", sagte sie kopfschüttelnd, als sie meine Dekoration begutachtete. Es fehlte eigentlich nur noch ein Streicherquartett im Hintergrund, um diesen Abend vollkommen perfekt zu machen. Na ja, und vielleicht andere Stühle und ein edlerer Tisch.

„Brauche ich auch nicht, solange ich dich habe", zwinkerte ich ihr zu.

Vom Hunger getrieben nahm ich mir unhöflicherweise zuerst von dem dampfenden Essen. Und in diesem Moment schoss mir ein Gedanke durch den Kopf: Was war nun mit ihr und mir? Sie hatte ja mehr als einmal bekräftigt, dass sie in absehbarer Zeit keinen Freund haben wollte. Hatten wir also keine Zukunft? Wofür machte ich das dann, wenn das alles für sie sowieso nur ein Spiel oder zu ihrem Vergnügen war? War ich für sie schon wieder out, bevor ich überhaupt in war? Und noch etwas ging mir durch den Kopf: Hatte Jack so etwas auch mal für sie gemacht?

Ich wusste, sie liebte Romantik und ebendiese hatte sie früher bei Jack vermisst. War das dann doch meine besondere Qualifikation, um ihr erster Freund nach Jack zu werden?

Sie ahnte meine Gedankengänge bestimmt ebenso wenig, wie ich wusste, was sie nun empfand. Sie saß mir gegenüber und durch eine einfache Frage hätte ich all die Gedanken und Sorgen aus meinem Kopf verbannen können. Nur: Wollte ich die Wahrheit, die vielleicht schmerzen würde, überhaupt erfahren? Wollte ich diesen besonderen Moment mit einem solchen Thema entzaubern und alles Schöne über Bord werfen, nur um zu wissen, wo ich in ihrem Leben stand?

Die Entscheidung fiel mir leicht: nein.

Carpe diem. Nutze den Tag. Genieße den Moment.

Genau das tat ich.

Kris schien das Essen durchaus zu schmecken, was ja unser beider Verdienst war. Unser. Eine Verbindung. Etwas verband uns. Auch, wenn es nur das Essen war.

Vielleicht war es auch die Flasche Wein, die uns später am Abend verband, als wir das Geschirr in die Spülmaschine räumten, bevor sich unsere Blicke trafen.

Elektrisierend. Magisch. Triebgesteuert.

Wir konnten uns kaum noch beherrschen. Wir küssten uns in der Küche heftiger denn je und fielen fast auf dem Weg in mein Zimmer hin. Wir ließen uns auf mein Bett fallen, doch dann hörte sie plötzlich auf. Mit einem Tuch, ich wusste nicht, woher sie es hatte, verband sie mir die Augen. Es fing an, spannend zu werden, und ich genoss es.

Als sie mir die Augenbinde abnahm, war alles um mich herum in ein Meer aus Teelichtern getaucht. Keine Ahnung, wo sie diese hergezaubert hatte. Vielleicht hatte sie, während ich draußen am Dekorieren gewesen war, in meinem Zimmer Vorbereitungen getroffen, doch eigentlich war es mir egal. Mein Verstand setzte in diesem Moment einfach komplett aus.

Mit einem sanften Druck auf meine Anlage startete sie eine Bryan Adams CD, bevor sie zu mir aufs Bett kam und wir da weitermachten, wo wir zuvor aufgehört hatten.

In dieser unbeschreiblichen Atmosphäre lagen wir aufeinander und ich vergaß die Fragen, die mich eben noch gequält hatten.

Während wir uns küssten und uns langsam unseren Kleidern entledigten, begann der Moment „körperliche Folgen" mit sich zu bringen. Wir beide gingen weiter und weiter, erkundeten den Körper der anderen Person mit Küssen und Streicheleinheiten, die uns beide erregten.

All das ging solange, bis sie nur noch im Tanga und ich nur noch in Boxershorts dalagen. Zunächst hatte ich ihre Brüste nur verstohlen angesehen, doch dann ergriff sie meine Hand und mir zeigte, wo sie berührt werden wollte. Samtweich war ihr Körper mit kleinen Muttermalen an versteckten Stellen, die ich sanft küsste.

„John?", sagte sie dann und sah mich mit diesem hingebungsvollen Blick an, den mir noch nie eine Frau zuvor geschenkt hatte.

„Ja?", antwortete ich mit belegter Stimme.

Sie setzte sich auf mich und beugte sich sanft zu mir herunter, berührte meine Lippen mit ihren, nahm meine Unterlippe sanft zwischen ihre Zähne und streichelte gleichzeitig über meinen Oberkörper, bevor ihre Hände tiefer wanderten.

Wir waren dabei, eine unsichtbare Grenze zu überschreiten, die mehr als aufregend war. Wir taten das, was unser Gefühl uns sagte, und auch deshalb würde ich diese Nacht niemals vergessen und missen wollen.

Wir küssten uns solange weiter, bis wir nackt nebeneinanderlagen.

31

LAST REQUEST

-- Johnathon --

Am nächsten Morgen war ich wieder vor ihr wach. Noch immer ruhte ihr Arm sanft auf meiner Brust. Als ich den Oberkörper hob, um über ihren Arm zu blicken, stellte ich fest, dass wir beide noch immer nackt waren.

Ich legte ihren Arm vorsichtig von mir runter und stand leise auf. Wir hatten gestern Nacht den Rollladen nicht runtergelassen und die Morgensonne schien mich – mal wieder – geweckt zu haben, auch wenn es wesentlich früher als gestern zu sein schien.

Sie murmelte leise im Schlaf vor sich hin und ich hatte Angst, sie geweckt zu haben, doch dann schlief sie so ruhig weiter wie zuvor. Ich sah auf die Uhr. Fast sechs.

Mir schoss etwas durch den Kopf. Vielleicht war es eine Eingebung, vielleicht hatte ich das alles schon einmal innerlich so geplant oder es mir erträumt.

Ich nahm mir einen Zettel und einen Stift und setzte mich auf meinen Schreibtischstuhl und sah sie an. Ihre Haare verbargen den größten Teil ihres Gesichtes, doch ich wusste, dass es wunderhübsch war. Ich ließ mich in einen Strom der Gefühle fallen und schrieb meine Gedanken auf.

I will always love you
And I will always be with you
And you will always be in my heart

And I will never stop
loving you, loving you, loving you.

And whatever will happen between the two of us,
I will always be with you
Cuz I will always be in love with you.

Wie in Trance singsangte ich die Verse vor mich hin.

Sie lag da wie Dornröschen und schlief einfach, während mir die Zeilen nicht mehr aus dem Kopf gingen.

Ich werde sie immer lieben. Ich sah sie an. Immer wieder und immer noch war mein Blick starr auf sie gerichtet.

Ich schreib die Zeilen noch einmal ab und steckte sie ihr in das vordere Fach ihres Rucksacks. Dann setzte ich mich wieder auf meinen Platz und sah sie an.

Ich weiß nicht, wie lange ich dasaß und sie beobachte, jeden Laut und jede Bewegung in mich aufsog, aber die Sonne war schon längst aufgegangen, als ich beschloss, für das Frühstück den Tisch auf der Terrasse zu decken.

Danach begab ich mich wieder in mein Zimmer. Als ich die Tür vorsichtig öffnete, bewegte sich Kris. Sie wachte auf. Ich sah auf die Uhr. Es war kurz nach neun.

„Guten Morgen", sagte ich und verkniff mir das „Schatz", auch wenn es schon auf meiner Zunge lag. Ich ging auf sie zu und begab mich wieder auf den Stuhl, während sie sich unruhig in meinem Bett hin und her wälzte.

Ich stellte fest, dass das Original des Gedichts noch immer auf meinem Schreibtisch lag, und ließ es unter einem Stapel Blätter verschwinden.

„Morgen", antwortete sie gähnend. Kris war leicht schockiert, als sie merkte, dass sie nichts anhatte.

„Haben wir ...?"

„Nein, haben wir nicht", beantwortete ich ihr die nicht fertiggestellte Frage.

Leise stieß sie Luft aus. Sie war erleichtert und versuchte, ihre Scham zu verbergen.

„Soll ich rausgehen?", fragte ich sie, als ich merkte, dass ihr nicht ganz wohl war.

„Nein, passt schon", murmelte sie und zog sich die Unterwäsche von gestern wieder an.

„Ich habe Frühstück gemacht", berichtete ich ihr, um die Stille zu durchbrechen.

„Danke", sagte sie knapp und blickte sich hektisch in meinem Zimmer um. „Ich gehe nur schnell ins Bad. Wasser ins Gesicht und so. Habe etwas … Komisches geträumt. Bis gleich." Und schon hatte sie ihren Rucksack genommen und war aus meinem Zimmer ins Bad verschwunden. Ich hörte, wie sie den Schlüssel im Schloss umdrehte.

Was war los? Was hatte ich falsch gemacht? Gestern war doch noch alles perfekt gewesen und nun? Bereute sie unsere Nähe?

Sie war noch nicht lange im Bad, da klingelte ihr Handy, das auf meinem Schreibtisch lag.

„Du wirst angerufen", rief ich. Ich brachte ihr das Telefon an die Badezimmertür. Sie öffnete die Tür, nahm mir das Handy aus der Hand und schloss die Tür wieder vor meiner Nase. Ich hörte sie drinnen mit gedämpfter Stimme reden. Ich wusste aber auch so, wer es war. Es war ihre Mutter. Das Display hatte *Mama* angezeigt.

Sie kam aus dem Bad heraus und ging an mir vorbei in mein Zimmer, ohne mich eines Blickes zu würdigen.

„Meine Eltern wollen, dass ich heimkomme, sie wollen mit mir reden und mir alles erklären. Wann fährt denn der nächste Bus?"

„Ähm … In einer Viertelstunde. Willst du nicht noch hier frühstücken?"

„Nein", entgegnete sie mir mit fester Stimme, während sie sich hektisch ein schwarzes Top überstreifte.

Ich blickte sie stumm an.

„Sorry, aber ich muss echt sofort los, meine Mutter hat voll geheult. Sie hat Stress mit meinem Vater wegen mir. Nimm es mir bitte nicht übel, aber ich packe jetzt besser mein Zeug zusammen."

Nochmals ließ sie ihren Blick durch mein Zimmer streifen, entdeckte neben dem Bett ihr Shirt, welches ich gestern Abend in der Hitze des Gefechts an diesen Platz gepfeffert hatte, und steckte es ein.

„Kommst du mit zur Haltestelle?"

„Ja, klar", stotterte ich vollkommen perplex. Fast wäre ich in Boxershorts aus dem Haus gegangen, doch kurz vor der Haustür registrierte ich, dass ein paar Kleidungsstücke an mir fehlten, und rannte zurück in mein Zimmer, um mir ein T-Shirt und eine Hose überzustreifen.

Auf dem Weg zur Bushaltestelle redeten wir nicht miteinander, hielten nicht Händchen. In meinem Kopf spürte ich nur Leere, nicht einmal die üblichen Fragen. Das alles schien ein schrecklicher Traum zu sein, ja, ein unvorstellbar schrecklicher Albtraum.

Gerade noch rechtzeitig erreichten wir die Bushaltestelle. Es war jetzt bereits warm, bestimmt 20 Grad, aber als der Bus einfuhr, wehte mir eine kühle Brise ins Gesicht. Selbst dieser Luftzug verschaffte mir keine Entspannung.

„Also dann", sagte sie knapp, zögerte einen Moment und umarmte mich schlussendlich doch. Sie war, als sie einstieg, scheinbar genauso gelassen und beherrscht wie damals, als sie hier angekommen war – wobei dieses damals nur zwei Tage zurücklag.

Ohne sich noch einmal umzudrehen, stieg sie in den Bus und verschwand mit ihm. Dorthin, woher sie vor zwei Tagen wie aus dem Nichts zu mir gekommen war.

Ich sah dem wegfahrenden Bus nach und summte leise vor mich hin:

I will always love you
And I will always be with you
And you will always be in my heart
And I will never stop
loving you, loving you, loving you.

And whatever will happen between the two of us,
I will always be with you
Cuz I will always be in love with you.

Ich drehte mich um und ging.

DANKSAGUNG

Zunächst gebührt mein Dank all jenen, die dieses Buch gekauft und gelesen haben. Es ist ein unglaublich tolles Gefühl, dass der erste *Real me*-Band nicht nur ein Dokument auf meinem Laptop bleibt, sondern zu einem richtigen Buch geworden ist.

Ein riesiges Dankeschön gebührt Stephanie Stoll, die mich in den vergangenen Jahren nicht nur literarisch begleitet hat. Danke für die unzähligen Stunden Arbeit und dafür, dass du immer an mich geglaubt hast! Du bist eine wunderbare Freundin!

Ferner danke ich all jenen, die sonst irgendwie zum Gelingen beigetragen haben: Anna Lena Ries und Monika Dost, Daniel Schuster, Frederik Schuhmacher und Maike Stein. Weiterhin bedanke ich mich bei Carolin Thron und Sandra Böker für ihre Unterstützung in den letzten Tübinger Jahren. Ebenso gilt mein Dank meinen Eltern und Großeltern, die nicht nur genetisch dazu beitragen haben, dass ich so bin, wie ich nun mal bin. Danke auch an Kerstin und Gerhard Benner sowie Jutta und Michael Schmidt, die mich ebenfalls immer gefördert haben.

Abschließend gilt mein Dank Papierfresserchens MTM-Verlag, der an mein Projekt geglaubt hat, und mit dem ich hoffentlich auch in Zukunft gut zusammenarbeiten werde. Bis bald – beim zweiten *Real me*-Band!

Alexander Karl

DER AUTOR

Alexander Karl wurde am 17.11.1989 geboren, studiert in Tübingen Medienwissenschaft und Geschichte. Aufgewachsen ist er im kleinen hessischen Dorf Stockhausen und begann mit 16 Jahren zu schreiben.

Die Romanreihe *Real me* ist sein erstes Projekt, umfasst vier Bände und entstand innerhalb von dreieinhalb Jahren.

Weitere Infos zu Alexander Karl auf:
realmebuch.wordpress.com

Papierfresserchens MTM-Verlag
Die Bücher mit dem Drachen

Constanze Budde
Streetex - Von dort
Taschenbuch
ISBN: 978-3-86196-045-4, 10,90 Euro

Freddy haut nur mit seiner Gitarre bestückt aus dem Internat ab. Wohin er soll, weiß er nicht - Hauptsache erst einmal weg! In einem Jugendfreizeitheim bekommt er Hilfe angeboten und findet neue Freunde.

Eine Gruppe Jugendlicher, deren Leben alles andere als gerade und leicht verlaufen ist, suchen durch gemeinsames Musikmachen einen Sinn in ihrem Leben und einen Weg aus ihren ganz persönlichen Krisen.

Locker erzählt und dennoch mit Tiefgang. Streetex lässt den literarischen Fuß mitwippen zu den selbstkomponierten Liedern im Buch.

Anna Regina Frei
Wüstengänger - Abenteuer im Camp
Taschenbuch
ISBN: 978-3-86196-098-0, 12,20 Euro

Der 14-jährige Josh kann sein Glück kaum fassen: Das Waisenhaus, in dem er lebt, erhält eine Einladung für ein Camp im Norden Utahs. Spannendes Lagerleben erwartet Josh, das ihm und seinen Freunden kaum Zeit lässt, Atem zu holen.

Ob ein haarsträubendes Zusammentreffen mit einem Skorpion, packende Lagerfeuergeschichten oder die Bekanntschaft mit der verrückten Brenda — es ist immer etwas los! Doch auch die Frage, wer der blinde Passagier Ruby wirklich ist, beschäftigt die Freunde. Wieso spricht Ruby nie ein Wort?

Alexandra Müller
Elias - Die Entführung
Taschenbuch
ISBN: 978-3-86196-043-0, 8,90 Euro

Eigentlich wollten Jan-Ole und seine Freunde nur ganz normale Ferien zusammen verbringen, an ihrem Baumhaus bauen, picknicken und einfach nur faulenzen. Doch dann führt sie eine Erbschaft in die Wälder Schwedens. Gleich in der ersten Nacht machen sie eine unglaubliche Entdeckung. Sie finden einen Elch, Elias, der so ganz anders ist als seine Artgenossen.

Und damit beginnt das Abenteuer: Eine Entführung, ein Erpresserbrief und eine lange Reise in den Norden Schwedens.

Annemarie Roelfs
Underground - Die grüne Hölle
Taschenbuch
ISBN: 978-3-86196-070-6, 10,90 Euro

Niemals hätte Dea gedacht, dass ihr Freund Aime ein solches Geheimnis hat. Wenn sie darüber nachdachte, war sie sich auch sicher, dass sie es niemals herausgefunden hätte, wenn es nicht auf diese Art herausgekommen wäre: Irgendwer hatte ihm und seiner Familie ein hartes Ultimatum gestellt: Entweder sie, Dea, würde eine von ihnen werden oder sie würde demnächst die Bäume von unten betrachten. Nun war sie also eine Blutsaugerin und sie konnte sich damit absolut nicht anfreunden.

Papierfresserchens MTM-Verlag
Heimholzer Straße 2, D-88138 Sigmarszell
www.papierfresserchen.de
info@papierfresserchen.de
08389/9224851

Kapitelliste der Songs

1. Marie Serneholt – That's the way my heart goes (2006)
2. Coldplay – Talk (2005) (mit Zitat im Fließtext)
3. The Pointer Sisters – I'm so excited (1982)
4. Beyoncé feat. Jay-Z – Crazy in love (2003)
5. Good Charlotte – Victims of love (2007)
6. T-Spoon – Sex on the Beach (1997)
7. Madonna – Secret (1994)
8. Christina Aguilera – Ain't no other man (2006)
9. Christina Aguilera – On our way (2006) (Album: Back to Bacics)
10. Daniel Merriweather – Change (2009)
11. Christina Aguilera – Fighter (2002)
12. The Rasmus – Guilty (2003)
13. Ronan Keating – When you say nothing at all (1999)
14. High School Musical – Start of Something New (2006)
15. The Black Eyed Peas – Don't phunk with my heart (2005) (mit Zitat im Fließtext)
16. Robbie Williams feat. Nicole Kidman – Something stupid (2001)
17. Elton John – I'm still standing (1983)
18. Rihanna – Unfaithful (2006) (mit Zitat im Fließtext)
19. Take That – Like I never loved you at all (2006)
20. Kelly Clarkson – Because of you (2004)
21. Christina Aguilera – Dirrty (2002)
22. Lindsay Lohan – Confessions of a broken heart (2005)
23. Ricky Martin & Christina Aguilera – Nobody wants to be lonely (2000)
24. Tara MacLean – If I fall (1999)
25. Christina Aguilera – Get mine, get yours (2002)
26. The Disco Boys – For you (2004)
27. Christina Aguilera – Without You (2006)
28. Grant Stevens – Everlasting Friends (1998)
29. Tobias Regner – She's so (2006)
30. Jennifer Lopez – Love don't cost a thing (2001)
31. Paolo Nutini – Last request (2006)

Weitere Songs

S. 147: Die Ärzte – Liebe und Schmerz (1998)
S. 235: The Mama and the Papas – California Dreaming (1965)
S. 284/285: Deutschland sucht den Superstar – We have a dream (2003)
S. 293 Revolverheld – Mit dir chilln (2005)